교육평가의 이해 ^{2판}

황정규 · 서민원 · 최종근 · 김민성 · 양명희 · 김재철
강태훈 · 이대식 · 김준엽 · 신종호 · 김동일 공저

Educational Evaluation

학지사

2판 머리말

　우리나라에서 교육학이라는 학문의 역사가 100년도 안 된 채 그리 오랜 역사를 지니고 있지 못하듯 교육평가라는 학문의 뿌리도 일천한 것만은 어쩔 수 없는 현실입니다. 하지만 그렇게 역사가 짧다고 해서 교육평가라는 학문의 깊이와 폭이 엷으리라는 추측은 매우 성급한 속단입니다. 약 70여 년이 지난 지금 돌이켜 보면, 우리나라에도 교육평가라는 이름을 갖게 되었고, 개념모형을 구안하여 교육평가의 다양한 영역을 체계화하여 탐구할 수 있게 된 것은 정말로 자랑스럽고 감사한 일이 아닐 수 없습니다. 비교적 짧은 학문의 역사임에도 세계적 수준에 결코 부끄럽지 않은 성과라 할 수 있습니다.

　그 고마운 일을 하여 주신 분이 바로 교육평가라고 하는 학문 분야를 개척하시고 토대를 마련하여 선구자의 역할을 해 주신 우리의 스승이신 황정규 선생님입니다. 이 책은 선생님께서 자아 놓으신 그 실오라기를 하나씩 풀어 문하생들과 한마음으로 다시 물레를 저어 새롭게 엮어 본 것입니다. 구슬도 꿰어야 보배이듯 함께 다시 더 나은 보배로 만들어 보고자 노력한 결과가 이번에 나온 개정판이라 하겠습니다. 이번 개정판은 무엇보다도 이 책을 이용할 독자인 학생들의 입장에서 수정·보완하고 재구성한 것이 큰 특징입니다.

　첫째로, 학생이 읽고 이해하기 쉽게 그리고 가르치는 교수가 편리하게 이용할 수 있도록 수정하였습니다.

　둘째로, 교육평가가 실제와 동떨어져 지나치게 사변적이지 않도록 학교교육의 현실을 최대한 반영하고자 노력하였습니다.

셋째로, 시대가 변함에 따라 교육평가 정책도 변할 수밖에 없는 현실이어서 교육현실과 먼 주제는 아예 삭제를 하고 새로운 주제를 추가하였습니다.

이번 개정판을 준비하면서 학창시절 함께 공부했던 사랑과 우정을 다시금 느껴보는 계기가 된 것은 아마도 이 기회가 아니면 느낄 수 없는 소중한 행복이 아니었나 생각됩니다. 그중에서도 이 책이 제대로 나올 수 있도록 정말 헌신적으로 애써 주신 김민성, 김준엽 교수께 특별히 깊은 감사를 드리지 않을 수 없습니다. 아울러 예쁘게 출간될 수 있도록 노고를 아끼지 않으신 학지사 김진환 사장님과 편집진 여러분께도 고마움을 전합니다.

끝으로, 학문의 길을 열어 주시고 인도해 주신 선생님의 건강과 축복이 늘 함께하길 두손 모아 기도하면서 개정의 인사말씀을 대신하고자 합니다.

2016년 7월
저자 일동

1판 머리말

교육전문가 집단이나 일반인이 가장 많이 관심을 갖는 교육학 분야 중 하나가 바로 교육평가다. 대학 입시나 교원 임용고시 등 각종 국가시험과 밀접한 관련이 있는 분야이기 때문이다. 따라서 교육평가에 관한 책을 집필한다는 것은 심리적 부담도 크고 반성적 성찰을 기반으로 한 노력이 요구되는 어려운 일이다.

이러한 부담과 어려움을 안고 교육평가 분야와 관련 분야의 학자들이 모여 이 책을 출간하게 되었다. 아직도 보완해야 할 내용이 많다고 느끼지만 부족한 부분을 다 채우고자 욕심을 부리기에는 시간이 녹록지 않았다. 독자가 교육평가에 대한 올바른 관점을 형성하고 교육평가 지식을 어떻게 교육 현장에 적용할 수 있을지에 대해 생각해 볼 수 있도록 저자들은 최선을 다해 이 책을 집필하고자 노력하였다.

저자들의 이러한 노력에 힘입어 이 책은 다른 교육평가 저서들과는 다른 특징을 지니게 되었다. 첫째, 각 장의 시작 부분에 주제와 관련 있는 교육 문제나 논의를 사례로 제시하였다. 이 사례를 통해 해당 장에서 제시되고 있는 주제가 어떻게 실제 교육현상과 연계될 수 있는지를 생각해 볼 수 있도록 하였다. 또한 교육 현장에서 교육평가와 관련된 실천적 의사결정에 근간이 될 수 있는 핵심 내용을 각 장마다 포함하고자 하였다. 둘째, 다른 교육평가 저서에서 다루고 있지 않지만 현안으로 중요하게 대두되고 있는 교육평가와 관련된 최근 주제들(예: 컴퓨터기반평가, 특수아동평가, 책무성 평가)을 포괄하고자 하였다. 셋째, 각 장의 마지막 부분에는 해당 장의 핵심 내용에 대한 요약과 함께 선택형과 서술형 문제를 통해 독자가 스스로 주요 내용을 재정리할 수 있도록 하였다.

마지막으로 이 책이 나오기까지 지속적인 관심을 보여 주신 학지사 김진환 사장님과 편집 작업을 맡아 수고해 준 하시나 선생에게 감사의 말을 전한다. 또한 원고 수정 작업에 많은 유용한 피드백을 준 저자들이 속해 있는 각 대학의 학생들에게도 감사의 말을 전한다.

2011년 9월
저자 일동

차례

PART 01 교육의 관점에서 본 교육평가

PART 02 교육평가의 유형 및 영역

PART 01
교육의 관점에서 본 교육평가

Chapter 01

교육과 교육평가

우리가 살고 있는 현재의 세계에서 교육이 목표로 삼아야 할 것은 개인이 가진 잠재력을 신장시키는 것이다.

- 칼 로저스, 『학습의 자유』

어선과 해변의 저쪽에서 혼자 동떨어져 조나단 리빙스턴 시걸은 나는 연습을 하고 있었다. 30미터 상공에서 물갈퀴 달린 그의 두 발을 꺾어 굽히고, 그의 부리를 쳐들고, 그리고 그의 두 날개를 통해 고통스럽고 힘든 비행을 해 보려고 안간힘을 쓰고 있었다. 그 비행은 그가 천천히 날게 되는 것을 의미했고, 그리하여 바람이 그의 얼굴에 속삭이듯 불어올 때까지, 바다가 그의 밑에서 잔잔하게 누워 있을 때까지 천천히 날았다. 맹렬한 집중력을 발휘하느라고 눈을 가늘게 뜨고 호흡을 모으고, 한 번…… 단 한 번…… 더……조금이라도…… 선회하려고 애썼다.

그 순간, 깃털이 곤두서며 그는 중심을 잃고 추락했다.

대부분의 갈매기들이 중요하게 생각하고 있는 것은 나는 것이 아니라 먹이를 구하는 것이었다. 그러나 조나단에게는 먹는 게 문제가 아니라 나는 게 문제였다. 그 무엇보다도 그는 나는 것을 사랑했다.

가장 높이 비행하는 갈매기가 가장 멀리 본다.

고공비행과 정밀비행은 우리의 참된 본질을 표현하기 위한 하나의 단계다. 우리는 우리를 제약하는 것은 무엇이든지 배제해야 한다.

- 리처드 바크, 『갈매기의 꿈』

교육평가의 궁극적 목적은 개인의 잠재력을 다양한 방식으로 확인하고 이를 바탕으로 자신의 잠재력을 계발할 수 있도록 돕는 데 있다. 따라서 교육평가는 교육의 본질과 떨어질 수 없는 관계를 갖는다 할 수 있다. 이 장에서는 교육평가에 대한 기본적 이해의 틀을 갖출 수 있도록 하기 위해 교육평가뿐만 아니라 교육에 대한 다양한 시각을 거시적 맥락에서 다루고자 한다.

학/습/목/표

- 교육평가 활동과 관련하여 교육에 대한 과학적 이해를 할 수 있다.
- 교육평가에 대한 개념적 이해를 할 수 있다.
- 교육평가의 주목적과 과정을 이해할 수 있다.
- 교육평가의 다양한 관점(측정관, 평가관, 총평관)을 이해할 수 있다.

▶▶ 1 교육의 정의

1) 교육의 정의

교육을 정의하고 진술하는 것은 인간을 정의하는 것만큼이나 어려운 일이며, 진술된 정의는 언제나 논쟁을 유발할 가능성을 내포하고 있다. 교육은 그것이 함의하고 있는 여러 가지 가정과 철학적 지향에 따라 다양하게 정의되어 왔으며, 그러한 다양성은 당연한 현상으로 받아들여져야 한다.

아동중심의 철학적 입장에 서 있는가 혹은 사회중심의 철학적 입장에 서 있는가에 따라 교육의 정의에서 강조하는 바는 완전히 상반될 수 있다. 아동중심의 입장에서는 아동의 요구, 필요, 흥미 등을 강조하는 정의를 주장할 것이며, 사회중심의 입장에서는 사회의 필요, 사회의 요구, 미래에 대한 준비 등이 주된 내용으로 등장할 것이다. 또한 교육에서 기본적인 지적 기능을 강조하느냐 혹은 가치교육, 즉 넓은 의미에서 인성교육을 강조하느냐에 따라 그 강조점이 달라질 수도 있다. 지적 기능을 강조하게 되면 지적 능력의 직접적 유용성 및 지적 과정의 습득에 강조를 둘 것이며, 인성교육을 강조하게 되면 학교를 도덕적 행위 수련과 인격 완성의 대리기관으로 보는 입장을 취할 것이다. 또한 교육의 목적을 현재에 두느냐 혹은 미래에 두느냐의 시간 차원에 따라 현재의 적응에 강조를 두는 정의를 택하게 되거나, 아니면 미래의 재건에 강조를 두는 정의를 택하게 된다.

그러나 여기에서는 이 같은 교육의 정의론 자체에 대해 철학적이거나 목적론적인 시각에서 논의하지는 않는다. 다만 교육평가에 관한 논의를 전개하기 위한 전제 개념으로서 교육을 정의하려는 입장을 취한다.

따라서 여기에서는 교육을 "인간의 행동 특성을 계획적으로 변화"시키려는 인간의 노력으로 규정하겠다(정범모, 1971: 17-27). 이 정의가 다른 정의보다 더 잘 정의되고 우수하다고 주장하는 것은 아니다. 또한 이 정의가 다른 정의보다 더 포괄적이라고 주장하는 것도 아니다. 다만 교육의 과정(過程), 특히 교육평가의 과정이라는 시각에서 보았을 때 비교적 합리적이고 과학적이며 구체적으로 정의되었기 때문에 선택하였다. 이제 이 정의가 갖는 의미와 의의 및 함의를 자세히 살펴봄으로써 이 정의가 내포한 뜻을 좀 더 깊이 음미해 보자.

2) 인간의 행동 특성

교육의 대상은 인간이다. 교육에서 확인된 법칙을 이용하여 개를 훈련시키고 조류를 습관화시키는 것도 교육이라는 이름 아래 둘 수 있다. 그러나 그것은 각각 '훈련'이나 '조건화'라는 명칭이 더 어울린다. 역으로, 하등동물이건 고등동물이건 그들을 대상으로 한 연구에서 얻은 법칙이나 이론을 인간에게 적용시킬 수도 있다. 이 경우는 '의인화

‘animation)’ 혹은 ‘모방(imitation)’ 이라는 용어가 더 어울린다. 그러나 어느 경우든지 ‘교육(education)’ 이라고 했을 때는 그 대상이 어디까지나 인간이라는 점은 불변의 합의로 받아들여야 한다.

인간이 갖는 특성에는 여러 가지가 있다. 신체적인 현상도 있고, 생물적인 현상도 있으며, 생리적인 현상도 있다. 그러나 교육이 관여하는 대상은 이러한 인간 특성 중 ‘인간의 행동 특성’ 이다.

행동 특성(behavior characteristics)이란 심리학적 개념의 용어로서 넓은 영역을 포함한다. 그 속에는 ‘말한다’ ‘걷는다’ ‘운다’ ‘때린다’ 와 같이 비교적 표출되어 관찰이 쉬운 외현적 행동(overt behavior)도 있을 뿐 아니라 지식, 사고력, 태도, 자아개념 등과 같이 외현적 관찰에 의해서는 포착하기 힘든 내재적 행동(covert behavior)도 있다. 교육은 학생의 이 같은 두 가지 양태의 행동 특성 모두를 그 대상으로 한다. 그중에서도 교육이 보다 관심을 갖고 기르려고 하는 행동 특성은 밖으로 표출되는 외현적 행동이 아니라 파악하기는 어려우나 보다 교육적으로 의미 있는 내재적 행동이다. 어떤 사회이냐를 압축해서 표현하면 어떤 인간이냐는 문제로 귀결되고, 어떤 인간이냐는 말은 결국 ‘어떤 행동 특성’ 을 나타내 보이는 인간이냐에 귀착된다는 연역적 논리에 모순이 없다면, 교육에서 행동 특성이라는 개념이 교육을 규정하는 데 얼마나 중요한 역할을 하는가를 짐작할 수 있다.

인간의 행동 특성은 개념화하기에 따라서 다르긴 하지만 크게 세 가지 영역으로 나뉜다(Bloom, 1956). 즉, 인간의 뇌신경 및 중추신경을 중심으로 하여 형성되는 인지적 영역(cognitive domain)의 행동 특성, 인간의 정서와 의지를 바탕으로 하여 형성되는 정의적 영역(affective domain)의 행동 특성(Krathwohl, Bloom, & Masia, 1964), 그리고 인간의 신체운동 기능에 밀접히 관련되는 심동적 영역(psychomotor domain)의 행동 특성(Simpson, 1966)으로 분류할 수 있다. 동양에서 흔히 인간의 교육목적을 지, 덕, 체를 기르는 것으로 표현하는 사고와 서구의 과학적 분류가 대단히 유사한 것도 퍽 흥미롭다.

인지적 영역의 행동 특성에는 지능, 지식, 이해력, 사고력, 문제해결력, 비판력, 창의력 같은 정신능력이 모두 포함되며, 정의적 영역의 행동 특성에는 관심, 흥미, 태도, 가치관, 자아개념, 인성, 협동심, 도덕성 등과 같은 정서의 분화와 의지의 심화가 결합되어 발달되는 모든 행동이 포함된다. 또한 심동적 영역의 행동 특성에는 기능, 기민성, 지각 속도, 지각 정교성, 신체적 강인성 등이 포함된다.

인간의 행동이 이같이 인지적 · 정의적 · 심동적 행동 특성의 세 가지로 구성되어 있다면 교육에서도 이 세 가지 행동 특성의 잠재 가능성을 최대한으로 개발시켜야 한다는 논리가 성립한다. 따라서 교육평가도 이 세 영역의 행동 특성 자체뿐 아니라 그것을 형성, 발달, 개발시키는 교육조건과 교육환경의 적절성을 함께 평가하고 그 개선에 이바지해야 된다는 논리가 정당성을 갖는다.

3) 변화: 신념인가, 증거인가

인간 행동 특성의 변화(change)라고 했을 때의 '변화'의 개념에 대한 철저하고 확고한 인식이 교육평가에서는 중요하다. 변화라는 말을 친숙한 용어로 바꾸면 습관 형성, 학습, 경험의 획득, 인지구조의 변화, 통찰력의 개발 등으로 대치할 수도 있다. 이전에는 없던 기계 고치는 기술이 생기고, 모르던 수학 공식을 알아서 그것을 응용할 줄 알고, 눈칫밥 먹더니 눈치 보는 버릇이 생기고, 학교에 다니면서 친구끼리 어울려 놀이하는 태도가 생기는가 했더니 부모에게 반항할 줄 알게 되었다면 모두가 행동 특성의 '변화'라고 할 수 있다.

첫째, 교육은 변화의 가능성이 없는 행동 특성은 그 대상으로 하지 않는다. 시간의 흐름에 따라 자연히 성숙하는 행동 특성(예: 키, 골격의 변화 등), 약물에 의해 나타나는 변화(예: 아편, 마리화나, 흥분제 등에 의한 변화), 생리적 작용에 의해 나타나는 행동변화(예: 피로, 수면 등) 및 유전에 의해 이미 결정된 행동 특성은 그 대상으로 하지 않는다. 따라서 의도적 변화를 가했을 때 변화의 가능성이 없는 행동은 교육의 범주에 들 수 없다. 교육 이외의 다른 사회과학 분야, 예컨대 정치학, 사회학, 경제학 등도 상당 부분 인간의 행동 특성을 그 대상으로 한다. 그러나 인간의 정치행동, 사회행동, 경제행동 등이 교육의 그것과 엄격히 구별되는 것은, 교육은 이러한 인간 행동을 변화시키려는 의도와 목적에 주된 관심이 있고 다른 사회과학은 이 같은 변화가 부차적 관심이라는 데 있다.

인간 행동 특성의 변화라는 문제와 깊이 관련되어 계속 이어지는 논쟁은 변화에 대한 신념과 그 증거의 문제로 요약할 수 있다. 인간 행동은 우리가 투입하는 노력, 환경, 교육, 자극에 의해 변화, 발전, 개조, 진보될 수 있다는 신념, 즉 교육적 용어로 표현하면 도야될 수 있다는 신념이 존재한다. 이와는 대조적으로 인간 행동은 이미 태어날 때부터 결정되어 있고, 고정되어 있고, 불변하며, 비교적 안정되어(stable) 있다는 불변관이 있을 수 있다. 전자를 인간 행동에 대한 '변화관'이라고 부르며 학문적으로는 환경론(environmentalism)의 입장이라고 규정할 수 있고, 후자는 유전론, 결정론의 입장이라고 규정할 수 있다. 크게는 인류가, 좁게는 사회가, 더 좁게는 교육 및 교육자가 인간 행동에 대한 변화관과 불변관 중 어느 쪽 신념을 선택하느냐에 따라 인류의 역사, 사회의 역사 및 교육의 역사 전개와 방향은 달라지기 마련이다. 문화적 발전의 격차를 보이고 있는 다양한 국가사회의 문화발전 지표와 이 같은 신념의 차이 사이에 높은 상관관계가 성립하고 있음을 볼 수 있다(Comber & Keeves, 1973; Foshay, 1962; Husen, 1967; McClleland, 1961; Torney, Oppenheim, & Farren, 1976).

인간 행동에 대한 변화관과 불변관을 지지하는 과학적이며 실증적인 증거는 어떠한가? 이에 대한 양쪽 관점을 지지하는 과학적 증거도 백중할 정도로 많아 어느 쪽이 더 우세하다고 결론짓기 어렵다(황정규, 1998). 이 같은 상황에서 우리가 선택해야 할 입장은 과학적·실증적 증거가 더 풍부하고 강력하기 때문에 그쪽을 택해야 한다는 사후적 결정이 아니라, 과학적 증거의 양과 질에 관계없이 인간 행동이 변화한다고 믿는 선험적 의사결정이라는 것이다. 교육이란 본질적으로 인간을 대상으로 기대하는 것을 가르

유전 때문일까, 아니면 환경 때문일까?

처서 변화에 접근시키려는 노력이다. 이렇게 보면 교육자가 가져야 할 신념은 비록 과학적 증거가 99%는 유전에 의해 결정되고 환경에 의해 결정될 가능성은 1%밖에 없다고 하더라도, 이 '1%의 환경의 힘에 의해 99%의 불가능을 극복하려는 인간의 프로메테우스적 노력이라는 것'을 수락하는 것이다. 이 같은 변화관에 대한 신념은 과학적 증거 이전에 택해야 할 의사결정이라는 것을 알 수 있다.

4) 계획적

'계획적(planned)'이라는 말의 의미는 여러 가지 시각에서 고찰해 볼 수 있다.

첫째, 계획적이라는 개념 속에는 기르고자 하는, 또 길러야 마땅한 인간의 행동 특성에 대한 명확한 목적 설정과 목적의식이 내재화되어 있는 교사 혹은 교사 역할의 대리자(학부모, 사회인, 지역사회, 대중매체 등)의 의사결정이 전제되어야 한다. 내가 어떠한 행동 특성을 기르려 하고 있으며, 그것이 구체적으로 무엇을 의미하는 것인지, 그리고 그러한 행동 특성을 진정 내가 기르려는 명확한 의식을 갖고 교육하고 있는지에 대한 목적의식이 선행되어야 함을 의미한다. '애국심을 기른다'고 할 때, 애국심이란 행동 특성이 도대체 무엇인지, 그것은 어떤 구체적 증거로 나타나는지, 그리고 그것을 기르고자 하는 나의 목적의식은 뚜렷한지에 관한 의사결정이 선행되어야 함을 의미한다.

둘째, 그것을 기를 수 있는, 즉 '이렇게 하면 이 행동은 변화한다'는 명확한 이론과 경험적 실증의 뒷받침이 있는 것을 뜻한다. 이러한 특징은 교육이 과학적인 패러다임 속에서 이론과 경험적 실증의 체계화를 이루어야 한다는 것을 뜻한다. 이러한 과학적 체계의 조직이 없다면 교육이란 한낱 짐작, 추측, 관례, 관행, 다들 그래 왔으니까 하는 형태의 무계획적 교육이 될 수밖에 없다.

교육은 철저하게 과학의 경험적 실증의 토대 위에 서야 한다. '교육한다' '가르친다'는 일이 철저하게 경험적 실증을 요구하는 것은 교육의 과학적 성질을 부각시키려는 것일 뿐, 그 속에서 가르칠 때의 교육하는 사람의 예술(art)과 상상력이 허용될 여지는 얼마든지 있다. 이 말은 교육을 보는 시각, 교육에 관한 인식과 의지의 체계는 철저하게 과학적이어야 하지만, '교육한다' '가르친다'는 실천의 세계 속에서는 가르치는 사람의 개성적 · 예술적 · 직관적 · 상황적 특성이 얼마든지 허용되고 또 허용되어야 한다는 것을 의미한다. 이는 마치 물리학이 물질세계에 대한 인식의 철저한 과학적 체계라면 건축공학은 물리학이 제시한 과학적 지식의 범주 내에서 개인의 기예적 · 직관적 미학이 개재되어야 되는 것과 비슷한 논리라고 보아도 좋을 것이다.

흔히 우리 주위의 교사들은 학부모나 타인 앞에서 "성심껏 지도하겠습니다." "열과 성을 다해 노력하겠습니다."라고 표현하곤 한다. 이런 말에서 교사의 가르치는 일은 열과 성, 노력, 인내, 부지런함에 의해 규정되고 연구, 이론, 과학, 전문성, 재주에 의해 규정되지 않는다는 교사상을 읽게 된다. 그러나 열과 성보다는 한 가지 재주가 보다 선행되어야 하며, 12시간 부지런하기보다는(이것도 중요하지만) 그것을 6시간으로 줄여서 같은 효과를 낼 수 있는 계획적 이론과 실증 그리고 실천이 필요하다. 이것이 바로 '프로' 다운 교사상이다. 성심껏 해 보겠다고는 하나 경험적 이론과 실천이 뒤따르지 않는 교사의 노력은 비참한 패배감과 공허한 외침밖에 남는 것이 없다.

셋째, 흔히 과학적 · 계획적이라고 하면 '과학＝기계＝공학＝로봇＝컴퓨터＝인공수정＝우주전쟁' 등과 같은 관계를 연상하고, 이 같은 연상을 토대로 인간을 어떻게 '과학적'으로 교육하느냐에 대한 거부감을 나타낸다. 사실 인간을 대상으로 하는 교육만큼 과학적 실증의 논리로만 설명하기 어려운 것도 없다. 그러나 주목해야 할 것은 과학적이라고 하는 말이 갖는 함의가 인간을 기계처럼, 로봇처럼, 혹은 동물처럼 다룬다는 뜻을 내포하고 있지는 않다는 점이다. 교육현상을 과학적으로 보자는 것은 인간의 자유, 평등, 복지를 위해 그리고 인간화를 위해 과학의 논리와 과학적 지식의 패러다임을 이용하려는 것에 불과하다. 이것은 모든 과학이 갖는 공통된 논리라고 할 수 있다.

또 하나의 문제는 인간 행동을 계획적으로 변화시키는 것이 교육이라고 정의할 때 교육목적 속에는 어차피 가치 문제가 개재되게 마련이라는 것이다. 그러면 이같이 정의된 교육이 가치중립적인 것인가라는 질문이 제기될 수 있다. 교육에서 다루려는 행동 특성은 어차피 특정 문화 속에서 가치의 여과작용을 거쳐 선택된 것이기 때문에 가치중립적일 수 없다. 교육목표에 관한 가치의 문제는 가치란 무엇인가라는 기준의 문제, 왜 그것이 가치 있다고 보는가의 선택의 문제, 그리고 가치 있는 것을 어떻게 교육에 여과시키는가라는 어려운 문제에 부딪힌다. 여기에서는 교육에서 무엇을 가치 있다고 보느냐는 것은 한 사회의 전체 가치규범 속에서 연역되어야 할 정당화의 화두이기 때문에 더 이상 논의하지 않는다. 다만 교육에서 가치 문제는 교육을 정의하는 단계에서부터 교육의 효과를 검증하는 단계에 이르기까지 교육자가 언제나 부단히 던져야 할 질문이며, 이에 대한 대답을 가지면서 교육이 진행된다는 점에 유의할 필요가 있다.

▶▶ 2 교육평가의 개념

1) 교육평가의 시각

교육평가란 무엇인가라는 질문에 대해 광범위하게 동의하는 단일한 정의를 제시하기는 어렵다. 시대적으로 정의는 변화되어 왔고, 교육이론의 변화에 따라서도 다양하게 변화되어 왔다. 어떤 전문가는 교육평가를 교육측정과 동일시하기도 하고, 또 어떤 전문가는 특정한 교육목표가 어느 정도 성취되었는가를 사정하는 것으로 보기도 한다. 어떤 사람은 교육평가를 전문적 판단 현상으로 보기도 하고, 어떤 사람은 과학적 탐구 양식으로 보기도 하며, 또 어떤 사람은 정치적 행위로 보기도 한다. 어떤 연구자는 교육평가를 의사결정을 하는 사람이 보다 현명한 의사결정을 할 수 있도록 그에 필요한 정보를 수집하여 제공하는 행위로 보기도 한다.

이 같은 여러 가지 시각이 갖는 정의의 핵심을 요약하면, '교육평가는 교육과정, 교육 프로그램, 제도, 조직, 정책에 관한 증거와 그것을 수집하는 과정에 대해 가치(value)를 결정하는 행위'라고 말할 수 있다.

교육한다고 하면 거기에는 으레 쉬운 것에서 어려운 것으로 조직되어 있는 일련의 학습과제가 있는데, 학생이 그것을 하나하나 차례로 성취해 나가야 하는 형태로 구조화되어 있다. 따라서 학생이 각 학습과제에서 성공하는 비율은 어려운 학습과제로 이행하면서 감소하고, 교사는 이것에 대해 점수를 부여하거나 평정의 형태로 판단하기 마련이다.

이렇게 보면 교육에는 고정적인 교육과정, 일련의 계열화된 학습과제, 그리고 평가 받아야 할 학생의 세 가지 요소가 있는 셈이다. 이 경우 시험이나 평가는 학생의 학습결과에 대해 으레 점수를 매기고 판정하고 심판하며, 그들을 실패군과 성공군으로 유목화하는 기능으로 간주되어 왔다. 그리고 교사는 실패, 성공을 판단하는 역할만 하면 되고, 그것이 학생과 사회에 어떤 영향을 미치는지에 관해서는 별로 관심 둘 필요가 없었으며, 더욱이 실패군 학생의 복지 문제는 그들의 관심 밖의 일이었다.

이와 같이 인간을 실패군, 성공군으로 유목화한 결과, 성공군은 계속해서 성공함으로써 자신이 학교체제 속에서 바람직한 인간, 능력 있는 인간, 적절한 인간이란 개념을 갖게 되며, 반면 실패군은 계속해서 실패함으로써 자신이 못난 몸, 바람직하지 않은 인간, 쓸모없는 인간이라고 스스로 낙인찍어 버린다. 이와 같이 계속적인 실패의 경험을 12년이란 학교교육 기간 동안 경험하면 그것은 곧 부정적인 자아개념을 형성하고 결국에는 인성발달에 결정적인 상처를 입는다.

이와는 반대로 교육평가를 교수 및 학습을 개선하고 학생의 학습에 도움을 주는 것으로 변화시키려는 관점도 있다(Bloom, 1968; Cronbach, 1963; Scriven, 1967). 만약 교육평가의 기본 목적이 성공한 학생(수 혹은 우 판정을 받은 학생), 실패한 학생(양 혹은 가 판정을 받은 학생), 겨우 따라오는 학생(미 판정을 받은 학생) 등으로 판정, 분류, 유목화, 선별하는 것에 있다면, 평가는 교수 및 학습 과정의 개선에는 아무런 관련이 없는 활동이 된다. 교육평가가 교수과정과 학습과정에 최대한으로 도움을 주고 그렇게 함으로써 학생의 학교학습 효과를 극대화하는 역할을 하도록 하려는 것이 새로운 교육평가가 지향하는 방향이다. 이렇게 보면 교육평가는 '교육 프로그램의 교육효과에 관한 의사결정을 하기 위해서 학습자의 행동변화 및 학습과정에 관한 정보를 수집하고 이용하며 교육적 의사결정을 내리는 데 도움을 주는 과정'이라고 볼 수 있다.

이 같은 시각에서 보아야 할 교육평가는 그 나름의 독특한 명제를 요구한다. 이러한 몇 가지 독특한 명제를 다음에서 논의해 보자.

2) 인간 이해와 인간 규정

교육평가의 과정이나 활동은 그 자체가 목적이 될 수도 있다. 그러나 교육의 전체 과정 속에서 보면 그것은 어디까지나 교육의 목적을 달성하기 위한 수단이지 그 자체가 목적은 아니다. 그러나 이 명제에서의 수단이라는 의미가 목적에 비해 그 중요성이 덜하다는 뜻으로 해석되어서는 안 된다. 다만 목적−수단의 논리적 관계에 대한 인과관계의 도식을 분명히 하려는 데 있다. 우리의 교육 현실이 시험, 평가, 교사로부터 좋은 점수를 받거나 성공하고 합격하는 것이 교육목적의 전부인 것처럼 되어 버린 것에 대한 반성을 촉구하려는 데 그 뜻이 있다. 교육평가는 인간 이해를 위해 존재하는 것이지 인간 규정을 위해 존재하는 것이 아니라는 명제를 교육평가의 중요한 특징으로 이해해야 한다.

첫째, 인간은 현실성보다 가능성이 크고, 주어진 조건보다 개발될 수 있는 잠재 가능성이 무한하다는 명제에 대한 신념을 지녀야 한다. 현재의 그, 현재의 그의 능력, 현재의 그의 성적보다 그것을 극복하고 개발할 수 있는 미래의 그, 미래의 그의 능력, 미래의 그의 인간됨의 가능성이 크고 다양할 수 있다는 사실에 보다 교육적 의미를 부여할 때 거기에서 '인간 이해의 평가' 개념이 발생한다. 이 같은 가능성을 외면하고 현실성에 집착할 때는 거기에 인간을 심판, 판단, 범주화시키는 인간 규정의 의식이 지배하게 된다.

현대인은 직업에 매달려 산다. 산업사회, 공업사회, 정보화사회, 그리고 도시사회에서는 직업이 생활의 원천이기도 하지만 인간을 전락시키고 타락시키는 원천이기도 하다. 고대에서부터 근대에 이르기까지 항상 교사라는 인간이 있었다. 인간과 인간의 만남을 통한 따뜻한 가슴과 호흡의 교류가 있었다. 그러나 산업화사회, 공업화사회, 그리고 정보화된 현대사회 속에서는 교사라는 인간상은 온데간데없고 교사라는 '직업'이 있을 뿐이다.

원래의 출발이야 그렇지 않았겠지만, 지금은 인간을 이해하는 따뜻한 이해자로서의 평가보다는 따지고, 캐고, 야단치고, 판단하고, 심판하고, 분류하는 인간 규정의 관행이 당연시되고 있다. 'IQ 140＝너는 수재' '국어 40점＝너는 바보' '평균점수 50점

"선생님은 제가 원래 머리가 나쁘다고 하셨잖아요."

=너는 낙제생, 게으름뱅이'라는 인간 규정과 심판의 잔인한 결론이 서슴지 않고 선고된다. 이 같은 교사의 의식과 철학 속에는 인간을 이해하고 인간의 가능성이 현실성보다 더 크다는 명제에 대한 프로메테우스와 같은 신념은 찾아볼 수 없다. 교육평가의 목적은 행동 증거를 수집하여 얻은 결과에 의해 '현재 이러하니 어떻게 해야 하겠다'는 발달적·형성적 목적에 이바지하기 위한 것이다. '지금 이 모양이니, 지금 이렇게 훌륭하니'라며 현실성에만 집착하고 학생들이 보다 바람직한 성숙 인격체로 발전할 가능성은 등지고 있을 때, 교육은 흐르지 않는 늪이 되고 비전을 상실한 범속직으로 타락하게 된다. 지금의 문제아, 지금의 성적 불량아, 지금의 골칫덩이가 내일은 보다 나은 인간으로 부화될 가능성이 있음을 믿어 주고, 또 그러한 철학 위에서 교육평가의 이정표가 계획되어야 한다.

둘째, 교육평가의 자료와 대상, 시간은 무한하다는 신념을 지녀야 한다. 학생이 남겨 놓은 낙서 한 줄, 그림 한 장, 일기 하나, 대화 한 마디가 모두 인간 이해의 자료가 될 수 있다는 가능성을 깊이 인식해야 한다. 이러한 흩어진 자료가 교육평가의 자료로 여과되기 위해서 선행되어야 할 것은 그것을 찾고 보는 교사의 눈이다. 교사가 '교과전문가'로만 머물러 있을 때에는 이러한 귀중한 자료는 교육평가의 자료로 활용되지 않는다. 교사는 교과전문가이기에 앞서 '인간 이해자'여야 한다. 한 그림을 보고 구도가 잘 되었느니, 색채의 조화가 좋지 않느니 하고 평가하는 것은 '미술전문가'로서 보는 평가의 눈이요, 그에 앞서 그림을 통해 그 학생의 인간상과 장단점을 이해하고 어떻게 지도

해 주어야 할 것인지와 관련해 학생의 심리, 강점과 약점을 이해할 단서를 찾으려고 하는 것은 '미술교사'가 지녀야 할 평가의 시각이다. 이러한 평가의 눈이 없다면 주위에 널려 있는 많은 정보도 진정한 교육평가의 정보로 승화되지 못한 채 썩어 버린다. 교육평가에서, 넓게는 교육이라는 현장에서 가장 먼저 부각되어야 할 것은 인간 이해자로서의 교사요 평가이며, 그 뒤에 교과전문가로서의 능력과 인식이 따라야 한다.

셋째, 교육평가는 계속적이고 종합적인 과정이어야 한다. 계속성(continuity)이라는 것은 어떤 특수한 장면이나 시간에만 평가를 하지 않고 언제나 전후 맥락, 다양한 상황을 고려한 평가를 해야 한다는 뜻이다. 교육평가는 시험 볼 때에만 존재하는 것도 아니며, 오늘 끝나면 내일은 없는 것도 아니다. 수업을 할 때마다, 숙제를 낼 때마다, 대화를 나눌 때마다, 심지어 학생의 눈동자를 보면서도 평가의 기능은 발휘되어야 한다. 이렇게 누적된 기록 혹은 자료가 학생을 평가하기 위한 전후 통일성, 관련성을 밝혀 준다.

종합성(comprehensiveness)이란 평가의 과정이 한 학생의 특성 전체에 걸친 넓은 면에서 이루어져야 한다는 뜻이다. 학생의 학업성적만 평가하는 것이 교육평가의 전부는 아니며, 그 이외에 태도, 인성, 사회성, 자아개념, 도덕성, 신체발달 등 여러 측면이 고려되어야 한다. 전인(whole man)으로서의 교육목적관은 교육평가의 과정에도 그대로 반영되어야 한다. 한쪽 측면만 본다는 것은 그만큼 불완전하고 편파적이며 미완성된 평가결과를 빚게 마련이다. 예컨대, 학업성적이 낮은 경우, 그것은 지능이 원인일 수도 있고, 잘못된 가정환경 때문일 수도 있고, 신체적 조건이 나빠서일 수도 있고, 잘못된 학습 습관 때문일 수도 있고, 인성에 결함이 있어서일 수도 있으며, 더 나아가서는 이들 전부를 합친 것이 원인일 수도 있다. 그러므로 평가의 과정은 언제나 종합적 시각 위에서 해결의 실마리를 찾아야 하고, 또 그럴 때만 참된 문제 해결이 이루어질 수 있다.

3) 개인차

교육평가는 개인차(individual differences), 즉 인간이 갖고 있는 여러 가지 특성의 인간 변산을 다룬다. 그러나 개인차를 있는 그대로 정확하고 신뢰성 있게 측정하고 밝혀 주며 변별해 주려는 것뿐 아니라, 그와 같은 개인차가 왜 발생하고 무엇이 그것을 발생시키며 그것을 어떻게 통제할 수 있는가, 그럼으로써 인간 특성의 개인차의 변산을 원천으로 해서 그 변산을 극대화하거나, 때로는 극소화하거나, 0으로 떨어뜨리는 극복의 방법을 탐색하려는 것이 평가의 또 하나의 중요한 명제다.

개인차의 현상은 경험의 영향이 커질수록 커진다. 인간의 신진대사 기능, 생리적 특징, 지각 특징, 운동기능 등 비교적 학습과 관련이 적은 유전적 혹은 기질적 요인(organic factor)에 속하는 것은 개인차의 비율이 약 2:1에 불과하다. 하지만 단순한 학습(자극반응, 신호학습 등)에서는 약 3.5:1로 더 벌어지고, 어휘학습에서는 6:1, 학교학습의 교과목에서는 7:1로 커지며, 학년이 높아질수록 개인차는 더 커져 간다.

교육평가를 통해 이 같은 개인차를 현상 그대로 정확히 밝혀 주는 일도 중요하다. 그러나 보다 중요한 것은 개인차가 커지는 이런 현상에 대해 어떠한 교육적 개입을 통해 개인차를 차츰 좁혀 갈 것인지, 그리고 종국에는 개인차를 무로 떨어뜨리는 길이 무엇인지를 모색하는 것이다. 이 같은 점에서 보면 교육평가는 개인차를 확인·통제하는 이론과 전략을 모색하는 것이 목적이라고 해도 좋을 것이다.

개인차를 양의 문제로 보려는 관점과 질의 차이로 보려는 관점이 서로 시각을 달리하고 있기는 하다. 교육평가의 중요한 기능 중의 하나는 이 같은 개인차를 예리하고 신뢰성 있게 변별하는 데 이바지하는 것이다. 그러기 위해 각종 평가방법, 측정도구, 심리검사, 관찰의 기술이 개발되기도 했다. 그러나 평가는 개인차의 변별이나 확인이 아니라 개인차에 관한 정보를 최대한 활용해서 인간의 변산 및 개인차를 좁히려는 것에 그 목적이 있음을 유념해야 한다.

4) 교육의 질 관리

'교육한다'라는 작용이 존재하는 경우, 거기에는 반드시 가르치고 배우는 과정이 존재하기 마련이다. 가르치고 배우는 과정에서 필수적으로 있어야 할 요소는 학생, 교사, 교육내용의 세 가지다. 학생에 따라, 교사에 따라, 교육내용에 따라 여러 가지 다양한 교육현상이 야기될 뿐 아니라 그것들 사이의 상호작용 양태에 따라서도 다양한 교육의 모습이 파생될 것이라는 것을 상상할 수 있다. 한 사람의 교육자가 한 사람의 피교육자

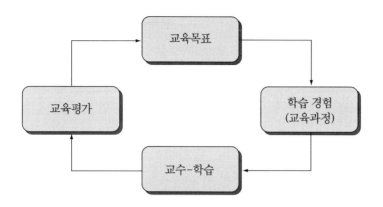

[그림 1-1] 교육의 과정과 교육평가

를 대상으로 가르치는 경우도 있고, 여러 사람의 교육자가 한 사람의 피교육자를 대상으로 가르치는 경우도 있다. 또 여러 사람의 교육자가 여러 사람의 피교육자를 대상으로 가르치는 경우도 있다.

어떤 경우건 교육의 과정은 ① '무엇'을 교육하려고 하는가 하는 교육목표의 확인과 선정, ② 선정된 교육목표를 달성하기 위하여 요구되는 학습 경험을 확인하고 선택·조직하는 과정, ③ 이렇게 조직된 학습 경험의 집합체를 직접 가르치고 배우는 과정, ④ 가르치고 배운 결과 의도했던 교육목표가 얼마나 달성되었는가를 확인하고 검증하는 교육평가의 과정으로 나눌 수 있다.

이 네 가지 과정이 상호 밀접히 유기적으로 관련되면서 역동적으로 순환작용을 하는 것이 교육의 내적 과정이 이루어지는 모습이다. 단순한 교육현상이든 복잡한 교육현상이든, 이 네 가지 과정은 필수적으로 요구된다. 상황과 조건에 따라 어느 과정이 가볍게 다루어지기도 하고 어느 과정이 강조되어 부각되기도 하지만, 교육한다는 현상을 면밀히 관찰하면 이 네 가지 과정은 필수적으로 존재하기 마련이다. 이 네 가지 교육의 순환 과정을 보다 효과적으로 수행하기 위해서는 교육시설, 교육설비, 교육재정, 교사의 조직, 학교경영, 학급경영 등이 필요하며, 더 나아가 국가적 수준의 교육제도나 교육구조도 필요하다.

교육의 과정을 이렇게 보면, 교육평가도 이 같은 전체 과정에 관련된 평가가 이루어져야 할 것을 짐작할 수 있다. 즉, 교육의 질을 관리하고 교육의 질을 높이고 개선하기 위해서 교육평가는 교육의 과정 전체 단계마다, 절차마다 필요한 가치판단 행위로 보아야 한다. 이 같은 의미에서 교육평가는 '교육의 질 관리'를 위한 것으로 규정할 수 있다.

과거에 교육평가라고 하면 주로 학생 개인의 학업성취에 관한 결과 정보의 획득과 판단을 위한 '학생의 학업성취평가'에 치중했다. 학생평가라고 해도 학업성취가 주 대상이었으며, 학생들의 다른 행동 특성에는 별 관심이 없었다. 학생평가의 대상에는 학업성취 이외의 인지적 능력인 지능, 적성, 창의성 등도 포함되어야 하며, 더욱이 흥미, 정서, 태도, 가치관, 자아개념과 같은 정의적 특성도 포함되어야 한다. 이 같은 평가를 통틀어 '학생평가'라고 부를 수 있을 것이다.

교사의 질을 평가하기 위한 '교사평가'도 중요시되어야 한다. 교사는 교육의 질을 결정하는 가장 핵심적이며 결정적인 요소다. 교사의 수업방법, 학생과의 상호작용, 교사 자신의 능력 개발을 위한 기회의 제공 등은 교사평가의 핵심을 이루는 요소들이다. 교사라는 인적자원의 질은 곧 교육의 질을 결정하는 가장 중요한 핵심이 된다.

뿐만 아니라 교사가 학생과 상호작용하면서 투입하게 되는 교육내용의 질이 어떠한가에 따라 교육의 질도 달라진다. 이 같은 교육내용을 거시적으로 접근하는 평가는 '교육과정평가'라고 지칭할 수 있고, 그것을 단위 프로그램의 형태로 보면 '교육 프로그램 평가'라고 지칭할 수 있다. 학교에서 투입하는 프로그램 중에는 교과의 형태를 띤 것도

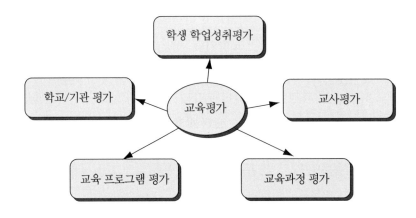

[그림 1-2] **교육의 질 개선을 위한 평가 영역**

있지만 비교과적 형태를 띤 것도 있을 수 있다. '수학교육 프로그램'이 전자의 예라면, '봉사활동 프로그램'은 후자의 예라고 할 수 있다. 학교에서 투입하는 이러한 프로그램의 질을 관리하고 평가하는 것도 교육평가의 중요한 영역이 되어야 한다.

또한 단위 학교 전체를 하나의 조직체로 보고 이것이 교육의 질을 결정하는 데 얼마나 그리고 어떻게 기여하는지를 평가하는 '학교평가'도 중요하다. 학교평가 속에는 학교경영의 목표, 조직, 구성, 구성원, 구성원의 상호작용, 지역사회와의 관계 등 여러 가지 요소가 포함될 수 있다.

교육의 질을 관리하고 개선하기 위해서는 학생평가, 교사평가, 교육과정 평가, 학교평가 등이 모두 포함되어야 한다. 이러한 점에서 현대 교육평가의 외연은 한없이 확대되어 가고 있다.

▶▶ 3 측정관, 평가관 및 총평관

측정이든 평가든 총평(전인격 평가)이든 간에 거기에는 반드시 정보 수집의 과정으로서 검사(testing)라는 도구 혹은 검사의 과정이 뒤따른다. Bloom(1970)은 이러한 검사를 "학습자에게 어떤 변화가 일어났는지, 또 일어났다면 어느 정도인지를 결정하기 위한 증거를 체계적으로 수집하는 과정"으로 정의하고 있다. 이 같은 과정에 접근하는 데는 세 가지 관점, 즉 측정관(measurement), 평가관(evaluation), 총평관(assessment)이 존재한다. 이 세 가지 관점은 목적, 과정, 결과를 관조하는 눈이 서로 다르다. 각 개념에 따라 그것이 상정하는 측정, 인간을 보는 관점, 증거에 관한 해석 등에 기본적 차이를 갖고 있다. 이것은 곧 우리가 평가의 수단으로 이용하고 있는 각종 고사, 검사, 시험 등을 어느 시각에 따라 이해하여야 될 것인지를 분명히 하는 데도 도움이 된다.

1) 측정관

측정의 개념은 Wundt, Galton, Binet 등에 의해 초기의 실험심리학, 심리측정, 검사이론에서 출발한다. 측정관은 다음과 같은 특징을 지녔다.

첫째, 측정의 개념에서 가장 중요시하는 전제는 이 세계에 있는 모든 실재(reality)는 그것이 물질적인 형상이든, 행동적인 형상이든, 정신적인 현상이든 안정성(stability)이 있다는 가정에서 출발한다. 또 그 실재는 인간의 인식과는 독립된 객관적인 형태로 존재하며, 누구나 관찰할 수 있는 형태로 존재한다고 가정한다. 인간의 행동 특성도 고정적이고 불변하며 안정성이 있는 것으로 본다. 따라서 이 같은 가정은 어떤 현상이건 정확·정밀하게 측정해야 한다는 관점을 취하게 된다.

둘째, 측정관은 안정성이 있는 특정한 행동 특성의 어느 시점에서 개인의 반응을 표본하기 때문에 가장 관심을 갖는 것은 개인의 반응 점수의 신뢰성 및 객관성이 유지되느냐는 것이다. 즉, 점수에서 오차가 있느냐 없느냐의 문제가 주된 관심의 대상이다. 만약 신뢰성이 없거나 객관성이 없으면 아무리 타당성이 있는 측정이라고 해도 측정관에서는 쓸모없는 증거, 의미 없는 증거로 간주한다. 요컨대, 신뢰성이 타당성에 우선한다고 보는 것이 측정관이다(신뢰도, 타당도 개념에 대한 자세한 설명은 6장과 7장 참조). 또한 측정도구의 타당성을 논의하는 경우에도 이 측정도구와 다른 측정도구의 상관이 얼마나 있느냐에 의해 결정되는 공인(共因)타당도, 예언타당도에 주목한다. 만약 어떤 행동 특성을 직접적으로 측정할 수 없거나 혹은 할 수 있다고 해도 측정오차가 클 가능성이 있을 때, 측정관은 서슴지 않고 간접적인 측정을 권한다. 예컨대, 국어 이해력을 측정하기 어려우면 대신 어휘검사로 대치할 수도 있다고 보는 관점이다.

셋째, 신뢰성이 높고 객관성이 있는 측정을 하기 위해서는 자연스럽게 측정 절차나 방법에서의 표준화를 요구하기 마련이다. 어느 상황과 시점에서도, 또 누가 측정해도 같은 결과를 얻기 위해서는 측정하는 절차에 표준이 보장되지 않으면 불가능하다. 따라서 그들이 공통적으로 요구하는 것은 표준자극, 표준과제, 표준문제, 표준절차다. 무엇이든지 표준화되어 있을 것을 요구한다. 학생의 학업성취도 표준화된 자극에 반응한 속도와 정확성으로 결정한다. 또한 반응의 결과는 어떤 방법으로든지 양적 형태(예: IQ,

원점수, 반응시간 등)로 표시하고, 다시 이것을 규준집단(normative group)을 토대로 만들어진 규준자료에 비추어 그 의미를 해석하려고 한다.

넷째, 환경을 보는 시각이다. 인간의 여러 가지 특성이 안정성이 있다는 가정을 전제하고 있는 측정관의 시각에서는 이 같은 실재의 안정성에 영향을 미치는 어떠한 외부의 요인도 안정성을 위협하는 존재로 간주할 수밖에 없다. 환경이란 변화를 촉진하는 외부 요인의 총체다. 따라서 측정에서는 환경을 성가시고 귀찮은 존재로 생각하며, 환경에 의해 어떤 변화가 생겼다면 그것은 측정의 정확성을 저해하는 방해변인(disturbing variable)으로 간주한다. 같은 맥락에서 검사의 영향 자체도 측정의 정확성을 저해한다고 보고 그 효과를 통제하거나 극소화하려고 한다. 그러기 위해 표준화라는 과정을 도입한다고 해석할 수 있다.

다섯째, 측정관에서는 측정의 결과를 주로 선발, 분류, 예언, 실험에 이용한다. 이러한 목적을 위해 보다 유용하고 정확한 측정단위를 요구하고, 가능하면 여러 개의 측정을 종합해서 단일 점수나 지수로 표시함으로써 그 능률성을 높이려고 한다.

측정의 최대 장점은 효율성에 있다. 주어진 어떤 준거를 측정할 때 가장 손쉽고 간편하게 이용할 수 있는 것이 측정이다. 이러한 측정관의 대표적인 학자로는 Thurstone (1938)과 Strong(1943) 등을 들 수 있다.

2) 평가관

평가관은 다음과 같은 특징을 지녔다.

첫째, 평가관의 중요한 가정은 존재하는 모든 실재나 인간의 행동 특성은 '변화한다'는 관점에서 출발하고 있다. 교육은 교육적 노력이나 교육적 작용을 투입함으로써 학습자에게 어떤 변화를 일으키려고 하는 것이 궁극적 목적이다. 평가를 위해 동원되는 여러 가지 도구, 검사, 과정, 교사 행동, 학교조직도 학생의 변화에 일차적 관심이 있다. 즉, 평가는 학습자에게 일어난 다양한 변화를 판단하는 일련의 절차로 볼 수 있다.

이와 같이 평가가 변화를 강조하는 데에는 이론적으로 그 변화의 정도를 알기 위해 최소한 두 시점에서의 검사가 요구된다. 즉, 시발점(始發点)에서의 검사와 종착점(終着

点)에서의 검사가 요구된다. 또한 이 변화도 자연적인 변화가 아니며, 반드시 교육목표에 구체화되었던 행동의 변화가 평가의 대상이다. 즉, 교사가 교재를 가지고 교수방법을 투입해서 일으키려고 의도했던 행동의 변화만이 평가의 대상이 된다.

둘째, 평가관에서도 평가도구의 객관성, 신뢰성, 효율성을 문제 삼기는 하지만 이것들은 부차적이고, 가장 핵심적인 것은 평가도구의 내용타당도(content validity) 및 목표타당도다(내용타당도와 목표타당도 개념에 대한 자세한 설명은 8장 참조). 내용타당도는 평가도구가 교수과정에서 의도했던 목표를 얼마나 잘 대표하고 있으며 그것을 측정해 내고 있느냐의 정도에 의해 결정된다. 비록 신뢰도와 객관도가 다소 부족하더라도 교육목표가 제대로 평가되기를 바란다. 그러므로 이 내용타당도를 보장하기 위해 평가에서는 간접적인 증거보다 직접적인 증거를 수집하려고 한다.

셋째, 평가는 교육목표의 달성에 관한 증거에 관심이 있다. 따라서 목표가 다양함에 따라 여러 가지 다양한 증거를 수집할 것을 요구하며, 동시에 증거 수집의 절차도 다양해지는 것을 당연한 논리로 받아들인다. 학생의 작품, 그들이 보이는 복잡한 심리적 과정, 행동, 활동 등 모두가 평가의 증거에 포함된다. 따라서 평가의 증거는 다양할 뿐 아니라 양적 형태일 수도 있고 질적 형태일 수도 있다. 측정관이 표준조건, 표준자극을 요구하는 것과는 전혀 다른 시각에 서 있음을 발견할 수 있다.

넷째, 평가는 학생의 행동변화에 주된 관심을 두지만 동시에 이 변화를 발생시키기 위해 투입된 교육과정, 교과목, 교사, 교수방법, 교수재료, 운영체제의 효과를 평가하는 것도 그 목적으로 한다. 왜냐하면 이러한 것들이 행동변화를 초래하는 환경원이라고 보기 때문이다. 평가는 교육목표가 어느 정도 달성되었는지를 판단하기 위한 것이다. 그러므로 평가의 기준으로 규준적 자료에 의한 판단도 필요하지만, 교육목표에 의거한 표준의 설정과 그것에 기초한 판단을 가장 중요시한다. 필요에 따라서는 학생 자신이 표준이 되어 두 시점의 변화를 비교할 수도 있다.

다섯째, 가장 중요한 특징의 하나는 평가에서의 환경관이다. 측정에서는 환경을 오차변인으로 보는 데 반해서, 평가에서는 환경을 '변화를 야기하는 중요한 자원'으로 본다. 환경이란 변화를 일으킬 수 있고, 개인은 환경과의 상호작용에 의해 변화한다는 변화관에 그 핵심을 두고 있다. 따라서 평가에서는 '무엇이 변화를 일으키는가?' '얼마나 변화를 일으켰는가?' '어떻게 일으켰는가?'라는 것이 항상 핵심 질문이 된다.

교육목표에 비추어 보아 변화를 가장 타당하고 유효하게 일으킬 수 있는 교수방법, 교육과정, 프로그램, 지원체제, 교사 특성, 학급 및 학교 풍토가 무엇인지, 왜 그런지에 관한 정보를 탐색하고 판단하려는 것이 평가관의 시각이다. 이들은 모두 그러한 변화를 야기하기 위해 투입되는 환경원이며, 그것의 교육적 가치는 변화에 기여하는 정도와 그 적절성에 의해 평가된다. 이 같은 시각에서 보면 검사도 중요한 하나의 환경원이 된다.

측정과 평가의 가장 중요한 차이의 하나는 측정은 가능한 한 검사가 미치는 영향을 제한하거나 극소화하려고 하는 반면, 평가는 검사의 영향 자체가 학생의 행동변화를 일으키는 중요한 자원이라고 보고 그것을 활용하려고 한다는 점이다. 즉, 평가에서는 검사가 학생의 행동변화를 야기하는 환경원이라고 보고, 필요에 따라서 그 영향을 극소화하는 혹은 극대화하는 변화 대리자로 활용한다. 더욱이 검사의 문항은 학생이나 교사에게 교육목표를 보다 조작적으로 확인시켜 주는 효과가 있으며, 평가를 빈번히 부과하고 그 결과에 대한 피드백을 적절히 준다면 학생의 바람직한 행동을 발달시키는 데 크게 공헌할 수 있다.

교육평가의 주된 과제의 하나는 교육목표에 구체화된 행동 특성을 의의 있게 변화시킬 수 있는 학습 경험과 교육적 환경의 확인이다. 그것이 인지적인 것이든 정의적인 것이든 심동적인 것이든, 평가는 이 변화를 제대로 포착할 수 있는 방법을 찾는다. 물론 이 같은 평가관을 뒷받침하고 있는 가정은 인간 행동의 변화관에 있다. 그러나 이러한 변화에는 언제나 교육목표에 근거를 두는 목표-수단의 관계가 전제되어 있다.

여섯째, 평가의 증거로는 여러 가지 종류의 증거를 합산한 단일한 총점도 사용하지만 반응 유형, 오류의 유형과 질, 실패의 원인 등을 밝힐 수 있는 질적 증거가 더욱 유효한 증거로 활용된다.

일곱째, 평가의 주된 활용의 하나는 평점, 자격판정, 배치, 진급 등을 위해 개인을 분류하고 판단하는 것이다. 그러나 이에 못지않게 중요한 것은 교수방법, 교수 프로그램, 수업의 과정, 교사의 효율성, 교육과정의 효율성을 판단하기 위해 평가를 활용하는 것이다.

이 같은 평가관을 대표하는 학자로는 Smith와 Tyler(1942), Bloom(1956), Popham

(1988) 등을 들 수 있다.

3) 총평관: 전인격 평가

평가라는 개념 속에서 같이 혼용되고 있는 개념어 중의 하나는 '총평(assessment)' 혹은 '전인격 평가'다. 이 용어는 평가나 사정(査定)으로 번역되기도 한다. 총평이라는 용어는 Murray(1938)가 『인성의 탐구(*Explorations in Personality*)』라는 저서에서 처음 사용했으며, 그 뒤 미국정보국인 CIA의 전신인 OSS(Office of Strategic Services) 총평(1948)에서 사용함으로써 널리 알려지게 되었다. 총평은 '전인격 평가'라고 불러도 좋은 개념이다. 우리나라의 대학 입학사정관이 입학생을 선발할 때 활용하는 평가과정이 총평관의 적절한 예라고 볼 수 있을 것이다. 이 경우에 총평이란 개인의 행동 특성을 특별한 환경, 특별한 과업, 특별한 준거 상황에 관련시켜 의사결정을 하려는 것이다.

총평관의 관점은 의사의 임상적 평가방법(clinical evaluation)에 비유하면 이해가 빠를 것이다. 의사는 어떤 환자의 특정한 증세를 진단하기 위해 여러 가지 과학적이며 객관적인 측정과 검사를 한다. 예컨대, 혈압, 체온, 체중 및 피 검사, 요검사, X선검사, 뇌파검사, 초음파검사 등을 실시한다. 그런가 하면 환자의 과거의 병에 대해서도 알아보며, 현재의 여러 가지 증세나 고통에 대해서도 알아본다. 그러나 이것으로 의사의 진단이 끝나는 것이 아니며, 의사 자신의 임상적 경험과 직접적 관찰에 의한 잠정적인 증상의 분석과 처방이 내려진다. 이렇게 내려진 결과에 따라 투약과 치료를 병행하면서 계속적인 임상결과를 얻고, 이를 토대로 차츰 문제가 되는 증후의 진정한 원인이 무엇인지에 접근해 간다. 이 같은 임상적 평가방법에는 사용하는 측정방법도 다양하지만, 판단을 위한 접근에서도 측정에만 의존하는 것이 아니라 전체적이며 직관적인 판단, 질적인 평가방법, 과거-현재-미래를 통합한 판단이 이용된다. 이 같은 방법이 바로 총평관의 입장과 유사하다.

총평관은 다음과 같은 특징을 지녔다.

첫째, 총평의 가장 주된 특징은 개인과 환경의 '상호작용'에 주목한다는 것이다. Murray는 인간에 대한 전인격 평가인 총평을 하기 위해 인간이 갖고 있는 욕구체제와 인간을 둘러싸고 있는 환경이 주는 압력체제로 나누어 그 사이의 역동적 관계를 분석했다. 이 같은 욕구-압력 체제의 특징은 곧 인간과 환경의 상호작용을 분석하려는 데 있다. 역할이론(role theory)도 환경이 요구하는 역할과 개인이 환경 속에서 수행해야 할 역할 간의 상호관계를 분석·진단하는 데 있다.

총평의 분석방법은 개인이 달성해야 할 어떤 과제 및 준거의 분석과 그 개인이 생활하고 학습하고 작업해야 할 환경의 분석에서 출발한다. 의사가 환자를 대면할 때 먼저 해결해야 할 환부나 징후가 있고, 그것을 위해 측정과 평가가 투입되고 환경을 제공하는 것과 같다. 총평에서는 환경이 강요하는 심리적 압력, 요구하는 역할이 무엇인지를 결정해야 할 뿐만 아니라 그 사이에 존재하는 관계, 일관성 및 갈등을 분석·결정하는 일이 중요한 목표가 된다. 그런 다음 이 환경 속에서 생활하고 학습해야 할 개인에 관한 증거, 예컨대 취약점과 강점, 욕구 및 동기, 인성 특성, 능력 등이 결정된다. 분석의 순서상 환경이 요구하는 압력이나 역할의 분석이 먼저 이루어지고, 이 틀에 비추어 보아 개인의 특성이 그에 적합한지 부적합한지를 분석·결정하게 된다(기업체에서 특정 부서에 배치할 신규사원을 채용할 때의 선발과정 전체를 상상해 보라).

둘째, 총평에서 사용하는 개인에 관한 정보의 수집에는 양적·질적 형태의 다양한 종류가 활용된다. 고도로 구조화된 객관식 검사 형태가 쓰일 수도 있고, 비구조화된 투사적 방법(projective technique)이 쓰일 수도 있다. 흔히 총평에서 사용하는 증거 수집의 방법으로서 객관화된 검사 이외의 것으로는 자기보고 방법, 관찰, 면접, 장면검사, 역할연출, 자유연상법 등이 쓰인다. 이와 같이 다양한 형태를 통해 증거를 수집하기 때문에 총평에서 요구하는 중요한 절차의 하나는 문제 삼는 개인의 행동 특성에 비추어 보아 이 같은 상이한 증거 사이에 어떤 합치성(congruence)이 유지되는가를 검증하는 것이다. 이런 검증, 즉 다양한 형태의 증거를 다양한 사람이 평가해서 어느 합치점에 도달하도록 하는 과정이 곧 총평의 핵심적 과정에 해당한다.

셋째, 총평관에서는 개인에 관한 증거와 환경에 관한 증거 사이에 존재하리라고 상정되는 가능한 관계를 분석함으로써 이 둘 사이에 있을 수 있는 상호작용 혹은 교섭이 어떠한지를 결정하려고 시도한다. 이 같은 증거를 따로따로 단일한 것으로 보지 않고 함께 총합하기 위해서 하는 과정이 환경모형(model of environment)과 개인모형(model of individual)을 창안하는 것이다. 그럼으로써 모든 증거를 개개의 독립된 낱개로서가 아니라 통합된 한 개의 모형 속에서 판단하고 의미를 파악할 수 있게 된다. 따라서 상이한 증거(개인과 환경에 관한) 사이의 합치도를 판정하는 것도 이 개개의 흩어진 증거를 관련시켜 주는 모형 혹은 구인(construct)에 의존하며, 동시에 개인과 환경 사이의 상호작용 분석도 이 모형 혹은 구인에 의존한다. 모형 혹은 구인이라는 것은 곧 이론(theory)이라는 것과도 직결된다. 그러므로 총평에서 관심을 갖는 것은 구인타당도(construct validity)다. 즉, 개인의 구체적 행동 특성과 환경에 관한 증거, 그리고 이 둘 사이의 상호작용에 관한 증거가 가정한 이론 및 구인으로 어느 정도 설명이 가능한가에 따라 구인타당도의 정도는 결정된다. 또한 총평에서는 예언타당도에도 관심을 갖는다(예언타당도 개념에 대한 자세한 설명은 7장 참조). 즉, 개인과 환경의 구체적인 상호작용을 어느 한쪽의 특성에 관한 정보에 의해 얼마나 예언할 수 있느냐가 문제가 된다.

넷째, 총평의 용도는 예언, 실험, 분류다. 그러나 지금까지 총평에서는 주로 환경의 특성, 준거의 특성에 관한 분석에 치중한 편이고, 이들 사이의 상호작용에 관한 새로운 분석방법은 별로 발전되지 못한 편이다. 그중에서도 특히 강조되어 온 측면이 환경의 분석 및 검사 방법이다.

Wolf(1964), Hess와 Shipman(1965), Pace와 Stern(1958) 등은 총평관의 대표적인 공로자로 내세울 수 있다.

지금까지 평가의 개념이 측정의 개념 및 총평의 개념과 어떻게 다른가를 논의하는 과정에서 그들 사이에는 여러 가지 특징에서 차이가 존재함을 알 수 있었다. 비록 같은 증거를 수집하는 검사도구를 사용한다고 해도, 그것을 평가관의 관점에서 사용하는 경우와 측정관의 관점에서 사용하는 경우 그리고 총평관(전인격 평가)의 관점에서 사용하는 경우에는 전혀 다른 시각에서 접근하게 되고, 그 결과도 전혀 다른 시각에서 해석할 가능성이 있음을 알 수 있었다.

이 세 가지 관점은 서로 보완적인 위치에 있다. 평가는 특수한 경험에 의해 학생에게 일어난 변화의 정도를 결정하는 데 관심이 있다. 그러나 이런 변화를 기술하고 검사하는 능률적이고 정확한 방법은 측정의 힘에 의존하는 바가 크다. 개인이 어떤 상황에서 가장 높은 능률을 나타내고 적응할 수 있는가를 알기 위해서는 전인격 평가와 적합도를 문제 삼는 총평의 방법을 사용해야 한다. 이와 같이 평가, 측정, 총평은 그 관점이 서로 다르기 때문에 구별되기도 하지만, 교육의 실제 상황에서는 서로 보완적인 관계에 있음도 유의해야 한다.

또한 한 검사도구를 측정관에서 사용할 경우와 평가관에서 사용할 경우에는 각각 그 목적, 기능, 역할이 달라진다. 이 말은 곧 같은 하나의 검사를 어느 목적으로도 변용해서 사용할 수 있다는 뜻이 된다. 비록 그것이 측정관의 시각에서 만들어진 검사라 하더라도, 필요에 따라서는 평가관의 목적에 맞게 변환해서 사용할 수 있다는 것이다.

요약

- 교육평가에 관한 논의를 전개하기 위한 전제 개념으로서 교육은 '인간의 행동 특성을 계획적으로 변화'시키려는 인간의 노력으로 규정할 수 있다.

- 인간의 행동 특성은 인지적 영역, 정의적 영역, 심동적 영역의 세 가지로 분류할 수 있다.

- 교육이란 본질적으로 인간을 대상으로 기대하는 것을 가르쳐서 변화에 접근시키려는 노력이다. 이렇게 보면 교육자가 가져야 할 신념은 비록 과학적 증거가 99%는 유전에 의해 결정되고 환경에 의해 결정될 가능성은 1%밖에 없다고 하더라도 이 '1%의 환경의 힘에 의해 99%의 불가능을 극복하려는 인간의 프로메테우스적 노력'을 중시하는 변화관에 대한 신념이다.

- 교육평가는 '교육과정, 교육 프로그램, 제도, 조직, 정책에 관한 증거와 그것을 수집하는 과정에 대해 가치를 결정하는 행위'라고 정의할 수 있다.

- 교육평가는 인간 이해를 위해 존재하는 것이지 인간 규정을 위해 존재하는 것이 아니라는 명제를 교육평가의 중요한 특징으로 이해해야 한다.

- 교육평가는 개인차, 즉 인간이 갖고 있는 여러 가지 특성의 인간 변산을 다룬다. 그러나 개인차를 있는 그대로 정확하고 신뢰성 있게 측정하고 밝혀 주며 변별해 주려는 것뿐 아니라, 이 같은 개인차가 왜 발생하며, 무엇이 그것을 발생시키며, 그것을 어떻게 통제할 수 있는가 등의 방법을 탐색하려는 것이 평가의 또 하나의 중요한 명제다.

- 교육의 과정은 교육목표의 확인과 선정, 교육목표 달성을 위한 학습 경험의 선택과 조직, 조직된 학습 경험의 집합체를 직접 가르치고 배우는 과정, 그리고 교육목표가 얼마나 달성되었는가를 확인하고 검증하는 교육평가의 과정으로 나눌 수 있다.

- 교육의 질 개선을 위한 교육평가는 학생의 학업성취평가뿐만 아니라 교사평가, 교육과정 평가, 교육 프로그램 평가, 학교/기관 평가를 그 대상으로 한다.

- '학습자에게 어떤 변화가 일어났는지, 또 일어났다면 어느 정도인지를 결정하기 위한 증거를 체계적으로 수집하는 과정'으로서 교육평가에 접근하는 관점에는 측정관, 평가관, 총평관이 존재한다.

- 측정관, 평가관, 총평관은 그 관점이 서로 다르기 때문에 구별되기도 하지만, 교육의 실제 상황에서는 서로 보완적인 관계에 있다.

함께 풀어 봅시다

1. 교육목표의 진술과 가장 먼 것은?
   ① 인지적 행동　　　　　　　　② 변화
   ③ 계획적　　　　　　　　　　　④ 사회의 필요
   ⑤ 생리적 현상

2. 교육평가에서 가장 핵심적인 목표는?
   ① 학생의 학업성취 판단　　　　　② 교수-학습 과정의 질 판단과 개선
   ③ 학생 행동 특성의 개인차 판단　　④ 학교체제의 효율성 판단
   ⑤ 교사의 능력과 수업방법의 평가

3. 전인격 평가(총평관)에서 가장 강조하는 것은?
   ① 정확하고 신뢰성 있는 검사의 활용
   ② 수업목표의 달성에 관한 양적 · 질적 증거
   ③ 개인과 환경의 상호작용에 관한 증거
   ④ 적극적인 수행평가의 활용
   ⑤ 입학생 선발을 위한 객관적 측정도구의 활용

4. 표준화 지능검사가 가장 강조하는 입장은?
   ① 측정　　　　　　② 평가　　　　　　③ 총평
   ④ 종합성　　　　　⑤ 역사성

5. 교육목적을 '인간 행동의 계획적 변화'라고 진술했다. 여기서 계획적이라는 뜻에 가장 적합한 것은?
   ① 교사의 열과 성의　　　　　　② 가치중립적 태도
   ③ 예술적 상상력과 직관적 안목　④ 체계적이고 완벽한 전략
   ⑤ 합리적 이론과 실제

6. 평가관과 측정관을 구분하는 핵심적 차이는 무엇인가?

7. '개인차'에 대해 측정관에서 이해하는 바와 평가관에서 이해하는 바는 어떻게 다른가?

8. 학생평가, 교사평가, 학교평가 사이에는 어떤 차이가 있는가?

9. 교육평가의 실제에서 '인간 규정'이라고 볼 수 있는 예를 두 가지 들어 보자. 왜 그렇다고 생각하는가?

10. 교사의 상상(력)은 교육평가에 도움이 될 수 있는가? 왜 그렇다고 생각하는가?

※객관식 문항 정답은 부록 참조

 참고문헌

정범모(1971). 교육과 교육학(신교육학전서 1). 서울: 배영사.

황정규(1998). 학교학습과 교육평가. 서울: 교육과학사.

Bloom, B. S. (1956). *Taxonomy of educational objectives: Handbook 1. Cognitive domain*. New York: David McKay.

Bloom, B. S. (1968). Learning for mastering. *UCLA Evaluation Comment, 1*.

Bloom, B. S. (1970). Toward a theory of testing which includes measurement, evaluation and assessment. In M. C. Wittrock & D. E. Wiley (Eds.), *The Evaluation of instruction* (pp. 25-50). New York: Holt, Rinehart & Winston.

Comber, L. C., & Keeves, J. P. (1973). *Science education in nineteen countries: International studies in evaluation, 1*. New York: John Wiley & Sons.

Cronbach, L. J. (1963). Evaluation for course improvement. *Teachers College Record, 64*, 672-683.

Eisner, E. W., & Vallence, E. (1974). *Conflicting conceptions of curriculum*. Berkeley, CA: McCuthan Pub. Co.

Foshay, A. W. (Ed.) (1962). *Educational achievement of 13-year olds in twelve countries*. Hamburg: UNESCO Institute for Education.

Hess, R. D., & Shipman, R. (1965). Early experience and socialization of cognitive mode in children. *Child Development, 36*, 869-886.

Husen, T. (Ed.) (1967). *International study of achievement in mathematics: A comparison of twelve countries* (Vols. 1, 2). New York: John Wiley & Sons.

Krathwohl, D. R., Bloom, B. S., & Masia, B. B. (1964). *Taxonomy of educational objectives: Handbook 2. Affective domain*. New York: David McKay.

McClleland, D. C. (1961). *Achieving society*. New York: Van Nostrand-Rheinhold.

Murray, H. A. (1938). *Explorations in personality*. New York: Oxford University Press.

Pace, C. R., & Stern, G. G. (1958). An approach to the measurement of psychological characteristics of college environments. *Journal of Educational Psychology, 49*, 269-277.

Popham, W. J. (1988). *Educational evaluation* (2nd ed.). New Jersey: Prentice-Hall.

Scriven, M. (1967). The methodology of evaluation. In R. Tyler, R. Gagne, & M. Scriven (Eds.), *Perspectives on curriculum evaluation, AERA Monograph series on Curriculum Evaluation, No. 1*. Chicago: Rand McNally.

Simpson, E. J. (1966). The classification of educational objectives. Psychomotor domain. *Illinois Teacher of Home Economics, 10*, 110-144.

Smith, E. R., & Tyler, R. W. (1942). *Appraising and recording student progress*. New York: Harper & Brothers.

Torney, J. V., Oppenheim, A. N., & Farren, R. F. (1976). *Civic education in ten countries: An empirical international studies in evaluation, VI*. New York: John Wiley & Sons.

Wolf, R. M. (1964). The identification and measurement of environmental process variables related to intelligence. Unpublished doctoral dissertation University of Chicago.

Chapter 02

교육평가 모형

교육평가 모형(model)이란 교육평가의 다양한 현상을 가시적이고 단순한 형태(parsimonious rule)로 나타내기 위한 하나의 표상 형식이다. 다음 예는 모형의 일반적 특성을 추론해 보기 위해 라이트 형제의 비행기 모형, 아인슈타인의 상대성이론, Carroll의 학교학습모형을 나타낸 것이다.

라이트 형제는 사람이 새와 같이 날 수 없을까를 고민하면서 새와 유사한 비행기를 고안해 내고 하늘을 나는 시험비행을 최초로 함으로써 현대 비행기의 모형을 완성하는 데 기여함은 물론 오늘날 비행기 모형의 선구자적 역할을 하였다.

물리학에서 질량-에너지 동등성(mass-energy equivalence)이란 모든 질량은 그에 상응하는 에너지를 가지고 그 역(모든 에너지는 그에 상당하는 질량을 가진다) 또한 성립한다는 개념이다. 이것은 알베르트 아인

슈타인의 1905년 논문에서 처음 발표되었다. 경험적으로 확인·검증되어 하나의 이론으로 체계화된 그 수리적 모형은 다음과 같다.

$$E = mc^2$$

(E는 에너지, m은 질량, c는 진공 속의 빛의 속도를 나타낸다. 즉, 에너지 = 질량×광속의 제곱이다.)

$$학습의\ 정도 = f \frac{학습에\ 실제로\ 사용한\ 시간}{학습에\ 필요한\ 시간}$$

Carroll의 학교학습모형은 학교학습의 정도는 시간의 함수로 나타낼 수 있음을 모형화한 것이다. 이 모형이 시사하는 것은 학생의 적성에 대한 개념을 시간의 개념으로 파악할 수 있다는 것인데, 이러한 아이디어를 기초로 Bloom의 완전학습이론도 등장하게 되었다.

교육에서 모형화는 어떤 의미가 있으며, 이러한 모형을 탐구한다는 것은 교육평가에서 왜 필요하고 중요한 것일까? 모형은 어떠한 형태로 표상되며, 그것의 속성은 무엇인가? 모형의 유용성은 무엇이며, 모형화하는 목적은 무엇인가?

이 장에서는 교육평가라는 추상적인 하나의 교육현상을 구체적인 실체로 모형화하는 것이 어떠한 의미가 있으며, 학자들은 어떻게 모형화를 시도하였으며, 그 특징과 장단점은 무엇인가를 알아보고자 한다.

학/습/목/표

- 교육평가 현상을 모형화한다는 것이 무엇을 의미하는가를 말할 수 있다.
- 추상적인 교육평가 현상을 구체화된 교육평가 모형으로 형상화할 수 있다.
- 다양한 교육평가 모형의 특징과 장단점이 무엇인가를 비교하여 요약할 수 있다.
- 교육평가 현상 중 하나의 사례를 나름대로 모형화하고 그 특징을 제시할 수 있다.

▶▶ 1 교육평가 모형 탐구의 필요성과 의의

모형은 사전적 정의에 의하면 "기존 또는 계획 예정인 대상물(실물)의 입체적인 특성을 명시하기 위해 실물을 본떠 만든 것"이라 하여, 크게 "학문이나 산업의 각 분야에서 실험·전시·교육 등의 다양한 용도를 가진 실용적인 것과 장식물 또는 제작과정을 즐기는 사람들의 취미대상이 되는 것으로 분류한다. 또 확대모형, 실물크기모형, 축소모형으로 분류하며 용도에 따라 적절히 구분한다."라고 명시되어 있다(두산백과사전).

하지만 학문적으로 통용되고 있는 모형은 이보다 훨씬 확장되고 변형되어 과학적으로 탐구 가능한 대상으로 변환시키는 표상형식의 의미를 내포하고 있다. 모형이라는 용어는 학문 분야마다 다양하게 사용되고 있다. 자동차나 항공기를 설계할 때 이용하는 가상 시뮬레이션 모형, 의학수업에서 인간 내부 장기를 연구하기 위해 사용하는 인체모형, 수업현상을 과학적으로 설명하기 위해 체제적 특성을 모형화한 Glaser의 수업모형, 인간의 교수-학습 동기요인을 네 가지 요소로 압축한 Keller의 동기(ARCS)모형, 질량을 가진 물체들은 서로 그 질량에 비례하여 잡아당기는 힘이 작용한다는 만유인력의 법칙, 그리고 시간의 상대성에 기반을 둔 아인슈타인의 상대성이론[1] 등 다양하다. 이들 각 분야의 모형은 학문 간 성격이나 형태가 전혀 다름에도, 몇 가지의 공통적인 속성을 지니고 있다. 이들 모형이 지니는 특성은 다음과 같다.

첫째, 모형이란 현상을 기술, 분석, 해석, 평가하여 최대한 간결하되 총체적 설명력을 극대화하여 나타내려는 것으로 과학이 추구하는 절약의 법칙(parsimonious rule)을 구현하고자 하는 하나의 표상형식이다.

둘째, 모형은 실재를 있는 그대로 모사하거나 상징, 은유 등 비유적으로 나타낼 수도

---

1) 법칙이나 이론도 모두 광의적인 의미에서는 모형의 일종이다. 학자에 따라서는 단순히 기술(description)적 특성만을 나타내는 것을 모형으로 파악하기도 하며, 설명력의 일반화 정도에 따라 법칙, 이론과 구분하기도 한다. 하지만 법칙이나 이론도 모두 모형의 형태로 나타낼 수 있다는 점에서 모형 속에 포함시키는 학자도 있다. 여기서는 후자의 관점을 견지하고자 한다.

있으며, 표현하는 사람이 어떠한 표상형식을 이용하느냐에 따라 텍스트, 그림, 표, 이미지, 수, 방정식, 시(poem), 소리, 영상 등 다양한 모습을 띨 수 있다.

셋째, 모형은 크게 구상의 형태로 존재하는 것과 추상의 형태로 존재하는 것, 두 종류의 형태로 분류할 수 있다. 교육평가와 같은 인문사회 분야의 정신과학에서 추구하는 지식은 대부분 추상적이어서 가시적인 표상형식을 이용하여 어떻게든 구상화하고자 한다. 이들 예로는 수업모형, 교수모형 등을 들 수 있다.

넷째, 모형에 대한 개념은 협의적으로 보느냐 아니면 광의적으로 보느냐에 따라 해석상의 차이가 있을 수 있다. 협의적 의미에서의 모형은 그것이 법칙이나 이론이라고 부르기에는 경험적 검증을 거치지 않아 그 이전 수준에 머무는 정도의 것으로 파악하는 경향이 있다. 반면, 광의적 의미로는 개념, 법칙, 이론 등 이들 모두가 모형의 형태로 존재하는 것이기 때문에 이들 모두를 모형 속에 포함하여 해석하는 입장이다. 이 책에서는 광의적 의미로 파악하는 입장을 견지한다.

다섯째, 교육평가의 현상을 모형화한다는 것은 추상적인 형태를 구상화함으로써 관념 수준에 머물고 있는 것을 경험적 대상으로 바꾸고자 하는 하나의 과학적 노력이다. 따라서 특히 추상적인 형태를 구상적인 형태로 모형화할 경우에는 논리실증주의의 한계로 지적되는 감환(reduction)의 과정에서 나타나는 불가피한 타당성(validity)의 오류를 동시에 갖는 단점도 있다. 그럼에도 관념으로만 존재하는 교육현상을 구체적 실재로 나타내고자 모형화하는 것은 나름대로 많은 이점을 가지고 있다. 그 이점으로는 다음과 같은 것을 생각해 볼 수 있다.

- 과학이 추구하는 기술, 설명, 예측, 통제를 용이하게 해 준다.
- 의사소통 시 혼동의 요소를 제거해 준다.
- 과학적으로 검증 가능하게 해 준다.
- 추상적이고 복잡한 교육평가 현상에 모형이라는 논리의 틀을 제공해 준다.

▶▶ 2 교육평가 모형

교육평가 모형은 교육평가 현상이 어떠한 양태로 존재하느냐에 따라, 그리고 교육평가라는 현상을 어떻게 바라보고 인식하느냐에 따라 다양하다. 학자에 따라 분류하는 방식에 차이가 있기는 하나, 여기서는 교육평가 모형을 목표성취모형, 의사결정모형, 연구수행모형, 전문가판단모형, 법정판결모형, 정치적 협상모형, 자연주의 모형으로 분류하여 제시하고자 한다.

1) 목표성취모형: Tyler

(1) 주요 특징

Tyler는 '교육평가(educational evaluation)'라는 용어를 최초로 사용한 학자다. Tyler가 공식적으로 사용한 교육평가라는 용어의 의미가 목표의 도달 여부에 초점을 두고 있기 때문에 Tyler 이후에 등장한 다른 관점 및 특성과 구별하여 목표성취모형이라 일컬어지고 있다. 이처럼 교육평가의 목표성취모형이란 사전에 수립해 놓은 목표를 평가의 준거로 삼아 그 목표가 어느 정도 성취되었는지를 판단하는 데 초점을 두는 평가접근 방식이다.

Tyler의 목표성취모형을 그림으로 나타내면 [그림 2-1]과 같다.

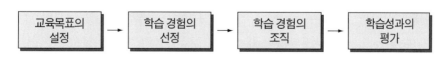

[그림 2-1] Tyler의 목표성취모형

(2) 배 경

Tyler는 '8년 연구' 프로젝트를 수행하면서 목표에 비추어 보아 그것이 성취되었는가 하는 평가모형을 처음 고안해 내었다. 8년 연구는 1933년부터 8년간 학교교육의 효과를 분석하기 위해 이루어진 비교적 장기적인 종단적 연구로, 미국의 고등학교 교육의 성취 정도가 어느 정도인지를 확인하기 위한 것이었다. 이 연구는 전통적인 교육과 진보주의 교육의 효과는 각기 다르게 설정한 교육목표에 비추어 보아 분석이 이루어져야 한다는 가정하에 이루어졌다. 이러한 평가철학적 배경하에 탄생된 것이 목표성취모형으로, Tyler는 교육을 통해 학생이 성취하고자 하는 바람직한 행동의 변화를 교육목표로 설정한 후 이러한 변화가 학생에게 실제로 어느 정도 일어났는가를 확인하는 것이 평가라고 규정하였다.

(3) 의 의

Tyler(1950)는 교육평가를 사전에 수립한 교육목표에 맞게 교육내용이 얼마나 잘 가르쳐지고, 교육과정을 통해 교육목표가 어느 정도 성취되었는가를 판단하는 과정으로 개념화하였다. 이러한 Tyler의 목표성취모형은 다음과 같은 점에서 그 의의를 찾아볼 수 있다.

- 교육평가라는 영역을 교육의 다른 영역과 차별화하여 최초로 개척하고 개념화하였다.
- 교육과정과 평가의 논리적 일관성을 유지해야 함을 강조하였다.
- 심리측정이론에 기반한 검사나 측정으로부터 교육평가를 분리하여 독립학문으로 성립하게 되는 출발점이 되었다.
- 학교교육의 효과 평가를 수행함에 있어서 교육목표와 같은 명확한 평가기준 제시의 필요성을 강조하였다.
- 목표의 중요성을 강조함으로써, 교육 프로그램의 개발자나 교사들로 하여금 목표 달성 여부의 확인을 통해 자신들의 교육활동에 대한 책무성을 가지도록 자극했다.

(4) 비 판

목표성취모형은 교육평가라는 용어를 최초로 사용하는 등 학문적 발전에 큰 기여를 하였지만, 다음의 지적과 함께 비판을 받기도 한다.

- 행동적 용어로 진술하기 어려운 목표에 대한 평가는 처음부터 아예 의도적으로 제외시킨다는 비판을 받는다. 학생의 모든 행동변화를 행동적 교육목표로 진술하여 그 성취 정도를 판단하는 것은 불가능하다는 점을 간과하고 있다.
- 목표로 설정하지 않은 교육의 잠재적 효과에 대해서는 아예 평가를 하지 않는다는 비판을 받는다. 잠재적 교육과정이 엄연히 존재함에도 불구하고 교육의 목표로 설정하지 않고 제외시킨 것을 소홀히 하는 것은 목표성취모형의 한계라는 지적이다.
- 목표가 도달된 결과에만 초점을 두어 교육의 과정 자체를 소홀히 하는 결과를 초래할 뿐 아니라, 교육의 과정 자체에 대한 평가도 소홀히 한다는 한계가 지적되고 있다.
- 교육이 이루어지는 과정에 대한 평가는 하지 않기 때문에 수단과 방법을 가리지 않고 목표성취라는 결과만 좋으면 그만이라는 비교육적 사태를 초래한다는 비판을 받는다.

(5) 강 점

Tyler의 목표성취모형이 소개된 이래, 목표성취모형에 대한 심층적 연구와 발전 못지않게 대안적 평가모형이 등장하게 되었다. 그럼에도 목표성취모형은 현재까지도 널리 활용되고 있는 가장 강력한 평가모형 중 하나다. 목표성취모형의 강점은 다음과 같다.

- 교육목표, 교육내용, 교육평가 간의 논리적인 일관성을 갖고 있다.
- 명확한 평가기준에 근거하여 평가를 과학적으로 실시할 수 있다.
- 평가를 통해 교육목표의 실현 정도를 명확히 파악할 수 있다.

- 교육목표의 도달 여부를 파악하기가 상대적으로 용이한 능력 요인의 경우, 단기
간 성취를 달성목표로 했을 때 교육적 효과를 즉시적으로 평가할 수 있다.

2) 의사결정모형: Stufflebeam

(1) 배 경

의사결정모형은 1960년대 체제이론의 영향하에 이를 원용하여 평가에 적용한 것이
다. Stufflebeam은 의사결정모형으로 CIPP(Context – Input – Process – Product) 모형
을 제안하였다. 의사결정모형이란 최선의 의사결정을 위해 체제적 관점(system
approach)인 환경–투입–과정–산출 요인을 총체적으로 고려하여 적용할 수 있는 평가
모형이다. 평가에 대한 의사결정모형은 기본적으로 투입 대비 산출의 효율성이 어떠한
가에 초점을 두고, 제반 환경(context)과 과정(process)을 동시에 고려하는 접근방식이
다. 따라서 의사결정모형에서 평가란 의사결정자에게 환경–투입–과정–산출 요인에
관한 필요한 정보를 총체적으로 제공함으로써 최선의 의사결정을 지원하는 과정이다.

학교교육과 관련하여 다양한 정책을 수립하고 추진하는 데 있어 학교행정가는 경영
적 관점에서 의사결정모형을 적용할 수 있다.

(2) 주요 특징

의사결정모형의 주요 핵심은 교육감, 교육장, 학교장 등과 같은 교육정책 결정권자
는 기본적으로 경영적 관점에서 올바른 의사결정을 내리는 데 필요한 정보를 수집, 분
석, 종합할 수 있도록 평가가 기능하여야 한다는 것이다.

Stufflebeam은 조직 내 의사결정은 다음 네 가지의 유형에 따라 단계적으로 이루어
져야 함을 제안한다.

- 계획 단계: 이 단계에서는 조직의 경영목표를 확인하거나 선정하는 등의 의사결정
(planning decision)이 이루어진다.
- 구조화 단계: 이 단계에서는 목표 달성에 적합한 절차나 전략을 설계하는 등의 의사

결정(structuring decision)이 필요하다.

- 실행 단계: 이 단계에서는 구조화 단계에서 결정된 절차나 전략을 행동으로 옮기는 것과 관련된 의사결정(implementing decision)이 이루어진다.
- 결과 단계: 이 단계에서는 목표가 달성된 정도를 판단하고 의견을 제시하는 의사결정(recycling decision)이 필요하다.

평가는 이러한 네 단계에서의 의사결정에 도움이 되는 정보를 제공하는 기능을 한다. Stufflebeam은 이 네 단계의 의사결정을 위해 이루어지는 평가 또한 네 가지 유형(CIPP)으로 구분하고 있다.

- 맥락평가(context evaluation: C): 계획 단계의 의사결정에 도움이 되는 정보를 제공하기 위한 평가로, 주로 구체적인 목표수립의 배경과 상황 및 환경적 여건을 파악한다.
- 투입평가(input evaluation: I): 구조화 단계의 의사결정에 도움을 주기 위한 평가로, 현재 어떠한 산물이 투입되고 있고 앞으로는 어떠한 산물이 투입되어야 하는가를 파악한다.
- 과정평가(process evaluation: P): 실행 단계의 의사결정에 도움을 주기 위한 평가로, 구조화 단계에서 수립한 전략이 실행되는 과정에서 고려해야 할 점, 발생 가능한 사건 등을 파악한다.
- 산출평가(product evaluation: P): 결과 단계에서의 활용을 위한 평가로, 전체 과정을 통해 산출된 결과의 가치를 판단하는 데 도움이 되는 정보를 수집한다.

CIPP 모형에서 의사결정 유형에 따른 평가를 도식화하면 [그림 2-2]와 같다.

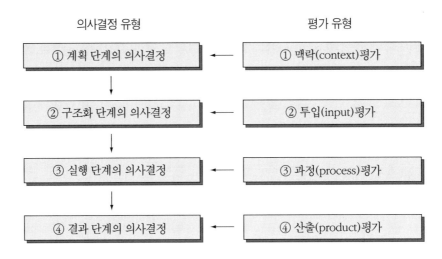

의사결정 유형   평가 유형

① 계획 단계의 의사결정	←	① 맥락(context)평가
② 구조화 단계의 의사결정	←	② 투입(input)평가
③ 실행 단계의 의사결정	←	③ 과정(process)평가
④ 결과 단계의 의사결정	←	④ 산출(product)평가

[그림 2-2] Stufflebeam의 CIPP 모형

(3) 강점 및 의의

의사결정모형은 목표성취모형에서 강조하고 있는 목표와 결과에만 초점을 두지 않고, 그러한 목표가 수립된 배경과 환경 및 상황, 그리고 그러한 목표가 실현되는 과정을 모두 고려하여 목표와 결과의 관계를 해석하고 개선하는 데 초점을 두고 있다. 따라서 다음과 같은 장점을 가진다.

- 교육 관련 의사결정을 함에 있어서 정책수립의 배경과 환경을 고려하여 목표의 적절성 여부를 판단한다.
- 교육 관련 의사결정을 함에 있어 단순히 목표와 그것의 성취 여부에만 관심을 기울이기보다는 요소의 특성, 요소와 요소의 관계, 요소와 전체의 관계 등을 고려하여 부분과 전체를 동시에 파악하고자 하는 관점을 취한다.
- 평가가 단순히 목표 대비 결과를 확인하는 것이라는 인식에서 그치지 않고, 의사결정자에게 도움을 주기 위한 것이라는 평가에 대한 인식의 확장이 이루어졌다는 점에서 의의를 찾을 수 있다.
- 교육 관련 주요 의사결정을 할 때 평가를 통해 신뢰할 수 있는 정보를 수집한 후,

이에 근거하여 최종 의사결정을 하는 평가의 합리적 활용이라는 측면에서 중요한 의미를 갖는다.

3) 연구수행모형: Cronbach

(1) 배 경

Cronbach는 평가를 연구와 동일시한다. 의사결정을 위해 필요한 정보를 수집하고 이용하는 과정을 교육평가라 정의한다. 하나의 사례연구를 수행하듯이 평가에 필요한 자료를 수집, 분석, 해석, 설명하는 방식으로 평가가 수행되어야 함을 강조한다. 기본적으로 질적 연구를 수행하는 과정에서 자료 수집과 분석 및 해석을 하는 것과 마찬가지로 평가에 있어서도 다양한 자료의 수집과 분석 및 해석을 중시하는 발견적 연구 관점이다.

(2) 주요 특징

Cronbach는 교육현상을 가능한 한 상세하게 기술하는 데에 초점을 두고 교육현상의 기술을 곧 평가로 간주한다. Cronbach의 연구수행모형은 다음과 같은 특징을 지닌다.

- 평가를 연구의 수행과정과 동일한 관점으로 파악한다.
- 평가의 목적이 교육의 과정 자체를 개선하는 데 있다고 본다.
- 평가자가 가치판단에 필요한 정보를 제공하는 것이 중요하지, 가치판단 그 자체를 평가자가 해야 할 역할로 보지는 않는다.
- 교육의 과정에 대한 통합적 이해와 맥락의 중요성을 강조한다.
- 평가방법적 측면에서 사례연구 등의 방법을 통한 교육현상의 이해 차원의 평가를 강조한다.

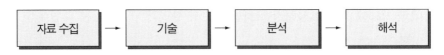

[그림 2-3]   Cronbach의 연구수행모형

(3) 의 의

첫째, Cronbach의 연구수행 평가모형은 평가의 목적에 있어서 목표성취 여부나 결과에 대한 판단보다는 과정의 개선을 중시함으로써 평가를 연구적 관점에서 파악하고자 하였다.

둘째, 평가방법적 측면에서 단순히 양적 접근의 결과 확인, 가설 검증, 목표성취 여부에 그치지 않고, 평가가 이루어지는 과정과 현상 자체를 중시하는 질적 연구와 평가관점을 중시한다.

4) 전문가판단모형: Eisner와 Scriven

(1) 주요 특징

전문가판단모형은 흔히 판단모형(judgemental model)이라 약칭하여 불리기도 하며, 전문가의 전문적인 안목과 식견에 의해 평가가 이루어지는 것을 중시하는 관점으로 다음과 같은 특징을 지닌다.

- 평가자의 전문적 판단을 중시한다. 전문가가 직접 자신의 전문적 지식을 토대로 평가대상의 질과 가치 및 특성을 판단한다.
- 전문적 판단을 위한 전문가의 전문적 자질과 평가기준이 무엇인가가 무엇보다도 중요하다.
- 평가를 전문가에 의한 가치판단으로 보기 때문에, 평가 전문가의 가치관, 철학적 배경, 논리적 사고력과 판단력 등이 특히 중시된다.

(2) 분 류

전문가판단모형에는 Eisner의 비평적 평가모형과 Scriven의 전문적 판단 평가모형 등이 있다. 이들 모형은 모두 전문가의 전문적 판단과 이를 위한 평가 안목이 중요하다. 이러한 관점에서 주장하는 두 모형의 보다 세부적 특징을 살펴보면 다음과 같다.

① Eisner: 교육비평모형

▶▶ 비평적 평가의 등장 배경과 기본 입장

Eisner가 '교육적 감식안과 교육비평'이라는 아이디어를 발표한 것이 대략 1970년대 초다. 1974년경 그가 스탠퍼드 대학의 교내 모임에서 발표한 글의 제목은 「교육적 감식안과 교육비평을 교육적 상황에 적용하기」, 「교육평가 영역에서 활용할 수 있는 교육적 감식안과 교육비평의 형식과 기능」이다. 여기서 두 번째 글은 1976년 『Journal of Aesthetic Education』이라는 학술지에 게재되었다. 이듬해인 1977년에는 『Teachers College Record』라는 학술지에 「교실생활 평가 시 교육적 감식안과 교육비평의 사용에 대하여」라는 글을 발표하였다.

이와 같은 일련의 글의 제목에서 확인할 수 있는 것은 '교육적 감식안과 교육비평'이라는 개념이 처음에는 당시의 양적인 평가 관행, 소위 과학적인 교육평가 관행에 대한 하나의 대안으로 개발되었다는 것이다. 그러므로 Eisner의 '교육적 감식안과 교육비평'이라는 개념은 하나의 질적 연구방법에 해당한다(박승배, 2006).

Eisner(1985)는 예술작품의 비평과 같이 평가가 이루어져야 한다는 질적 접근의 비평적 평가를 주장한다. 아울러 기존의 목표성취모형이나 의사결정모형에서 추구하는 평가접근의 한계를 다음과 같이 비판한다.

- 행동주의 심리학에 기초한 목표중심모형이나 의사결정모형이 교육현상을 둘러 싸고 있는 맥락뿐만 아니라, 질적 특성을 무시한 채 교육현상을 원자론적 사고에 의해 계량화하는 데 초점이 있기 때문에 고유한 특성을 발견할 수 없는 한계가 있다.
- 목표중심모형이나 의사결정모형의 경우 교육현상을 계량화시킴으로써 개별 현상의 고유성을 무시하는 경향이 있다.

- 목표중심모형의 경우 특히 미리 설정된 목표의 성취 여부만 확인하기 때문에 교육의 과정이나 교육이 이루어지는 맥락 속에서 발견될 수 있는 교육현상을 소홀히 하는 경향이 있다.
- 행동주의 심리학에 기초한 평가접근은 교육의 개별적 특성과 인간화 속성을 간과하며, 교육의 질적 측면을 무시한다. 따라서 교육의 비평적 평가접근에 더욱 천착할 필요가 있다.

▶▶ 주요 특징

첫째, Eisner는 예술작품을 감식하는 것과 같은 방식으로 평가가 이루어져야 한다는 질적 접근의 비평적 평가를 강조한다. Eisner는 비평적 평가의 접근방법으로 기술-해석-평가-주제화라고 하는 일련의 과정을 제안한다. Eisner는 자신의 비평적 평가모형을 제안하면서 감상과 비평을 개념적으로 구분한다. 감상은 사물에 대한 경험을 깨닫고 느끼며 이해하는 개인적이며 사적인 차원의 행위인 반면, 비평은 자신이 이해한 바를 새로운 시각에서 그 의미와 가치에 대해 판단을 내리는 사회적이며 공적인 행위라는 것이다. 여기서 감상은 비판적 행동 없이 수행될 수 있으나 감상을 거치지 않은 비평은 존재할 수 없다. 따라서 비평적 평가는 현상을 기술(description)하고, 이를 해석(interpretation)하며, 평가(evaluation)하고, 결론적으로 주제화 단계를 거쳐야 한다. 비평적 평가의 방법론에 대해 Eisner가 직접 밝히고 있는 입장을 살펴보자.

교육비평은 다음과 같은 네 가지 차원, 즉 기술, 해석, 평가, 주제화 등으로 구성된다고 생각할 수 있다. 그러나 내가 미리 밝혀 둘 것은, 교육비평의 구조라고 불릴 만한 이러한 네 가지 차원은 그 자체가 교육비평문을 작성할 때 따라야 할 순서를 규정하는 것도 아니고, 학교나 교실에서 경험한 것들이 이러한 네 가지 차원으로 일목요

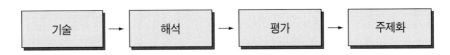

[그림 2-4] Eisner의 교육비평모형

연하게 구분되는 것도 아니라는 사실이다. 교육비평가가 교육비평문을 작성할 때 이 네 가지 차원을 따른다 해도 문제될 것은 전혀 없겠지만, 그렇다고 이 네 가지 차원을 교육비평문을 작성할 때 따라야 할 일련의 순서로 규정하지는 말아야 한다. 교육비평문을 작성할 때 분석적인 목적에서 이와 같은 네 가지를 구별하는 것이 도움이 되기는 하지만 그렇다고 이 네 가지를 완전히 서로 별개인 것인 양 취급해서도 안 된다. 한 마디로 표현하면, 내가 제시하는 네 가지 차원은 '발견의 도구'로 받아들여져야지 하나의 '접근법 처방'으로 받아들여져서는 안 된다(박승배, 2006)."

둘째, 비평적 평가에서 평가자는 마치 포도주를 맛보고 질을 판단하는 와인 감식가와 같이 교육현상을 보고 교육활동의 질을 판단할 수 있는 교육적 감식안을 지녀야 한다. 즉, 평가자의 전문성이 평가결과의 타당성과 합리성을 확보해 주는 가장 중요한 요건인 것이다. 따라서 성공적인 평가를 위해서는 평가자의 교육적·평가적 전문성 확보가 필수적이다. 비평적 평가에서 강조하는 교육적 감식안의 중요성을 '소믈리에'에 비유하여 설명하는 예를 들어 보자.

감식안의 개념을 보다 쉽게 설명하기 위하여 Eisner는 '포도주 감식가'를 예로 들어 설명한다. 우리 주위에 흔한 것은 아니지만, 포도주 감식가는 하나의 직업(이 직업을 '소믈리에'라 부른다)으로 인정받고 있다. 포도주 감식가들은 어떻게 포도주의 미묘한 맛을 구별하고, 어떤 포도주가 몇 년도 어느 지방산인지를 알아내는 것일까? Eisner에 의하면, 포도주 감식가가 되기 위해서는 먼저 포도주를 마셔 봐야 한다. 여기서 포도주를 마신다는 것은 단순히 포도주를 입 안에 부어 넣는 것을 의미하는 것이 아니고 포도주의 맛을 지각하는 것, 느끼는 것을 의미한다. 포도주 감식가가 되기 위해서는 포도주의 맛뿐만 아니라 포도주의 색깔과 냄새에도 신경을 써야 한다. 적색 포도주의 경우 포도주 잔을 옆으로 기울였을 때 그 가장자리의 색깔은 포도주의 나이를 나타내는 것으로서, 보다 진할수록 오래된 것이다. 포도주의 냄새 또한 포도주에 대한 중요한 정보를 담고 있다. 따라서 포도주 감식가는 맛과 색깔과 냄새를 종합하여 포도주를 구별하게 된다.

포도주 감식가는 포도주를 감식하기 위해서 포도주의 맛, 색깔, 냄새뿐만 아니라 포도 농사와 포도주 제조에 관한 일반적인 사항도 반드시 알아야 한다. 어떤 포도주가 몇 년도 어느 지방산인지를 알아내려면 단순히 포도주의 맛, 색깔, 냄새를 확인하는 것만으로는 부족하다. 어느 지역에서 어떤 품종의 포도가 재배되고 있는지, 포도밭이 위치한 각 지역의 연도별 강우량은 어떠한지, 포도주를 제조할 때 각 양조장별로 어떤 기법을 사용하는지 등등에 관한 지식이 뒷받침되지 않으면 포도주 감식가가 될 수 없다. 한마디로 요약하면, 포도주 감식가가 되기 위해서는 포도 재배 및 포도주 제조 과정에 관한 아주 구체적인 '주변 지식'이 필요하다는 것이다(박승배, 2006).

▶▶ 한 계

첫째, 비평적 평가는 평가자의 전문성에 전적으로 의존하는 만큼 평가자 자신이 오차 요인이 될 수 있다. 비평 자체가 가장 높은 수준의 고등정신기능을 요구하는 것이기 때문에 비평을 올바로 할 수 있는 역량을 어떻게 보장할 수 있느냐의 문제가 신뢰성 여부의 관건이다.

둘째, 평가자의 전문성에만 지나치게 의존하는 비평적 평가는 다양한 평가 상황에서 평가의 주관성이나 편파성(bias) 등의 문제가 제기될 수 있다.

셋째, Eisner의 비평적 평가는 교육현장에서 활용될 경우 수행평가를 직접 하게 되는 교사의 평가 전문성 확보 및 신장의 필요성에 많은 시사를 준다.

② Scriven: 철학적 관점으로서의 전문가판단모형

▶▶ 주요 특징

첫째, Scriven의 탈목표 평가(goal-free evaluation) 모형에서는 사전에 설정된 목표만을 기준으로 목표의 실현 여부를 판단하는 평가에서 벗어나 교육의 과정 중에 발생하는 잠재적인 결과의 가치까지도 판단해야 함을 주장한다. Scriven은 평가자의 교육목표에 대한 사전지식이 지나치게 교육목표에 의존케 함으로써 오히려 편견과 비합리적인 사고에 빠지도록 할 수 있다고 우려한다.

둘째, 탈목표 평가에서는 목표성취모형과 달리 사전에 설정된 구체적인 목표라는 평가기준만으로 판단하지 않으므로 어떤 기준에 근거하여 판단을 내리느냐를 결정하는 것이 평가의 타당성을 확보하는 가장 중요한 요건이다. 이것이 바로 전문가로서의 평가자의 역할이 중요한 이유다.

셋째, Scriven은 교육의 과정을 개선하기 위한 평가를 중시하는 Cronbach의 입장과 달리, 교육의 결과를 총체적으로 판단하는 전문적 평가를 중시한다. Scriven은 전문적인 평가자가 해야 할 역할로 의사결정에 도움이 되는 자료를 수집하거나 교육현상에 관해 자세히 기술하는 데서 벗어나, 평가하려는 교육현상이나 대상의 가치에 대해 최종적인 판단을 내려 주는 일이라고 강조한다. 즉, 평가목적과 활동 및 결과를 고착된 것으로 보는 것이 아니라, 교육현상 속에서 끊임없이 재해석하는 과정 자체를 평가라고 본다. 이를 정리하여 하나의 모형으로 제시하면 [그림 2-5]와 같다.

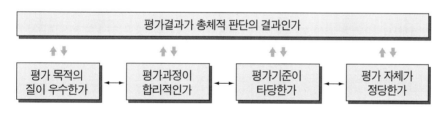

[그림 2-5] Scriven의 전문가판단모형

▶▶ Scriven 평가의 논리와 철학

[그림 2-5]의 모형을 적용하여 검토할 경우, Scriven(1967)은 전문적 판단으로서의 평가를 위해서는 다음과 같은 평가접근상의 개념을 구분할 것을 제안한다.

- 내재적 준거와 외재적 준거의 구별
- 형성평가와 총합평가의 구별
- 목표의 질 자체에 대한 평가접근의 중요성
- 비교평가(comparative evaluation)와 비비교평가(noncomparative evaluation)의 구별

• 탈목표 평가와 목표성취평가의 구별

▶▶ 강점과 의의

첫째, Scriven은 사전에 설정된 목표 이외의 다른 유용한 기준도 총체적으로 판단해야 함을 강조한다.

둘째, Tyler가 주장한 목표성취모형의 한계를 넘어, 사전에 수립된 교육목표 이외의 교육효과에 대한 평가도 이루어져야 함을 강조한다.

셋째, 사전에 제시된 목표 자체에 대한 가치판단도 해야 한다는 주장이다.

5) 법정판결모형: Wolf

(1) 주요 특징

첫째, Wolf(1979)는 평가모형으로 법정판결모형(judicial evaluation model)을 주창하였다. 평가에 대한 법정판결모형은 법정에서 이루어지는 재판과정을 하나의 평가전형으로 모형화하여 평가의 과정을 설명하려는 관점이다.

둘째, 법정판결모형에서 평가자의 역할은 재판과정에서 마치 판사의 역할과 동일하다고 보는 입장이다. 판사가 원고와 피고, 검사와 변호사의 대립 주장을 근거로 배심원의 판결을 내리는 전 과정을 주관하는 것과 흡사하다는 것이다.

셋째, 법정판결모형은 평가의 전 과정에서 재판 진행과정과 마찬가지로 객관성 · 공정성 · 공개성의 원칙을 특히 중시한다. 따라서 이 모형은 어떤 하나의 교육과 관련된 정책이나 제도, 교육과정 등이 어떠한 측면에서 더 적합하고 타당한가를 검토하고, 최

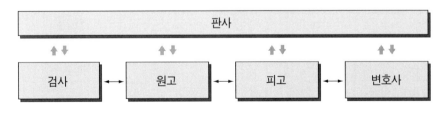

[그림 2-6] Wolf의 법정판결모형

선의 대안을 모색하는 데 매우 적합한 모형이다. 이 평가모형은 교육 관련 프로그램이나 정책 및 제도, 교육과정 등의 적합성을 평가하는 데 유용하게 활용될 수 있다.

(2) 기본 가정과 배경

법정판결모형에서는 법정에서 이루어지는 전 과정을 하나의 평가모형으로 파악한다. 법정판결이 교육정책이나 제도를 수립하고 실행하는 데 적합한 평가모형으로 간주한다(Wolf, 1979). 법정판결모형에서는 일부 변형된 접근이 가능한데, 디베이트 평가모형(debate evaluation model)이나 반론평가모형(adversary evaluation model) 등이 여기에 해당한다. 자신의 주장이 옳다는 전제하에 논거를 충실하게 입증하는 디베이트 평가모형이나, 판사나 배심원 없이 검사와 변호사의 의견대립이 이루어지듯 서로의 주장을 정당화하고자 하는 반론평가모형은 교육의 실제에서도 적용이 가능한 유용한 평가모형이다.

(3) 강점과 한계

법정판결모형의 강점 중 하나는 법정판결은 모든 사람이 지켜보는 가운데 공개적이며 체계적으로 객관적 증거에 입각하여 변론을 하기 때문에 양측의 입장을 충분히 알수 있다는 점이다. 다른 하나는 교육정책이나 제도의 도입과 실행에 있어 첨예한 대립이 있을 경우, 이에 대한 논거를 충분히 경청할 기회가 주어짐으로써 평가과정 자체가직간접적인 교육적 체험의 의미를 지닌다는 점이다.

그러나 법정판결모형의 한계로 지적되는 것도 있는데, 하나는 객관적 사실과는 달리 논리적 설득력과 언변을 지닌 쪽으로 쉽게 판단이 기울어짐으로써 일종의 대중적쇼의 마술에 빠질 수 있다는 점이다. 다른 하나는 법정판결을 위한 토론문화에 성숙하지 못한 사회나 집단에서는 법정판결모형이 객관적 증거와 무관하게 특정 개인이나 사안에 대한 인신 공격과 같은 공개재판의 형태로 변질될 수 있다는 점이다.

6) 정치적 협상모형: Weiss

(1) 주요 특징

Weiss(1983)는 교육정책의 평가에 있어서 정치적 협상모형을 주창한다. 교육정책은 정치적 협상과 타협의 결과로 수립되고 실행되는 것이기 때문에 정책의 입안, 수립, 실행과 관련된 상황하에서는 의사결정모형이나 목표성취모형과는 구분되는 정책분석과 평가를 통해 타협의 과정을 거치게 된다고 본다. 이 모형은 특정 평가행위로 인해서 영향을 받는 이해관계 집단들 간의 권력관계의 조정 과정에 초점을 둔다는 점에서 이해관계자 접근(stakeholder approach)이라고도 한다(김재춘 외, 2006). 이러한 관점에서는 교육이 이해관계자들의 대립에 의해 나온 정책을 통해 비로소 특정 이해관계자들의 이익이 실현되는 것이기 때문에 하나의 정치적 행위로 간주된다.

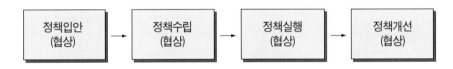

[그림 2-7] 정치적 협상모형

(2) 기본 전제와 배경

정치적 협상모형에서는 인간의 권력관계(power relationship)를 축으로 하여 끊임없이 투쟁하고 대립하며 타협해 가는 일종의 정치적 과정으로 평가를 본다. 따라서 단순히 결과를 확인하거나 의사결정자에게 자료를 제공하는 차원의 평가와는 근본적으로 다른 패러다임이다. 김재춘 등(2006)은 이러한 정치적 협상모형의 특징을 간략히 아주 잘 나타내 주고 있다.

"정치적 협상모형에서는 평가활동을 '평가와 관련된 이해당사자들이 권력관계의 맥락에서 이를 조정하고 경영해 나가는 일종의 정치적 게임'으로 간주한다. 결과적으로 정치적 협상 입장에서의 평가자는 진리의 전달자가 아닌 정보의 전달자이며,

치가로서의 임무를 강조하는 것이다(김재춘 외, 2006)."

(3) 의 의

첫째, 평가에 대한 정치적 협상모형은 본격적으로 평가의 정치적 본질을 인식하기 시작하였다는 점에서 의의를 지닌다.

둘째, 실제로 평가의 과정에서 직·간접적인 영향을 미칠 수밖에 없는 이해관계 집단들에 관심을 가짐으로써 평가의 실제적인 활용도를 확대시켰다는 점을 들 수 있다.

셋째, 교육의 실제 현장에서 수행되는 평가의 과정에는 교사, 학생, 학부모, 교육행정가 등 관련 집단들의 이해관계가 얽혀 있다. Weiss의 정치적 협상모형은 이러한 실제 상황에 관심을 가짐으로써 평가에 대해 좀 더 현실적인 관점을 제시했다는 의의를 지닌다.

7) 자연주의 모형: Guba와 Lincoln

(1) 주요 특징

자연주의 평가에서는 평가자가 Stufflebeam이나 Cronbach가 강조하듯이 의사결정 자에게 봉사하는 역할을 수행하기보다는 평가의 과정에 참여하는 이해관계자들에게 봉사해야 할 것을 강조한다. 자연주의 평가모형의 주요 특징을 정리하면 다음과 같다.

첫째, Guba와 Lincoln(1989)의 자연주의 평가모형(naturalistic evaluation)에서는 평가와 관련된 구성원들이 평가에 적극적으로 참여함으로써 평가활동 자체를 구성해 가는 것을 중시한다.

둘째, 자연주의 평가에서는 평가자를 포함한 이해관계자들이 상호작용 과정을 통해 새로운 것을 만들어 가는 것을 평가로 개념화한다. Guba와 Lincoln의 자연주의 평가는 이해관계자들이 평가과정에 적극적으로 참여하는 것을 특히 강조한다.

셋째, Guba와 Lincoln(1989)은 평가의 과정에서 특히 다음의 다섯 가지 정보를 수집할 것을 제안하고 있다.

- 평가목표, 구체적 환경, 주변의 조건에 관한 기술
- 관련 인사들의 관심
- 관련된 주제들
- 평가대상
- 평가의 가치와 관련된 기준

(2) 배경과 의의

첫째, 자연주의 평가는 평가와 관련된 이해관계자들이 직접 참여해서 주도적으로 만들어 가는 과정을 평가로 보기 때문에 기존의 평가에 대한 접근 관점과는 근본적으로 다른 패러다임이다. 제4세대 평가 패러다임은 평가대상을 수량화한다든가 질적으로 기술하거나 가치를 판단하는 데 목적을 두지 않으며, 이른바 모든 평가 관련자들이 함께 '참여하여 구성하고 귀납적으로 창조한다'.

둘째, Guba와 Lincoln은 자연주의 평가 패러다임을 이전의 평가 패러다임과 구분하여 제4세대 평가이론으로 분류한다. Guba와 Lincoln은 평가이론의 변천과정을 크

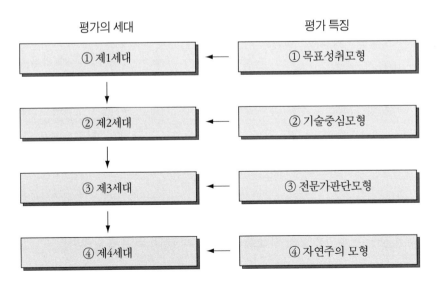

[그림 2-8] 제4세대 평가모형의 분류

게 다음과 같이 네 시기로 분류하고 있는데, 어떠한 특징과 차이점이 있는지를 주목해
보자.

- 제1세대 평가는 Tyler 등이 대표적 학자이며, 측정과 평가를 동일시하던 시대로
  간주한다.
- 제2세대 평가는 Cronbach 등이 대표적 학자이며, 교육현상을 가능하면 상세하게
  기술하는 데에 초점을 두고, 교육현상의 기술을 곧 평가로 간주한다.
- 제3세대 평가에서는 Scriven, Stake, Eisner 등과 같이 전문가에 의한 판단, 즉 교
  육대상의 가치를 판단하는 것을 강조한다. 전문가에 의한 가치판단을 주장하는
  전문가판단 접근의 비평적 평가모형, 탈목표 평가모형, 총체적 평가모형 등을 대
  표적인 제3세대 평가이론으로 꼽는다.
- 제4세대 평가는 Guba와 Lincoln이 스스로 여기에 속한다고 주장하며, 평가의 과
  정에 관련된 개인 또는 집단들이 서로 다른 이해관계에 따라 타협하며 보다 나은
  평가행위를 구성해 나간다고 본다.

요약

- 교육평가 모형은 교육평가라고 하는 하나의 추상적 교육현상을 경험적 대상으로 나타내고자 하는 과학적 노력의 산물이다. 이러한 교육평가 모형은 학자에 따라 매우 다양한 분류체계를 보인다.

- 교육평가 모형은 목표성취모형, 의사결정모형, 전문가판단모형, 연구수행모형, 법정판결모형, 정치적 협상모형, 자연주의 모형으로 분류할 수 있다.

- Tyler는 교육평가를 교육목표의 설정에서부터 학습경험의 선정과 조직, 그리고 교수−학습 과정의 평가라고 하는 하나의 순환적 질 관리와 효과 분석의 측면에서 목표성취모형을 제안하였다.

- Stufflebeam은 의사결정모형으로 CIPP(Context−Input−Process−Product) 모형을 제안하였는데, 최선의 의사결정을 위해 체제적 관점인 환경−투입−과정−산출 요인을 총체적으로 고려하여 적용할 수 있는 평가모형이다. 의사결정모형에서 평가란 의사결정자에게 환경−투입−과정−산출 요인에 관한 필요한 정보를 총체적으로 제공함으로써 최선의 의사결정을 지원하는 과정이다.

- Cronbach는 평가를 연구수행과정과 동일시하는 입장이다. 의사결정을 위해 필요한 정보를 수집하고 이용하는 과정을 교육평가라 정의한다. 하나의 사례연구를 수행하듯이 평가에 필요한 자료를 수집, 분석, 해석, 설명하는 방식으로 평가가 수행되어야 함을 강조한다. 기본적으로 연구를 수행하는 과정에서 자료 수집과 분석 및 해석을 하는 것과 마찬가지로 평가에 있어서도 다양한 자료의 수집과 분석 및 해석을 중시하는 연구적 관점이다.

- 전문가판단모형은 흔히 판단모형이라 약칭하여 불리기도 하며, 전문가의 전문적인 안목과 식견에 의해 평가가 이루어지는 것을 중시하는 관점으로 Eisner의 비평적 평가모형과 Scriven의 판단모형이 대표적이다. Eisner는 예술작품을 감식하는 것과 같은 방식으로 평가가 이루어져야 한다는 질적 접근의 비평적 평가를 강조한다. Scriven의 판단모형은 무엇을 평가하든 그 분야의 평가전문가가 가장 최고의 판단가라고 가정한다.

- 법정판결모형에서는 법정에서 이루어지는 전 과정을 하나의 평가모형으로 파악한다. 디베이트 평가모형(debate evaluation model)이나 반론평가모형(adversary evaluation model) 등도 일부 변형된 것이기는 하나 모두 여기에 해당한다.

- Weiss의 정치적 협상모형에서는 인간의 권력관계를 축으로 하여 끊임없이 투쟁하고 대립하며 타협해 가는 일종의 정치적 과정을 평가로 본다. 따라서 단순히 결과를 확인하거나 의사결정자에게 자료를 제공하는 차원의 평가와는 근본적으로 다른 패러다임이다.

- 자연주의 평가에서는 평가자가 Stufflebeam이나 Cronbach가 강조하듯이 의사결정자에게 봉사하는 역할을 수행하기보다는 평가의 과정에 참여하는 이해관계자들에게 봉사해야 할 것을 강조한다. Guba와 Lincoln은 기존의 평가세대와 구별하여 자신들을 제4세대 평가로 분류하고, 평가의 과정에 관련된 개인 또는 집단들이 서로 다른 이해관계에 따라 타협하며 보다 나은 평가행위를 구성해 나간다고 본다.

학급 활동: 모형 형상화하기 실습

1. 다음과 같은 명칭을 제시하며 그 명칭에 부합하는 구체적인 모형을 형상화해 보자.

[단계 1] 학생들의 눈을 감게 한다.
[단계 2] 아래의 명칭을 불러 주며 그 모양을 형상화하도록 해 본다.
　〈명칭 1〉 잠자리, 비행기, 구름, 미꾸라지, 아지랑이, 민들레, 태양, 빛
　〈명칭 2〉 우정, 사랑, 정의(justice), 동기, 교육, 평가

2. 다음과 같은 활동에 대한 평가를 함에 있어서, 다양한 교육평가의 모형 중에서 어떠한 것이 가장 적합한 것인지를 알아보자.

1) 두 팀으로 나누어 주제에 대한 찬반토론수업을 하는 동안 어느 팀이 더 잘하는가를 평가해 보자.
실제 토론을 하는 수업형태로 만들어 어떻게 평가를 하는 것이 가장 바람직한가를 협의한다.

2) '테니스 치는 자세 올바로 형성하기'는 어떠한 평가모형이 적합한지를 탐색해 보자.

3) '학급 내에서의 면학풍토'를 알아보기 위해서 학급 학생들이 공부를 방해하거나 도움이 되기 위해 어떠한 생각과 행동을 하는지를 평가하는 데에 어떠한 모형이 가장 적합한지 논의해 보자.

4) 대학입학시험으로 수능시험은 어떤 장점과 한계가 있는지를 판단하는 데 적합한 평가모형을 탐색해 보자.

함께 풀어 봅시다

1. 다음 중 잘못 연결된 것은?
   ① 목표성취모형은 목표의 실현 정도를 파악하는 데 초점을 둔 관점이다.
   ② Stufflebeam은 의사결정자에게 필요한 정보를 제공하여 의사결정을 돕는 탈목표 평가를 주장하였다.
   ③ 연구수행모형은 사례연구를 통해 현상 이해적 평가를 강조한다.
   ④ 정치적 협상모형은 평가의 정치적 본질을 인식하기 시작했다는 점에서 의의가 있다.
   ⑤ 법정판결모형은 토론자의 능력에 따라 결과가 좌우될 수 있는 한계가 있다.

2. 다음 중 옳은 것을 고르시오.

> ㄱ. 탈목표 평가는 미리 설정된 목표뿐만 아니라 다른 유용한 기준도 반영하여 종합적으로 판단하는 면에서 Tyler의 목표중심평가의 약점을 보완한다.
> ㄴ. 평가에 대한 법정판결모형은 법정에서 이루어지는 재판과정을 하나의 평가전형으로 모형화하여 평가의 과정을 설명하려는 관점이다.
> ㄷ. 전문가판단모형은 평가자의 전문성을 고려할 필요가 없다.
> ㄹ. 자연주의 평가모형은 평가자와 관련 인사 간의 역동적 상호작용을 통해 서로의 요구에 반응하며 창조해 나가는 과정이다.
> ㅁ. 정치적 협상모형은 이해관계자 접근이라고도 한다.

   ① ㄱ, ㄴ　　　　　② ㄱ, ㄴ, ㄷ　　　　　③ ㄱ, ㄴ, ㄹ
   ④ ㄱ, ㄴ, ㅁ　　　　⑤ ㄱ, ㄴ, ㄹ, ㅁ

3. 교육평가 모형과 대표적인 학자를 올바르게 연결한 것은?
   ① Stufflebeam - 판단모형　　　　　② Tyler - 법정판결모형
   ③ Stake - 목표성취모형　　　　　　④ Weiss - 정치적 협상모형
   ⑤ Cronbach - 다원적 직관적 접근

4. Stufflebeam의 조직 내 의사결정의 네 가지 유형의 단계로 알맞은 것은?
   ① 계획 단계의 의사결정 - 실행 단계의 의사결정 - 구조화 단계의 의사결정 - 결과 단계의 의사결정
   ② 계획 단계의 의사결정 - 구조화 단계의 의사결정 - 실행 단계의 의사결정 - 결과 단계

의 의사결정

③ 구조화 단계의 의사결정 – 계획 단계의 의사결정 – 실행 단계의 의사결정 – 결과 단계의 의사결정

④ 구조화 단계의 의사결정 – 실행 단계의 의사결정 – 결과 단계의 의사결정 – 계획 단계의 의사결정

⑤ 실행 단계의 의사결정 – 구조화 단계의 의사결정 – 계획 단계의 의사결정 – 결과 단계의 의사결정

5. 다음 〈보기〉에서 설명하고 있는 교육평가 모형은 무엇인가?

───── 〈보 기〉 ─────

- 행동용어로 진술하기 어려운 교육목표에 대한 평가가 어렵다.
- 목표로 설정되지 않은 교육의 부수적인 결과에 대해서는 평가가 이루어지지 않는다.
- 지나치게 결과에 대한 평가만을 강조하는 경향이 있다.

① 의사결정모형   ② 목표성취모형   ③ 정치적 협상모형
④ 연구수행모형   ⑤ 법정판결모형

6. 다음 Stufflebeam의 의사결정모형에 대한 설명 중 옳은 것으로만 묶은 것은?

(가) 맥락평가 – 구조화 단계의 의사결정에 도움을 주기 위한 것

(나) 투입평가 – 계획 단계의 의사결정에 도움이 되는 정보를 제공하기 위한 것

(다) 과정평가 – 실행 단계의 의사결정에 도움을 주기 위한 것

(라) 산출평가 – 결과 단계에서의 활용을 위한 것

(마) CIPP 모형

① (가), (다), (라)   ② (나), (라), (마)   ③ (다), (라), (마)
④ (다), (마)   ⑤ (라), (마)

7. 교육평가에 대한 여러 가지 관점 중 Tyler의 목표성취모형에 대한 설명으로 옳지 <u>않은</u> 것을 고르시오.

① 평가를 미리 설정된 목표가 실현된 정도를 판단하는 것으로 정의한다.

② 명확한 목표(교육목표)를 제시한다.

③ 교육의 부수효과에 대한 평가가 어렵다.

④ 과정에 대한 평가가 소홀하다.

⑤ 행동용어로 진술하기 어려운 목표에 대한 평가가 쉽다.

8. 다음 지문에서 설명하는 교육평가 모형은?

> 연구자가 연구를 수행하듯이 평가에 필요한 자료를 수집하면서 현상을 이해하고 설명하는 방식으로 평가가 수행되어야 함을 강조한다. 또한 교육평가를 교육 프로그램의 개선을 위한 의사결정을 내리는 데 필요한 정보를 수집하거나 이용하는 과정이라고 정의 내린다. 특히 사례연구를 중시하고 교육과정 자체를 개선하는 데 평가의 목적이 있다.

① Tyler의 목표성취모형   ② Stufflebeam의 의사결정모형

③ Cronbach의 연구수행모형   ④ Weiss의 정치적 협상모형

⑤ Wolf의 법정판결모형

9. 교육평가의 다양한 관점에 대한 설명으로 옳지 <u>않은</u> 것은?

① 목표성취모형은 미리 설정된 목표가 미리 실현된 정도를 판단하는 것이다.

② Stufflebeam의 의사결정모형은 Cronbach의 연구적 접근과 맥을 같이한다.

③ 정치적 협상모형은 평가와 관련된 이해당사자들의 권력관계 조정과정과 관련이 있다.

④ Scriven의 탈목표 평가에서는 전문가로서의 평가자 역할이 강조된다.

⑤ Cronbach의 연구수행모형에서는 평가자가 최종적인 판단과 의사결정을 하는 것을 중시한다.

10. 〈보기〉에서 Stufflebeam의 CIPP 모형에 해당하는 설명을 바르게 묶은 것은?

> ─── 〈보 기〉 ───
>
> ㄱ. 평가자의 주관적인 전문성을 가장 중요한 평가전략으로 간주한다.
> ㄴ. 평가구조의 차원을 수업, 기관, 행동으로 구성된 3차원으로 구분한다.
> ㄷ. 평가자의 역할은 최종적인 가치판단이 아니라 충분한 정보를 수집·제공하는 것이다.
> ㄹ. 조직의 관리과정 및 의사결정을 중심으로 평가활동을 수행해야 한다는 점을 강조한다.

① ㄱ, ㄴ   ② ㄱ, ㄷ   ③ ㄴ, ㄹ   ④ ㄷ, ㄹ

11. 김 교사는 Scriven의 판단모형을 활용하여 학교의 '특기적성교육' 프로그램을 평가하고

자 한다. 이때 활용할 수 있는 평가방안으로 적절하지 <u>않은</u> 것은?

① 비교평가와 비(非)비교평가

② 경험과학적 평가와 예술비평적 평가

③ 목표중심평가와 탈목표 평가

④ 내재적 준거에 의한 평가와 외재적 준거에 의한 평가

12. 다음 중 평가에 대한 정의가 <u>잘못</u> 짝지어진 것은?

① Cronbach – 교육 프로그램의 개선을 위한 의사결정을 내리는 데 필요한 정보를 수집하거나 이용하는 과정

② Weiss – 평가와 관련된 이해당사자들의 권력관계의 조정과정

③ Wolf – 재판 패러다임을 이용하여 평가의 과정 설명

④ Scriven – 미리 설정된 목표뿐만 아니라 다른 유용한 기준도 반영하여 종합적으로 판단

⑤ Guba와 Lincoln – 교육평가는 예술작품을 비평하는 것과 같은 방식으로 이루어짐

13. 다음은 Guba와 Lincoln의 자연주의 평가에 대한 설명이다. 평가의 세대별 특징을 <u>잘못</u> 설명한 것은?

① 제1세대 – 평가에서 측정과 평가를 동일시하던 시대다.

② 제2세대 – 평가를 현상을 기술하는 것으로 간주하던 시대다.

③ 제3세대 – 평가에서는 대상의 가치를 판단하는 것을 강조한다.

④ 제4세대 – 평가는 평가대상을 수량화하거나 질적으로 기술하거나 가치를 판단하는 데 목적을 둔다.

14. 다음 설명 중 올바르지 <u>않은</u> 것은?

① Tyler의 교육평가는 설정된 교육목표에 따라 적합한 교육내용이 교수되고, 교육과정을 통해 실제로 교육목표가 실현된 정도를 가늠하는 과정이다.

② Stufflebeam이 말한 의사결정모형은 의사결정을 돕는 과정으로 의사결정적 접근이라 불린다.

③ Cronbach가 제시한 교육평가는 교육 프로그램의 개선을 위한 의사결정을 내리는 데 필요한 정보를 수집하거나 이용하는 과정이다.

④ 법정판결모형은 판사가 판결을 내리는 전반적 과정보다 배심원의 의견 청취과정와 심의과정을 강조한 것을 말한다.

15. 다음 설명 중 올바르지 <u>않은</u> 것은?

① Weiss의 정치적 협상모형은 평가를 의사결정의 과정보다는 정치적 과정으로 바라보아야 함을 주장하는 입장이다.

② 전문가판단모형에서는 평가를 '전문가의 전문적인 지식과 기술을 바탕으로 하여 평가대상의 가치를 체계적으로 판단하는 활동'으로 간주한다.

③ Scriven이 제안한 탈목표 평가는 미리 설정된 목표만을 기준으로 하여 목표의 실현된 정도를 판단하는 평가를 벗어난 교육과정이다.

④ 예술비평적 평가의 주창자인 Eisner는 평가가 예술작품을 비평하는 것과 같은 방식으로 이루어져야 하되, 반드시 예술교육의 목표가 실현되었는가를 확인할 것을 강조한다.

※객관식 문항 정답은 부록 참조

 참고문헌

김재춘 외(2006). 교육과정과 교육평가. 서울: 교육과학사.

황정규(2005). 학교학습과 교육평가. 서울: 교육과학사.

Eisner, E. W. (1985). *The Art of Educational Evaluation*. Philadelphia: The Falmer Press.

Guba, E. G., & Lincoln, Y. S. (1989). *Fourth Generation Evaluation*. Beverly Hills, CA: Sage.

House, E. R. (1980). *Evaluating with Validity*. Beverly Hills, CA: Sage.

Smith, E. R., & Tyler, R. W. (1942). *Appraising and Recording Student Progress*. New York: Harper & Row.

Smith, N. L. (1994). Educational model. In *The International Encyclopedia of Education*, 2101-9.

Stufflebeam, D. L., & Webster, W. J. (1980). An analysis of alternative approaches to evaluation. *Educational Evaluation and Policy Analysis*, 2, 5-20.

Tyler, R. W. (1950). *Basic Principles of Curriculum and Instruction*. Chicago: University of Chicago Press.

Weiss, C. (1983). The stakeholder approach to evaluation: Origins and promises. In A. Bryk, *New Directions for Program Evaluation* (Vol. 17, pp. 3-14).

Wolf, R. L. (1979). The use of judicial evaluation methods in the formation of educational policy. *Educational Evaluation and Policy Analysis, 1*(3), 19-28.

PART 02
교육평가의 유형 및 영역

Chapter 03

평가의 유형

「중등학교 학사관리 선진화 방안」 발표
- 고교 석차 9등급제 평가를 성취평가제로 전환 -

- 교육과학기술부는 서술형 평가 및 수행평가 개선, 고교 성취평가제 도입 등을 주요 내용으로 하는 「중등학교 학사관리 선진화 방안」을 발표하였다.
- 상대평가를 기본으로 하는 현행 고등학교 석차 9등급제는 다음과 같은 여러 가지 근본적인 **한계**가 있다.

… (중략) …

- 이번 방안은 과목별·학년 단위로 상대평가 하는 현행 석차 9등급제를 개선하여 교육과정에서 정한 성취기준·평가기준에 따라 학생의 학업성취 수준을 평가하는 성취평가제를 도입함으로써, 다음과 같은 **효과**를 기대한다.

… (중략) …

- 학교생활기록부 성적 기재방식은 다음과 같이 **개선**된다.
  - (고등학교) 상대평가에 기반한 석차 9등급제인 '석차등급' 표기를 삭제하고, 6단계 성취도(A-B-C-D-E-(F))를 기재하되, 성적 부풀리기 방지, 평가의 난이도, 점수 분포 등에 관한 정보를 제공하기 위해 '원점수/과목평균(표준편차)'을 병기한다.

〈현 행〉				〈개 선〉			
과목	단위수	원점수/ 과목평균 (표준편차)	석차등급 (수강자수)	과목	단위수	원점수/ 과목평균 (표준편차)	성취도 (수강자수)
수학	3	95/70 (10)	1 (532)	수학	3	95/70 (10)	A (532)

– 교육과학기술부(2011.12.13.)「중등학교 학사관리 선진화 방안」보도자료 중〉

교육평가는 교육과 관련한 특정한 평가 대상에 대한 '가치판단'과 이를 위한 '자료 수집'을 모두 포함하는 개념이다. 교육적 의사결정이나 가치판단이 설득력이 있으려면, 그 목적에 부합하는 타당한 정보의 수집이 선행되어야 한다. 평가의 유형은 교육 장면에서 의사결정을 하기 위해 필요한 정보를 수집하는 목적, 대상, 시기, 방법, 절차 등의 다양한 기준에 따라 분류할 수 있다.

다양한 평가/검사 유형 분류 방식은 대상을 바라보는 관점의 차이로 이해할 수 있다. 하나의 건축물에 대한 설계도면에 평면도, 배치도, 입면도, 냉난방설비도면, 전기도면,

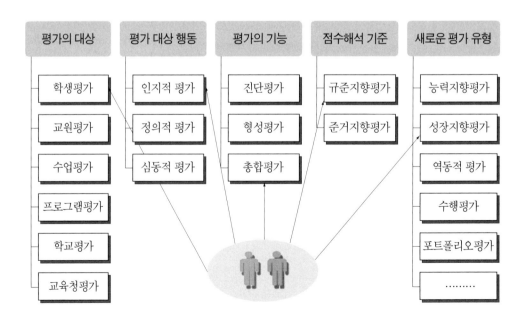

소방도면 등 여러 가지 도면이 작성되는 이유가 각각의 관점에서 설계자의 의도를 가급적 정확하고 깊이 있게 시공자에게 의사소통하는 데 있는 것처럼, 특정한 교육평가 활동이나 검사에 대하여 다양한 분류 기준에 따른 유형들이 존재하는 것은 하나의 평가활동을 특징짓기 위하여 바라보는 관점이 그만큼 다양하기 때문이다.

이 장에서는 이러한 다양한 평가 및 검사 유형 중에서 가장 일반적인 유형 분류 방식인 평가의 기능(또는 목적)에 따른 유형과 점수해석의 기준에 따른 유형에 대하여 비교·설명하면서 교육 현장에서 이것들이 어떤 의미가 있는지 살펴보고자 한다. 그리고 능력지향평가, 성장지향평가, 역동적 평가 등 최근에 교육 현장에 도입되고 강조되고 있는 평가 방식들에 대하여 간략히 살펴보면서 그 배경에 대하여 논의할 것이다.

학/습/목/표

- 다양한 평가 방식을 몇 가지의 기준에 따라 유형화할 수 있다.
- 진단평가, 형성평가, 총합평가의 개념, 기능(목적), 특징을 서로 비교하여 말할 수 있다.
- 규준지향평가와 준거지향평가의 개념, 특징, 기본 가정, 장단점을 비교하여 말할 수 있다.
- 최근 교육 현장에서 능력지향평가, 성장지향평가, 역동적 평가 등이 강조되고 있는 이유를 설명할 수 있다.

▶▶ 1 평가의 기능(또는 목적, 시점)에 따른 분류

교육 장면에서 평가의 대상이 학교 또는 프로그램이라고 볼 때 그 평가는 해당 학교의 '교육력'이나 프로그램의 '질'을 문제 삼고 있다고 할 수 있다. 다시 말해, 학교평가나 프로그램 평가의 목적은 학생의 학업성취도에 변화(성장)를 가져오는 학교나 프로그램의 힘이나 역량을 파악하고, 부족하다면 어떤 측면에서 부족하고, 왜 그렇고, 어떻게 하면 학생들의 변화(성장)를 좀 더 많이 이끌어 낼 수 있을지에 대한 시사점을 발견하는 데 있다. 따라서 학교평가의 전형적인 내용 영역은 김주후와 김주아(2006: 26)가 학교평가의 책무성 구조로 제안한 [그림 3-1]과 같이, 교육목표 달성을 위해 학교가 해야 할 역할과 관련된 학교 여건, 교육의 과정, 교육성과 요소들을 포함한다. 이것을 단순화하자면, 학생들의 인지적 · 정의적 · 심동적 변화를 이끌어 내기 위한 학교의 노력과 관련된 투입 요소, 과정 요소, 산출 요소라고 할 수 있다.

　한편, 평가의 대상이 학생이라고 볼 때 그 평가는 주로 '학업성취도'를 목표로 한다. 위의 학교평가의 경우와 마찬가지로, 어떤 학생의 교육적 변화, 즉 인지적 · 정의적 · 심동적 변화를 둘러싼 투입 변인, 과정 변인, 산출 변인을 모두 고려한 평가활동이 이루어져야 한다. 학생에게서 나타나는 교육적 변화(성과)에는 그것을 위한 학교와 교사의 교육활동뿐만 아니라, 그러한 교육활동이 이루어지기 이전부터 학생이 가진 특성, 그 학생을 둘러싼 물리적 · 심리적 환경까지도 영향을 미치기 때문이다. 따라서 이 절에서는 학생에 대한 평가도 학교평가에서와 마찬가지로 투입-과정-산출의 틀을 가지고 파악해 보고자 한다.

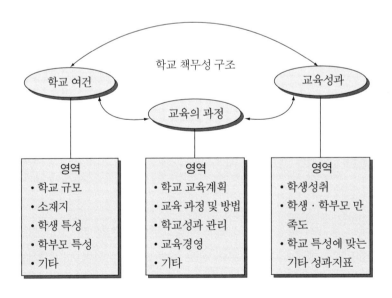

[그림 3-1] 학교평가의 책무성 구조

우리가 교육 장면에서 이루어지는 평가 유형을 진단평가, 형성평가, 총합평가로 분류할 때, 그 분류기준은 본질적으로 그 평가가 수행하는 기능(또는 목적)에 따른 것이다. 하지만 이들 각각의 평가가 본질적으로 추구하는 목적을 달성하기 위하여 평가가 이루어져야 하는 적절한 시점이 결국 일정 단위의 교육활동이 이루어지기 전-중-후가 되기 때문에 진단평가, 형성평가, 총합평가로 분류하는 기준을 평가가 이루어지는 시점에 따른 것이라고 볼 수도 있다.

1) 진단평가: 투입(input)평가

진단평가(診斷評價, diagnostic evaluation)는 교수-학습 활동이 시작되기 전에 학습자가 가지고 있는 능력 및 특성이 어떠한지 그 양상이나 원인을 체계적으로 파악하고 그 정보를 교육목표 설정, 교수-학습 활동 계획, 평가계획 수립 등에 기초로 삼는 활동을 말한다. 지적 수준, 선수학습의 정도, 흥미, 동기 상태 등 학습자가 가진 특성이나 어려움과 같은 출발점 행동(entry behavior)을 알아냄으로써 궁극적으로는 교수-학습의 효과성과 효율성을 증진시키려는 목적으로 실시되는 정보 수집 활동이다.

우리가 어딘가 건강에 이상이 생겨 병원에 가면 거의 예외 없이 문진표를 작성하고, 혈압과 맥박을 잰다. 이것은 구체적인 병명을 확인하기에 앞서 특정한 질병이나 외상이 평소에 어떤 상황에서 일어났는지를 확인하여 그 원인을 찾아보려는 노력이라 할 수 있고, 또 그 질병이나 외상이 환자에게 어떤 영향을 미치고 있는지 그 양상을 파악하여 그에 적합한 치료나 처방을 하기 위한 것이라 할 수 있다. 학습자가 가진 학습상의 어려움에 대한 원인을 항상 파악할 수 있는 것은 아니지만, 학습자가 교수-학습 활동 이전에 나타내 보이는 출발점 행동 특성의 원인을 파악하는 것은 그 원인에 대처하기 위한 보충학습이나 적절한 교수-학습 활동을 설계하는 데 매우 유익한 정보가 된다.

예를 들어, 올해 초등학교 4학년이 된 철수라는 학생에게 학년 초에 3학년 때까지 배운 내용에 대하여 어느 정도 이해하고 있는지를 알아보기 위한 평가를 했다면, 1~3학년 수준의 학업성취도를 평가하는 것이지만, 그 목적이 4학년 교육과정을 이수함에 있어서 철수라는 학생이 어떤 교과목, 어떤 교육내용(단원)과 관련한 선수학습이 부족한 지를 파악하여 겪게 될 어려움을 예상하고, 이를 보충학습 등을 통하여 보완하거나 해당 평가내용과 관련한 4학년 교육과정 내용을 지도할 때 반영하는 데 있다면 진단평가 활동이라고 할 수 있다. 만약 [그림 3-2]에서 철수가 수학 과목의 '수와 연산' 영역에서 미도달 수준인 것으로 나타났다면, 이는 4학년 수학 과목 '수와 연산' 단원 학습에 필요한 선수학습 수준을 의미하므로, 담임선생님은 철수에게 보충학습을 제공하거나 4학년 '수와 연산' 단원 교수-학습 프로그램을 구상할 때 이를 반영하게 될 것이다. 철수에게는 그러한 학습상의 어려움을 극복할 수 있는 별도의 교수-학습 경험을 선정하여 제공해야 하는 것이다.

이러한 출발점 행동 진단을 위한 평가는 대략 세 가지 형태로 나누어진다. 우선 계획된 학습과제의 목표를 달성하는 데 필요한 선수조건으로서의 출발점 행동과 기능을 학생이 소유하고 있는지를 알아본다. 둘째, 주어진 학습단원의 목표를 학생이 이미 숙달했는지를 확인한다. 셋째, 학생이 지니고 있는 여러 가지 특성, 예컨대 흥미, 동기, 적성, 기초 기능, 선행 학습사 등을 파악한다(김경배, 김재건, 이홍숙, 2005).

진단평가는 수업이 진행 중일 때 실시될 수도 있다. 이런 경우의 진단평가는 형성평가와 유사한 측면도 있지만, 그 목적이나 기능 면에서 볼 때 양자는 개념적으로 구분되는 평가활동이다. 왜냐하면 진단평가는 수업방법이나 수업자료의 개선으로는 교정되지 않는 학습 결함, 환경요인, 신체적 및 정서적 문제를 확인하려는 목적이 강하고 그것이 비교적 장기간에 걸쳐서 형성된 특성들이기 때문에 쉽게 변화되기 어려운 측면이 많다. 반면에 형성평가는 수업자료나 수업방법을 개선함으로써 현재 진행 중인 수업의 효과를 극대화하기 위한 목적으로 실시되는 것이기 때문에 비교적 단기간에 변화될 수 있는 특성이나 요소들을 주요 대상으로 한다. 굳이 비유적으로 비교한다면, 형성평가는 단기간의 비교적 단순한 학습상의 문제에 대한 응급처치에 해당하고, 진단평가는 그에 비해 상대적으로 고질화된 학습상의 문제에 대한 보다 근본적인 원인을 탐색하려는 활동이라 할 수 있다.

진단평가의 중요한 기능 중의 하나는 학습 실패의 교육 외적 원인을 파악하는 것이라고 볼 수 있다(김대현, 김석우, 2005). 진단평가는 수업과 직접적인 관련성이 없으면서

☆☆초등학교 4학년 ☆반 ☆번
이름: ☆☆☆

국어

하위영역	측정내용	도달 여부	총문 항수	정답 문항수
어휘 이해	• 어휘의 뜻 파악하기 • 적절한 연결어 이해하기	도달	5	5
내용 확인	• 사실적 내용 확인하기 • 중심 내용 파악하기	도달	9	9
추리·추론	• 대화의 내용을 근거로 추론하기 • 인물의 성격 추론하기 • 자신의 경험을 바탕으로 추론하기	도달	9	9
감상·평가	• 대화의 적절성 파악하기 • 작품을 읽고 상상하기 • 작품의 분위기 파악하기	도달	7	7

국어 교과의 기초학력을 갖추고 있습니다.
높임말이나 간단한 낱말의 의미를 알고, 글 속의 단편적인 정보나 전달하는 내용을 파악할 수 있습니다. 인물의 말이나 행동을 통하여 성격을 추론할 수 있거나 부분적으로 추론할 수 있는 능력을 갖추고 있습니다. 작품을 읽고, 장면이나 분위기를 파악하는 능력을 갖추고 있습니다.

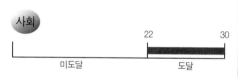

사회

하위영역	측정내용	도달 여부	총문 항수	정답 문항수
인간과 공간	• 그림 지도의 기본 요소인 기호, 방위 이해하기 • 고장의 자연환경과 생활모습의 관계 파악하기	도달	11	11
인간과 시간	• 옛날과 오늘날의 생활모습의 변화 이해하기 • 고장의 전통문화 조사 방법 습득하고 문화의 가치 이해하기	도달	10	10
인간과 사회	• 시장과 물자 유통 경로 이해하기 • 고장의 여러 기관과 단체 이해하기 • 살기 좋은 고장을 위해 노력해야 할 일 제시하기	도달	9	9

사회 교과의 기초학력을 갖추고 있습니다.
지도의 기본 요소를 활용하여 고장의 모습을 파악할 수 있으며, 고장의 생활 모습이 변화해 온 과정을 이해하고 있습니다. 고장의 여러 기관과 단체가 하는 일을 알고, 우리 고장의 문제점을 찾아 해결하려는 태도를 갖고 있습니다.

수학

하위영역	측정내용	도달 여부	총문 항수	정답 문항수
수와 연산	· 10000까지의 수를 읽고 계열 이해하기 · 자연수의 사칙계산하기 · 소수와 분수 개념 이해하기	도달	14	14
도형	· 직각, 원, 정사각형의 개념 이해하기 · 평면도형 옮기기 · 거울에 비친 상 찾기	도달	6	6
측정	· 시간의 뺄셈하기 · 들이의 덧셈하기 · 길이의 뺄셈하기	도달	5	5
관계	· 그림그래프와 막대그래프 해석하기 · 문제를 푸는 적절한 방법 찾기 · 규칙을 찾아 문제 해결하기	도달	5	5

수학 교과의 기초학력을 갖추고 있습니다.
10000까지의 수를 읽고 쓸 수 있으며, 네 자릿수의 덧셈과 뺄셈 및 간단한 곱셈과 나눗셈을 할 수 있으며, 소수의 개념을 이해하고 있습니다. 직각과 정사각형을 이해하고, 원의 구성요소를 알고 있으며, 거울에 비친 상을 보고 원래 모양을 찾을 수 있습니다. 시간, 들이, 길이의 단위를 알고, 덧셈과 뺄셈을 할 수 있습니다. 그림그래프에서 여러 가지 사실을 찾을 수 있습니다.

이하 생략

[그림 3-2] 초등학교 4학년 교과학습 진단평가 결과표의 예

도 학습 실패의 원인이 되고 있는 여러 가지 장애 요인들을 밝히는 기능을 수행한다. 즉, 학습자가 학습과정에서 지속적으로 어려움을 겪는 원인과 학습 환경에 관한 정보를 수집하여 적절한 의사결정을 하려는 데 그 목적이 있다.

이러한 학습 실패의 교육 외적 요인으로는 신체적·정서적·환경적인 것들로 분류된다. 신체적 요인으로는 건강 상태의 이상, 운동·감각기능의 장애 등을 들 수 있으며, 정서적 요인으로는 보호자, 또래, 교사, 자기 자신 등과의 심리적 갈등을 예로 들수 있고, 환경적 요인으로는 물질적·경제적 빈곤, 보호자와의 사회심리적 상호작용특성, 문화적 경험의 결핍 등 다양한 요소들을 고려해 볼 수 있다.

진단평가의 절차와 방법은 구체적으로 설명하기 어려울 만큼 그 목적이나 교육내용에 따라 다양하다. 특히 초3 기초학력진단평가나 수준별 반 편성을 위한 반편성 배치고사 등과 같은 형식적인 평가보다는 전 학년의 학교생활기록부나 성적표와 같은 기록

 심화학습 1

진단평가

Bloom은 학습자가 나타내는 출발점 행동상의 개인차를 지적 출발점 행동과 정의적 출발점 행동으로 구분하였다. 지적 출발점 행동에는 지능, 적성, 인지양식, 학습양식, 선수학습의 정도 등이 있고, 정의적 출발점 행동에는 학습하기 전에 형성된 교과에 대한 태도나 흥미, 동기, 자아개념 등이 있다. 지적 출발점 행동은 다시 일반 지적 출발점 행동과 특수 지적 출발점 행동, 그리고 준일반 지적 출발점 행동으로 구분할 수 있다. 일반 지적 출발점 행동은 거의 모든 교과의 학습에 영향을 줄 수 있다고 상정되는 고도로 일반화된 지적 능력으로서, 이것은 대부분 가정이나 학교의 초기 단계에서부터 비교적 장기간에 걸쳐 형성된 능력이다. 대표적인 예가 지능과 언어능력이라고 할 수 있다. 특수 지적 출발점 행동은 학습하려는 학습과제와 밀접히 관련된 선수학습에 대한 능력으로서 일반 지적 출발점 행동에 비해 비교적 단기간에 형성된 것이고 변화 가능성이 크다. 대개 같은 과목이거나 아니면 유사한 교과목에서의 선수학습 정도 및 성적을 그 예로 들 수 있다. 준일반 지적 출발점 행동은 이 두 가지 출발점 행동의 중간쯤에 속하는 능력으로서 지능처럼 그렇게 일반적이지는 않지만 상당 수준에서 대부분의 교과목 학습에 영향을 미치면서도 특정 교과목에 관련되는 특수한 능력은 아니다. 대표적인 준일반 지적 출발점 행동으로는 독해력과 수학능력 등이 있다(황정규, 1998).

에 대한 검토, 수업 전의 쪽지시험이나 질문, 보호자나 전 학년 담임교사와의 면담, 대학에서의 수강생 조사표 작성(예: 강좌 수강 동기, 목표, 선수과목 이수 여부) 등의 형태를 띠는 경우가 많다.

2) 형성평가: 과정(process)평가

형성평가(形成評價, formative evaluation)는 수업이 진행되고 있는 도중에 실시하는 평가로서, 현재 진행 중인 학습내용에 대한 학습자의 이해 정도나 기능 수준을 확인하고 이를 극대화하기 위해 실시하는 평가다. 형성평가를 실시하는 근본적인 목적은 현재 진행 중인 교수–학습 활동 안에서 교사와 학습자 사이의 의사소통이 원활하게 이루어지고 있는지, 학습자가 교사의 설명을 잘못 이해하거나 교사의 의도를 왜곡하고 있는 것은 아닌지 등을 그때그때 확인하여 즉각적으로 교수–학습 활동에 반영함으로써 당초에 설정한 학습목표를 효과적으로 달성하려는 데 있다. 형성평가의 결과는 학습자와 교사에게 피드백(feedback, 환류)되어 학습을 촉진하고 수업을 개선하는 기초 정보가 된다. 학습자가 학습에 성공했을 때는 강화가 되고, 학습에 실패했을 때는 오류를 확인하고, 이를 즉각적으로 교정할 기회를 갖게 한다.

형성평가의 개념은 Cronbach가 「교수과정의 개선을 위한 평가」(1963)라는 논문에서 시사한 바 있으며, 그 용어는 Scriven이 처음으로 사용하였는데(황정규, 1984; 1998), Scriven은 "형성평가란 교수–학습이 진행되고 있는 유동적인 상황에서 학습자에게 피드백을 주어 교육과정과 수업방법을 개선하기 위해 실시하는 평가"라고 정의하였다.

형성평가의 기능을 학습자와 교사의 입장으로 나누어 다시 살펴보면 다음과 같다.

첫째, 형성평가는 학습자들에게 수업목표에 비추어 무엇을 성취하였고, 무엇을 성취하지 못했는지에 관한 결과 지식(knowledge of results)을 제공하기 때문에, 학습자로 하여금 자신이 학습 곤란을 겪고 있는 내용이 무엇인지를 스스로 발견하고 해소해 나가도록 한다.

둘째, 형성평가는 설정된 학습목표를 달성하였음을 학습자가 확인함으로써 그와 관련된 이후의 학습을 강화하는 효과를 가질 수 있고 학습동기를 유발할 수 있다.

셋째, 형성평가는 특히 학습과제가 위계적으로 조직되어 있고 학습 분량이 많은 경우, 적절한 빈도로 평가를 실시하여 학습 진전 상황을 점검함으로써 학습 속도를 개별화하고 최종 학습목표 달성 가능성을 높일 수 있다.

넷째, 형성평가의 결과는 교수자로 하여금 학습자들의 학습목표 달성 정도에 비추어 자신의 교수 내용 및 방법을 되돌아보게 하고, 개선점을 모색하게 한다.

이와 같이 현재 진행 중인 수업의 성패는 형성평가와 피드백에 달려 있다고 해도 과언이 아닐 정도로 형성평가는 효과적인 수업에 지대한 영향을 미친다. 그러므로 교사는 가급적이면 형성평가를 수시로 실시하고, 그 결과를 학습자에게 즉각 피드백으로 제공하고, 또 형성평가를 통해 드러난 개개 학습자의 어려움을 줄여 나갈 수 있도록 수업을 개선해야 한다. 형성평가는 학습자가 드러낼 가능성이 있는 오류 패턴을 파악할 수 있도록 다양한 문항들로 구성하되, 가급적이면 준거지향평가 방식으로 실시하고, 평가결과는 최종 성적에 반영하지 않거나 최소화해서 학습자의 긍정적 학습동기를 유발하는 기능을 최대화하는 것이 바람직하다. 물론 학생들의 상대적 서열에 대한 정보가 중요시될 경우에는 규준지향평가의 형태를 취할 수 있다.

 심화학습 2

형성평가

형성평가의 절차는 다음과 같다(황정규, 1984; 1998).

첫째, 학습과제의 분석, 조직이다. 형성평가를 위해서는 학습과제를 그 속에 내포되어 있는 요소(components)로 분석하는 일을 가장 먼저 해야 한다. 이 작업은 총합평가에서의 교수목표의 세분화와 같은 작업이다. 이렇게 학습과제의 요소를 세분화할 때는 내용소(content components)와 행동소(behavior components)를 함께 확인하여야 한다. 행동소를 확인할 때는 Bloom의 교육목표 분류 방법이나 Gagné가 제시한 학습위계에 따른 과제분석 방법이 좋은 준거가 될 수 있다. 예컨대, 술어(terms)에 관한 지식, 사실에 관한 지식, 법칙과 원리에 관한 지식, 과정과 절차를 사용하는 기능, 해석력, 적용력 등과 같이 행동소를 분류할 수 있다.

둘째, 목표의 진술 및 위계화다. 형성평가의 목적이 하나의 학습단위를 학습한 직후에 학생이 그 속에서 가르쳤던 행동소와 내용소를 기대한 바대로 성취했느냐 못했느냐를 측정하려는 데 있으므로, 학습목표를 진술할 때는 Mager가 제안한 것처럼 ① 종착 행동의 명시, ② 행동이 나타나야 할 조건의 제시, ③ 수락할 수 있는 표준의 제시라는 세 가지 특징을 갖추고 있어야 한다. 이렇게 확인, 선택, 세분화된 목표들은 위계에 맞게 조직화되어야 한다. 선수학습의 목표 달성은 후속되는 학습의 필요조건이 되며, 이것은 또 다음의 학습에 필요조건이 된다. Bloom이 제안한 것처럼 단순한 인지적 능력에서 복잡한 인지적 능력으로 위계화시킬 수도 있고, Gagné가 제안한 과제분석법에 따라 학습과제를 더 이상 내려갈 수 없는 최하위의 선수학습요소까지 분석해 나가는 방식을 취할 수도 있다.

셋째, 형성평가 도구의 제작이다. 형성평가 도구를 제작할 때 일반적으로 고려해야 할 원칙을 열거해 보면 다음과 같다(황정규, 1984; 1998). ① 형성평가는 학습단원 중의 중요한 학습요소를 모두 포함시켜야 한다. ② 형성평가는 목표 분류에 나타난 행동 항목을 모두 포함해야 한다. ③ 문항의 형식은 다양하게 혼용해야 한다. ④ 만약 학습과제 속의 요소들이 위계에 따라 어떤 조직을 이루고 있다면, 학생들의 반응도 이 위계에 부응하여야 한다. ⑤ 하위단계의 문항(선수학습요소)에서 정답을 맞추는 것이 상위단계의 문항(상위학습요소)을 학습하는 필요조건이 되도록 문항위계가 형성되어 있어야 한다. ⑥ 형성평가의 분석은 학생이 그 학습요소를 달성했느냐(통과, pass), 달성하지 못했느냐(실패, fail), 혹은 습득했느냐, 습득하지 못했느냐 하는 기준에 의해 판단해야 한다. 80~85%를 준거로 삼을 수도 있고, 90~100%를 준거로 삼을 수도 있다. ⑦ 형성평가의 분석은 학생이 반응한 답의 오류가 무엇인지도 밝혀 주어야 한다. 오류를 찾아 교정해 주는 교정적 피드백을 제공할 수 있어야 한다.

3) 총합평가: 산출(output, 성과[outcome])평가

총합평가(總合評價, summative evaluation)는 비교적 장기간에 걸친 일정 단위의 교수-학습 과정이나 프로그램이 종료된 후 교수목표의 달성 여부와 정도를 종합적으로 판정하는 평가로서 '총괄평가'라고도 한다. 그러므로 총합평가의 주된 목적은 학습자가 도달할 것으로 기대되는 교육목표를 어느 정도 성취하였는지를 판단하는 데 있다. 설정된 교육목표가 어떤 성격을 갖느냐에 따라 교사제작검사, 표준화검사, 작품 평가방법 등이 사용될 수 있으나, 보호자에게 통지하거나 상급학교 진학 자료 등으로 활용될 수 있기 때문에 다른 평가에 비하여 형식적인 평가가 된다. 학교 현장에서 실시되는 학기

말 시험이나 학년말 시험이 총합평가의 대표적인 예라고 할 수 있다.

총합평가가 지닌 구체적인 기능을 살펴보면 다음과 같다.

첫째, 학습자들의 성적을 결정한다. 일정 기간 동안의 교수-학습의 결과가 어느 정도인지를 판단하고 평점이나 서열을 결정한다.

둘째, 총합평가의 결과로 얻어진 '성적'은 해당 학습자의 미래의 학업성적을 예측하는 자료로 활용된다. 고등학교 내신성적을 대입 전형에서 활용하는 것은 고등학교 학업성적이 대학에서의 학업성적이나 미래의 성공 간에 높은 상관이 있다고 보기 때문이다.

셋째, 총합평가의 결과는 해당 교수-학습 과정을 마친 학습자에게 자격을 인정하기 위한 자료로 활용되기도 한다. 학습자가 지닌 지식이나 기능 및 태도가 요구하는 정도의 자격에 부합하는지를 인정하기 위한 판단에 총합평가의 결과가 활용된다. 어떤 대학교의 입학 지원자격이 '고등학교 국어, 영어, 수학 교과 내신등급이 평균 3등급 이내'인 경우나 '7과목 14학점 이상 교직이론 과목을 포함하여 총 22학점 이상의 교직과목을 이수하되, 평균 75점 이상'이어야 교원자격 무시험 검정기준을 통과할 수 있다고 하는 경우가 그 예다.

넷째, 총합평가는 학습자 집단 간의 학습성과를 교수방법이나 교수자료의 차이 등과 관련시켜 비교·분석함으로써 학습성과에 대한 정보를 제공한다. 교사에게는 그동안 자신이 전개해 온 교수-학습 활동의 효과성이 어느 정도인지를 학습자들의 성적을 통해 간접적으로 파악할 수 있는 기회가 될 수 있다.

총합평가의 결과는 입학시험이나 자격시험과 같이 개인에게 중요한 영향을 미칠 수 있는 의사결정을 하는 데 기초자료로 활용될 수 있기 때문에 평가 문항의 출제와 관리에 각별한 주의와 객관성을 요구한다. 문항의 출제 범위 면에서 총합평가는 형성평가에 비하여 장기간 다루어진 광범위한 영역의 과제를 대상으로 하기 때문에 전체 영역에서 고루 문항을 출제하여야 한다. 우리나라에서는 으레 평균을 내고 석차를 매기는 규준지향평가 형태로 총합평가가 실시되어야 하는 것으로 여겨져 왔으나, 총합평가는 준거지향평가로 실시될 수도 있다. 실제로 '성적 부풀리기'를 이유로 2008학년도 대입제도 개선안에 의해 고등학교 학교생활기록부의 교과목별 성적이 '석차에 의한 9등급제'로 변경되기 이전에는 한동안 '절대평가에 의한 평어(수, 우, 미, 양, 가)' 기재 방식이었음을 상기할 필요가 있다.

총합평가의 도구 제작에 관련된 일반적 절차를 간략히 순서대로 제시하면 다음과 같다(황정규, 1984; 1998).

① 교수목표의 이원 분류
② 이원 분류에 기초한 검사문항의 제작
③ 합리적 방법에 의한 검사문항의 선택
④ 검사문항의 체계적 배열과 편집
⑤ 필요한 정보를 제공할 수 있는 객관적 채점방법의 고안
⑥ 피검자를 위한 분명한 지시문의 제공
⑦ 최종 결과의 검토

4) 진단평가, 형성평가, 총합평가의 비교

지금까지 살펴본 진단평가, 형성평가, 총합평가를 그 기능(목적), 평가 시점, 평가 내용, 문항 수준 등을 기준으로 비교하기 쉽게 정리하면 〈표 3-1〉과 같다. 이 표는 권대훈 (2008), 성태제(2009), 이승희(2006), 김대현, 김석우(2005)가 제시한 내용들을 종합하여 다시 정리한 것이다.

〈표 3-1〉 진단평가, 형성평가, 총합평가의 비교

구분	진단평가	형성평가	총합평가
기능	지속적인 학습장애의 원인 확인 및 교정	교수–학습 진행의 적절성 판단 및 교수법 개선, 피드백 제공으로 학습 촉진	성적평가, 자격부여, 교육목표 달성 여부, 교육 프로그램 선택 결정, 수업 효과성, 책무성 평가
실시 시점	주로 수업 전 또는 수업 중 필요시	수업 중 수시	수업 후
측정내용	학습장애와 관련된 행동표본	수업목표	수업목표 표본

평가방법	비형식적 평가, 형식적 평가	수시평가, 비형식적 · 형식적 평가	형식적 평가
평가 주체	교사, 교육내용 전문가	교사	교육내용 전문가, 교육평가 전문가
평가기준	준거참조	준거참조	규준 혹은 준거 참조
평가 문항 (문항 수준)	준거에 부합하는 문항 (쉬움)	준거에 부합하는 문항 (목표에 따라 다름)	규준참조: 다양한 난이도, 준거참조: 준거에 부합하는 문항

▶▶ 2 점수 해석의 기준에 따른 분류

평가활동을 통하여 얻어진 원점수(原點數, raw score)는 획득점수(obtained score)라고도 하며, 피검자가 옳은 반응을 보였거나 옳은 반응을 보인 것으로 가정되는 문항에 부여된 배점을 합산한 점수를 말한다. 그런데 원점수는 피검사자의 수행에 대한 의미 있는 해석을 할 수 있는 정보를 제공하지 못한다. 예를 들어, 진수가 수학 시험에서 30점을 얻었다는 그 자체만으로는 그것이 어떤 의미가 있는 것인지 알 수가 없다. 절대적으로 높은 점수인지, 다른 피검사자에 비해 상대적으로 높은 점수인지 해석할 수가 없기 때문이다.

이러한 해석을 하기 위해서는 원점수를 다른 무언가에 비추어 보아야 한다. 규준지향평가는 해당 학습자의 수행 수준을 다른 또래 학습자들의 전형적인 수행 수준인 '규준'에 비추어 가치를 판단하는 것이고, 준거지향평가는 본래 의도했던 목표를 '준거'로 하여 학습자의 수행 수준에 대한 가치를 판단하는 것이다. 진수가 수학 시험에서 얻은 30점을 자기 반에서 상위 10% 수준의 성적이라고 평가하는 것과 열 가지 학습목표 중 아홉 가지를 달성한 것이라고 해석하는 것은 전혀 다른 방식의 가치판단이다. 전자를 규준지향평가, 후자를 준거지향평가라고 한다.

1) 규준지향평가(규준참조평가, 상대비교평가)

규준지향평가(規準指向評價, norm-referenced evaluation)는 학습자의 평가결과를 그가 속한 규준집단(비교집단)에 비추어 상대적인 위치나 서열을 밝히는 평가방법이다. 규준 참조평가 또는 상대비교평가라고도 한다. 규준(norm)이란 규준집단(norm group)의 점수 분포라고 할 수 있고, 이것은 특정한 학습자의 수행 수준을 비교할 또래들의 전형적인 수행 수준을 의미한다. 일반적으로 규준은 모집단(population)을 잘 대표하는 표본(sample)에게 해당 검사를 실시하여 얻어진 연령, 성별, 지역별 점수 분포로서, 웩슬러(Wechsler) 지능검사와 같은 표준화검사에서처럼 검사 요강에 함께 제시된다.

규준지향평가를 '상대비교평가'라고도 하는 이유는 평가를 통하여 얻게 되는 정보가 또래집단 내에서의 해당 학습자의 상대적 위치에 대한 정보이기 때문이다. 예를 들어, '교육평가' 과목의 학점을 교수가 설정해 놓은 학습목표에 비추어서 어느 정도 달성했는가보다는 함께 수강한 학생들의 전체 점수 분포에 비추어 상대적으로 높거나 낮은지를 기준으로 부여하는 경우 이는 규준지향평가 방식의 점수 해석이다. 특정한 수강생이 획득한 점수의 가치를 절대적 준거가 아니라 상대적인 위치에 비추어 판단하는 것이다. 전체 학생의 20%는 A, 35%는 B, 그다음 35%는 C, 가장 하위수준의 10%는 D나 F를 주도록 규정하고 있는 어떤 대학에서 '교육평가' a분반, b분반을 c교수가 맡아 동일한 검사로 기말고사를 실시할 경우, b분반에 속한 어떤 학생이 90점을 얻었다고 하더라도, 이 학생이 속한 b분반 학생의 30% 이상이 90점이 넘는 점수를 얻었다면 B를 받게 된다. 만약 a분반 학생 중에 10%만이 90점 이상의 점수를 얻었다면, 이 학생은 a분반에 수강신청하지 않아 A를 못 받은 것에 대해 안타까워하지 않을 수 없게 된다. 요컨대, 학생이 부여받는 학점이 자신이 애초에 얻은 점수나 절대적 수행 수준이 아니라 비교집단에 의해 결정되는 것이다.

규준지향평가의 결과는 흔히 5단계 상대평가, 백분위, 표준점수, 학년규준점수, 연령규준점수 등으로 보고된다. 5단계 상대평가는 전체 집단을 상대적 서열에 따라 10%, 20%, 40%, 20%, 10%로 나누어 수(A), 우(B), 미(C), 양(D), 가(F)로 평가하는 것이 그 예다. 백분위(percentile rank)는 전체 집단에서 특정 점수 이하의 점수를 받은 사례들의 백분율을 나타내는 것으로, 진수가 얻은 수학 점수 30점이 백분위가 80이라면 그 검사에서 진수가 받은 30점 이하의 점수를 받은 학생이 80%라는 의미다. 표준점수(standard score)는 정규분포에서 원점수가 평균으로부터 얼마나 떨어져 있는지를 표준편차 단위로 환산한 점수로 Z점수(평균 0, 표준편차 1), T점수(평균 50, 표준편차 10), 스테나인(9등급, stanine) 등이 있다. 여기서 스테나인은 대학수학능력시험 결과를 보고하는 방식으로 채택되고 있는 것으로 상위부터 4%, 7%, 12%, 17%, 20%, 17%, 12%, 7%, 4%에 각각 1등급(9점), 2등급(8점), …… 9등급(1점)을 부여한다. 학년규준점수(grade equivalent score)는 해당 원점수를 보인 피검사자가 몇 학년의 평균 수행 수준과 같은지를 나타낸 점수다. 예를 들어, 학년규준점수가 2.7이라면 그 학생의 수행 수준이 2학년 7개월된 아동의 평균 수행 수준과 같다는 의미다. 연령규준점수(age equivalent score)는 해당 원점수를 보인 피검사자가 몇 세의 평균 수행 수준과 같은지를 나타낸 점수다. 연령규준점수에 해당하는 것은 정신연령, 발달연령, 사회연령, 언어연령 등으로 다양하지만 대표적인 것이 정신연령이다. 예를 들어, 정신연령이 3-8세라면 이 학생의 수행 수준은 3세 8개월 된 아동의 평균 수행 수준과 같다는 의미다.

규준지향평가의 특징과 그에 따른 장점을 정리해 보면 다음과 같다.

첫째, 검사 점수의 정규분포를 기대한다. 대부분의 학생들이 의도했던 목표를 달성하여 편포를 이루기보다는 어떻게든 평균을 중심으로 좌우대칭적인 정규분포를 이루기 바란다. 따라서 규준지향평가는 개인차의 변별이 용이하다. 평균과 표준편차 등을 활용하여 상대적인 비교가 가능한 분포로 변환함으로써 객관적으로 특정 학습자의 성취수준을 평가하기 때문에 객관적이고 엄밀한 개인차 변별이 가능하다.

둘째, 검사의 신뢰도를 강조한다. 학습자들의 개인차를 얼마나 오차 없이 정확하게 측정하는가가 중요한 과제가 된다. 피검사자 간에 1점이라도 점수 차이가 있어야 서열을 매길 수 있기 때문이다. 이런 점에서 규준지향평가는 객관적인 검사 제작 기술을 통해 교사의 자의적인 판단이 개입할 여지를 줄여 주는 장점이 있다.

셋째, 규준지향평가는 선발적 교육관에 바탕을 두고 있다. 따라서 개인차를 극복해야 할 대상이 아니라, 오히려 극대화하려고 하거나 당연한 것으로 받아들인다. 필연적으로 '우수자'와 '열등자'로 집단을 구분한다. 이러한 특징이 학습자들의 경쟁을 통한 동기유발에 긍정적으로 작용하는 장점이 될 수도 있다. 특히 제한된 인원에게만 일정 등급이나 당락을 결정하는 경우에는 강력한 동기유발 요인으로 작용할 수 있다.

반면에 이와 같은 규준지향평가가 가진 특징은 다음과 같은 단점으로 작용하기도 한다.

첫째, 규준지향평가는 정규분포를 기대하기 때문에 개인 간의 차이를 당연시하고, 학습한 내용을 숙달한 학습자라도 전체 집단의 점수분포에 따라 열등한 것으로 판단될 수 있다. 이처럼 학습의 성패가 자신이 아닌 동료들에 의해 결정되기 때문에, 교사와 학습자의 관심을 '학습자의 인지적·정서적·신체적 성장과 변화'라는 교육의 본질로부터 멀어지게 할 수 있다. 학습 실패의 원인도 교수-학습 환경이나 교수자보다는 우선 학습자에게서 찾게 된다.

둘째, 검사의 신뢰도를 강조하기 때문에 학습자가 '무엇을' 알게 되었고, '얼마나' 수행할 수 있게 되었는지에 관한 타당도 문제를 간과하기 쉽다. 바람직한 교육적 가치 또는 참다운 의미의 학력평가가 무엇인지에 관한 교사의 판단보다는 어떻게 하면 객관적인 평가가 되게 할 것인가에 대한 고민을 우선하게 한다.

셋째, 규준지향평가는 선발적 교육관에 바탕을 두고 있기 때문에 교육활동을 시작할 때 의도했던 목표의 달성 여부와 상관없이 상대적인 성취도만을 평가하여 어떻게든 승자와 패자를 가려낸다는 단점을 갖는다. 그렇기 때문에 규준지향평가는 교실 안의 동료들 간의 협동심보다는 경쟁심을 유발하게 된다. 학습자는 스스로의 목표 달성을 지향하는 내재적 동기보다는 상대적 서열, 즉 외재적 동기를 추구하는 사람으로 간주된다. 평가의 결과가 다음 교수-학습 활동의 기초 자료가 되어 교육적 개선에 기여하기보다는 과다한 경쟁심리를 유발하거나 인성교육을 저해할 수도 있다. 대표적인 예로 대입전형에서 고교 내신성적 반영비율을 높이자, 학생들끼리 모르는 것을 서로 가르쳐 주기는커녕 노트필기도 빌려주지 않게 될 만큼 과도한 경쟁이 유발되고 협동적 상생이 저해되는 부작용을 낳은 것을 들 수 있다.

2) 준거지향평가(준거참조평가, 절대비교평가)

준거지향평가(準據指向評價, criterion-referenced evaluation)는 사전에 설정된 숙달수준인 준거에 비추어서 학습자의 점수를 비교함으로써 특정 지식이나 기술에 있어서의 학습자의 수행 수준을 해석하고 그에 따른 정보를 제공하는 평가다. 준거참조평가 또는 절대비교평가라고도 한다. 여기서 준거(criterion)란 피검사자의 자질이나 특성에 대한 수준별 기술(예: 성공/실패, 미달/기초/보통/우수)이라고 할 수 있다. 준거와 유사한 개념으로 성취기준(standard)이 있는데, 이것은 점수 또는 등급으로 표현된 특정 수준이며, 점수로 표현된 성취기준을 흔히 분할점수(cut-score 또는 cut-off score)라고 한다(이승희, 2006).

교육 장면에서는 피검사자의 점수에 비추어 해석할 준거가 주로 수업목표이기 때문에 준거지향평가를 '목표지향평가'라고도 한다. 목표지향평가에서는 학습자가 얻은 점수를 해석할 때 수업목표가 한 개인 경우에는 목표 도달 여부(도달-미도달)를, 수업목표가 여러 개인 경우에는 도달한 목표의 백분율 또는 분할점수에 비추어 해석(도달-미도달)하거나 각 목표별 도달 여부를 판단한다. 준거지향평가를 '절대비교평가'라고도 하는데, 그 이유는 평가를 통하여 얻게 되는 정보가 또래집단에 비추어 본 해당 학습자의 '상대적' 위치에 대한 정보가 아니라, 사전에 설정된 준거에 비추어 본 해당 학습자의 '절대적' 수행 수준으로 또래들의 수행 수준에 따라 달라지지 않기 때문이다. 앞서 예시한 '교육평가' 과목 a분반, b분반을 c교수가 맡아 가르치는 경우, 해당 학생이 어느 분반에 속하든지, 각 분반의 전체 점수 분포와 관계없이 90점 이상인 학생이 20%가 넘더라도 그 학생이 얻은 점수를 A학점으로 가치판단하는 방식을 말한다.

준거지향평가의 결과는 흔히 정답률(백분율), 도달-미도달 분류, 5단계 절대평가, 지식 또는 기능 수준에 대한 서술 형태로 보고된다. 정답률(백분율)은 출제된 문항 중 정답 반응한 문항들의 백분율(%) 또는 정답 반응한 각 문항에 부여된 배점을 합한 점수를 총점으로 나누어 100을 곱한 값이다. 따라서 규준지향평가에서 사용하는 백분위와는 전혀 다른 개념이다. 도달-미도달 분류는 분할점수나 성취기준에 비추어 도달-미도달(합격-불합격)로 분류하는 방식이다. 5단계 절대평가는 성취기준에 근거하여 전체 점수

범위를 5개 범주로 분류하는 방식이다. 정답률이 90% 이상이면 수(A), 80% 이상이면 우(B), 70% 이상이면 미(C), 60% 이상이면 양(D), 60% 미만이면 가(F)를 주는 방식이다. 지식 또는 기능 수준에 대한 서술은 말 그대로 피검사자가 알고 있는 지식이나 기능 수준을 구체적으로 기술하는 방식이다. 평가한 문항의 내용과 수행 수준을 함께 기술하게 되는데, 예를 들면 '받아올림이 있는 두 자릿수 덧셈을 할 수 있다/없다'와 같은 평가를 말한다.

이상과 같은 준거지향평가의 특징과 그에 따른 장점을 정리하면 다음과 같다.

첫째, 검사 점수의 부적 편포를 기대한다. 대부분의 학습자들이 의도했던 목표를 달성하여 점수 분포가 오른쪽으로 치우친 분포를 이루기를 바란다. 학습자를 필연적으로 '우수자'와 '열등자'로 분류해야 하는 것이 아니기 때문에, 교사로 하여금 또래 학생들의 수행 수준과 관계없이 개개 학습자가 무엇을 알고 무엇을 모르는지에 초점을 맞추고, 어떻게 가르쳐야 하는지에 관심을 기울이게 한다. 학습 실패의 원인을 학습자보다는 교수자와 교육환경에서 먼저 찾게 되고, 교육목표, 교육과정, 교수방법 등에 대한 개선 방향을 시사받는 데 역점을 두게 된다.

둘째, 검사의 타당도를 더 중시한다. 교사의 자의적인 판단을 최소화하고 객관적인 점수 해석이 가능하도록 하는 것보다는 학습내용 중에서 어떤 것을 어떤 형태로 평가해야 당초에 설정한 목표를 달성했는지 여부와 달성 정도를 정확하게 파악할 수 있는가가 더 중요한 과제가 된다.

셋째, 준거지향평가는 발달적 교육관에 바탕을 두고 있다. 개개인에게 적합한 교수-학습의 기회를 제공하면 모든 학습자가 주어진 학습목표에 도달할 수 있다는 관점이다. 따라서 개인차를 극대화하거나 개인 간 차이를 변별하기보다는 줄이려고 노력한다. 모두가 '성공'할 수 있기 때문에, 학습자들의 협동학습과 내재적 동기 유발에 유리하다. 또한 상대적 서열에 구애받지 않기 때문에 단편적 지식이나 이해와 같은 하등정신능력보다는 적용, 분석, 비교, 종합, 평가 등의 고등정신능력을 배양하는 데 관심을 기울일 수 있다.

반면에 이와 같은 준거지향평가가 가진 특징은 다음과 같은 단점으로 작용하기도 한다.

첫째, 준거지향평가는 부적 편포를 기대하기 때문에 개인 간의 차이를 변별하기가 용이하지 않다. 학습자 개인 간의 상대적 우열을 비교하기 어렵다. 따라서 이러한 정보가 필요한 경우에는 규준지향평가를 고려해야 할 것이다. 학습자의 실패를 교수자나 교육환경에서 찾아 교육과정을 개선하는 데 시사점을 얻는 장점을 살리는 게 목적인 경우에 실시하는 것이 바람직하다.

둘째, 준거를 설정하는 기준이 문제가 될 수 있다. 준거지향평가는 검사의 타당도를 강조하기 때문에 학습자가 '무엇을' 알게 되었고, '얼마나' 수행할 수 있게 되었는지에 관한 정보를 얻는 데 도움이 된다. 그러나 학습자의 수행 수준을 비추어 해석할 준거를 설정함에 있어서 교수목표를 누가 정하느냐 혹은 어떻게 정하느냐에 고도의 전문성이 요구되어, 그러한 전문성을 갖추지 않은 경우 점수 해석에 자의성이 높다는 비판을 받기 쉽다.

셋째, 준거지향평가에 따른 검사 점수는 통계적으로 활용하는 데 한계가 있다. 준거지향평가는 발달적 교육관에 바탕을 두고 있기 때문에 정규분포를 가정하지 않는다. 극단적인 예를 들자면, 학급 학생 전체가 90점을 받아도 좋다거나 바람직하다고 여긴다. 따라서 일정한 수행 수준을 설정하여 자격을 부여하려는 경우가 아니라면 준거지향평가는 적절치 않다. 일정한 인원만을 선발해야 하는 상황에서는 준거지향평가 결과를 그대로 활용하기가 용이하지 않다. 2008학년도에 대입전형제도가 개편되면서 9등급제로 학교생활기록부를 기재하게 되기 이전에 소위 '절대평가' 방식에 의한 5등급 평가결과를 대학들이 '성적 부풀리기'를 이유로 대입전형요소로 반영하기를 꺼려 한 사례가 적절한 예다.

3) 규준지향평가, 준거지향평가의 비교

지금까지 살펴본 규준지향평가와 준거지향평가를 기본 가정, 점수 해석의 기준, 평가 목적(용도), 평가 대상의 성질, 평가방법, 일반화 가능성 등을 기준으로 비교하기 쉽게 정리하면 〈표 3-2〉와 같다. 이 표는 권대훈(2008), 성태제(2009), 이승희(2006), 김대현, 김석우(2005)가 제시한 내용들을 종합하여 다시 정리한 것이다.

〈표 3-2〉 규준지향평가와 준거지향평가의 비교

구 분	규준지향평가	준거지향평가
기본 가정	선발적 교육관(개인차 극복 불능관), 경쟁을 통한 (외재적) 동기 유발(수행목표 지향)	발달적 교육관(개인차 극복 가능관), 협동을 통한 (내재적) 동기 유발(숙달목표 지향)
평가목적	개인의 점수를 규준집단(실제 집단 혹은 가상적 집단)의 규준과 상대적으로 비교하여 서열 또는 순위 판정(개인차 변별)	구체화한 영역에 대한 개인의 수행 수준 평가, 수업목표에 도달한 정도를 확인하거나 개인을 목표 도달-미도달로 분류
결과 활용	분류, 선별, 배치: 입학시험, 심리검사, 행정적 기능 강조	자격부여: 자격고사, 교수적 기능 강조(확인, 교정, 개선)
평가대상	일반적이고 포괄적인 영역의 행동, 특정 목표나 기능을 측정하기 위한 문항 수가 상대적으로 적음	매우 구체적이고 한정된 영역, 특정 목표나 기능을 측정하기 위한 문항 수가 상대적으로 많음
평가방법	집단 내에서 개인들의 상대적 위치 비교(규준집단에 비추어 상대적 해석)	개인의 수행 수준 사정 혹은 분류(구체적 영역에 비추어 해석하거나 분할점수에 따라 도달-미도달 분류)
측정도구	신뢰도 중시, 곤란도가 중간 수준인 문항을 선정하고 너무 쉽거나 너무 어려운 문항은 배제	내용타당도 중시(내용 영역 혹은 목표와 부합되는 문항 선정)
점수 예시	백분위 점수(퍼센타일, %ile)	백분율 점수(퍼센트, %)
장점	광범위한 영역의 지식 혹은 기능 평가 가능, 개인차 변별	학습성과(목표)에 부합되는 평가 가능, 경쟁 완화
단점	상대적 위치 정보만 제공하며 교수 프로그램 구안에 대한 정보 얻기가 어려움, 낮은 성적을 받는 학생들이 반드시 존재함, 경쟁을 심화시킬 수 있음	학습성과(목표)를 명료화하고 수행 표준을 설정하기가 어려움, 일반적인 지식이나 기능 측정 곤란
강조점	상대적인 서열	특정 영역의 성취수준
교육신념 (개인차)	개인차 인정(정규분포 가정), 개인차 극대화	완전학습(부적 편포 지향), 개인차를 극대화하지 않음
비교 대상	개인과 개인(피험자 간)	준거와 수행(준거와 피험자)

규준지향평가는 선발적 교육관, 즉 개인차 극복 불능관에 기초하기 때문에 개인의 점수를 규준집단(실제 집단 혹은 가상적 집단)의 규준과 상대적으로 비교하여 서열 또는 순위를 판정하고 개인차를 변별하려고 한다. 따라서 교사가 규준지향평가 방식을 취할 경우에는 경쟁을 통한 외재적 동기 유발 전략을 구사하게 되고, 학습자로 하여금 학습목표에 대한 숙달보다는 동료와 비교한 성취수준, 즉 수행목표 지향성을 갖게 할 수 있다. 평가결과의 행정적 활용, 즉 분류, 선별, 배치의 목적을 위한 입학시험이나 심리검사에서 주로 채택되는 평가접근이다.

반면에 준거지향평가는 발달적 교육관, 즉 개인차 극복 가능관에 기초하기 때문에 특정 영역에 대한 개인의 수행 수준을 평가하고, 수업목표에 도달한 정도를 확인하거나 개인을 목표 도달-미도달로 분류하려고 한다. 따라서 교사가 준거지향평가 방식을 취할 경우에는 협동을 통한 내재적 동기 유발이 가능하고, 학습자로 하여금 동료와의 상대적 비교보다는 자기 자신의 성장, 즉 숙달목표 지향성을 갖게 할 수 있다. 평가의 결과로 얻어진 정보들에 대한 교수적 기능, 즉 도달/미도달, 숙달/미숙달의 확인, 오류에 대한 교정, 교수법의 개선 등의 목적을 강조하며, 일정한 성취 준거 달성 여부에 따른 자격부여를 위한 자격고사에서 주로 채택되는 평가접근이다.

이와 같이 규준지향평가와 준거지향평가가 기본 가정, 목적, 결과 활용, 평가 대상 및 방법 등에서 강조점이 상당히 다르지만, 이 두 가지 평가방법을 상호 배타적인 것으로 보고 양자택일식으로 접근할 필요는 없다. 교수-학습이 전개되는 과정에서 이루어지는 그때그때의 평가 목적 및 상황에 따라 적절히 선택 또는 혼용하는 것이 필요하다. 다만, 제대로 된 준거지향평가를 위해서는 성취의 준거 또는 기준을 설정하는 것이 중요하다는 점과 '변화'와 '성장'이 목표인 교육활동에서는 준거지향평가에 기초한 성장지향평가를 지향하는 것이 책무성과도 관련하여 바람직한 방향이라는 점은 유념할 필요가 있다.

▶▶ 3 그 밖의 새로운 평가 유형들

21세기를 흔히 '지식기반사회'라고 부르는 것은 전통사회와는 달리, 백과사전식 정보의 축적만으로는 생존이나 경쟁에서 밀릴 수밖에 없다는 사회적 변화를 반영하기 위해서라고 할 수 있다. 사회적 변화는 교육(과정)의 변화를 요구하고, 당연히 평가 방식의 변화도 뒤따라야 한다. 과거와 같이 단순히 지식을 기억하고 재생하는 능력보다는 학습자의 다양한 개성을 존중하고 인성 및 창의성을 조장하는 새로운 교육체제와 평가 방식을 요구한다.

인지적으로 아는 것도 중요하지만, 아는 것을 실제로 적용할 수 있는지를 파악하는 것이 더욱 중요해졌다. 교수-학습 과정을 개선하기 위해서는 표준화검사를 적용하기보다는 다양한 개인적 특성들을 파악하여 학습자마다의 요구에 부응할 수 있어야 하고, 각자의 강점을 나름의 방식대로 드러낼 수 있도록 다양한 상황에서 평가를 실시하여야 한다. 기계적으로 암기하여 시험을 치르고는 그 즉시 잊어버리는 것이 아니라, 학습자들이 실제적인 상황 속에서 적용해 볼 수 있는 의미 있는 학습활동이 되도록 하여야 한다. 한두 번의 평가로 교수-학습 활동을 개선하기는 어려우므로 여러 측면의 지식이나 능력을 지속적으로 평가하여야 한다. 교수-학습의 결과뿐만 아니라, 그 과정에 대한 상세한 정보를 수집하여 교수-학습 과정을 개선하는 데 반영하여야 한다.

이와 같은 사회적 변화와 요구, 종래의 평가 방식이 갖는 교육적 한계 등에 대한 대응 방안으로 1980년대와 1990년대 들어 다양하고 새로운 평가 유형들이 등장하게 되었다. 수행평가(performance assessment), 포트폴리오평가(portfolio assessment), 능력지향평가, 성장지향평가, 역동적 평가 등이 그것이다. 인위적으로 고안되지 않은 실제 상황에서 지식이나 기술의 적용능력에 대한 정보를 수집하는 참평가(authentic assessment)도 같은 맥락에서 새로이 제안된 평가 관점이다. 이승희(2006)는 이와 같이 전통적 사정방법을 지양하는 일련의 사정방법을 총칭하는 용어(한국교육평가학회, 2004)로 '대안적 사정 (alternative assessment)'을 제안하면서, 표준화검사 혹은 선다형중심의 지필검사를 통하여 아동의 성취수준·능력·잠재력 등에 대한 자료를 수집하는 전통적 사정(traditional assessment)과 구별하였다.

이 절에서는 이러한 다양한 대안적 평가방법 중에서 능력지향평가, 성장지향평가, 역동적 평가에 관하여 좀 더 살펴보기로 한다. 수행평가에 관해서는 이 책의 12장에서 별도로 다루고 있으므로 이를 참조하면 될 것이다.

1) 능력지향평가: 능력에 비추어 본 성취(수행) 수준

능력지향평가(ability-referenced evaluation)는 학생이 지니고 있는 능력에 비추어 얼마나 최선을 다하였느냐(maximum performance)에 초점을 두는 평가다. 학생 개인이 지니고 있는 능력을 얼마나 발휘하였느냐에 관심을 두므로 개인을 위주로 하는 평가방법이다. 따라서 능력지향평가는 각 학생의 능력과 노력에 의하여 평가되는 특징을 지닌다(성태제, 2000). 예를 들어, 〈표 3-3〉과 같이 능력 수준이 98점인 A학생이 90점을 얻은 경우와 능력 수준이 70점인 B학생이 80점을 얻은 경우를 비교할 때, 실제 성취 수준인 90점과 80점을 비교하는 것이 아니라, 능력과 실제 성취 간의 차이, 즉 -8점과 +10점을 비교하여 B학생에게 높은 점수를 부여하고 격려하는 평가 방식이다.

〈표 3-3〉 **능력지향평가의 평가 방식**

구 분	A학생		B학생
잠재능력	98점	>	70점
실제 성취	90점	>	80점
차이(= '노력' 정도)	-8점	<	+10점

2) 성장지향평가: 현재 성취도와 과거 성취도 간의 차이

성장지향평가(growth-referenced evaluation)는 교육과정을 통하여 얼마나 성장하였느냐에 관심을 두는 평가다. 최종 성취 수준에 대한 관심보다는 초기 능력 수준에 비추어 얼마만큼의 능력 향상을 보였느냐를 강조하는 평가다. 즉, 이는 사전 능력 수준과 관찰된 시점의 측정된 능력 수준 간의 차이에 관심을 둔다. 그러므로 성장지향평가는 학생들에게 학업 증진의 기회를 부여하고 개인화를 강조하는 특징을 지니고 있다(성태제, 2000). 예를 들어, 사전평가에서 80점이던 A학생이 사후평가에서 85점을 얻은 경우와 사전평가에서 40점을 얻은 B학생이 사후평가에서 60점을 얻은 경우를 평가할 때, 사후평가 점수인 85점과 60점을 비교하여 A학생에게 높은 점수를 부여하는 것이 아니라, 사전평가와 사후평가 간의 차이인 '향상'된 정도, 즉 +5점과 +20점을 비교하여 B학생에게 유리한 평가를 하고 격려하는 방식이다.

〈표 3-4〉 성장지향평가의 평가 방식

구 분	A학생		B학생
사전평가	80점	>	40점
사후평가	85점	>	60점
차이(= '향상' 정도)	+5점	<	+20점

3) 역동적 평가

역동적 평가(dynamic evaluation)는 전통적인 평가가 잠재적 역량(latent capacity) 중에서 검사 문항이나 수행을 통해 드러난 능력, 평가하는 시점에 '이미 발달된 능력(developed abilities)', 즉 '정태적 상태'를 주로 측정한다는 문제점이 있다고 지적하면서 등장하였다. 정태적인 검사(static test)에 해당되는 전통적인 검사에서는 각 개인에게 일단의 검사 문항을 제시하고 나서 거의 또는 전혀 피드백 없이 문항을 풀게 한다. 피드백을 제공하는 것은 측정오차를 야기할 수 있으므로 지양해야 할 일로 간주한다. 반면에 동태적이고 역동적인 검사(dynamic test)에서는 각 개인에게 일단의 검사 문항을 제시하되 명시적인 교수활동을 통해 해결하도록 한다.

먼저, 정태적 평가와 역동적 평가 패러다임 간의 차이점을 살펴보자. 단, 여기서의 차이점은 이분법적이라기보다는 연속선상에서의 강조점의 차이로 보아야 할 것이다

(염시창 역, 2006).

첫째, 평가의 역할, 즉 정태적 상태 대 역동적 과정에 관한 것이다. 정태적 평가는 피험자가 이미 가지고 있는 지식이나 기능을 활용한 결과로서 산출물을 강조하는 데 비해, 역동적 평가는 학습 및 변화라는 심리적 과정의 정량화를 강조한다. 말하자면 정태적 평가는 발달된 상태('결과')를 파악하는 데 반해, 역동적 평가는 발달 중인 '과정'에 무게를 둔다.

둘째, 피드백의 역할에 관한 것이다. 정태적 평가에서 검사자는 수준별 순서에 따라 문제를 제시하고, 피험자는 각 문제에 답하면 된다. 따라서 검사자는 수행의 질에 관한 피드백을 피험자에게 제공하지 않는다. 반면에 역동적 평가에서는 명시적 또는 묵시적으로 피드백 또는 힌트를 제공한다. 검사자는 해당 피험자가 주어진 문제를 해결하기 위하여 어떤 피드백을 얼마나 활용하는지를 확인하여 피험자의 학습능력을 평가하는 것이다.

셋째, 검사자-피험자 간의 관계에 관한 것이다. 정태적 평가의 경우 검사자는 중립적인 입장에서 가능한 한 수험자에게 관여하지 않는다. 물론 검사자와 피험자 간의 좋은 라포(rapport) 형성은 가능하지만, 그 이상은 필요하지도 권장되지도 않는다. 좋은 라포 형성을 넘어서서 관여할 경우 측정의 오차를 야기할 위험이 있다고 보기 때문이다. 반면에 역동적 평가에서는 검사자-피험자 간의 양방향적·상호작용적 관계가 요구된다. 정태적 평가가 일반적으로 수업 시간과 분리하여 '독립적으로' 이루어지고, 교사가 피험자에게 개입하지 않는 반면, 역동적 평가는 교사가 수업과 '관련하여' 여러 수준 및 다양한 유형의 힌트를 제공하고 도우면서(수업과 조력) 피험자의 수준을 '상호작용적으로' 파악(평가)하는 방식, 즉 '수업'인 동시에 '평가'인 상호작용 활동이라고 할 수 있다.

심화학습 3

역동적 평가

　전통적인 정태적 평가의 대안을 제시하고 그 기초를 다진 대표적인 연구자로는 구소련의 Vygotsky와 이스라엘의 Feuerstein을 들 수 있다. 먼저, 현대 역동적 평가의 배경을 Vygotsky 등의 저작들을 관통하는 주요 개념인 근접발달영역(Zone of Proximal Development: ZPD)에서 찾을 수 있다. Vygotsky는 ZPD를 아동의 '독자적인 문제해결력을 통해 판정되는 실제 발달수준'과 '성인의 지도하에, 혹은 더 유능한 동료와 협력하여 문제를 해결할 때 나타나는 고차원적인 잠재적 발달수준' 간의 거리라고 보았다(염시창 역, 2006: 61). Feuerstein과 그의 동료들은 역동적 평가에 자주 적용되고 있는 학습잠재력 평가도구(Learning Potential Assessment Device: LPAD)를 개발하여 역동적 평가 분야에 주목할 만한 기여를 하였다. LPAD는 아동, 청소년 및 성인을 대상으로 특정 인지적 처리과정의 성장잠재력을 평가하는 도구로, 문제나 사고과정을 지도한 다음, 그 이후에 독자적인 노력을 기울이도록 유도하는 방법을 취한다. LPAD 검사 배터리에는 유추와 수 추리, 범주화, 기억 전략 등의 구체적인 기능을 측정하기 위한 언어적 · 비언어적 과제가 포함되어 있다(염시창 역, 2006: 73).

　이들 외에도 여러 연구자들에 의해 다양한 방식의 역동적 평가접근법이 제안되었는데, 이것들을 크게 두 가지 유형으로 나누면 하나는 샌드위치 유형(sandwich format)이고 다른 하나는 케이크 유형(cake format)이다. 전자는 사전검사와 사후검사 사이에 수업을 끼워 넣는 방식이고, 후자는 수험자가 각 검사 문항을 풀 때마다 반응(피드백)을 제시하는 방식이다. 샌드위치 유형에서는 사전검사를 치른 다음, 사전검사에서 측정한 기능에 대한 수업이 개별적이거나 집단적으로 진행된다. 케이크 유형에서는 수업이 항상 개별적으로 진행되고 피험자들은 문항별로 수업을 받는다. 피험자에게 일단 한 문항을 풀도록 한 다음, 이 문항을 옳게 풀면 그다음 문항을 제시하고, 만약 해당 문항을 잘못 풀면 수준이 다른 일련의 힌트를 제공하는데, 여기에서 힌트는 확실한 문제 해결을 하도록 순차적으로 설계되어 있다. 검사자는 피험자가 특정 문제를 정확하게 풀 때까지 어떤 유형의 힌트를 얼마나 많이 필요로 했는가를 파악한다(염시창 역, 2006).

요약

- 평가의 유형은 다양한 방식으로 분류할 수 있다. 평가 대상이 누구냐에 따라 학생평가, 교원평가, 수업평가, 프로그램평가, 학교평가, 교육청평가 등으로 구분할 수 있고, 평가하는 행동 특성의 성질(내용)에 따라 인지적 평가, 정의적 평가, 심동적 평가로 나눠볼 수 있다. 평가의 기능(또는 목적)에 따라 진단평가, 형성평가, 총합평가 등으로 구분할 수도 있고, 자료(특히 점수) 해석 방식에 따라 규준지향평가, 준거지향평가, 능력지향평가, 성장지향평가 등으로 나눠볼 수도 있다.
- 진단평가는 주로 교수–학습 활동이 시작되기 전에 이루어지고, 학습자가 가지고 있는 능력 및 특성이 어떠한지 그 양상이나 원인을 체계적으로 파악하여 그 정보를 교육목표 설정, 교수–학습 활동 계획, 평가 계획 수립 등에 기초로 삼는 활동이다.
- 형성평가는 대부분 수업이 진행되고 있는 도중에 이루어지고, 현재 진행 중인 학습 내용에 대한 학습자의 이해 정도나 기능 수준을 확인하고, 이를 극대화하는 데 주된 목적이 있다.
- 총합평가(총괄평가)는 비교적 장기간에 걸친 일정 단위의 교수–학습 과정이나 프로그램이 종료된 후에 대부분 이루어지고, 교수목표의 달성 여부와 정도를 종합적으로 판정하는 평가활동을 말한다.
- 규준지향평가(상대비교평가)는 평가결과를 규준(비교집단)에 비추어 평가 대상자의 상대적인 위치나 서열을 밝히는 평가방법인데 비해, 준거지향평가(절대비교평가, 목표지향평가)는 사전에 설정된 숙달 수준인 준거(또는 목표)에 비추어서 특정 지식이나 기술에 있어서의 해당 학습자의 수행 수준을 해석하고 그에 따른 정보를 제공하는 평가 방식이다.
- 최근에는 사회의 변화와 기존의 평가 방식이 갖는 한계점을 극복하기 위한 새로운 평가접근들이 제안되고 활용되고 있다. 능력지향평가는 학생이 지니고 있는 능력에 비추어 얼마나 최선을 다하였느냐에 초점을 맞추고, 성장지향평가는 교육과정을 통하여 얼마나 성장하였느냐에 관심을 두는 평가 방식이다. 역동적 평가는 피험자가 주어진 문제를 해결하기 위하여 어떤 피드백 또는 힌트를, 얼마나 활용하는지를 확인하여 피험자의 학습능력을 '동태적으로' 평가하는 방식이다.

학급 활동

1. 자신을 A중학교 사회교사라고 생각하고 다음과 같은 개발 절차, 개발 지침, 참고자료, 예시 문항을 바탕으로 중학교 1학년 학생을 위한 평가 문항을 성취기준별로 각 1문항 이상씩 개발해 보자.

1) 개발 절차

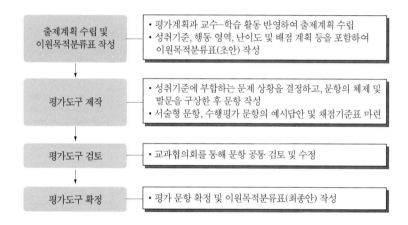

2) 개발 지침

- 현행 교육과정 및 성취평가제, 교수-학습 활동과의 연계성을 고려하여 개발한다(예: 2007 개정교육과정에 따른 중학교 1학년 사회과 '1. 내가 사는 세계' 단원 성취기준, 평가기준).
- 중학교 사회과 성취기준에서 강조하는 내용과 행동 특성을 반영하여 성취기준 도달 정도를 평가하기에 적합한 문항 내용, 문항 유형 등을 결정한다.

3) 참고자료: 2007 개정교육과정 중학교 1학년 사회과 1단원

성취기준	학습활동의 예
711. 지구본과 세계 지도에서 우리나라 및 세계 주요 국가의 위치를 조사한다.	• 지구본과 세계 지도에 표시되어 있는 경·위도의 개념을 파악하고, 북반구와 남반구의 지리적 특징을 발표한다. • 한 국가의 위치를 표현하는 방법에 대해 알아본다. • 지구본과 세계 지도에서 우리나라의 위치를 경·위도로 이야기해 보고, 우리나라 주변에 어떠한 국가가 있는지 발표한다. • 세계적인 차원에서 주요한 영향력을 발휘하는 국가들(예: OECD 국가들)이 지구상에서 어느 곳에 있는지 찾아본다.

712. 세계 주요 국 가의 면적과 형태 를 비교한다.	• 세계 주요 국가의 면적을 비교하고, 이것이 국가의 발전 및 개발 잠재력과 관련 있음을 이해한다. • 세계 주요 국가의 형태를 분석해, 그 지리적 특성을 열거한다. • 세계 주요 국가의 형태를 가공한 퍼즐 맞추기 놀이를 한다. • 지구본에서 우리나라와 면적이 비슷한 나라, 큰 나라, 작은 나라를 찾아본다.
713. 지도나 위성 사진, 인터넷을 이 용해 내가 사는 동 네와 우리나라의 주요 도시의 위치 를 조사한다.	• 종이 지도나 위성 영상, 인터넷 지도의 특성을 알고, 이를 통해 내가 사는 동 네와 집의 위치를 찾아본다. • 지하철, 버스 노선도 등 일상생활에서 사용하고 있는 다양한 지리 정보가 담겨 있는 도구를 활용해, 우리가 사는 장소의 위치를 찾아본다. • 7대 도시(서울, 부산, 대구, 인천, 대전, 광주, 울산)의 위치를 조사해, 백지 도에 표시해 본다.
714. 시간과 날짜 가 우리나라와 다 른 나라를 찾아 그 이유를 알아본다.	• 각 나라 지방마다 표준시가 다른 이유를 지구의 자전과 관련해 알아본다. • 표준시나 날짜 변경선의 개념을 알아보고, 이를 활용해 다른 나라와 우리나 라의 시차를 계산해 본다. • 시차가 실제 생활에 어떤 영향을 미치는지 조사한다.
715. 남반구에 있 는 나라와 북반구 에 있는 나라의 지 리적 차이를 설명 한다.	• 남반구와 북반구에 위치한 사례 지역을 토대로, 두 지역의 기후 환경의 차 이를 분석하고, 그 원인을 탐색한다. • 남반구와 북반구의 기후 환경의 차이가 주민 생활에 미친 영향을 신문 자 료, 인터넷 등을 통해 살펴본다. • 남반구와 북반구의 계절적 차이가 경제 활동에 이용되는 사례를 조사해 발 표한다.

성취기준	평가기준		
	상	중	하
711. 지구본과 세계 지 도에서 우리나라 및 세 계 주요 국가의 위치를 조사한다.	우리나라와 세계 주요 국가의 위치를 지도상 에 나타낼 수 있으며, 그 위치적 특성을 진술 할 수 있다.	지구본과 세계 지도에 서 우리나라와 세계 주 요 국가의 위치를 찾아 표시할 수 있으며, 경· 위도상의 위치를 설명 할 수 있다.	지구본과 세계 지도에 서 우리나라와 세계 주 요 국가의 위치를 찾을 수 있다.
712. 세계 주요 국가의 면적과 형태를 비교한 다.	한 국가의 면적이 국가 의 발전 및 개발 잠재력 에 미치는 영향을 추론 하고, 국가 형태가 결정 하는 요인을 분석할 수 있다.	세계적으로 면적 큰 나 라를 제시해 우리나라 와 비교하고, 특징적 형 태의 국가 모형을 그림 으로 나타낼 수 있다.	면적이 큰 나라와 작은 나라를 열거할 수 있다.

713. 지도나 위성사진, 인터넷을 이용해 내가 사는 동네와 우리나라의 주요 도시의 위치를 조사한다.	우리 고장과 우리나라 전체 백지도에 내가 사는 동네와 주요 도시의 위치를 표시할 수 있다.	종이 지도, 인터넷 지도, 위성사진 등에서 내가 사는 동네와, 우리나라 주요 도시의 위치를 찾을 수 있다.	종이 지도나 인터넷 지도, 위성사진을 이용하는 방법을 알 수 있다.
714. 시간과 날짜가 우리나라와 다른 나라를 찾아 그 이유를 알아본다.	시차가 발생하는 원인을 이해하고, 우리나라와 다른 나라의 시차를 계산할 수 있다.	시간과 날짜가 장소에 따라 달라지는 이유를 설명할 수 있다.	시간과 날짜가 장소에 따라 다름을 알 수 있다.
715. 남반구에 있는 나라와 북반구에 있는 나라의 지리적 차이를 설명한다.	남반구와 북반구의 지리적 차이가 주민 생활에 미친 영향을 제시할 수 있다.	남반구에 있는 나라와 북반구에 있는 나라가 계절이 반대임을 설명할 수 있다.	지구본에서 남반구와 북반구에 위치한 주요 국가를 찾을 수 있다.

출처: 교육과학기술부(2009).

4) 예시 평가 문항: 서술형

학년군	7~9(중학교)	영역/단원	지리/1. 내가 사는 세계
성취기준	715. 남반구에 있는 나라와 북반구에 있는 나라의 지리적 차이를 설명한다.		
문항 유형	서술형		
출제의도 및 평가내용	제시된 자료를 분석하여 사례 지역의 계절이 반대라는 점을 찾아낸 후 그 이유를 남반구와 북반구라는 위치적 차이와 결부 지어 파악할 수 있는지 평가한다.		

【평가 문항】

(가)와 (나)의 공통된 이유를 (다)를 참조하여 설명하시오(4점).

> (가) 오스트레일리아에 상품을 수출하는 우리나라 기업은 그곳의 상품 구매 시기가 우리와 다르기 때문에 계절이 지난 상품을 판매하거나 샘플테스트 시장으로 활용할 수 있다.

> (다) 지구는 23.5° 기울어진 상태로 태양 주위를 돌기 때문에 북반구와 남반구가 받는 에너지의 양이 서로 다르다.

> (나) 세계적인 밀 수출국인 미국과 캐나다는 6월, 8월에 밀 수확이 시작되는 반면, 아르헨티나와 오스트레일리아는 10월, 12월에 밀 수확이 시작된다.

【정답】

남반구와 북반구가 계절이 반대이기 때문이다.

출처: 김현미(2012).

함께 풀어 봅시다

1. 평가 또는 검사는 분류기준 또는 관점에 따라 다양한 방식으로 유형화할 수 있다. 다음 중 분류기준과 그에 따른 평가 유형의 예시가 적절하지 <u>않은</u> 것은?

분류기준	평가 유형 예시
① 평가결과 해석방법	표준화 검사, 비표준화 검사
② 평가대상	학생평가, 교원평가, 학교평가
③ 평가의 기능(목적)	진단평가, 형성평가, 총합평가
④ 측정하려는 구인의 특성	지능검사, 적성검사, 성취도검사
⑤ 문항 제시방식	언어성 검사, 비언어성 검사

2. 다음 〈보기〉의 교사 행동을 진단평가, 형성평가, 총합평가와 가장 적절하게 짝지은 것은?

――――――――〈보 기〉――――――――

ㄱ. 수업 중에 학습오류 수정을 위하여 쪽지시험을 실시하였다.
ㄴ. 수업계획을 수립하기 위하여 학생의 기초학습 능력과 선수학습 정도를 파악하였다.
ㄷ. 기말고사를 실시하여 학교생활기록부에 기록하였다.

	진단평가	형성평가	총합평가
①	ㄱ	ㄴ	ㄷ
②	ㄱ	ㄷ	ㄴ
③	ㄴ	ㄱ	ㄷ
④	ㄴ	ㄷ	ㄱ
⑤	ㄷ	ㄱ	ㄴ

3. 다음 중 진단평가에 관한 설명으로 옳지 <u>않은</u> 것은?
　① 학습자 집단을 분류·배치하기 위해 진단평가가 사용된다.
　② 학생의 특성을 관찰하는 것도 진단평가의 한 방법이다.
　③ 학습자의 수업 전 출발점 행동(entry behavior)을 파악하기 위한 평가다.
　④ 지능 점수를 진단평가의 요소로 고려할 수도 있다.
　⑤ 기존 자료에 의존하지 말고 새로운 평가를 수행하여야 한다.

4. 다음 〈보기〉에서 형성평가에 대한 설명으로 옳은 것을 바르게 짝지은 것은?

<보 기>

ㄱ. 일반적으로 규준지향평가를 실시하여 학생들의 상대적 서열을 파악하는 데 중점을 둔다.

ㄴ. 학생들의 개인별 학습능력에 맞추어 개인학습을 진행하도록 도와줄 수 있다.

ㄷ. 주로 학습이 끝난 후 교육목표의 달성 여부를 판정하기 위해 이루어진다.

ㄹ. 평가는 수시로 이루어지며 평가 주체는 교사다.

① ㄱ, ㄴ   ② ㄱ, ㄷ   ③ ㄴ, ㄷ   ④ ㄴ, ㄹ   ⑤ ㄷ, ㄹ

5. 다음과 같은 목적이나 특징을 갖는 평가가 이루어지고 난 후 교사나 학생이 가질 수 있는 생각으로 옳은 것을 <u>모두</u> 고르시오.

• 책무성 부여   • 준거지향평가와 규준지향평가 혼용
• 형식적 평가, 공식적 평가

① 길주: 한자 2급시험에 통과했으니 이제 1급시험 준비를 해야겠어!

② 상미: 지난 시간에 학생들에게 상대성이론의 개념에 대해 제대로 인식시키지 못했구나. 다음 모의고사 전까지 시간을 내서 다시 한 번 가르쳐야겠다.

③ 경아: 아, 이번 쪽지시험에서 실수로 하나를 틀려 버렸네. 다른 애들은 다 만점인데…….

④ 황주: 오늘 전류에 대해서 배워야 하는데 2반 학생들은 전하의 개념도 아직 파악하지 못하고 있구나. 전류를 가르치기에 앞서 전하의 개념을 간단히 설명해 줘야겠다.

⑤ 정호: 음, 이번 모의고사는 2반 학생들의 평균점수가 가장 높군.

6. 다음 <보기>에서 규준지향평가와 준거지향평가의 차이에 대한 올바른 진술을 <u>모두</u> 골라 그 번호를 쓰시오.

<보 기>

가. 규준지향평가는 선발적 교육관에 근거하지만, 준거지향평가는 발달적 교육관에 근거한다.

나. 규준지향평가에서는 다른 학생들보다 높은 점수를 얻기 위해 노력해야 하지만, 준거지향평가에서는 목표에 도달하고자 노력해야 한다.

다. 규준지향평가에서의 원점수는 설정된 기준에 따라 일정한 의미를 지니지만, 준거지향평가에서의 원점수는 규준에 따라 상대적으로 해석된다.

라. 규준지향평가에서는 변별도보다 타당도가 중시되지만, 준거지향평가에서는 타당도보다 변별도가 중시된다.

마. 규준지향평가에서는 검사 점수의 정상분포를 기대하지만, 준거지향평가에서는 검사 점수의 부적 편포를 기대한다.

7. 다음 문장을 읽고 옳으면 ○, 틀리면 ×표 하시오.

① 수능시험 점수의 보고에 사용되는 백분위나 T점수는 준거지향평가의 예다. (　　)

② 규준지향평가는 상대적 서열을 중시하기 때문에 교수-학습 이론에 부적절하다. (　　)

③ 능력지향평가는 대학진학이나 자격증 취득을 위한 고부담 시험에 적절하다. (　　)

8. 다음 빈칸에 적합한 교육평가 유형을 적으시오.

> 학생이 지니고 있는 능력에 비추어 얼마나 최선을 다하였느냐, 즉 학생 개인이 지니고 있는 능력을 얼마나 발휘하였느냐에 초점을 두는 평가는 (①　　　　　)(이)라고 하고, 교육과정을 통하여 얼마나 성장하였느냐, 즉 최종 성취 수준에 대한 관심보다는 초기 능력 수준에 비추어 얼마만큼의 향상을 보였느냐를 강조하는 평가는 (②　　　　　)(이)라고 한다.

9. 아래 〈보기〉의 각 상황과 다음의 평가 방식이 적절히 연결된 것은?

㉠ 규준지향평가　　　　㉡ 준거지향평가　　　　㉢ 능력지향평가　　　　㉣ 성장지향평가

〈보 기〉

A. 기원이는 부족한 수학실력 때문에 수학학원에 다니고 있다. 이제 3개월이 되었는데, 어머니는 기원이를 계속 학원에 다니게 할 것인지, 다른 학습방법을 취하게 할 것인지 결정하고자 한다.

B. 회사의 간부인 현우는 모집 인원이 5명인 입사시험에 1,500명이 지원해서 고민이 많다.

C. 어느 대학 화학과에 새로운 실험실습 재료가 들어왔다. 이 재료들은 대단히 위험하여 잘못하면 큰 사고가 날 수도 있다. 연구원들 중에서 이 재료들을 관리할 사람을 결정해야 한다.

	A	B	C
①	㉠	㉡	㉢
②	㉠	㉢	㉣
③	㉣	㉠	㉡
④	㉣	㉠	㉢
⑤	㉣	㉢	㉠

10. 다음 상황들 중에서 목적에 가장 적절한 평가방식이 사용된 것은?

① 서울시에서는 수영대회를 열어 1등한 사람에게 선수 자격증을 주었다.

② 김희정 선생님은 3학년 1반 학생들의 국어 수준을 평가하면서 성적이 우수하지만 수업시간에 딴짓을 하는 한영철 학생에게 낮은 점수를 주었다.

③ 한국대학교의 체력단련 수업을 신청한 학생들의 체력 수준은 매우 다양했다. 교수님은 3개월 후 팔굽혀펴기, 윗몸일으키기, 오래달리기를 평가하여 3등까지는 A^+를 주고 10등까지는 A^0를 주었다.

④ 어느 고등학교의 미술선생님은 미술 실기 점수에 태도 점수를 포함시켰다. 그래서 그림을 정말 못 그리지만 열심히 하는 유아연 학생에게 높은 실기 점수를 주었다.

⑤ 대한초등학교 3학년 1반 담임선생님은 평소 아침 등교시간에 지각이 잦은 이주은 학생의 학기말 국어 점수에서 지각 횟수만큼을 감점하였다.

※객관식 문항 정답은 부록 참조

 참고문헌

교육과학기술부(2009). 2007 개정 교육과정에 따른 성취기준·평가기준: 중·고등학교 사회과.

권대훈(2008). 교육평가(2판). 서울: 학지사.

김경배, 김재건, 이홍숙(2005). 교육과정과 교육평가. 서울: 학지사.

김대현, 김석우(2005). 교육과정 및 교육평가. 서울: 학지사.

김주후, 김주아(2006). 교육성과를 포함한 책무성 중심의 학교평가 모형의 개발과 적용. 교육평가연구, 19(3), 21-43.

김현미(2012). 사회과 성취기준과 성취수준의 이해와 활용 방안: 중학교 사회 성취평가제의 실제. 성취평가제 시행을 위한 중학교 교과 핵심교원 연수 자료집: 사회과.

성태제(2000). 교육평가의 변화와 역할. 황정규(편), 현대교육평가의 쟁점과 대안. 서울: 교육과학사.

성태제(2009). 교육평가의 기초. 서울: 학지사.

염시창 역(2006). 학습잠재력 측정을 위한 역동적 평가. Sternberg, R. J., & Grigorenko, E. L. (2002). *Dynamic Testing: The Nature and Measurement of Learning Potential.* 서울: 학지사.

이승희(2006). 특수교육평가. 서울: 학지사.

최정순(2014). 성취평가제와 평가 도구 개발: 중학교 사회. 한국교육과정평가원 연구자료 ORM 2014-75-4.

한국교육평가학회 편저(2004). 교육평가 용어사전. 서울: 학지사.

한국교육과정평가원(2010. 3. 29). 2011학년도 대학수학능력시험 시행기본계획.

황정규(1984; 1998). 학교학습과 교육평가. 서울: 교육과학사.

황정규(1998). 교육평가. 김종서, 이영덕, 황정규, 이홍우(공저), 교육과정과 교육평가. 서울: 교육과
학사.

Angoff, W. H. (1971). Norms, scale, and equivalent scores. In R. L. Thorndike (Ed.),
Educational Measurement (2nd ed.). Washington, DC: American Council on
Education.

Cronbach, L. J. (1963). Evaluation for course improvement. *Teachers college Record, 64,*
672-684.

Ebel, R. L. (1972). *Essentials of educational measurement* (2nd ed.). Englewood Cliffs, NJ:
Prentice-Hall.

Glaser, R. (1962). Psychology and Instructional Technology. In R. Glaser (Ed.), *Training
Research and Education.* Pitts.: Univ. of Pitts. Press.

Nedelsky, L. (1954). Absolute grading standards of objective tests. *Educational and
Psychological Measurement, 14,* 3-19.

Zieky, M. J., & Livingston, S. A. (1977). *Manual for setting standards on the Basic Skills
Assessment Tests.* Princeton, NJ: Educational Testing Service.

중등학교 성취평가제 지원 홈페이지 http://asa.kice.re.kr

Chapter 04

교육목표 분류학

학생들에게 평가기준을 알려 주는 것은 실제로 많은 도움이 된다. 학생들은 그 기준에 맞춰 노력하면서 좀 더 자신감을 갖게 되고, 자신이 발전하고 있음을 스스로 알아챈다. 학습 의욕을 고취시키는 가장 좋은 방법은 학생 스스로 도전하게 하는 것이다. 그리고 자신들의 작업을 스스로 평가하여 어느 부분이 성공적이고, 어느 부분이 성공적이지 못했는지 깨닫게 하는 것이다.

－ EBS 다큐멘터리 〈최고의 교수〉 중 찰리 캐넌 교수와의 면담

학교에서 이루어지는 수많은 평가에서 학생들은 '평가기준'에 대해 얼마나 알고 있을까? 이는 수업시간에 교사가 학생들에게 무엇을 배우기를 기대하는지에 대해 얼마나 효과적으로 전달하였는지에 따라 좌우된다. 달성해야 하는 수업목표를 중심으로 체계적으로 배열된 수업은 학생들로 하여금 자신이 어느 부분에 시간을 투자해야 하는지, 무엇을 더 배워야 하는지에 대한 방향감각을 형성하게 한다. 수업목표를 설정하고 평가기준을 개발하기 위해서는 가르치는 지식의 성격과 학습자의 인지과정을 이해하여야 한다. 그럼으로써 수업과 평가가 학습자의 발달수준에 맞게 필요한 능력을 골고루 개발하는 방식으로 흐르게 된다. 이 장에서 다룰 교육목표 분류학은 수업목표를 분

류하고 기술하기 위한 틀로서, 교사의 입장에서는 자신이 무엇을 어떻게 가르쳐야 하는지를 파악하고 그에 따라 효과적인 방식으로 수업에 임할 수 있도록 하는 도구가 되며, 학생의 입장에서는 자신이 무엇을 배우고 있고 무엇을 할 수 있어야 하는가와 같은 학습과정의 이정표 역할을 할 것이다.

학 / 습 / 목 / 표

- Bloom의 인지적 교육목표 분류학의 내용과 기능을 이해할 수 있다.
- 정의적 교육목표 분류학의 체계와 요소를 이해할 수 있다.
- 심동적 교육목표 분류학의 요소를 이해할 수 있다.
- 교육목표 분류학 활용 시 고려해야 할 사항을 파악할 수 있다.

교육 혹은 수업 목표는 수업의 과정에서 교사가 학생들에게 무엇을 어떤 방법으로 가르치고 어떤 기준에 의해 학생들을 평가할 것인지를 정해 주는 준거가 된다. 교육목표에 대한 이론들은 학습자의 인지과정이나 가르치는 내용의 성격에 따라 교육목표를 진술하는 방법이 달라지며, 교육목표 진술방법은 교사의 수업방법과 평가 방식을 결정하고 그 효과성을 판단하는 중요한 기준이 됨을 보여 주고 있다. 교육목표를 세분화하고 정해진 목표와 일관된 평가를 설계하는 과정에서 교사들은 교육과정을 더 잘 이해하게 되며, 수업의 질을 높이기 위해 필요한 구체적인 방안을 생각하는 데 도움을 얻는다(하소현, 곽대오, 2008).

교육목표를 어떻게 세분화하고 분류할 것인지에 대해서는 다양한 입장이 존재한다. 교육목표를 분류학적 체계에 근거하여 세분화하는 Bloom(1956)의 분류학적 접근과 조작주의적 정의 방식에서 요구하는 조건에 따라 교육목표를 진술하는 방법을 명료화한 Mager의 조작주의적 접근, 학습과제를 분석하여 학습의 위계를 확인하는 Gagné의 과제분석 접근, 그 외 인지과정의 원리에 따라 교육목표를 세분화하려는 Bruner와 Taba의 인지과정적 접근이 교육목표를 세분화하는 대표적인 이론들이다. 이 장에서는 교육 현장에서 가장 널리 활용되는 Bloom의 교육목표 분류학을 주로 살펴볼 것이다. 그리고 Bloom의 교육목표 분류학을 활용하여 실제 교육목표를 진술할 때 유용한 지침을 제공해 주는 Mager의 교육목표 진술방법도 추가적으로 다룰 것이다.

▶▶ 1 Bloom의 교육목표 분류학

1) 교육목표 분류학: 인지적 영역

Bloom(1956)은 교육목표를 진술하는 공통적인 토대를 제공하기 위해 Tyler(1950)가 제시한 교육과정 구성 원칙에 기반하여 인지적 행동을 중심으로 한 교육목표를 분류하고 그 진술방식을 체계화하였다. 흔히 수업에서 다루고 계발시켜야 할 것으로 여겨지는 인지적 행동은 습득해야 할 내용을 가리키는 지식(knowledge)과 그러한 내용을 조작하고 처리하는 데 관여하는 지적 기능(intellectual skills)으로 분류된다. Bloom이 체계화한 인지적 교육목표는 후자의 지적 기능을 중심으로 세분화된 것으로, 지식, 이해, 적용, 분석, 종합, 평가라는 여섯 가지 기능으로 구성되어 있다. 이러한 기능들은 인지능력 및 인지작용의 복잡성 정도에 따라 가장 단순한 형태에서 복잡한 형태로 위계적으로 조직되었다.

Bloom의 교육목표 분류학에서 상정하고 있는 지적 기능의 특성은 다음과 같다.

먼저, '지식'은 정보를 인지하고 기억하는 심리적인 과정으로 이루어진 지적 기능이다. '지식'의 기능은 이후의 지적 기능이 작동하기 위한 토대가 되는 부분으로, '이해'와 더불어 가장 기초적인 지적 기능에 해당된다.

'이해'는 가장 큰 범위의 지적 능력을 포괄하는 것으로서 의사소통의 형식을 통하여 새로운 정보를 이해하는 것이 핵심적인 특징이다. 언어적 형태로 제시된 정보뿐 아니라 상징적으로 표현되거나 드러난 것의 이면에 있는 아이디어를 이해하려는 노력 등이 '이해'의 행동에 포함된다.

'적용'은 이미 습득하거나 배운 내용을 새로운 상황이나 문제에 사용할 줄 아는 능력을 말한다. '적용'이라는 인지적 기능이 가리키는 지적 능력은 과거에 배운 개념, 방법, 원리, 이론 등을 이전에 배웠을 때와는 다른 상황이나 사태에 적용하여 문제를 해결하는 능력으로, 때로는 '문제해결력'으로 일컬어지기도 한다. '이해'가 이전의 경험을 중심으로 배우는 내용을 새롭게 재구성하는 능력이라면, '적용'은 이전에 학습한 내용을 새로운 사태에 적용하여 아직 알려지지 않은 사실이나 현상을 예측하는 능력이다.

'분석'은 새롭게 주어진 자료나 문제를 하위 요소나 부분들로 분해하여 살펴보고, 그러한 요소들이 전체로서 구성되는 원리나 방법을 찾아낼 수 있는 능력을 말한다. 이러한 능력은 주어진 자료나 문제의 표면에 집착하지 않고, 그 이면에 놓여 있는 본질적인 측면, 아이디어, 구조 등을 발견하는 능력이다. '분석'의 기능도 '적용'과 마찬가지로 이전에 접해 본 적이 없는 새로운 유형의 자료나 문제에서 작동되는 기능이라는 점에서 지식이나 기능의 '습득'과는 다른 고차원적인 기능에 해당한다.

'종합'은 일차적으로 새로운 지식구조의 창출과 관련되는 행동으로, 요소와 부분들을 조합하여 하나의 전체를 새롭게 형성하는 것으로 정의된다. 이 기능은 경험의 부분들을 통합하여 새로운 산출물을 창안하는 능력으로서 '창의력'과 유사한 능력으로 간주되기도 한다.

'평가'는 특정한 목적을 가지고 아이디어, 작품, 해결책, 방법, 자료의 가치를 판단하는 능력이다. 특정 사태가 정확하고 효과적이고 경제적인지 혹은 만족을 주는지의 정도를 평정하기 위하여 표준이나 준거를 사용하는 것과 관련된 지적 기능을 가리킨다. '평가'는 두 가지의 준거에 의해 이루어진다. 하나는 내적 준거에 의한 평가로서 의사소통의 정확성과 일관성이라는 준거에 의해 판단하는 능력을 말한다. 다른 하나는 설정한 준거에 비추어 해당 사항을 판단하는 능력을 가리킨다. 이때 준거는 평가의 목표나 기능에 따라 학생이나 교사에 의해 설정될 수도 있고, 국가나 전문가들에 의해 설정될 수도 있다.

이상의 여섯 가지 지적 기능을 이루는 하위 요소는 〈표 4-1〉에 제시되어 있는 것과 같다.

〈표 4-1〉 Bloom의 인지적 영역의 교육목표 분류학

1.0 지식

    1.10 특수 사상에 관한 지식(구체적이며 단편적인 정보의 상기)

    1.20 특수 사상을 다루는 방법과 수단에 관한 지식(아이디어 및 현상을 조직하고 연구하며 판단하고 비판하는 방법에 관한 지식)

    1.30 보편적 및 추상적 사상에 관한 지식(현상과 개념들이 조직되는 주요 개념, 체계 및 형태에 관한 지식)

    ▶ 관련 술어: 정의한다, 구별한다, 확인한다, 기억한다, 상기한다, 인지한다 등

2.0 이해

    2.10 번역: 제시된 정보를 다른 형식으로 고쳐 쓰는 것

    2.20 해석: 아이디어를 마음속의 새로운 형태로 재배치하는 것

    2.30 추론: 정보나 학습자의 이해에 근거한 추리와 예언

    ▶ 관련 술어: 번역한다, 변환한다, 자기 말로 나타낸다, 예시한다, 읽는다, 다른 말로 표현한다, 재배열한다, 설명한다, 시범을 보인다, 추정한다, 추리한다, 예언한다, 변별한다, 채운다 등

3.0 적용

    ▶ 관련 술어: 응용한다, 일반화한다, 관련시킨다, 선택한다, 발전시킨다, 조직한다, 이용한다, 변화시킨다, 재구조화한다, 분류한다 등

4.0 분석

    4.10 요소의 분석

    4.20 관계의 분석

    4.30 조직원리의 분석

    ▶ 관련 술어: 구별한다, 탐색한다, 확인한다, 유목화한다, 분석한다, 대비한다, 비교한다, 환원시킨다, 관계시킨다 등

5.0 종합

    5.10 독특한 의사전달 자료의 창조

    5.20 조작에 필요한 계획 및 절차의 창안

    5.30 추상관계의 도출

    ▶ 관련 술어: 쓴다, 말한다, 관계시킨다, 생산한다, 구성한다, 창안한다, 수정한다, 종합한다, 제안한다, 계획한다, 설계한다, 구체화한다, 도출한다, 개발한다, 조직한다, 분류한다, 형성한다 등

6.0 평가

    6.10 내적 증거에 의한 판단

    6.20 외적 증거에 의한 판단

    ▶ 관련 술어: 판단한다, 토론한다, 타당화한다, 총평한다, 평가한다, 결정한다, 고려한다, 비교한다, 표준화한다 등

2) 목표의 위계

Bloom의 인지적 교육목표 분류학을 구성하는 지적 기능은 복잡성의 원칙(principle of complexity)에 따라 그 위계가 구성되었으며, 지적 기능의 위계적 구조는 목표의 진술뿐 아니라 학습 및 교수, 평가도구의 제작에서도 고려되어야 할 기본 원리로 강조되었다. 인지적 기능에 위계가 있다는 것은 상위의 인지적 기능이 하위 기능을 가정하고 있다는 것을 의미한다. 예를 들어, '지식'의 핵심인 기억의 기능은 상위의 인지적 기능(이해, 적용, 분석, 종합, 평가)의 기초가 된다. 상위 단계의 지적 행동들 역시 기억과정을 수행하지만, 기억 외에도 학습내용을 관계 짓고 종합하고 판단하는 보다 복잡한 과정을 수행한다는 점에서 '지식'과는 구분된다. 즉, '지식'은 모든 인지능력의 기초가 되며, '지식+이해'는 적용능력 습득의 선수조건이며, '지식＋이해＋적용'은 분석의 지적 목표를 달성하기 위한 선수조건, 그리고 '지식＋이해＋적용＋분석'은 종합의 선수조건이 된다.

지적 행동들 간의 이러한 위계는 수업을 진행하고 학습결과를 평가할 때 학습내용뿐 아니라 그것을 어떻게 조직하느냐도 함께 고려되어야 한다는 점을 시사한다. 따라서 어떠한 인지적 기능이 교육목표가 된다 할지라도 그 선수조건이 되는 인지적 기능이 충분히 길러졌는지를 확인하고, 이러한 점이 수업내용과 평가 방식에 반영되어야 한다는 점이 교육목표 분류학의 시사점이라고 할 수 있다.

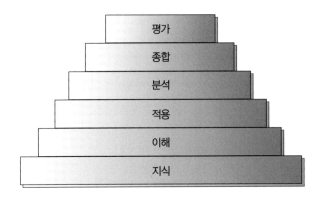

[그림 4-1] **교육목표 분류학의 인지적 기능의 위계구조**

3) 내용-행동의 이원분류표

Bloom의 교육목표 분류학의 특징적인 점은 교육목표를 내용과 행동으로 이원화하였다는 점이다. 즉, 학생이 익혀야 할 교과의 내용과 이를 통해 길러져야 할 인지적 기능으로 교육목표를 이원화하여 세분화된 평가의 준거틀을 제공하였다는 점이다.

실제 교육 현장에서 활용되는 이원분류표의 예로 제시된 〈표 4-2〉는 중학교 3학년 기술 교과의 평가 문항을 Bloom의 이원분류표에 따라 작성한 것이다(김희필, 김판욱, 2000 인용). 이원분류표에 따라 작성된 예시에서는 대부분의 평가 문항이 '지식'과 '이해'에 치중되었음을 보여 준다. 이처럼 교육목표 이원분류표를 통해 각 단원의 목표를 내용과 행동의 측면으로 분류해 보면 수업과 평가에서 다루어지는 지적 능력의 수준이 골고루 분포되어 있는지, 어떠한 유형의 지적 기능이 주로 다루어지고 있는지를 한눈에 알 수 있다. 이원분류표의 활용은 학생들의 지적 기능을 고루 계발할 수 있도록 수업에서 다루는 내용과 길러져야 할 기능을 연결시켜서 수업을 준비하도록 돕고, 평가의 단계에서는 의도했던 교육목표와 실제 진행된 수업과 일관된 평가 문항을 제작할 수 있도록 안내하는 기능을 할 수 있다.

〈표 4-2〉 교육목표 이원분류표의 활용 예

	1.0 지식	2.0 이해	3.0 적용	4.0 분석	5.0 종합	6.0 평가
1. 산업과 생활	✓	✓				
2. 농업기술	✓	✓				
3. 공업기술	✓	✓				
4. 상업 및 경영	✓	✓	✓	✓		
5. 해양과 수산 기술	✓	✓				
6. 직업과 진로	✓	✓				

4) Bloom의 인지적 교육목표 분류에 대한 평가

인지적 영역에 대한 Bloom의 교육목표 분류학은 전 세계 대부분의 국가에서 번역되어 학교교육 목표를 체계화하고 분류하는 일차적 기능뿐 아니라 교육과정을 개발하고 수업을 전개하며 평가하는 데 활발하게 사용되고 있다. 그러나 여러 연구에서는 교육목표 분류학을 적용하고 활용할 때 다음과 같은 점을 유념할 것을 권고하고 있다.

첫째, Bloom의 교육목표 분류학은 내용과 행동으로 이원화되는데, 이때 행동으로 표현되는 지적 기능은 외현적으로 관찰할 수 있는 행동에 중점을 둔다는 점이다. 이 경우 관찰하기 힘든 목표에 해당하는 행동들이나 인지과정, 예를 들어 통찰이나 직관과 같은 능력들은 제외된다는 문제점을 가진다. 더 나아가 목표로는 표현되지 않았지만 학습과정에서 자연적으로 달성하게 되는 중요한 학습성과(흥미, 만족감, 도전감, 성취감 등) 역시 Bloom이 제시한 교육목표 분류학에 포함되지 않는 부분들이다. 즉, 명세화된 목표에 치중할 경우 목표로 표현되지 않은 중요한 학습의 성과들을 간과할 수 있다는 것을 유념해야 한다.

둘째, Bloom의 교육목표 분류학이 인지적 영역을 포괄적으로 다루고는 있으나 실제 교육 현장에서는 인지적 영역, 정의적 영역, 심동적 영역이 연결되어 학생들의 성장과 변화로 나타난다는 점이다. 교육의 과정에서 서로 연결되어 엉켜 있는 세 영역의 기능이 교육목표에서 포괄적으로 다루어지는 방향으로 나아가는 것이 바람직하다는 문제의식이 확산되고 있다.

셋째, Bloom의 교육목표 분류학이 가장 많이 비판받고 있는 부분은 복잡성의 원칙에 따른 단순-복잡 차원에 따라 인지적 작용을 위계화했다는 점이다. 여러 연구에서는 이러한 Bloom의 분류학이 논리적이고 경험적인 지식체계와 일치하지 않으며, 특히 인지과정의 누적적인 위계체제가 실제 사고가 작동하는 방식을 반영하지 못한다고 지적하고 있다. 예를 들어, 인지과정의 하위 단계인 지식, 이해, 적용, 분석은 Bloom이 가정한 위계를 구성하고 있다는 것이 확인되었지만 종합과 평가는 상대적 위치가 바뀌었다는 비판(조희형, 1984), 가장 하위 단계인 지식의 과정 역시 이해하지 않으면 획득될 수 없고 때로는 분석, 종합, 평가의 과정을 거쳐야만 획득되는 경우도 있다는 비판

등이 제기되었다. 이러한 비판들은 직선적 위계설보다는 평행적 분류를 택하는 것이 타당하다는 제안이나 수업의 구체적인 맥락에 따라 비중을 어디에 두는 것이 더 타당한지를 고려하는 방식으로 지식의 위계를 결정해야 한다는 제안으로 연결되었다 (Ormell, 1974).

▶▶ 2 정의적 · 심동적 영역의 교육목표 분류

대부분의 교육목표 분류학은 인지적 영역에 중점을 두고 개발되었고, 수업 실제에 활용되는 교육목표 역시 지적인 특성의 계발에 치중되어 왔다. 이러한 현상은 전통적으로 정의적 특성보다는 인지적 능력을 우월한 것으로 간주하였고, 학교교육에서도 모든 평가가 인지적 영역을 중심으로 이루어졌던 것과 무관하지 않다. 그러나 21세기에 들어 가속되는 정보의 확대와 범람, 국가 간 상호의존성 증대, 각종 사회병리 현상의 심화 등은 자라나는 청소년에게 건강한 태도와 가치관, 의식, 도덕성과 같은 바람직한 정의적 특성들을 갖출 것을 요구하고 있다. 인지적 능력만으로는 다룰 수 없는 지역사회, 국제적인 문제가 산재해 있으며, 학교교육은 미래의 인재인 학생들이 새로운 사회의 발전을 선도할 수 있도록 인지적 · 정의적 · 심동적 영역의 균형 있는 발전을 이루도록 도와야 한다.

이러한 변화는 교육의 목표를 균형 있게 설정하는 것에서 시작할 수 있다. 인지적 영역에 가려졌던 정의적 특성과 심동적 영역에서의 교육목표에 대한 논의들은 학교교육을 통해서 길러져야 할 중요한 영역에는 어떠한 것이 있는지에 대한 안목을 확대해 주며, 실제 교육 현장에서 이를 계발하기 위한 노력과 연결된다. 다음에서는 정의적 영역과 심동적 영역의 교육목표 분류에 대한 대표적인 논의를 통해 중요하게 다루어져야 할 정의적 · 심동적 특성이 무엇인지를 살펴볼 것이다.

1) 정의적 영역의 교육목표 분류

대표적인 정의적 영역의 교육목표 분류학은 Krathwohl, Bloom 그리고 Masia (1964)가 개발한 것으로 이후 여러 차례에 걸쳐 수정·변화되었다. 그들이 제안한 정의적 영역의 교육목표의 핵심적인 특성 중 하나는 '내면화의 원리'에 따라 정의적 특성을 체계화하였다는 점이다.

'내면화'는 '자기 속에 통합한다' '자기 자신의 것으로 받아들인다'의 의미를 가지며, Krathwohl 등은 이 개념을 "처음에는 습득하기를 바라는 외현적인 표현만을 불완전하게, 잠정적으로 받아들이다가 이후 보다 철저하게 해당되는 가치나 태도 등을 채택하게 되는 과정"으로 설명하고 있다. 이러한 '내면화'를 정서의 증가라는 측면에서 본다면, 내면화의 가장 하위 수준의 행동에서는 현상을 '자각'하는 수준으로 정의적 영역이 개입된다. 중간 수준에서는 정서적으로 보다 적극적으로 반응하며, 이 수준의 행동에서는 정서적 반응이 결정적인 역할을 한다. 그리고 내면화의 가장 높은 수준에서는 주어진 자극에 대한 개인의 정서적 반응이 완전히 내면화되고 관습화되어 겉으로 보기에는 정서적 반응이 행동을 결정짓는 주된 요소로 드러나지 않는다(황정규, 1998).

Krathwohl 등은 정서적 경험을 이상의 '내면화의 원리'에 따라 다섯 가지 수준으로 분류하고, 각 수준마다 하위 수준을 세분화하였다. 즉, 정의적 특성이 얼마나 인간의 의식에 내면화되느냐에 따라 5단계의 정의적 행동으로 그 정도를 달리 표현하였다.

'감수'는 정의적 행동 분류의 가장 기초 단계이며, 어떤 자극의 존재에 대한 민감성과 그에 대한 주의나 관심을 자진해서 흔쾌히 기울이려는 경향성을 나타낸다. 예를 들어, 도서회나 음악회 같은 행사에 자발적으로 참석하느냐, 고려의 대상으로 삼느냐, 혹은 단지 알고 있는 정도이냐와 같은 정의적 반응에 해당하는 정의적 행동이다.

이에 비해 '반응'은 현상에 대해 단순히 관심을 기울이는 수동적인 차원을 넘어서서 적극적으로 그 대상이 무엇인지 알려고 하며 그에 반응하는 심리적인 태세다. 대표적인 '반응'의 예로는 학생들이 수업내용이나 학습과제에 대해 드러내 보이는 흥미, 즐거움, 쾌락 등 '싫은' 혹은 '좋은'과 같은 정서적 반응이다.

'가치화'란 '반응'과 같이 자발적인 행동으로 나타나는 적극적인 정의적 반응이며,

〈표 4-3〉 정의적 영역의 교육목표 분류학

1.0 감수(receiving)

 1.1 감지(awareness)

 1.2 자진 감수(willingness to receive)

 1.3 선택적 관심(controlled or selected attention)

▶ 관련 술어: 분별한다, 분리한다, 나눈다, 모으다, 선택한다, 종합한다, 받아들인다, 경청한다, 주목한다, 대조한다 등

▶ 증거행동: 교사의 말에 주목한다, 학습활동에 흥미를 보인다, 노트를 한다.

2.0 반응(responding)

 2.1 묵종반응(acquiescence in responding)

 2.2 자진반응(willingness to respond)

 2.3 반응에의 만족(satisfaction in response)

▶ 관련 술어: 복종한다, 따른다, 수락한다, 자진해서 한다, 논의한다, 연습하다, 연주한다, 칭찬한다, 성원한다, 여가를 보낸다, 토론한다, 환호한다 등

▶ 증거행동: 모둠활동에 능동적으로 참여한다, 수업활동에 열정을 보인다, 질문을 한다, 자신의 의견을 제안한다.

3.0 가치화(valuing)

 3.1 가치의 수용(acceptance of a value)

 3.2 가치의 선호(preference for a value)

 3.3 가치의 확신(committment)

▶ 관련 술어: 능률을 높인다, 수량을 높인다, 더 구체화한다, 포기한다, 돕는다, 보조한다, 보조금을 준다, 지원한다, 거부한다, 반항한다, 투쟁한다, 논쟁한다 등

▶ 증거행동: 가치 있는 것과 적절한 것을 판단한다, 특정한 입장을 받아들이거나 고수한다, 특정한 방식의 행동을 견지한다.

4.0 조직화(organization)

 4.1 가치의 개념화(conceptualization of a value)

 4.2 가치체계의 조직(organization of a value system)

▶ 관련 술어: 논의한다, 이론화한다, 추상적 수준으로 수렴한다, 비교한다, 조화시킨다, 조직한다, 구성한다, 정의한다 등

▶ 증거행동: 자신의 입장이나 그 이유를 밝힌다, 자신의 관점에 대한 자료를 제시한다.

5.0 인격화(characterization)

 5.1 일반화된 태세(generalized set)

 5.2 인격화(characterization)

▶ 관련 술어: 개선한다, 변화시킨다, 완성시킨다, 요구한다, 높은 평가를 받는다, 피한다, 해결한다, 저항한다, 잘 다룬다 등

▶ 증거행동: 자신의 의견이나 가치관에 일관되게 행동한다.

나아가 그러한 자발적인 행동이 열정을 동반하여 일관되게 나타난다는 특징을 가진다. 이러한 정의적 경향성은 개인이 조직화된 가치체계를 가졌을 때 드러나는 것으로, 무엇이 가치 있는 것인지, 그리고 어떠한 행위나 행동을 해야 할 것인지를 판단할 수 있는 정도로 가치들 간의 위계와 중요성이 확립되어 있는 상태를 말한다.

'조직화'의 상태는 자신이 가치 있다고 채택한 가치를 개념화하여 그것을 개념, 활동, 사건 등을 판단하는 기초로 사용하는 수준을 가리킨다. 예를 들어, '당신이 만난 사람들 중에 앞으로 무엇을 하며, 어떻게 살 것인지에 대해 가장 영향을 많이 미친 사람은 누구인가?'와 같은 질문은 '조직화'의 정도를 묻는 질문이라고 할 수 있다.

'인격화'는 정의적 행동이 가장 내면화된 정도를 나타내는 수준으로, 해당되는 가치가 개인의 인격과 동일시된 상태를 가리킨다. 이 수준에 도달한 개인은 성숙된 인격, 신뢰할 수 있는 가치관을 지니고 이를 일관되게 드러내며, 동시에 다른 인격체나 가치체계에 대한 관용과 유연한 태도를 보인다.

이상에서 제시된 정의적 행동들을 교육목표로 진술하는 일은 인지적 영역에 비해 훨씬 까다롭고 실제에 적용하기도 어렵다. 무엇보다도 정의적 특성 자체가 다양한 심리적 측면으로 이루어졌다는 점 때문이다. 특정한 정의적 행동들을 기르기 위해서는 태도, 흥미, 가치, 자아개념, 동기 귀인 등 다양한 정의적 특성이 요구된다. 실제 특정한 가치를 내면화하기 위해서는 그에 대한 흥미, 동기, 자아개념 등을 다루어야 한다. 이처럼 정의적 특성이 갖는 다양성과 복합성으로 인해 정의적 특성을 교육목표로 세분화하고 이를 계발하는 과정에서는 어려움을 겪게 된다.

또한 정의적 특성은 인지적 특성에 비해 외현적으로 관찰할 수 없는 내면적 행동이나 비가시적 심층기제로 작동된다. 특정한 태도나 가치를 가지는 과정은 그것이 조직화되어 일관되게 드러나지 않는 이상, 관찰이 힘들거나 단일한 기준에 의해 평가하기가 곤란하다. 따라서 정의적 특성에 대한 교육목표를 설정하고 이를 계발하는 과정은 보이지 않는 인간의 내면과 속성에 대한 세밀한 관심과 그것을 관찰하려는 노력이 수반되어야만 가능한 일이다.

정의적 행동을 측정하는 과정에서도 정의적 특성 자체의 속성으로 인한 애매함과 불확실성의 문제가 존재한다. 정의적 행동은 분명하게 관찰되거나 예언되는 것이 아니라 하나의 경향성으로 존재하는 것이기 때문에, 확실성보다는 경향성의 정도를 추정한다는 태도로 정의적 행동을 측정 · 평가하는 것이 바람직할 것이다(황정규, 1998).

2) 심동적 영역의 교육목표 분류

인간 행동 중 심동적 영역에 대한 교육목표 분류학은 아직도 초보 단계에 있다. Simpson(1966)이 개발한 심동적 영역에 관한 교육목표 분류학은 오래전에 개발되었으나, 아직도 이 분야에서는 대표적인 것으로 활용되고 있다. Simpson은 교육목표로 설정 가능한 심동적 영역을 다섯 가지 단계로 나누어 다음과 같이 제시하였다.

'지각'은 운동을 수행할 때 가장 먼저 이루어지는 단계로, 감각기관을 통해 사물의

〈표 4-4〉 **심동적 영역의 교육목표 분류학**

1.0 지각(perception)

    1.1 감각적 자극(sensory stimulation)

    1.2 단서의 선택(cue selection)

    1.3 번역(해석)(translation)

    ▶ 관련 술어: 지각하다, 구별하다, 주목하다, 만지다, 듣다, 느끼다 등

    ▶ 증거행동: 감각을 통해 수집된 자료를 기반으로 신체의 움직임을 조정한다.

2.0 태세(set)

    2.1 정신적 태세(mental set)

    2.2 신체적 태세(physical set)

    2.3 정서적 태세(emotional set)

    ▶ 관련 술어: 배열하다, 준비하다 등

    ▶ 증거행동: 과제나 일에 착수하기 위해 정신적 · 신체적 · 정서적 준비를 갖춘다.

3.0 유도반응(guided response)

    3.1 모방(imitation)

    3.2 시행착오(trial and error)

    ▶ 관련 술어: 모방하다, 베끼다, 따라 하다, 시도하다 등

    ▶ 증거행동: 지시를 그대로 따라 하다, 시행착오를 거치다.

4.0 습관화(mechanism)
- ▶ 관련 술어: 수행하다, 만들어 가다, 완성하다 등
- ▶ 증거행동: 특정 자극에 능숙하게 반응한다.

5.0 복합외현반응(complex overt response)
5.1 불확실성 해결(resolution of uncertainty)
5.2 자동적 수행(automatic performance)
- ▶ 관련 술어: 조정하다, 수정하다, 시범 보이다 등
- ▶ 증거행동: 복잡한 과정을 전문가처럼 실행한다.

질이나 관계 등을 지각하는 과정이다. 신체의 움직임을 일으키는 상황에 대해 지각하고 지각에 따라 행동을 수행하는 연쇄과정의 가장 중요한 부분이라고 할 수 있다.

'태세'는 준비 상태를 가리키는 말로, 특정한 행위나 동작을 하기 위한 정신적 · 신경적 · 운동적 준비 상태를 지칭한다.

'유도반응'은 운동에 필요한 기능과 기술을 가르치고 향상시키는 가장 초기 단계에 해당한다. 특정한 운동을 수행하기 위해 필요한 한 요소인 기능을 강조하여 다른 사람의 지도에 의해 하나하나 행위를 해 보고 연습하는 단계다. 이러한 과정은 모방과 시행착오로 이루어져 있다.

'습관화'는 필요한 기능과 기술이 습관화되어 상당한 수준의 자신감과 기술을 습득한 상태를 말한다. 상황에 따라 습관적 동작이나 자신이 할 수 있는 행위들을 자동적으로 선택하여 반응하는 수준이다.

'복합외현반응'은 개인이 스스로 복잡한 운동행위를 할 수 있는 수준으로, 최소한의 노력이나 시간으로 가장 효과적으로 수행할 수 있는 단계를 말한다.

▶▶ 3 Mager의 조작주의적 목표 진술방법

교육목표 분류에 대한 이상의 논의는 목표 자체에 대한 이론적 논의였다. 그러나 이상의 목표의 요소들을 효과적으로 의사소통하기 위해서는 어떻게 진술해야 하는가, 학생의 학습결과를 보고 해당 학생이 수업목표를 달성했다는 것을 어떻게 판단할 수 있는가 하는 실제적인 기술상의 문제들을 고려해야 한다. Bloom의 목표분류학이 교육목표에 포함될 요소들을 명세화하고 분류하는 데 효과적이었다면, Mager(1962)는 Bloom이 분류한 교육목표에 기반하여 수업의 목표를 진술하는 방법을 체계화하여 수업목표에 평가의 준거를 구체적으로 제시하는 방법을 개발하였다. Mager가 제시한 목표 진술 및 세분화 방법의 특징은 ① 목표 진술에서 종착행동(terminal performance)을 구체적 행동으로 나타내기 위해 행위(action)동사를 사용한 것, ② 이 행동이 발생하리라고 기대되는 중요한 조건(condition)을 제시한 것, ③ 종착행동의 성취가 어느 정도로 정확해야 목표가 달성되었다고 판정할 수 있는지의 준거(criterion)를 제공한 것이다.

1) 행위동사: 종착행동

수업과정에서 도달해야 하는 교육목표가 달성되었는지를 알기 위해서는 교육목표가 학생들이 수업이나 학습의 결과로 보여 주어야 할 구체적이고 명백한 목표행동으로 기술될 필요가 있다. Mager는 목표 진술에 사용된 언어들(안다, 이해한다, ~의 의미를 파악한다, 감상한다 등)이 직접 관찰하기 힘들며 어떤 증거를 통해 그런 행동이 나타났는지를 알기가 모호하다고 비판하였다. 그러면서 관찰할 수 있는 증거의 형태로 조작적으로 목표를 진술하여야 한다고 강조하고 있다. Mager는 구체적인 행위동사(구별한다, 짝짓는다, 기술한다, 푼다, 열거한다)를 열거함으로써 종착행동을 진술하는 방법을 다음의 예를 통해 보여 주었다.

- 구체적인 역사의 시점과 중요한 역사적 사건들을 짝짓는다.
- 해당되는 예를 열거한다.
- 자료들 사이의 관계를 진술한다.

2) 조건의 제시

Mager의 교육목표 진술의 두 번째 특징은 목표행동, 즉 종착행동이 나타나기를 기대하는 상황, 즉 조건을 제시한 것이다. 동일한 행동이라 할지라도 주어진 조건에 따라 길러지는 능력이 다르기 때문이다. 그러므로 목표 진술에서는 어떤 상황에서 그와 같은 행동이 나타나는지를 조건의 형태로 제시하는 것이 필요하다. 예를 들어, '삼각형에 대한 그림이 주어졌을 때 이등변삼각형과 정삼각형을 구분할 수 있다.'와 같이 조건과 종착행동을 조건문의 형태로 진술할 수 있다.

3) 준 거

준거는 학생이 성취해야 할 행동이 어느 정도이어야 성취했다는 증거로 볼 수 있는 가 하는 표준을 지칭한다. '자료들 사이의 관계를 진술한다'고 할 때, 어느 정도로 얼마나 진술해야 목표에 도달했다고 보느냐 하는 준거 제시는 목표 진술에서 중요한 항목이 된다. 준거를 제시하는 방법에는 ① 시간 제한을 명시하는 방법, ② 성취의 증거로 볼 수 있는 정확한 답의 수나 양을 지시하는 방법, ③ 성취의 결과로 받아들일 수 있는 답이나 작품의 성질을 명시하는 방법이 있다. 이러한 방법은 모두 성취의 증거로서 받아들일 수 있는 최저수행(acceptable minimum performance)을 설정하고 최저 수준 이상을 성취하였을 때 목표를 달성했다고 판단한다.

이 방법에 따라 위에서 설명한 '종착행동＋조건＋준거'의 세 가지 요건이 갖추어진 형태로 수업목표를 진술하면 다음과 같다.

기후에 영향을 주는 요인들의 목록을 제시하였을 때, 학생들은
<u>　　　　　　　　　　　　　　　　　　　　　</u>
　　　　　　　　　　　조건

적어도 5개 이상
<u>　　　　　　</u>
　　준거

지구 온난화의 원인이 되는 요인들을 선택할 수 있다.
<u>　　　　　　　　　　　　　　　　　　　</u>
　　　　　　　종착행동

사칙연산 문제 20개를 주었을 때, 학생은
<u>　　　　　　　　　　　　　　　</u>
　　　　　　조건

30분 동안에
<u>　　　　　</u>
　　준거

정확히 풀 수 있다.
<u>　　　　　　</u>
　종착행동

　이상에 제시된 Mager의 조작주의적 교육목표 진술방법은 목표로 하는 행동을 관찰가능한 형태로 수행의 조건과 성취의 준거까지 제시한다는 점에서 철저하게 조작주의적인 입장을 택하고 있다. 이렇게 진술된 교육목표는 목표의 구체적인 달성 정도를 즉각 확인할 수 있다는 점에서 교과의 단원과 같은 학습 도중의 학습 상태나 정도를 평가하는 형성평가에 적절한 목표 진술 방식이 될 수 있다. 그러나 이러한 목표 진술 방식은 조작하기 쉬운 행동에만 관심을 기울이고 조작적으로 정의하기 힘든 비교적 상위 수준의 사고작용은 간과할 수 있다는 위험이 존재한다. 특히 구체적인 수업내용뿐 아니라 다른 상황에서도 전이 가능한 보편적인 능력까지 포괄하여 평가하는 총괄평가에 사용하기에는 제약이 따른다는 비판도 존재한다. 뿐만 아니라 목표성취의 판단준거가 되는 '최저 수행'의 정도가 어느 정도로 타당한 것인가에 대한 경험적 증거가 존재하느냐의 쟁점도 문제점으로 남는다. 마지막으로 목표를 세분화함으로써 교수–학습 과정에서 일어난 다양한 학습의 경험을 도외시할 가능성도 존재한다. Bloom의 목표분류학에도 동일한 비판이 제기되었지만, Mager의 조작주의적 교육목표 진술방법은 목표분류학보다 더 세분화되고 조작적으로 진술되었다는 점에서 다양한 학습 경험을 중요한 학습결과로 포괄하기에는 한계가 따른다.

요약

이 장에서는 인지적 · 정의적 · 심동적 교육목표 분류학에 대해 다루었다.

- Bloom의 교육목표 분류학(인지적 영역)은 가장 널리 사용되는 것으로, 익혀야 할 교과내용과 이를 통해 길러져야 할 인지적 기능으로 교육목표를 세분화하여 목표와 평가의 준거틀을 제공하였다. 인지적 기능에는 '지식' '이해' '적용' '분석' '종합' '평가'의 영역이 포함되어 있으며, 이들은 인지작용의 복잡성 정도에 따라 가장 단순한 형태에서 복잡한 형태로 위계적으로 조직된 것으로 가정된다.
- 정의적 영역의 교육목표 분류학은 정의적 특성이 얼마나 인간의 의식에 내면화되느냐에 따라 5단계 정의적 행동('감수' '반응' '가치화' '조직화' '인격화')으로 목표의 단계를 설정하였다. 정의적 영역의 교육목표는 인지적 영역에 비해 여러 영역의 심리적 특성(태도, 흥미, 가치, 자아개념, 동기 등)을 포괄하기 때문에 실제 교육목표를 설정하고 계발하기 위해서는 인간의 내면과 속성에 대한 세밀한 관심과 그것을 관찰하려는 노력이 수반되어야 한다.
- 심동적 영역에서는 교육목표로 설정 가능한 영역으로 다섯 가지 단계('지각' '태세' '유도반응' '습관화' '복합외현반응')를 구체화하고 하위 단계로부터 복잡한 운동기능이 필요한 단계로 계열화하였다.
- 교육목표를 진술하는 구체적인 방식의 하나인 Mager의 조작주의적 목표 진술방법은 교육목표에 포함될 필수요소로 종착행동, 행동의 조건, 목표 달성 준거를 명시하고 이를 사용하여 교육목표를 진술하는 방법을 제시하였다.

1. 다음은 2012년도 중등임용 교육학 문항이다. Bloom의 교육목표 분류학에 따르면 이 문항
   은 어떠한 인지적 영역을 평가하고 있는가? 해당하는 인지적 영역을 측정하는 내용과 연결
   하여 분석해 보자.

---

1. 다음은 김 교사와 박 교사의 평가 관련 행동을 기술한 것이다. 이들의 행동을 가장 잘 설명해 주
   는 교육평가 유형을 〈보기〉에서 골라 짝지은 것은?

   - 김 교사는 영어 시험에서 T점수로 40점 미만에 해당하는 학생을 찾아내어 특별 보충학습
     프로그램에 참가하도록 하였다.
   - 박 교사는 국어 시험에서 학기 초에 83점, 학기 중간에 84점, 학기 말에 85점을 얻은 A학생
     보다 학기 초에 60점, 학기 중간에 70점, 학기 말에 80점을 얻은 B학생이 더 많이 향상되었
     다는 사실을 고려하여 B학생을 더 긍정적으로 평가하였다. (단, 국어 시험 점수는 동간성
     이 있다고 가정한다.)

   ─────────〈보 기〉─────────
   ㄱ. 규준참조평가   ㄴ. 준거참조평가
   ㄷ. 성장참조평가   ㄹ. 능력참조평가

	김 교사	박 교사
①	ㄱ	ㄴ
②	ㄱ	ㄷ
③	ㄱ	ㄹ
④	ㄴ	ㄷ
⑤	ㄴ	ㄹ

---

2. 여러분이 교수자가 되어 3장(평가의 유형)을 중심으로 수업을 진행하고 평가 문항을 작성
   한다고 가정해 보자. Bloom의 교육목표 분류학에 기반하여 수업목표와 평가 문항에 대한
   계획을 작성해 보라.

함께 풀어 봅시다

1. Bloom은 인지적 행동 특성을 서술하기 위하여 지적 영역을 체계화하였다. 다음 중 지적 행위의 습득을 구조화한 것 중 적절한 것을 선택하시오.

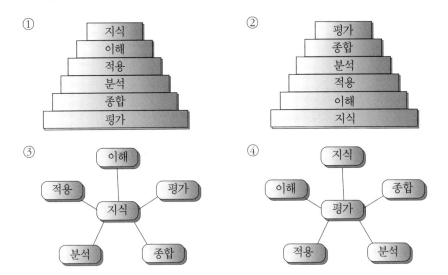

2. Krathwohl, Bloom 그리고 Masia의 정의적 영역 교육목표 분류학에서 다음이 설명하는 내용이 무엇인지 고르시오.

> 특정 가치를 내면화하여 그 가치가 추구하는 삶을 실천한다.

① 감수　　　　　② 조직　　　　　③ 가치화　　　　　④ 인격화

3. Bloom의 인지적 영역 교육목표 분류와 Krathwohl 등의 정의적 영역 교육목표 분류에 대한 설명으로 적절하지 <u>않은</u> 것은?
   ① 인지적 영역 목표의 분류준거는 복잡성이다.
   ② 하위 수준의 인지능력은 상위 인지능력을 성취하기 위한 선행조건이다.
   ③ 정의적 영역의 목표는 위계적으로 구성되어 있다.
   ④ 정의적 영역 목표의 분류준거는 다양성이다.
   ⑤ 정의적 영역 목표는 감수, 반응, 가치화, 조직화, 인격화다.

4. Bloom의 교육목표 분류체계에 따를 때, 다음 중 가장 상위 수준의 교육목표에 해당하는 것은?
  ① 삼투압의 원리를 설명한다.
  ② 삼투압의 원리를 암송한다.
  ③ 삼투압의 원리를 이해한다.
  ④ 삼투압의 원리를 실생활에 적용한다.

5. 검사도구를 제작할 때 교육목표 이원분류표를 작성하는 이유로 가장 적절한 것은?
  ① 검사의 난이도를 높인다.   ② 문항의 참신성을 높인다
  ③ 채점의 정확성을 높인다.   ④ 검사의 내용타당도를 높인다.

6. 아래 예문의 내용은 Simpson의 심동적 영역의 어느 단계에 속하는가?

> 매일 혼자서 슛 연습을 열심히 하여 정확률이 높아졌다. 그러나 수비가 있을 때는 자세가 엉망
> 이 된다.

  ① 기계화   ② 복합외현반응   ③ 유도반응   ④ 적응

7. 다음은 음악시간의 수업목표다. 어떤 인지능력 수준으로 분류할 수 있는가?

> 수업목표: 고전음악과 낭만파 음악의 주요 특성을 구별할 수 있다.

  ① 지식   ② 이해   ③ 적용   ④ 분석   ⑤ 평가

8. 다음은 Krathwohl, Bloom 그리고 Masia의 정의적 영역 교육목표 분류학에 의한 단계다.
   A와 B에 해당하는 예시로 적절한 것은?

> A → 반응 → B → 조직 → C

A	B
① 음악을 이해하기 위해 노력하고 싶다.	수학은 일상생활에 아무런 소용이 없다.
② 음악을 계속해서 2시간 동안 듣는다.	자유에 대한 나의 생각을 남들 앞에서 주장한다.
③ 학점을 잘 받는 것은 중요하지만 부정행위를 할 수는 없다.	어려운 문제가 생길 때 오히려 더 도전감을 느낀다.
④ 친구들이 모르는 것이 있을 때 도와준다.	두가지 그림 중에 오른쪽 것이 더 마음에 든다.

9. Bloom의 교육목표 분류학이 교육 현장 개선에 이바지할 수 있는 점과 부작용으로 예상되는 점을 지적하시오.

※객관식 문항 정답은 부록 참조

 ## 참고문헌

김희필, 김판욱(2000). Bloom의 교육목표 분류학에 의한 중학교 기술교과 평가문항 분석 – 인지적 영역을 중심으로. 한국기술교육학회지, 1(1), 87–97.

이혜숙, 서유선, 박경숙, 김영신(2006). Bloom의 신교육 목표 분류틀에 기초한 중학교 생물 영역의 목표 분류. 한국생물교육학회지, 34(3), 365–376.

조희형(1984). Bloom 등의 교육목표 분류론의 본질과 그 문제점. 과학교육논총, 9, 29–36.

하소현, 곽대오(2008). Bloom의 신 교육목표 분류학에 의한 초등 과학 영재교육 자료의 수업목표 사례 분석. 영재교육연구, 18(3), 591–612.

한국교육심리학회 편(2001). 교육심리학 용어사전. 서울: 학지사.

황정규(1998). 학교학습과 교육평가. 서울: 교육과학사.

Anderson, L. W., Krathwohl, D. R., Airasian, P. W., Cruikshank, K. A., Mayer, R. E., Printrich, P. R., Raths, J., & Wittrock, M. C. (2001). *A Taxonomy for learning, teaching, and assessment: A revision of Bloom's taxonomy of educational objectives.* 강현석, 강이철, 권대훈, 박영무, 이원희, 조영남, 주동범, 최호성 역(2005). 교육과정 수업평가를 위한 새로운 분류학: Bloom 교육목표 분류학의 개정. 서울: 아카데미프레스.

Bloom, B. S. (1956). *Taxonomy of educational objectives, Volume 1: Cognitive Domain.* New York: McKay.

Krathwohl, D. R., Bloom, B. S., & Masia, B. B. (1964). *Taxonomy of educational objectives, Volume 2: Affective Domain.* New York: McKay.

Mager, R. F. (1962). *Preparing objectives for programmed instruction.* San Francisco: Feardon.

Ormell, C. P. (1974). Bloom's taxonomy and the objectives of education. *Educational Research,*
  17, 3–18.

Simpson, E. J. (1966). The classification of educational objectives: Psychomotor domain. *Illinois*
  Teacher of Home Economics, 10, 110–144.

Tyler, R. W. (1950). *Basic principles of curriculum and instruction.* Chicago: University of
  Chicago Press.

Chapter 05 인지적 영역의 평가

나는 상담실이나 강연장에서 자신의 아이가 동네 아이들과 어울려 놀 형편이 못된다고 말하는 부모들을 만난다. 나 역시 세상이 그렇게 돼 버린 것을 알고, 어쩔 수 없는 부모의 처지도 십분 이해한다.

하지만 그럴 때마다, 로버트 스턴버그라는 심리학자의 견해를 들려준다. 스턴버그 왈, 지난 세기가 세상이 종잡을 수 없이 엉망진창이었던 것은 분석지능만 뛰어난 비양심적 수재들이 세상을 점령했기 때문이다. 스턴버그 교수는 소위 성공지능이란 것이 있는데(경제적 성공만을 뜻하는 말이 아니다), 그 핵심이 실용지능에 있다고 말한다. 실용지능은 말 그대로 삶에서 부딪히는 갖가지 상황들을 대처하는 능력이다. 친구와 어울려 놀고, 들과 산에서 자연의 이치와 실체를 깨달은 아이들에게만 허락되는, 성공을 보장하는 지능이다.

– 『조선일보』, 2015년 9월 21일자 기사 중

학교교육의 주요한 목적 중 하나는 지적 능력을 키우는 일이다. 지적 능력은 활자화된 글의 내용을 이해하고 암기하는 것을 넘어서는 능력이다. 그럼에도 불구하고 우리의 현실에서는 학생들이 혼자서 하는 '공부'를 통해서 키워진 지적 능력이 인생의 성공을 보장한다는 생각이 널리 퍼져 있다. 이 장에서는 학습자의 인지적 능력으로 대표적으로 언급되는 지능, 적성, 창의성의 내용과 이를 측정하기 위한 검사도구에 대해서 다룰 것이다. 각각의 능력과 특성들을 어떻게 정의하고 평가하여 왔는지를 살펴보는 것을 통해 지적 능력이 얼마나 다각적으로 규정될 수 있으며 삶의 다양한 국면과 경험을 통해 형성될 수 있는지 이해할 수 있을 것이다. 그리고 인간의 인지적 영역을 측정하고 평가하기 위해 개발된 검사도구들은 눈에 보이지 않는 인지적 영역을 드러내는 방법들을 소개할 것이다. 검사로 측정되는 인지적 영역의 이점과 한계를 살펴보는 것도 학습자를 이해하고 적절한 도움을 제공하는 데 유용한 지침이 될 것이다.

학/습/목/표

• 인지적 영역(지능, 적성, 창의성)의 개념을 이해할 수 있다.
• 지능, 적성, 창의성의 측정방법과 주요 검사도구를 파악할 수 있다.

▶▶ 1 지능에 대한 평가

1) 지능이론

지능은 학교학습에 영향을 미치는 가장 강력한 요인으로 알려져 있다. 그러나 역사적으로 지능은 다양한 방식으로 정의되어 왔으며, 지능이론 역시 지능의 정의만큼이나 서로 다른 내용으로 지능을 설명하고 있다. 지능검사가 제작되기 이전에는 지능이 감각이나 주의력 같은 기초적인 능력이나 감각적·지각적 과정으로 이해되었다. 그러나 지능검사를 처음 제작한 Binet는 인간의 정신능력의 핵심은 이와 같은 감각기능이나 운동력보다는 복잡한 정신작용에 있다고 보았다. 비네는 지능을 '잘 판단하고 이해하고 추리하는' 능력으로 규정하고, 여기에는 기억력, 정신심상, 상상력, 주의력, 기계적 및 언어 이해력, 암시력, 미적 감상력, 도덕성, 감수성, 추리력, 판단력 등이 포함되어 있다고 주장하였다(황정규, 1984). 최초의 지능검사를 제작하여 인간의 지적 능력을 측정하려는 Binet의 시도는 지능에 대한 이론적 논의를 촉진시켰다.

Spearman은 인지능력이나 정신능력을 측정하는 모든 검사는 공통적인 일반적 정신능력을 측정하고 있다고 밝히고, 이러한 일반적 능력을 지능의 일반요인(g요인)으로 이름 붙였다. 그리고 이러한 일반요인과 더불어 지적 과제별로 특수하게 작동되는 특수요인(s요인)이 지능을 구성하는 요인이라고 보았다. 그러나 특수요인이 구체적인 과제를 수행하는 데 관여하는 특수한 요인이었기 때문에, Spearman은 일반요인이라는 단일요인을 중심으로 지능을 이해하고자 하였다. 그에 의하면 지능의 일반요인은 인지적 능력이 작동하는 데 필요한 정신의 엔진과 같은 것으로 '이해력'이나 '아이디어를 관계 짓는 능력'과 같은 것이다(황정규, 1988). 모든 개인은 이러한 일반요인을 가지고 있으며, 이것이 바로 개인차의 원천이 된다고 생각하였다. 따라서 Spearman의 2요인이론은 결국 일반요인이 지능의 본질이라는 단일요인이론을 지지하는 이론이며, 흔히 일반요인이론(general factor theory)이라고 불린다.

Spearman의 일반요인이론은 지능이 단일요인으로 구성되었는가에 대한 논쟁에 불을 붙였다. 일반요인이론을 반대한 학자들은 정신능력을 측정하는 모든 검사에 공통적으로 존재하는 일반요인은 없으며, 지능은 여러 개의 독립된 집단요인으로 구성되어

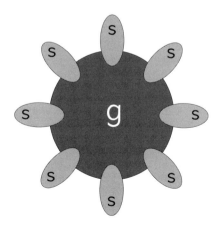

[그림 5-1] Spearman의 일반요인이론

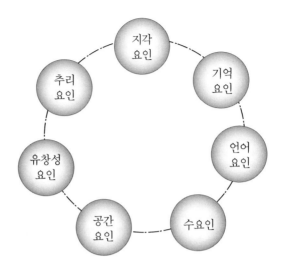

[그림 5-2] Thurston의 기본정신능력

있다고 보는 다요인이론을 주장하였다. 예를 들어, Wechsler(1939)는 지능을 '목적을 향해 행동하고, 합리적으로 사고하며, 환경을 효과 있게 다루는 개인의 집합적 능력'이라 정의하고, 지능의 실체가 너무 다양하기 때문에 단일한 요인으로 나타내기에는 불가능하다고 주장하였다. Thurston은 요인분석을 통해 지능이 언어요인, 수요인, 공간요인, 지각요인, 기억요인, 추리요인, 유창성 요인의 일곱 가지 요인으로 구성되어 있다는 사실을 확인하였다. 그는 이를 기본정신능력(primary mental abilities)으로 명명하였다(황정규, 1997).

Guilford 역시 지능이 다양한 영역과 구조를 가지고 있는 데 동의한 학자로서, 지능구조모형(structure of intellect model: SI)을 통해 ① 정신작용을 나타내는 '조작'(인지, 기억파지, 기억저장, 발산적 사고, 수렴적 사고, 평가), ② 정신작용이 작동할 소재인 '내용'(시각, 청각, 상징, 의미, 행동), ③ 정신작용이 내용에 작동해서 나타난 '산출'(단위, 유목, 관계, 체계, 변환, 함축)의 세 가지 차원으로 지능의 구조를 체계화하고, 각 축의 하위 요소를 서로 곱하여(6×5×6) 산출된 180여 개의 요인으로 지능의 요인을 구분하고 있다(황정규, 1997).

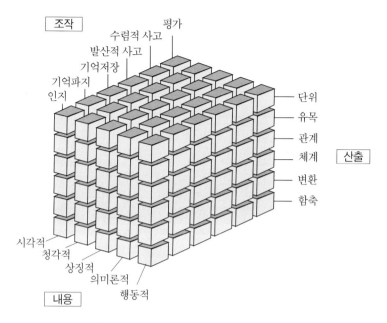

[그림 5-3] Guilford의 지능구조모형

　다요인이론의 연장선상에서 Gardner의 다중지능이론은 지능이 가지고 있는 다원적인 특성에 집중하여 지능을 파악하고자 하였다. Gardner(1983)는 지능을 "문화 상황에서 가치 있고 의미 있는 문제를 해결하는 능력 혹은 특정 문화 상황 속에서 중요시하는 산물을 만들어 내는 능력"이라고 정의한다. 이는 지능이 단일한 특성이 아니라 사회적·문화적 상황에 따라 그 의미나 표현방식이 달라지는 다원적인 특성을 가진다는 점을 나타낸다. Gardner는 지능의 독립적인 하위 지능으로 언어지능, 논리-수학지능, 공간지능, 신체-운동지능, 음악지능, 대인관계지능, 자기성찰지능, 자연친화지능을 제시하여 인간의 잠재능력의 범위를 확장하고자 하였다. 다중지능이론에서는 모든 사람이 정도의 차이는 있지만 이러한 여덟 가지 지능을 가지고 있으며 유전과 환경의 조합에 따라 하위 기능이 서로 다른 프로파일을 그리며 발달한다고 주장한다(문용린 외, 2007).

〈표 5-1〉 다중지능이론의 내용

지능	최고 수준의 발달 상태	핵심 성분
언어적	작가, 웅변가, 시인, 언론인	언어의 소리, 구조, 의미와 기능에 민감
논리-수학적	과학자, 수학자	논리적·수리적 유형에 대한 민감성과 구분능력, 연쇄적 추리능력
공간적	화가, 건축가, 항해사	시공적 세계를 정확하게 지각하고 최초의 지각에 근거해 형태를 바꾸는 능력
신체-운동적	운동선수, 무용가	자기 몸의 움직임을 통제하고 사물을 능숙하게 다루는 능력
음악적	작곡가, 연주가	리듬, 음조, 음색을 만들고 평가하는 능력, 음악적 표현 형식에 대한 평가능력
대인관계	상담자, 심리치료 전문가, 정치가	타인의 기분, 기질, 동기, 욕망을 구분하고 적절하게 대응하는 능력
자기성찰	종교지도자	자기 자신의 감정에 충실하고 자신의 정서를 구분하는 능력, 자신의 강점과 약점에 대한 인식
자연친화	수렵가, 식물학자	자연에서 동식물을 구별하고 분류할 수 있는 능력, 자연의 질서를 이해하고 범주를 정할 수 있는 능력

출처: Armstrong (2000); Gardner & Hatch (1989) 참조.

이상의 지능이론은 지능의 구성요소가 무엇인지에 중점을 둔 이론으로서, 이러한 이론에 기반하여 개발된 지능검사들은 지능의 개인차의 내용과 정도를 드러내는 데 활용되었다. 그러나 과연 그러한 개인차를 일으키는 원인이 무엇이며, 인지적 능력이 부족한 학생들에게 가르쳐야 할 것이 무엇인지에 대한 정보를 제공해 주지는 못하였다. 인간이 정보를 어떻게 모으고 사용하여 문제를 해결하는지와 같은 '인지과정'을 중심으로 지능을 이해하고자 했던 Sternberg(1985)는 인지과제에 관련된 요소와 정보처리 과정을 연결시켜 지능을 이해하고자 하였다. 그의 지능이론은 삼원지능이론(triarchic theory of intelligence)으로 불리며, 분석능력, 창의능력, 실제적 능력의 세 부분으로 나누어져 있다. 그리고 각각의 능력은 그에 따른 이론으로도 불린다. 예컨대, 분석능력은 요소하위이론, 창의능력은 경험하위이론, 그리고 실제적 능력은 상황하위이론으로 설명된다. Sternberg의 삼원지능(삼위일체)이론은 구체적인 상황이나 맥락 속에서 자신의

〈표 5-2〉 Sternberg의 삼원지능이론

	분석능력	창의능력	실제적 능력
특징	비교, 대조, 비평, 판단, 평가	무언가를 고안, 발견, 상상, 가정하는 능력	적절한 아이디어를 찾아내고 실행, 적용, 활용하는 능력
하위이론	요소하위이론	경험하위이론	상황하위이론
능력의 요소	메타요소, 수행요소, 지식 습득	새로운 경험을 과거 경험에 연결, 익숙한 문제들을 자동적·효과적으로 해결하는 능력	환경에 적응, 변화, 선택하기

능력을 변화시키고 적응시키는 실제적인 능력을 지능이라고 보았다는 점에서 Gardner의 다중지능이론과도 상통하는 점이 있다.

2) 지능검사의 종류

지능을 측정하고 평가하고자 하는 노력은 한 세기 이상 지속되었다. 지능의 측정은 그 기반이 되는 이론에 따라 달라지지만, 여기서는 지능검사를 나누는 대표적인 방법(개인/집단검사, 언어/비언어검사, 동작/필답검사)에 대해 간략히 소개하고자 한다.

지능검사는 우선 실시 대상에 따라 개인지능검사와 집단지능검사로 구분할 수 있다. 개인지능검사는 검사전문가가 피검사자 한 사람을 대상으로 검사를 실시하는 것으로, 피검사자의 수행을 빠짐없이 관찰하여 검사 점수에 반영된 능력뿐 아니라 반영되지 않은 측면까지도 파악할 수 있는 검사다. 개인지능검사는 일대일로 실행되는 검사이기에 피검사자의 능력을 세밀하게 파악하고 임상적인 해석까지 도출할 수 있다는 장점이 있다. 하지만 검사를 진행하기 위해서는 검사자의 고도의 전문성이 요구되며, 또한 검사 시간이 오래 걸리고 비용이 많이 든다는 단점이 있다. 따라서 모든 아동에게 개인지능검사를 실시하기보다는 집단지능검사의 결과에 따라 추가적인 정보가 필요한 경우 추가적으로 실시하기도 한다.

대표적인 개인지능검사에는 Stanford-Binet 검사와 Wechsler 검사가 있다. Stanford-Binet 검사는 현재 5판까지 개정되어 활용되고 있으며, 지능의 하위 영역을 언어적 검사와 비언어적 검사로 구분하여 측정하는 것이 특징이다. 검사는 피검사자의 능력 정도를 가늠하기 위한 시범적인 문제(routing test)로 시작된다. 주로 비언어적 검사의 유동적 추론능력검사와 어휘검사가 사용된다. 피검사자의 능력 수준이 가늠되면 비언어적 검사를 실시한 후 언어적 검사를 실시한다. 각 하위검사에서는 시범적 문항으로 추정된 피검사자의 능력에 해당하는 문항이 제시되고, 이후 점차적으로 난이도가 높은 문제가 제공된다. 특정 난이도의 네 문제 중 세 문제 이상을 풀지 못한 경우 검사가 중단되고, 피검사자의 능력에 해당하는 점수가 추정된다. 검사 점수는 비언어적 IQ 점수, 언어적 IQ 점수, 총점수로 표시된다.

〈표 5-3〉 Stanford-Binet 검사(개정 5판)와 Wechsler 검사(개정 4판)의 구성

Stanford-Binet 검사(개정 5판)			Wechsler 검사(개정 4판)	
하위 영역	비언어적 IQ	언어적 IQ	하위 영역	하위검사
유동적 추론능력 (fluid reasoning)	계열적/행렬적 물체 검사	초기 추론능력 언어적 불합치검사 언어유추검사	언어 이해	언어적 개념형성 검사(유사, 어휘, 이해, 정보, 단어 추론 검사)
지식 (knowledge)	절차적 지식 검사 그림 불합치 검사	어휘검사	지각 추론	블록 설계, 그림개념, 매트릭스 추론, 그림 완성 검사
수량적 추론능력 (quantitative reasoning)	다양한 유형의 추론	다양한 유형의 추론	작업기억	기억, 집중, 조작, 계열 검사
시공간 처리능력 (visual-spatial processing)	보드검사 패턴분석검사	위치방향검사	정보처리 속도	주의, 변별, 계열화 검사
작업기억 (working memory)	공간/수량적 계열검사	단어/문장 기억검사 마지막 단어기억검사		

Wechsler 지능검사는 하위검사들이 언어검사와 수행검사로 나누어져 있다. 언어검사에는 상식, 유사성, 수리적 추론능력, 어휘, 이해능력, 수열 검사가 있고, 수행검사에는 그림 완성, 그림 배열, 블록 설계, 대상 조립, 부호화 검사 등이 있다.

우리나라의 개인지능검사에는 고대-Binet 검사, K-WISC, WAIS, 인문화지능검사, 아동용 개인지능검사 등이 있다. 이상의 개인지능검사를 제외한 대부분의 검사는 집단적으로 실시되는 집단지능검사다. 집단지능검사는 한번에 여러 사람의 지능을 측정할 수 있도록 주로 지필검사 형태로 구성되어 있어 실시하기가 쉽다는 경제적인 장점을 가지고 있다. 그러나 개인의 검사 수행을 개별적으로 관찰할 수 없기 때문에 검사 점수에 포함된 여러 가지 오차의 원인을 알 수 없고, 결과적으로 오차 요인을 통제하기가 곤란하기 때문에 그 신뢰성이 떨어진다는 단점이 있다(황정규, 1984).

앞에서 소개된 Stanford-Binet 검사의 구성에서도 알 수 있듯이, 지능검사는 언어적 검사와 비언어적 검사로 분류되기도 한다. 언어적 검사는 검사의 문항이 주로 언어에 의존하고 있어서 피험자가 주어진 언어자극을 통해 문제를 이해하고 언어를 사용해서 문항에 대답하게 되어 있는 검사다. 이러한 유형의 검사는 알파(α)검사라고 부르기도

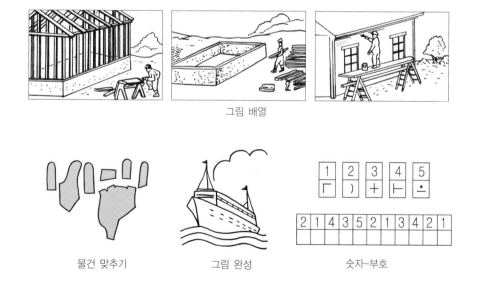

그림 배열

물건 맞추기   그림 완성   숫자-부호

[그림 5-4] K-WAIS 동작검사(비언어적 검사)의 예시

한다. 비언어적 검사는 언어발달이 지능에 미치는 영향을 최소화하기 위해 언어로 문항을 설명하기보다는 대개 도형, 그림, 기호, 실제의 작업을 통해 지능을 측정한다. 비언어적 검사의 경우는 검사자의 설명이나 지시가 필요하기 때문에 주로 개인검사에서 활용된다. 비언어적 검사는 대개 취학 전 아동, 문맹자, 언어장애인, 노인, 외국인을 대상으로 지능을 측정하기 위해 개발되는 경우가 많다.

필답검사와 동작검사는 검사가 시험지에 작성된 문항으로 구성되어 있느냐 작업이나 동작을 요구하느냐에 따른 분류다. 동작검사는 구체적인 재료를 가지고 특정한 작업이나 동작을 요구하는 검사다. 나무토막이나 그림, 나사나 연장, 종이, 기구 등을 가지고 지시하는 작업을 하도록 하고, 그 결과에 의해 지능의 수준이나 질을 판단한다. 이에 비해 필답검사는 종이 위에 검사 문항이 제시되어 있어서 문항을 읽고 이해하고 생각하는 것을 주로 요구하는 검사다. 동작검사는 개인검사라는 일대일 상황의 조건에서 실시될 가능성이 크며, 필답검사는 집단검사의 형태인 경우가 대부분이다.

3) 지능검사 결과의 표현: 지능지수

지능검사는 '지능지수(intelligence quotient: IQ)'라는 단일한 수치로 개인의 지능 정도를 표현한다. 모든 지능검사는 그것이 어떠한 형태의 것이든지 두 가지 형태의 지능 중 하나의 것으로 표현된다. 하나는 Terman(1916)이 고안한 비율지능지수이고, 다른 하나는 Wechsler가 개발한 편차지능지수다.

비율지능지수는 개인의 정신연령을 생활연령을 기준으로 비추어 본 비율로 환산하여 나타낸다.

$$비율지능지수(IQ) = [정신연령(MA)/생활연령(CA)] \times 100$$

이 지수는 생활연령이 증가하듯이 정신연령도 오차의 범위 내에서 직선적으로 증가하는 양상을 보일 것이라는 가정하에 도입된 지능지수다. 그러나 실제로 정신연령의 발달은 청소년기 이후에는 양적으로는 증가하지 않고 완만하거나 비슷한 수준을 유지한다. 결과적으로 생활연령은 증가하지만 정신연령은 어느 시점에서는 고원곡선의 양상으로 진행되기 때문에 나이가 들수록 지능지수가 낮아지는 딜레마에 빠지게 된다.

　이러한 문제를 해결하기 위해 Wechsler는 편차지능지수라는 새로운 개념을 개발하였다. 편차지능지수는 한 사람의 특정 연령에서의 지능을 자신과 동일한 연령집단에서의 상대적 위치로 표현하는 방법을 가리킨다. 즉, 각 연령집단을 모집단(규준집단)으로 한 검사 점수의 정상분포를 평균 100, 표준편차 15 혹은 16, 17이 되는 표준점수로 환산한 척도다. 만약 15세 학생의 지능검사 점수가 100보다 높게 나온다면 15세 청소년의 평균보다 해당 검사로 측정한 지능의 정도가 높다는 것을 의미한다. 편차지능지수에서는 지능검사에서 각 개인이 획득한 원점수보다는 자신의 연령집단에서 차지하는 상대적 위치가 더 많은 정보를 제공한다. 국내외에서 사용하는 지능검사의 대부분은 편차지능지수를 각 개인의 지능을 나타내는 지표로 활용한다(표준점수에 대한 자세한 설명은 11장 참조).

4) 다중지능의 평가

　Gardner가 주창한 다중지능에 대한 평가는 다중지능의 정의에서 시사하듯이 현실 그대로의 자연적인 상황에서 문제를 해결하고 산물을 창조해 내는 능력을 관찰하고 평가함으로써 이루어진다. 다중지능 평가방법의 가장 기본적인 요소는 관찰이다. Gardner는 학생들이 각 하위 지능을 대표하는 상징체계를 조작하는 것을 관찰함으로써 다중지능을 가장 잘 평가할 수 있다고 주장한다. 자연적인 상황에서 학생이 문제를 해결하고 어떤 산물을 만드는 과정을 관찰함으로써 학교에서 제공하는 여러 가지 교수-학습 활동을 통해 학생의 지적 능력이 어느 정도 향상되었는지 짐작할 수 있다. 자연적인 상황에서 이루어지는 평가의 또 하나의 중요한 점은 학생들이 제작한 산물과 문제 해결 과정을 실증적으로 보여 줄 수 있다는 것이다.

　예를 들어, 학생에 대한 일지를 작성하여 학업적·비학업적 성취도, 동료 학생이나 학습자료의 상호작용 방식과 학생의 중요한 정보를 기록하는 '일화적 기록', 학습활동의 결과나 작품을 모아 놓은 '작품 표본', 비디오를 사용하여 학생들의 실제 수행을

[그림 5-5] 다중지능 평가결과 보고의 예시

기록한 것, 면접 등의 방법을 통해 학생들의 지적 능력과 그 향상 정도를 보여 줄 수 있다. 그리고 다중지능을 측정하는 다중지능검사는 지능을 단일한 수치로 표현하지 않고 8개 다중지능 영역의 프로파일 형태로 자신의 강점지능과 약점지능을 파악할 수 있다.

　이러한 지능의 정의에 따르면 전통적인 관점에서 행해지는 지능의 측정방식은 일상환경에서 경험할 수 없는 형태의 인위적 과제이며, 이러한 검사는 현실에서 개인이 드러내는 실제적인 능력을 제대로 측정할 수 없다(Armstrong, 2000).

▶▶ 2 적성에 대한 평가

1) 적성의 개념

적성은 일정한 훈련에 의해 숙달될 수 있는 개인의 능력이다. 지능이 일반적이고 포괄적인 능력의 가능성을 지칭하는 것이라면, 적성은 보다 구체적인 특정 활동이나 작업에서의 능력(한국교육심리학회, 2001)을 가리킨다. 그리고 누적된 학습 경험의 결과로 계발되었거나 선천적으로 타고나는, 특정 분야와 관련된 능력의 발현 가능성까지 포함한 의미로 사용된다. 학교학습 현장에서 지적 능력을 지칭하는 개념으로 사용되는 지능이나 학력의 개념과 비교해 볼 때, 적성은 주로 '구체적인 과업이나 특정한 직업에서의 장래 성공 가능성'을 예언하는 데 주안점을 둔다. 따라서 적성은 항상 '무엇에 대한 적성'으로 표현된다.

'학업'에 대한 적성에는 해당 교과나 학문 분야에 대한 지식이나 사고력, 학습 동기, 학습 태도 등이 적성의 주요 구성요인으로 포함될 것이다. 그러나 운동적성이라고 할 때는 학업적성과는 다르게 운동능력이나 신체조건 등이 적성의 주요 구성요인이 될 것이다. Cronbach와 Snow(1977)는 과제에 따라 달라지는 적성의 요소와 의미를 반영하기 위하여 적성의 의미를 "어떤 주어진 과제(처치)에서 개인의 성공 가능성을 예언해 주는 어떤 특성"이라고 규정하고, 적성에는 지적 능력과 더불어 성격, 태도, 신체적인 측면, 심지어 성별, 연령 등 과제를 수행하는 능력에 영향을 미치는 요인들이 포함되어야 한다고 제안하였다.

황정규(1988)는 적성에 대한 다양한 정의와 관점을 종합하여 다음과 같이 세 가지 측면으로 적성의 특성을 제시하였다.

첫째, 적성에는 '미래의 수행에 대한 예언'이 중요한 특성으로 포함된다. 적성은 어느 특수 분야, 작업, 활동 등에 필요한 능력이 어느 정도인가, 그러한 발현 가능성이 어떠한가를 측정하고 판단하려는 목적으로 창출한 개념이다. 지능이나 학력이 현재의 상태에서 드러나는 능력의 개념이라면, 적성은 현재 드러나는 개인의 능력을 바탕으로 미래에 특정 분야에서 성공할 가능성을 예언하는 것이 주된 목적이다.

둘째, 적성은 그 정의에서 언급된 것과 같이 지능처럼 인간의 능력을 일반적인 수준에서 탐색하거나 측정하는 것이 아니며, 구체적인 직업 분야나 학문 분야와 같은 특정 분야, 활동, 영역에 관련된 능력을 나타내는 개념이다. 예를 들어, 학업적성, 직업적성, 예능적성 등으로 특정 분야에 따라 적성을 구분하여 제시한다거나, 학업적성 중에서도 수리적성, 언어적성 등 하위 영역을 세분화하여 나타내는 것은 이러한 분야나 영역의 적성들이 이후 관련된 직업이나 학문 분야에서 어떻게 드러날 것인지를 연결시키기 위한 것이다.

셋째, 적성이란 개념 속에는 인지적 특성뿐 아니라 능력의 비인지적 특성, 즉 정의적 특성도 포함된다. 적성은 전통적으로 특정 영역의 수행에 관련된 지능과 거의 동의어로 취급되었으며(조주연 외, 2007), 그에 따라 지능검사나 적성검사는 매우 유사한 영역의 하위 요소들을 측정하였다. 그러나 최근 들어 특정 분야에서의 능력 발휘와 성공적인 수행이 흥미나 동기, 신념, 의지와 같은 정의적 영역의 특성과 밀접히 관련된다는 점을 인식하게 되면서, 적성검사에 정의적 영역의 측정을 포함시키려는 움직임이 활발하게 일어나고 있다.

2) 적성의 측정

적성검사는 검사를 통해 특정한 직업 분야나 상황에서의 수행 정도를 예언하기 위해 제작된다. 적성검사는 개별 적성요인을 종합적으로 측정하여 개인이 어떤 직무나 직업에 적합한지를 알아보는 종합적성검사와 각 적성요인을 하나의 독립된 검사로 측정하여 특정 직무를 수행하는 능력을 갖추고 있는지를 판단하는 특수적성검사로 나뉜다. 그리고 적성검사의 목적에 따라 진학적성검사와 직업적성검사로 나뉜다.

종합적성검사는 검사의 개발방식과 관련하여 크게 두 종류로 나뉜다. 먼저, 개인의 종합적인 능력을 구성하는 여러 요소를 하위검사로 개발하여 개인의 종합적인 적성을 측정하는 검사의 유형이다. 우리나라의 대부분의 검사가 이에 해당한다. 두 번째 유형의 종합적성검사는 직업의 종류에 따라 요구되는 직무분석을 토대로 특정한 직무에 필요한 능력을 도출하여 해당 분야의 적성을 종합적으로 측정하는 방식이다. 종합적성검사는 특수적성검사와는 달리 여러 개의 하위검사가 포함되어 있기 때문에 검사 사이에 나타나는 차이를 비교하여 적성을 판단·진단하려는 프로파일이 제공되는 것이 특징이다(서울대학교 교육연구소, 1997).

종합검사의 한 예로, 한국고용정보원이 무료로 제공하는 청소년 적성검사는 〈표 5-4〉와 같이 10개의 능력요인을 15개의 하위검사를 통해 측정하고 있다. 각 검사의 수행

〈표 5-4〉 종합적성검사의 예(청소년 적성검사–한국고용정보원 제공)

하위검사	능력요인	하위검사	능력요인
어휘 찾기 검사	언어능력	문자지각검사	지각 속도
주제 찾기 검사		기호지각검사	
낱말분류검사		과학원리검사	과학원리
단순수리검사	수리능력	색채집중검사	집중능력
응용수리검사		색상지각검사	색채능력
문장추리검사	추리능력	성냥개비검사	사고 유연성
심상회전검사	공간능력	선 그리기 검사	협응능력
부분 찾기 검사			

정도는 학문 분야나 직업 분야의 능력을 예측하는 자료로 활용된다.

특수적성검사는 기계적성검사, 사무적성검사와 같은 특별한 능력을 측정하는 검사와 의학, 법률, 공학 및 과학이나 교직 분야의 적성을 측정하는 직업적성검사, 미술, 음악, 문예 등의 능력을 측정하는 예술적성검사 등 특정한 분야나 특별한 능력을 측정하기 위해서 특별히 고안된 검사다.

진학적성검사는 고등학교의 문·이과 계열별 학업능력, 대학의 계열이나 전공 영역에 필요한 능력을 보유한 정도를 측정하여 해당 분야의 학업성취도나 성공 여부를 예언하기 위해 개발된 검사다. 그리고 직업적성검사는 현재 존재하는 직업을 분류하여 각 개인의 적성이 어떤 직업에 적합한지를 예언하는 데 사용된다. 우리나라의 적성검사에는 이러한 진학적성과 직업적성을 동시에 측정하는 검사가 대부분이나, 진학적성이나 직업적성을 각각 중점적으로 측정하는 검사도 존재한다(서울대학교 교육연구소, 1997).

적성검사는 각 검사지마다 구체적인 검사내용에는 차이가 있지만 지능검사가 측정하는 어휘력, 공간지각력, 추리력, 수리력 등과 같은 기본 능력을 측정한다. 적성검사에 따라 해당 분야에 필수적인 지식들을 측정하는 적성검사도 있다. 예를 들어, 운전면허적성검사는 운전과 관련하여 필수적인 지식을 묻는 검사들로 이루어져 있다. 최근에는 해당 분야의 인지적 능력뿐 아니라 흥미, 가치관, 의식 등을 측정하는 별도의 검사를 개발하여 개인의 특정 과제에서의 수행에 대한 정보를 얻고자 하는 검사도 있다.

3) 검사결과의 해석

적성검사의 결과도 지능검사와 마찬가지로 동일 연령집단, 즉 규준집단에 비추어 해석할 수 있도록 표준점수나 백분위 점수로 변환하여 나타낸다. 특히 적성검사는 하위검사별로 적성의 정도가 어떠한지에 대한 정보를 풍부하게 제공한다. 표준점수는 주로 T점수를 사용하여 나타내며 원점수만으로는 알 수 없는 상대적 서열에 대한 정보를 제공해 준다. 백분위 점수는 자신과 비교 가능한 학생들을 100으로 본다면 자신의 위치를 100명 중의 서열로 나타낸 점수를 말한다. 예를 들어, 백분위 점수가 88점이라면 상위에서 열두 번째에 해당하는 점수가 된다.

적성검사는 이러한 상대적 위치뿐 아니라 하위검사로 표현되는 여러 적성요인들에 대한 개인별 프로파일도 제공한다. 이 프로파일은 개인 내 우수한 적성요인과 상대적으로 열등한 적성요인을 확인할 수 있도록 그래프로 그 정도를 표현한다.

적성검사가 학업적성이나 직업적성을 예언하는 방식은 특정 학과나 직업에서 필요

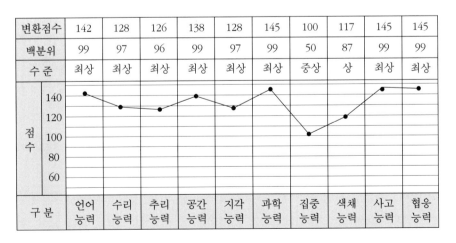

변환점수	142	128	126	138	128	145	100	117	145	145
백분위	99	97	96	99	97	99	50	87	99	99
수 준	최상	최상	최상	최상	최상	최상	중상	상	최상	최상
구 분	언어 능력	수리 능력	추리 능력	공간 능력	지각 능력	과학 능력	집중 능력	색채 능력	사고 능력	협응 능력

[그림 5-6] 적성검사 점수의 예시

❖ 홍길동님의 학업 분야 판정

추천 학업 순서	
1. 01 : 복지/특수교육	왼쪽에서 제시되는 '순위'는 많은 다양한 학문 분야들 중에서 귀하가 대학교 혹은 대학원에 진학하여 학업을 수행하는 경우에 귀하의 적성능력에 가장 잘 부합하는 것으로 판단되는 상위 15개를 순서대로 뽑은 것입니다.
2. 02 : 신문방송/언론정보	
3. 03 : 음악/작곡	
4. 04 : 사회/민속학	
5. 05 : 외국어문학	순위가 '1'인 학업 분야가 귀하의 적성에 가장 잘 부합하는 학업 분야입니다. 그러나 순위가 '15'라고 해서 귀하의 적성에 맞지 않는 것은 아닙니다. 순위가 '15'인 학업 분야는 더 많은 다양한 학업 분야들 중에서 열다섯 번째로 귀하의 적성과 잘 부합하는 학문입니다.
6. 06 : 정치외교/국제/무역	
7. 07 : 철학/신학	
8. 08 : 국/사학	
9. 09 : 법학	
10. 10 : 경영/행정/회계	
11. 11 : 생물학/생명공학	
12. 12 : 심리/아동/청소년학	
13. 13 : 국어국문학	
14. 14 : 경제/농업경제학	
15. 15 : 약/제약학	

❖ 홍길동님의 희망직업: 1. 직업상담원, 2. 보건관련 준전문가

　본 검사에서는 당신이 희망하는 직업에서 요구되는 적성에 대한 기준점수와 당신의 능력점수를 비교하여 보완이 필요한 능력을 안내해 드립니다.

　다음 그래프는 홍길동님이 선택하신 직업의 기준점수 대비 본인의 적성점수에 대한 비교그래프입니다.

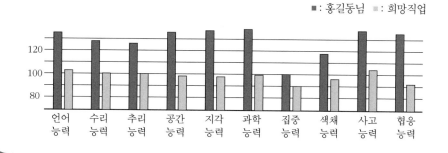

[그림 5-7] 적성검사 결과보고의 예

로 하는 중요한 능력군을 도출하여, 그러한 능력군을 드러내는 적성검사의 하위검사 점수를 합산한 것을 하위검사의 수로 나눈 평균값을 해당 학과나 직업의 적성점수로 산출하는 것이다. 따라서 적성검사를 활용하기 위해서는 끊임없이 생성되고 사라지는 직업군에 대한 관찰과 연구를 통해 지속적으로 새로운 내용과 영역들을 추가하거나 수정하는 작업이 수반되어야 한다. 그리고 점점 분화되어 가는 직업군의 양상에 따라 하위검사의 성격도 그에 걸맞춰 변화될 수 있어야 한다.

▶▶ 3 창의성에 대한 평가

1) 창의성의 개념

정보사회가 도래하면서 개인이 가지고 있는 지식이나 정보의 양보다는 그것을 통해 독창적이고 새로운 산출물을 만들어 내는 능력인 '창의성'이 중요한 개인의 능력으로 평가받고 있다. 창의성은 다양하게 정의되지만, 다양한 정의들의 일반적인 공통점은 '새롭고 적절한 산물을 생산해 낼 수 있는 능력'으로 창의성을 규정한다는 것이다 (Sternberg & Lubart, 1999; Urban, 1995). 창의성의 구체적인 의미나 그 구성요인은 창의성에 대한 접근방식에 따라 달라진다. 여기서는 창의성을 인지적 능력에 치중하여 살펴보는 인지적 접근과 사고, 동기, 기법, 환경, 과정의 통합적 관계를 강조하는 통합적 접근으로 나누어 살펴보고자 한다(박상범, 박병기, 2007).

창의성을 지적 능력의 한 특성으로 바라보는 관점에서는 창의성을 주로 개인이 지식을 사용하는 방식이나 사고 유형, 전략으로 바라본다. 대표적으로 Guilford와 Torrance는 확산적 사고(divergent thinking)를 창의성의 핵심적인 측면으로 규정하고, 확산적 사고를 측정하는 검사도구를 통해 창의성을 측정하고자 하였다. 확산적 사고과정의 특징으로는 유창성, 융통성, 독창성, 정교성 등이 있다. 창의성을 인지적 측면에 국한하여 바라보는 이러한 미시적 접근은 창의성이 구체적인 맥락에서 발현되고 작동되는 방식을 드러내지 못한다는 비판을 받고 있다. 창의성은 단순한 지적 능력에 국한된 것이 아니며, 위험을 감수하고 고정적인 틀에서 벗어나 실패에 대한 인내, 호기심, 장애를 극복하는 의지와 같은 성향적 측면과 사회문화적 환경이 창의성을 발휘하는 데 중요한 역할을 한다고 보는 통합적 관점은 창의성이 개별 인간의 능력에 국한된 개념이 아님을 말해 주고 있다. 통합적 관점은 창의적 사고와 창의적 성격이 합쳐져서 개인의 창의적인 특성을 형성하지만 창의성이 발휘되기 위해서는 창의적인 특성, 창의적인 과정, 환경, 산출물의 네 가지가 상호작용하여야 한다는 점을 강조한다(Amabile, 1989; Sternberg & Lubart, 1999).

창의성을 이해하는 또 다른 입장은 창의성을 사고과정에 초점을 두고 이해하느냐, 결과물의 창의적 여부를 가지고 판단하느냐에 관련된 것이다. 창의성을 사고과정으로 바라보는 입장에서는 창의성을 문제 해결의 과정으로 바라보고, 그 과정의 성격을 밝히려고 노력하였다. Wallas는 준비기, 부화기, 조명기, 검증기의 단계로 창의적 사고과정의 특징을 이해하였다. Rossman은 창의적인 사고과정을 통해 먼저 문제를 관찰ㆍ형성한 다음 정보 탐색을 통해 해결안을 형성하고 그것을 검토해서 새 아이디어를 구상하고 검증하는 단계를 거친다고 하였다. Rossman은 창의성을 하나의 새로운 결과를 야기하는 행동의 출현이며, '개인의 독특성과 그 개인을 둘러싼 사건, 사람, 자료, 자기의 생활상의 어떤 사정 등에서 생성되는 과정'이라 정의하였다(서울대학교 교육연구소, 1997).

창의성을 산출물을 통해 설명하는 관점에서는 개인이나 집단이 이루어 놓은 결과물(반응, 산물, 아이디어)을 직접 관찰함으로써 창의성을 판단한다. 이때 평가의 대상이 되는 산출물은 물리적인 대상(예술품, 특허품 등)의 형태를 띨 수도 있고, 이론적인 체계나 새로운 기법, 특정한 행위나 해결책 등 다양한 형태를 가질 수 있다. 산출물의 창의성 여부를 판단하기 위한 준거에 대해 Pfeiffer는 '새롭고 독창적이고 독특하며 그 영역에서 높은 정도로 성공을 보여 주는 작품'이어야 한다고 주장하였고, Newell, Shaw 그리고 Simon은 어떤 것이 창의적인 것이 되기 위해서는 '새롭고 가치 있으며 이전 아이디어들을 수정하는 것'이어야 한다고 주장하였다. Mackinnon도 새롭고 독창적이며, 현실에 적용 가능하고, 그 산물이나 반응이 심미적이며, 인간의 새로운 조건을 생산해 낼 수 있을 때 그 산출물이 창의적'이라고 하였다(서울대학교 교육연구소, 1997).

창의적 산출물에 대한 평가준거는 학자들마다 조금씩 다르지만, 공통적으로 그들은 독창성과 적절성을 중요한 기준으로 제시하고 있다. 그러나 시대나 집단, 문화에 따라 독창성과 적절성의 기준이 달라지므로 창의성은 어떤 점에서는 사회적 맥락, 시대적 배경의 영향을 많이 받는 능력이라는 점을 알 수 있다.

2) 창의성의 측정

(1) 객관적 측정방법

객관적 측정이란 '확산적 사고'에 근거하여 창의성을 측정하는 방법으로, 제시된 자극에 대해 최대한 많은 아이디어나 문제 해결법, 반응을 만들어 낼 때 창의성이 높다고 보는 측정방법이다. Torrance에 의해 개발된 토랜스 창의적 사고검사(Torrance Test of Creative Thinking: TTCT)는 확산적 사고를 중심으로 창의성을 측정하는 대표적인 검사로 가장 널리 사용되고 있다.

이 검사는 언어형 검사와 도형형 검사로 구성되어 있다. 토랜스 검사뿐 아니라 확산적 사고로 창의성을 측정하는 검사들은 피험자에게 미완성 자극(그림이나 글)을 제시하였을 때 피험자의 반응의 양이나, 그러한 반응이 동료집단에서 어떠한 빈도로 나타나는지를 드러내는 희귀성의 수치로 창의성을 측정한다(그림 5-9) 참조). 객관적 측정에서 측정되는 확산적 사고의 주요 변인은 〈표 5-5〉와 같다.

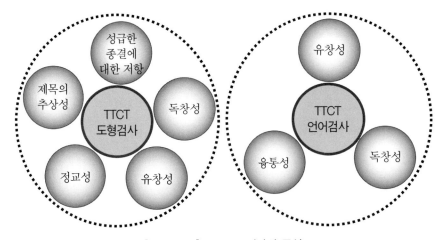

[그림 5-8] TTCT 검사의 구성

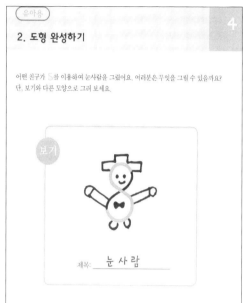
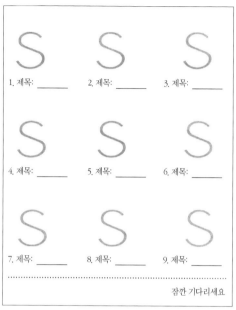

[그림 5-9] 창의성 도형검사의 예시

출처: 전경원(2005).

〈표 5-5〉 창의성의 구성요소

확산적 사고의 주요 변인	설 명	측정의 예
유창성	특정한 문제 상황에서 주어진 시간 내에 가능한 한 많은 아이디어를 산출할 수 있는 능력	S를 다양한 그림으로 변환시키기—각기 다른 반응의 수로 측정
융통성	고정적인 사고방식이나 관점에서 벗어나 다방면으로 사고를 변화시켜 다양한 아이디어나 해결책을 착안해 내는 능력	그림의 범주가 다양할수록 융통성이 높음
독창성	기존의 것과는 다른 참신하고 독특한 아이디어를 산출하는 능력	검사를 치른 사람의 5~10% 정도가 보이는 희귀한 반응을 할 때 독창성이 있다고 봄
정교성	처음 제안된 아이디어를 다듬고 발전시켜 표현하는 능력으로, 보다 유용하고 가치있는 것으로 발전되도록 하는 능력	세부 내용의 수를 기준으로 평가. 예를 들어, 세부 내용 0~5개는 1점, 6~12개는 2점, 13~19개는 3점 등으로 평가하는 것

확산적 사고검사로 창의성을 측정하고자 하는 객관적 측정방법은 일상생활 속에서 드러나는 창의성의 복잡하고 다양한 양상을 타당하게 측정하지 못한다는 문제가 제기되고 있다. 따라서 실세계에서 발휘되는 창의성을 평가하기 위해 교실 현장, 작업 현장 또는 예술세계와 같은 실제 맥락에서 개인의 창의적인 활동을 평가해야 한다는 관점도 대두되었다. 그리고 객관적 측정방법이 창의성을 반응의 양(유창성)이나 통계적 희귀성(독창성)으로 정의함으로써 창의성의 정의, 즉 '새롭고 적절한 산물을 생산해 낼 수 있는 능력'이 포함하고 있는 가치, 유용성의 부분을 간과하고 있다는 지적도 제기되었다.

(2) 주관적 측정방법

주관적 측정방법은 객관적 측정방법의 대안으로 제안된 것으로, 일상생활에서 정형화되어 있지 않고 분명한 해결방안이 없는 발견적 과제에 대한 창의적인 수행을 측정하는 방법이다. 주관적 측정은 창의적 사고의 과정보다는 사고과정의 결과인 산출물의 창의성을 밝히기 위해서 전문가들의 평가에 기반하여 창의성을 측정하는 방법이다. 주관적 측정방법에서 흔히 사용되는 검사방법은 다음과 같다.

- 그림을 보여 주고 이야기를 만들어 구술하게 하기
- 기존에 이미 알고 있는 이야기를 새로운 이야기로 창작하기
- 제공된 자료를 이용하여 콜라주 만들기
- 새롭고 재미있는 창의적인 수학문제 만들기

주관적 측정방법을 정형화하는 데 기여한 Amabile(1996)은 "창의적 산출물은 새롭고 적절하고 유용하며, 가치 있는 반응"이라고 정의하고, 이에 기초하여 '합의적 측정기법(Consensual Assessment Technique: CAT)'을 개발하였다. 합의적 측정기법에서 신뢰성을 확보하기 위해서는 다음과 같은 조건이 만족되어야 한다.

- 평가자는 해당 분야의 전문적인 경험이 있어야 한다.

- 전문가의 측정은 개별적으로 이루어져야 한다.
- 평가자들 간의 합의를 유도하기 위해 사전에 측정기준이 주어지거나 교육이 제공
  되어서는 안 된다.
- 피험자들이 평가자인 전문가들보다 창의성의 수준이 낮기 때문에 전문가들은 자
  신의 전문적인 측정기준에 의해 측정하지 말고 산출물의 상대적인 평가에 근거하
  여 측정하여야 한다.
- 산출물의 평가 순서를 동일하게 하지 말고 평가자들마다 무작위로 진행되도록
  한다.

3) 검사결과의 해석

창의성검사도 지능검사나 적성검사와 마찬가지로 각 하위검사나 총점수를 규준집
단에 비추어 해석할 수 있도록 표준점수나 백분위 점수로 환산하여 창의성의 정도를
판단할 수 있도록 한다. 그러나 창의성검사의 결과를 나타내는 방식에서 특이한 점은
창의성을 드러내는 피험자의 반응들을 사전에 미리 분류하여 해당 반응에 점수를 부여
한다는 점이다. 예를 들어, [그림 5-10]에 제시된 '도형 완성하기' 검사의 경우, 대규모
의 아동들에게 검사를 실시하여 아동들이 보이는 반응들을 범주별로 구분하여 그 결과
를 바탕으로 평가기준을 마련한다. 즉, 각 반응들이 차지하는 비율이나 범주의 종류와
같은 기준을 연구를 통해 마련한 다음, 창의성검사에서 피험자의 반응을 평가한다. 따
라서 사전에 반응을 수집하고 범주화하는 과정이 얼마나 타당한지의 여부에 따라 창의
성검사 결과의 타당성 여부도 결정된다.

〈도형 완성하기 융통성 범주 및 독창성 0점 반응표〉					
범주 번호	반응내용				
1	동물(곤충 및 물고기 등) 및 동물의 집				
가재, 강아지, 개구리, 개미, 개미집, 거미줄, 거북이, 거위, 고양이, 곰, 공룡, 공작, 구렁이, 기린, 까마귀, 나비, 낙타, 너구리, 다람쥐, 달팽이, 닭, 당나귀, 도마뱀, 독수리, 동물원, 돼지, 메기, 문어, 물개, 물고기, 미꾸라지, 백조, 뱀, 뱀장어, 벌, 병아리, 붕어, 사자, 상어, 새, 소라, 송사리, 악어, 애벌레, 양, 오리, 오징어, 올챙이, 용, 원숭이, 잠자리, 조개, 지렁이, 참새, 코끼리, 토끼, 펭귄, 호랑이 등					
독창성	4세 여아	4세 남아	5세 여아	5세 남아	6세 여아	6세 남아

(표가 복잡하여 전체 재현)

[그림 5-10] 창의성검사 반응표의 예시

출처: 전경원(2005).

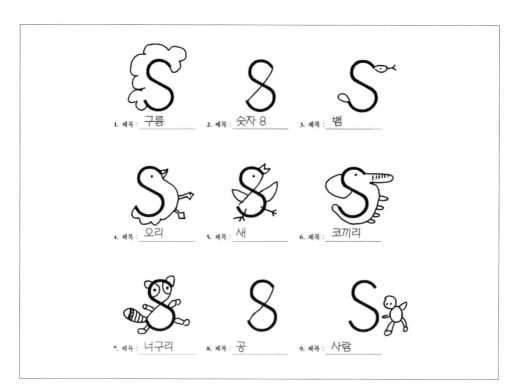

반응	범주번호	만 4세		만 5세		만 6세	
		여	남	여	남	여	남
		독창성	독창성	독창성	독창성	독창성	독창성
1.구름	11	1	1	1	1	1	1
2. 숫자 8	6	0	1	1	1	1	1
3. 뱀	1	1	0	0	0	0	0
4. 오리	1	1	1	0	0	0	0
5. 새	1	1	1	1	1	1	1
6. 코끼리	1	1	1	1	1	1	1
7. 너구리	1	1	1	1	1	1	1
8. 공	0(2번과 같은 그림)	0	0	0	0	0	0
9. 사람	0(S이용 않음)	0	0	0	0	0	0

[그림 5-11] 창의성검사 채점표의 예시

출처: 전경원(2005).

요약

이 장에서는 학습자의 인지적 영역(지능, 적성, 창의성)의 대표적인 요소들을 살펴보고 각각을 측정하는 방법에 대해 검토하였다.

• 지능에 대한 대표적인 이론으로는, '일반요인이론' '다요인이론' '다중지능이론' '인지과정이론' 등이 있다. 각 이론에서 지능을 측정하는 방법은 크게 개인/집단검사, 언어적/비언어적 검사, 동작/필답 검사 등으로 나뉜다. 지능은 지능지수로 표현되어 왔으며, 대표적인 지능지수에는 비율지능지수(정신연령 대 생활연령의 비율)와 편차지능지수(동일한 연령집단에서 상대적 위치로 표현)가 있다. 다중지능은 하위검사 영역의 프로파일 형태로 강점지능, 약점지능을 파악할 수 있는 형태로 지능이 표현된다.

• 적성은 특수 분야나 직업, 활동 등에 필요한 능력이 어느 정도인지, 발현 가능성이 어떠한가와 관련된 개념이다. 적성검사는 검사의 범위에 따라 종합적성검사와 특수적성검사, 검사의 목적에 따라 진학적성검사와 직업적성검사로 나뉜다.

• 창의성은 새롭고 적절한 산출물을 만들어 내는 능력으로, 창의성에 대한 연구는 인지적 접근, 통합적 접근, 문제 해결적 접근, 산출물을 중심으로 창의성을 바라보는 접근 등으로 나뉜다. 창의성검사로는 Torrence의 검사가 대표적이며, 이 검사는 유창성, 융통성, 독창성, 정교성을 중심으로 확산적 사고를 측정한다. 창의적 산출물에 대한 전문가들의 평가에 기반한 주관적 측정방법에는 '합의적 측정기법'이 있으며, 상대적인 평가에 근거하여 측정된다.

학급 활동: 학생의 검사 점수 해석에 관해 생각해 보기

1. 다음의 〈자료 1〉은 다문화가정의 학생 수민이에 대한 자료이며, 〈자료 2〉는 수민이 담임교사 A와 동료교사 B의 대화다. 두 자료를 바탕으로 〈자료 2〉의 (가)에 들어갈 적절한 말을 생각해 보자.

〈자료 1〉

　수민이는 광주 Y초등학교에 다니는 평범한 초등학교 3학년 학생이다. 약간 통통하고 눈이 크고 맑으며, 수업시간에 다소 산만하고 목소리가 클 뿐이다. 또래와도 활발히 잘 지내는 편이다. 다른 아이들과 다른 점이 있다면 어머니가 베트남에서 왔다는 점이다. 수민이 어머니는 10년 전 국제결혼 업체를 통해 한국에 사는 남성과 결혼을 하게 되었다. 수민이의 어머니는 아직 한국말이 많이 서투르시고 그것이 수민이에게도 영향을 미쳐 수민이도 또래 아이들처럼 재잘거리긴 하지만 조리 있게 말하거나 논리적인 언어 구사 실력은 떨어지는 편이다. 다른 부분에서는 크게 뒤처지지 않지만 글을 읽거나 쓰는 능력이 부족하다.

〈자료 2〉

담임교사 A: (깊은 한숨) ……

동료교사 B: 어머, 왜 그렇게 한숨을 쉬세요? 선생님, 무슨 일 있어요?

담임교사 A: 아니, 이번에 학기 초반이라 학교에서 아이들에게 지능검사를 실시했잖아요. 그런데 우리 반 수민이라는 아이가 유독 지능점수가 또래에 비해 뒤처져서 고민이에요. 그렇게 수업시간에 조금 산만하긴 해도 참여도 잘하고 집중도 잘하는 아이인데, 왜 이렇게 점수가 낮게 나왔는지 모르겠어요.

동료교사 B: 그랬군요. 하지만 선생님 그 검사는 수민이에게 조금 어려웠을 거예요. 왜냐하면

　　　　　　　　　　　　　(가)　　　　　　　　　　　　. 따라서 검사결과를 지능 점수 그대로 받아들여서는 문제가 있을 것 같아요.

담임교사 A: 아 그랬군요. 그 점을 간과하고 있었네요. 그렇다면 낙담하고 있는 수민이에게 격려의 말을 해 줘야겠어요. 고마워요.

　　　(단, 이때 학교에서 실시한 지능검사는 집단검사로 실시된 지필검사임.)

함께 풀어 봅시다

1. 지능의 일반요인이론을 반박하며 다요인이론을 주장한 학자가 <u>아닌</u> 사람은?
   ① Thurston   ② Guilford
   ③ Wechsler   ④ Spearman

2. 다음 학자 중 지능이 구체적인 문화와 사회에 따라 표현방식이 달라진다는 점을 적극 고려한 학자는 누구인가?
   ① Sternberg   ② Wechsler
   ③ Gardner   ④ Guilford

3. 비율지능지수에 대한 설명이다. 적절하지 <u>않은</u> 것은?
   ① 타인과의 비교에서 자신이 어느 정도 위치에 있는지를 백분율로 나타낸 지수다.
   ② 정신연령이 직선적으로 증가한다는 가정하에 도입된 지능지수다.
   ③ 정신연령과 생활연령의 비율로 나타난 점수다.
   ④ 인간의 지능을 단일한 점수로 나타낸 점수다.

4. 적성의 특성으로서 적절하지 <u>않은</u> 것은?
   ① 현재의 능력을 측정하여 미래의 수행 정도를 예언하는 목적으로 창출된 개념이다.
   ② 지능과 같이 인지적 능력만을 측정하여 직업이나 진로를 예측한다.
   ③ 시대나 사회적 요구에 따라 그 구성요소가 달라질 수 있는 능력이다.
   ④ 검사결과에는 상대적 서열의 정보뿐 아니라 개인별 프로파일도 포함된다.

5. 창의성의 구성요소 중 '빈도'로 그 정도를 측정하는 요소를 <u>모두</u> 고르시오.
   ① 유창성   ② 융통성   ③ 독창성   ④ 정교성

6. 창의성에 대한 주관적 측정방법에 해당하는 내용이 <u>아닌</u> 것은?
   ① 주로 객관화되기 힘든 창의적 사고과정을 중심으로 평가하는 방법이다.
   ② 합의적 측정기법은 대표적인 주관적 측정방법이다.
   ③ 전문가의 전문적 수준이 절대적인 기준이 되어서는 안 된다.
   ④ 산출물을 평가할 때는 산출물의 상대적인 평가에 근거하여야 한다.

7. 다음 중 바르게 연결된 것은?

	연구자	주 장
①	Torrance	창의성을 정의적 특성을 중심으로 바라본다.
②	Wallace	창의적 산출물을 중심으로 창의성을 판단하였다.
③	Rossman	창의성을 문제 해결의 과정으로 바라보았다.
④	Amabile	창의성의 평가를 객관화하기 위해 노력하였다.

8. 다음은 한 학생의 적성 검사 결과표의 일부다. 검사결과에 대한 해석으로 적절하지 <u>못한</u> 것은?

하위 영역	원 점수	표준점수 (T점수)	백분위(percentile)
언어 추리	64	54	60
수 추리	84	68	91
기계 추리	91	62	80
공간 추리	64	48	45

① 모든 영역에서 평균점수보다 높은 점수를 획득하였다.

② 수 추리 능력을 요구하는 영역에서 높은 적성을 보인다.

③ 전체 집단의 40% 정도가 언어 추리 영역에서 이 학생보다 높은 점수를 받았다.

④ 언어 추리와 공간 추리 영역의 원 점수는 동일하지만 상대적인 위치는 서로 다르다.

9. 〈보기〉 중 H. Gardner의 지능이론을 적용한 교육 프로젝트의 일반적인 특징은?

─── 〈보기〉 ───

가. 교육과정과 평가 간의 경계를 분명하게 구분한다.

나. 평가는 의미 있는 실세계의 활동과 관련된다.

다. 지능을 사정할 때 지능검사의 사용을 선호한다.

라. 인지능력뿐만 아니라 작업 양식에도 관심을 갖는다.

① 가, 나 　　　 ② 가, 다 　　　 ③ 나, 라 　　　 ④ 다, 라

10. Gardner의 다중지능이론은 지능을 바라보는 관점을 어떻게 변화시켰는지 논하시오.

※객관식 문항 정답은 부록 참조

참고문헌

문용린, 유경재, 전종희, 엄채윤(2007). 개인의 역량 측정을 위한 다중지능 하위요소의 재분석. 교육심리연구, 21(2), 283-309.

박상범, 박병기(2007). 창의적 성향·환경·과정 척도(C-DEFs)의 개발 및 타당화. 교육심리연구, 21(4), 905-922.

서울대학교 교육연구소(1997). 한국교육심리검사총람. 서울: 프레스빌.

전경원(2005). 유아 종합 창의성 검사. 서울: 학지심리검사연구소.

조주연, 백순근, 임진영, 여태철, 최지은(2007). 초등 교직적성검사(TAPST) 타당화 연구. 초등교육연구, 20(2), 161-182.

하대현(2005). R. Sternberg 지능 이론의 발달: 의의, 국내 연구 및 과제. 한국심리학회지: 사회문제, 11(1), 157-180.

한국교육개발원(1988). 사고력신장을 위한 프로그램 개발연구(Ⅱ). 서울: 한국교육개발원.

한국교육심리학회 편(2001). 교육심리학용어사전. 서울: 학지사.

황정규(1984). 인간의 지능. 대우학술총서 인문사회과학 4. 서울: 민음사.

황정규(1988). 대학교육적성시험 개발을 위한 기초연구. 서울: 중앙교육평가원.

황정규(1997). 지능의 요인이론, 요소이론, 다지능이론의 비교 분석. 교육심리연구, 11(1), 191-219.

Amabile, T. M. (1989). *Crowing up creative: Nurturing a lifetime of creativity*. 전경원 역(1998). 창의성과 동기유발. 서울: 창지사.

Amabile, T. M. (1996). *Creativity in context*. Boulder, CO: Westview Press.

Armstrong, T. (2000). *Multiple intelligence in the classroom*. Association for Supervision & Curriculum Development. 전윤식, 강영심 역(2004). 다중지능과 교육. 서울: 중앙적성출판사.

Bloom, B. S. (1970). Toward a theory of testing which includes measurement, evaluation and assessment. In M. C. Wittrock & D. E. Wiley (Eds.), *The Evaluation of Instruction* (pp. 25-50). New York: Holt, Rinehart Winston.

Cronbach, L. J., & Snow, R. E. (1977). *Apititudes and instructional methods: A handbook for research on interactions*. New York: Irvington.

Gardner, H. (1983). *Frames of mind: The theory of multiple intelligence*. New York: Basic Books.

Gardner, H., & Hatch, T. (1989). Multiple intelligences go to school. *Educational Researcher, 18*(8), 4-10.

Sternberg, R. J. (1985). *Beyond IQ: A triarchin theory of human intelligence*. New York:

Cambridge University.

Sternberg, R. J. (1986). *Intelligence applied: Understanding and increasing your intellectual skills*. San Diego: Harcourt, Brace, Javanovich.

Sternberg, R. J., & Lubart, T. I. (1999). The concept of creativity: Prospectives and paradigms. In R. J. Sternberg (Ed.), *Handbook of Creativity* (pp. 3-15). Cambridge, UK: Cambridge University Press.

Terman, L. M. (1916). *The Measurement of Intelligence*. Boston: Houghton Miffling.

Urban, K. K. (1995). Creativity—A componential approach. Post conference China meeting of the 11th world conference in gifted and talented children. Beijing. China, August, 5-8.

Wechsler, D. (1939). *Wechsler-Bellevue intelligence scale*. New York: Psychological Corp.

Chapter 06
정의적 영역의 평가

OECD가 3년마다 회원국을 포함해 세계 각국의 만 15세 학생들을 대상으로 실시하는 국제 학업성취도평가(PISA)에서 한국 학생들은 최상위권 성적을 내고 있지만 공부에 대한 흥미도는 최하위권으로 나타난다. 수학의 경우 한국 학생들의 성적은 2000년 이후 OECD 회원국 가운데 1~2위를 놓치지 않고 있지만, 수학에 대해 갖는 흥미도는 분석 대상 40개국(2003년 기준) 중 31위, 수학이 자신의 인생에 유용하다고 믿는 정도는 38위였다.

… (중략) …

이런 객관적 성취도와 달리 학습 동기나 공부에 대한 태도 등을 측정하는 정서적 지수는 정반대의 결과로 나타났다. 한국교육과정평가원 연구팀이 2012년 PISA에 나타난 한국 학생들의 공부에 대한 정서적 태도를 분석한 결과, 수학에 대한 흥미도와 효능감, 자신감 등이 OECD 평균보다 낮게 나타났다. 반면, 수학에 대해 느끼는 불안감과 스트레스 지수는 OECD 평균보다 높았다. 그만큼 학생들이 공부에 대한 심리적 부담감을 갖고 있다는 얘기다.

– 『조선일보』, 2014년 11월 24일자 기사 중

학생들을 이해하기 위해서는 그들이 가지고 있는 다양한 심리적 특성에 대한 이해가 선행되어야 한다. 개인이 보이는 다양한 심리적 특성은 크게 인지적 특성, 정의적 특성, 심동적 특성의 세 범주로 분류된다. 인지적 특성이 전형적인 사고방식을 나타내는 심리적 특성이라면, 정의적 특성은 전형적인 느낌의 방식을 나타내며, 심동적 특성(psychomotor characteristics)은 전형적인 행동방식에 해당한다.

학생들의 정의적 특성은 그들이 가지고 있는 전형적인 감정과 정서의 표현방식이다. 전형적인 표현방식이라는 것은 시간과 상황에 따라 변하기도 하지만 비교적 안정적이고 지속적으로 관찰됨을 뜻한다. 예를 들어, 명랑한 사람이 항상 명랑한 것은 아니다. 다만, 여러 상황과 시간 속에서 명랑한 모습을 더 많이, 더 자주 보여 주는 것이다. 이러한 의미에서 전형적인 감정과 정서는 각 개인이 느끼는 일반적인 느낌이며 정서다. 정의적 특성으로 분류되기 위해서는 다음의 조건을 갖추어야 한다. 첫째, 그 행동이나 사고가 감정이나 정서를 내포하고 있어야 한다. 둘째, 그 행동이나 사고가 전형적이어야 한다. 셋째, 정의적 특성은 어느 정도의 강도를 가지고 있다. 넷째, 정의적 특성은 긍정적 혹은 부정적이라는 방향성을 가지고 있다. 다섯째, 감정이 향하는 대상이 있다(Anderson, 2000).

학/습/목/표

- 정의적 특성의 개념적 특성을 이해할 수 있다.
- 정의적 특성의 유형(흥미, 자아개념, 성격)을 이해할 수 있다.
- 정의적 영역의 다양한 평가방법을 이해할 수 있다.

▶▶ 1 정의적 특성의 측정방법

정의적 특성 각각에 관한 개념이 아직도 모호한 수준에 있기 때문에 특성의 다양성에 비례해서 그것을 측정하는 방법도 다양하다. 따라서 정의적 특성을 측정할 때에는 각 특성을 측정하는 방법이 적절한지를 고려하여 선별적으로 사용해야 한다. 한 가지 방법으로 모든 것을 측정하는 것은 바람직하지 않다. 또한 한 가지 방법이 특정한 정의적 특성에만 적합하다는 사고도 지양되어야 한다. 정의적 특성을 측정하는 방법들을 살펴보면 다음과 같다.

1) 질문지법: 자기보고방법

(1) 질문지의 특징과 분류

질문지는 어떤 문제에 관해서 작성된 일련의 질문에 대해 피험자가 대답을 기술하도록 하는 방법이다. 많은 사람을 대상으로 단시간에 실시할 수 있고 그 결과 또한 비교적 신속하게 처리할 수 있는 장점이 있다. 또한 정의적 특성을 측정하기 위한 예비적 탐색으로 활용할 수도 있어 널리 사용되고 있는 편이다.

질문지는 응답 형식에 따라 구조적 질문지와 비구조적 질문지로 나뉜다. 구조적 질문지가 반응이 나올 만한 여러 개의 유목 혹은 선택지를 미리 주어 선택하게 하는 방법이라면, 비구조적 질문지는 주어진 질문에 대해 비교적 자유롭게 반응하도록 하는 방법으로 자유반응형 질문지라고도 불린다. 구조적 질문지는 미리 구체적이고 제한된 선택지를 주기 때문에 결과의 처리가 쉽다는 장점이 있는 반면, 비구조적 질문지는 반응자가 자유롭게 그리고 창의적으로 반응할 수 있으며, 특히 표출된 행동 뒤에 숨은 잠재적 행동으로의 동기, 흥미, 태도, 가치관, 의견 판단 등에 관한 정보를 얻을 수 있다. 따라서 비구조적 질문지는 질적으로 접근하고자 할 때나 구조적 질문지를 제작하기 위한 사전조사 혹은 탐색조사로서 의의가 있다. 질문지는 다양한 유형으로 존재할 수 있는데, 크게 자유반응법, 선택법, 체크리스트법, 유목분류형, 등위법, 평정척도법, 조합비교형으로 나눌 수 있다(황정규, 1998).

(2) 질문지법의 장점과 결함

질문지의 가장 큰 장점은 간편성이다. 다른 방법에 비해 적은 자원으로 많은 자료를 짧은 시간에 얻을 수 있다. 그리고 질문자와 응답자의 관계가 비교적 원만히 이루어질 수 있다. 면접이나 관찰에서는 직접 대면하기 때문에 피험자에게 영향을 미쳐서 결과가 왜곡·편파되게 나올 가능성이 많다. 따라서 피험자의 의견, 태도, 감정, 가치관 등과 같은 자아의 심층적인 심리는 질문지가 효과적이다. 질문지는 자기 자신의 감정이나 정서, 태도에 대해 비교적 구사하기 쉬운 언어를 매개로 하기 때문에, 또 익명으로 대답을 요구하는 경우가 많아 잠재적 행동 특성을 측정하기가 용이하다. 그러나 질문지는 언어능력, 표현능력에 의존하는 바가 크기 때문에 그러한 능력이 신뢰성 없으면 질문지의 결과도 믿을 수 없다. 또한 질문지에 보여 준 의견이 '거짓'인지에 대해서는 확인하기 어렵다.

2) 관찰법

(1) 관찰의 의미

관찰(observation)은 측정방법 중에서 가장 오래되고 원시적인 방법이다. 하지만 심리적 행동, 신체적 증상을 대상으로 해야 할 심리학과 의학에서는 아직도 가장 중요시하고 있는 방법이기도 하다. 관찰은 도구를 사용하지 않는 측정이며, 도구를 사용해도 측정하는 사람에게 영향을 미치지 측정을 받는 대상에게는 영향을 미치지 않는 방법이기도 하다. 관찰은 인간 이해의 가장 기본적 방법이긴 하지만, 의식적·무의식적 관찰 모두가 신뢰성 있고 과학적인 측정결과를 가져다주는 것은 아니기 때문에 관찰자의 훈련과 기술에 의존하는 바가 크다.

(2) 관찰의 방법

관찰의 방법은 분류하는 기초에 따라 여러 가지로 나누어 볼 수 있다. 관찰하려는 행동 장면을 인위적으로 통제해서 조작하느냐 그렇지 않느냐에 따라 통제적 관찰, 비통제적 관찰로, 그리고 관찰을 어느 정도 조직적으로 하느냐에 따라 자연적 관찰과 조직적 관찰로 대별되기도 한다. 관찰법에는 다음과 같은 다양한 방법이 있다.

- 자연적 관찰법: 어떤 행동이나 현상이 자연적으로 발생한 그대로를 조직적인 관찰 의도 없이 관찰하는 방법

- 전기적 관찰법: 개인 혹은 소수의 피험자를 오랜 기간 동안 계속해서 관찰하게 되 므로 개인의 전체성, 전일성, 변화를 세밀하게 연구하는 방법
- 행동요약법: 특정한 목적을 가지고 행동관찰을 하려고 할 때 흔히 사용하는 방법
- 시간표본법: 관찰 장면을 제한하지 않고 특정한 행동단위(예: 반항적 행동, 친구와 의 대화 등)가 비교적 짧게 일정한 시간 동안 얼마나 발생하는가를 양적으로 측정 하는 방법
- 장면표본법: 무엇을 관찰할 것인지의 관찰 대상이 뚜렷하게 결정되어 있다면 그 러한 행동이 보다 잘 나타나는 장면을 선택해서 관찰하는 방법
- 참여관찰법: 관찰자가 피관찰자와 같은 행동 상황 속에 들어가서 피관찰자의 행 동을 관찰하려는 방법
- 실험적 관찰법: 관찰하려는 장면이나 조건을 인위적으로 조작해서 행동을 보다 정확하고 엄밀한 조건 아래에서 관찰하려는 방법

행동을 관찰하는 것은 다양한 상황과 맥락에서 필요하며 유용한 측정방법으로, 특히 어린 아동을 대상으로 한 연구에서는 관찰이 많이 활용되고 있다. 그러나 관찰법이 타 당하고 신뢰성 있는 측정방법이 되기 위해서는 상당한 정도의 관찰자 훈련과 경험이 요구된다.

3) 평정법

평정법(rating scale)은 측정하고자 하는 특성을 특정 기준에 따라 판단하는 방법으로 정의적 특성을 측정하는 데 가장 많이 쓰는 방법이다. 평정법은 크게 유목평정척, 숫자 평정척, 도형평정척, 체크리스트 평정척, 강제선택 평정척으로 분류할 수 있다. 숫자 평정척이 일반적으로 가장 많이 사용되는데, 평정하려는 특성을 숫자로 단계적으로 표 시하는 방법이다. 이는 제작하기 쉽고 결과를 통계 처리하기도 쉽기 때문에 가장 보편 적으로 사용된다. 이를 리커트(Likert) 척도라 하는데, 여기에 3단계, 4단계, 5단계, 7단 계 등의 척도 등이 활용된다. 리커트 척도의 구분은 응답할 집단의 특성을 고려하여 결

정하게 된다.

평정법은 관찰자 혹은 평정자가 양적 관찰의 훌륭한 도구 역할을 할 수 있고 상당한 정확성과 객관성을 갖고 측정할 수 있다. 그러나 평정법은 평정자 자신의 조건 때문에 극복하기 어려운 몇 가지 한계점이 있다.

첫째, 집중화 경향의 착오다. 이는 정의적 특성을 평정할 때 평정결과가 중간 부분에 지나치게 모이는 경향을 말하는 것으로, 훈련이 부족한 평정자가 저지르기 쉬운 착오다. 둘째, 인상의 착오다. '성적이 좋은 학생' '잘 아는 학생' 등 학생의 다른 특성의 평정을 보다 좋게 혹은 나쁘게 평정하는 경향을 말한다. 셋째, 논리적 착오다. 서로 다른 두 특성을 비슷한 것으로 판단해서 평정하는 경향이다. 넷째, 표준의 착오다. 이것은 평가자가 평정의 표준을 어디에 두느냐에 따라 생기는 오류다. 다섯째, 대비의 착오다. 평정자 자신이 가지고 있는 특성이 평정받는 학생에게 있으면 신통치 않게 평정하고, 평정자 자신에게 없는 특성이 평정받는 학생에게 있으면 좋게 보는 현상을 말한다. 여섯째, 근접의 착오다. 이는 '시간적으로나 공간적으로' 가깝게 평정하는 특성 사이에 상관이 높아지는 현상이다.

4) 의미분석법

의미분석법(semantic differential scale)은 Osgood 등이 여러 가지 사물, 인간, 사상 등에 관한 어떤 개념(concept)의 의미를 의미 공간 속에서 측정하려고 창안한 정의적 특성의 측정방법이다. 어떤 개념, 예컨대 '학교'라는 개념의 의미는 심리학적으로나 철학적으로 복잡성을 띠고 있어서 간단히 정의하기가 어렵다. '무엇인지 막연히 알 것 같은데 정의하기는 힘들다'는 고충을 흔히 듣는데, 이는 개념이 갖는 의미의 복잡성, 불명료성을 나타내는 표현이다. 학교, 사람, 국가, 아버지 등 여러 가지 개념에 대해 갖는 각자의 정의나 의미는 각각 다르다. 그렇기 때문에 철학적으로나 심리학적으로 개념의 지각차에서 오는 차이가 중요한 문제가 된다.

의미분석법은 특정 개인이나 집단이 하나의 개념을 어떻게 지각하고 있느냐는 것을 측정한다는 뜻에서 지각의 측정뿐 아니라 태도나 가치 등을 측정하는 데 유용한 도구로 사용할 수 있다.

　Osgood 등이 발전시킨 의미분석척도는 50개의 양극적 의미를 갖는 형용사로 구성되어 있다. 이러한 척도는 Osgood 등이 사용한 것이 유일한 것은 아니며, 여러 연구자가 다양한 형태로 수정해서 발전시키고 있다. 그러므로 의미분석법은 일반화할 수 있는 측정방법이며 고정된 의미분석척도는 존재하지 않는다.

　실시방법은 분석하고자 하는 개념을 척도 위에 제시하고, 피험자로 하여금 그 개념이 각 양극적 형용사 사이의 7단계 척도 혹은 5단계 척도의 어디에 위치하는지를 표시하게 하는 것이다. 이렇게 해서 얻은 결과는 3차원(평가 E, 능력 P, 활동 A)으로 된 의미 공간에 포치할 수 있다. 이와 같이 의미분석법은 척도, 개념, 의미 공간(semantic space)의 세 가지 요소에 의해 분석된다는 것을 알 수 있다.

학 교

(E) 좋은	___ : : : : : : ___	나쁜
(E) 아름다운	___ : : : : : : ___	추한
(E) 깨끗한	___ : : : : : : ___	더러운
(P) 큰	___ : : : : : : ___	작은
(P) 무거운	___ : : : : : : ___	가벼운
(P) 강한	___ : : : : : : ___	약한
(A) 능동적	___ : : : : : : ___	수동적
(A) 날카로운	___ : : : : : : ___	둔한
(A) 빠른	___ : : : : : : ___	늦은

5) 투사적 방법

　인간은 자기가 하고 있는 모든 것에 자신의 일부분을 투사한다. 투사적 방법은 개인적인 욕구, 특수한 지각, 해석 등이 밖으로 표출될 수 있도록 고안된 자극을 피검자에게 제시함으로써 인성을 측정하는 방법이다. 투사적 방법은 모두 개인의 인성구조, 감정, 동기, 적응양식, 가치관 등을 내포하고 있는 반응을 밖으로 끌어내도록 고안되어 있다.

투사적 방법은 개인의 욕구, 동기, 감정, 인성구조를 밖으로 끌어내기 위해 '비구조화된 자극'을 사용하는 것이 특징이다. 또한 인성을 전체로 보고 이해하려고 하며 그 요소들을 서로의 관련 속에서 유기적으로 해석하려 한다. 대표적으로는 Rorschach 잉크반점검사와 주제통각검사가 있다.

(1) Rorschach 잉크반점검사

Rorschach 잉크반점검사(Rorschach Ink-Blot Test)는 스위스의 정신병리학자 Rorschach가 1911~1921년에 투사의 기능을 자극하고 상상력을 검사하기 위한 수단으로 잉크반점을 가지고 실험한 결과로 제작된 투사적 방법이다. 이 검사는 잉크를 떨어뜨려 만들어진 대칭적 모양의 그림들로 구성되어 있다. Rorschach는 이 검사를 지각의 무의식적 요인을 연구하고 행동이나 인성의 역동적 요인을 밝히기 위한 임상적 검사로 사용했다. 이 검사에서는 개인이 나타내는 반응이 그의 인성의 표현임을 가정하는데, 애매하고 추상적인 자극에서는 각 개인의 인성의 특성이 반영된다고 보는 것이다. 즉, 개인은 잉크반점에 반응하면서도 자기가 무엇을 나타내고 있는지 잘 모르며 그렇기에 그 지각은 그의 인성의 표현이라고 보는 것이다.

Rorschach 검사는 각 카드를 보여 주며 "이것이 무엇처럼 보이나요?"라는 질문을 하면서 시작된다. 애매한 자극을 카드에 제시함으로써 검사를 받는 사람은 '무엇'처럼 보이는지 반응하면서 자기도 모르게 자신의 내부에 있는 어떤 심리적 특징들을 내보이게 된다. 다양한 반응에 대한 규준을 토대로 일반적인 사람의 반응과 이상심리를 가진 사람의 반응을 구분하게 된다.

Rorschach 검사에서 나타나는 개인의 반응은 그 내용, 위치, 결정요인, 평범 및 독창이라는 중요한 유목으로 분류할 수 있다. Rorschach 검사는 이 검사를 실시하고 채점하는 전문적 기술을 배우기 위해서도 상당한 경험을 쌓아야 한다. 보다 중요한 것은 나온 점수를 해석하는 경험과 기술이다. 피검자가 보여 주는 반응 하나하나는 큰 의미

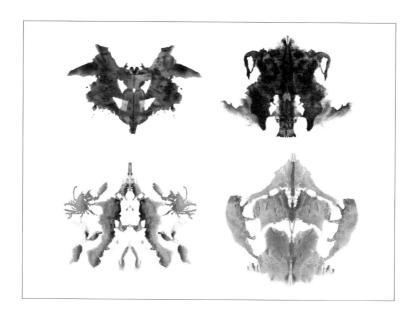

[그림 6-1] Rorschach 잉크반점검사

가 없으며, 거기서 끌어내는 추론이 더 중요하다.

(2) 주제통각검사

주제통각검사(Thematic Apperception Test: TAT)는 개인의 상상에서 얻은 자료를 기초로 한 투사적 방법이다. TAT는 30매의 불분명한 그림과 한 장의 백색 카드로 구성된다. 그중 어떤 카드는 모든 피검자에게 다 실시할 수 있지만 어떤 카드는 남녀노소에 따라 특정 집단에게만 실시할 수 있다. Rorschach 검사와 마찬가지로 TAT는 복잡한 검사이므로 경험이 많고 숙련된 임상가가 시행하게 된다. TAT에서는 "당신에게 그림을 보여 줄 것입니다. 당신이 해야 할 일은 각 그림에서 극적인 이야기를 만들어 내는 것입니다. 그림에서 보이는 사건이 어떻게 일어났고, 무슨 일이 벌어지고 있는지, 등장인물들은 무슨 생각을 하고 느끼고 있는지를 이야기한 다음 결과를 말해 주세요. 마음속에 떠오르는 대로 말해 주세요."라는 지시를 받게 된다. 이렇게 해서 나온 반응을 이야기의 주제, 주인공, 주인공의 욕구, 모습의 지각, 주요한 갈등, 불안의 특성 등에 근거하여 분석하게 된다.

 TAT와 Rorschach 검사가 모두 투사적 방법이기는 하지만, Rorschach 검사가 인성의 구조, 조직을 드러내려고 하는 데 반해, TAT는 인성의 내용, 즉 충동, 욕구, 감정, 갈등, 상상 등을 드러내려 한다는 점에서 차이가 있다. TAT는 '인간이 불명료한 사회 장면을 해석할 때는 무의식 속에 잠재해 있어서 평상시에는 드러나지 않는 인성의 여러 가지 측면을 드러낸다.'는 원리에 기초한다. 그림을 가지고 이야기를 만들 때는 자기의 개인적 경험을 이용해서 조직하게 된다. 애매한 자극을 통해 자신에게 잠재되어 있는 내면적 특성을 표출하게 되는데 이는 다른 도구로는 포착하기 어려운 부분을 측정해 낼 수 있다는 점에서 투사적 방법의 장점이라 볼 수 있다. 그러나 투사적 방법은 검사의 채점 및 해석이 주관적이라는 점에서 신뢰도가 분명치 않으며, 타당도에 관한 연구결과도 만족스럽지 못하다.

[그림 6-2] 주제통각검사 그림

▶▶ 2 정의적 영역의 평가

1) 흥미

(1) 흥미의 개념

인간에게는 누구나 자기 나름의 좋아하는 활동 분야가 있다. 좋아하는 활동에 몰두할 때 즐거움을 느끼고 더 좋은 결과를 기대할 수 있다. 교사에게는 아동의 흥미가 어디에 있는가를 발견하는 것이 학습뿐 아니라 진로지도에 필수적이므로 흥미가 일차적으로 고려해야 할 정의적 특성이다. 또한 흥미는 그 속에 동기적 요소를 내포하고 있으므로 효과적인 학습결과를 유도하기 위해서도 우선적으로 고려되어야 한다.

흥미는 어떤 대상에 특별한 관심을 갖거나 주의를 하게 하는 느낌(feeling)이다. 흥미는 ① 개인의 주의와 관심이 일정한 활동군을 향하고, ② 그 활동군에 대해 쾌·불쾌의 정서적 반응이 일어나며, ③ 쾌의 반응이 일어나는 활동군에 대해서는 그것에 집착해 버리는 행동 경향이라고 정의할 수 있다. 흥미는 감정적 색조뿐 아니라 인지적 인식도 함께 포함하며, 성장하면서 변화해 나간다. 어릴 때의 흥미는 구체적, 미분화, 수동적, 단편적, 비항상성적이란 말로 특징지을 수 있다. 하지만 차츰 성장함에 따라 구체적인 것이 상상적인 것으로, 미분화가 분화로, 수동적이던 것이 능동적인 것으로, 단편적인 것이 체계적이고 종합적인 것으로, 그리고 비항상성적인 것이 일관성 있는 형태로 변한다. 이러한 상태로 변화시키려는 것이 학교학습의 중요한 목표의 하나다.

흥미와 가장 유사한 개념으로는 태도(attitude)를 들 수 있다. Mehrens와 Lehmann (1973)은 흥미와 태도 모두 좋아하고 싫어하는 감정, 어떤 대상에 대한 기호, 어떤 사물에 대한 개인적 감정이 포함된 개념이기는 하지만, 태도가 어떤 사물, 사회제도, 집단 등에 대한 감정의 표출인 반면, 흥미는 어떤 활동(activity)에 대한 감정이라는 점에서 다르다고 지적하고 있다.

흥미검사는 오랫동안 각 개인이 어떤 활동이나 영역에 관심을 보이는지에 대한 직업흥미를 측정해 왔는데, Strong 검사, Kuder 검사, Holland 검사가 대표적이라 할 수 있다.

(2) Strong 흥미검사: 경험적 접근

Strong 흥미검사는 개인의 흥미를 측정하여 그에 적합한 직업에 관한 정보를 제공하기 위해 개발된 검사다. 즉, 개인의 응답을 다양한 직업에서 성공하고 있는 사람들의 흥미 유형과 비교하여 개인의 흥미 유형과 비슷한 사람들의 직업을 그 개인에게 적합한 직업으로 제공한다. 새로운 직업 정보를 제공하기 위해 이를 조사하여 해당 직업 종사자들의 흥미를 알아내는 작업을 해 가고 있다(탁진국, 2007).

각 문항은 여러 가지 직업 명칭으로 구성되어 있어서 각 직업에 대해 L(좋아한다), D(싫어한다), I(관심 없다)의 세 가지로 답하게 되어 있다. 이 검사의 특징은 이러한 각 문항, 즉 직업명을 여러 가지 직업에 종사하고 있는 사람에게 실시한 다음, 그 결과를 분석해서 어떤 문항에 어떤 답을 하면 그 직업의 흥미 점수는 몇 점이라는 가중치를 매겨 놓았다는 점이다. 이런 점에서 경험적·예언적·직업적 특징을 지닌 흥미검사라고

Strong 흥미검사의 예시

각 질문에 대해 어떻게 느끼는지를 아래와 같이 표시하여 주십시오.

좋아하면 답안지 L칸을   Ⓛ Ⓘ Ⓓ

좋아하지도 싫어하지도 않으면 답안지의 I칸을   Ⓛ Ⓘ Ⓓ

싫어하면 답안지의 D칸을   Ⓛ Ⓘ Ⓓ 와 같이 표시합니다.

1. 직종

1. Ⓛ Ⓘ Ⓓ   배우
2. Ⓛ Ⓘ Ⓓ   광고부 책임자
3. Ⓛ Ⓘ Ⓓ   건축기사
4. Ⓛ Ⓘ Ⓓ   미술관 책임자
5. Ⓛ Ⓘ Ⓓ   미술교사
6. Ⓛ Ⓘ Ⓓ   미술가
7. Ⓛ Ⓘ Ⓓ   미술 모델

2. 교과목

132. Ⓛ Ⓘ Ⓓ   농업
133. Ⓛ Ⓘ Ⓓ   상업
134. Ⓛ Ⓘ Ⓓ   외국어
135. Ⓛ Ⓘ Ⓓ   국어
136. Ⓛ Ⓘ Ⓓ   미술
137. Ⓛ Ⓘ Ⓓ   역사
138. Ⓛ Ⓘ Ⓓ   부기

여기에 몇 개의 짝으로 되어 있는 활동이나 직업이 있습니다. 왼쪽의 것을 더 좋아하시면 Ⓛ에, 오른쪽의 것을 더 좋아하시면 Ⓡ에, 양쪽 일을 모두 좋아하거나 어느 것을 더 좋아하는지 결정할 수 없으면 ⊙에 표를 하십시오.

282.   여객항공기 조종사   Ⓛ⊙Ⓡ 항공기 여객안내원
283.   택시 운전기사   Ⓛ⊙Ⓡ 경찰관
284.   수석 웨이터   Ⓛ⊙Ⓡ 등대지기

당신 자신이 어떤 사람이며, 어떠한 일을 하고 있는지를 표시하여 주십시오. 만일 당신을 잘 나타내고 있다면 Ⓨ에, 잘못 나타냈다면 Ⓝ에, 결정할 수 없다면 ○에 표를 하십시오.

312. Ⓨ○Ⓝ 내가 속해 있는 집단에서 새로운 활동을 계획하고 실천한다.
313. Ⓨ○Ⓝ 남보다 많은 새로운 생각을 가지고 있다.
314. Ⓨ○Ⓝ 쉽게 친구를 얻는다.
315. Ⓨ○Ⓝ 오래 생각하지 않고 즉시 결심한다.

할 수 있다.

문항내용은 직업명이 많은 비율을 차지하지만 그 이외에 학과목, 취미, 활동, 사람의 유형, 활동의 기호 순서 등이 있다. Strong 흥미검사는 위와 같은 형식으로 구성되어 있다.

(3) Kuder 흥미검사: 합리적 접근

합리적 접근은 경험적 접근과 대비되는 개념으로, 흥미의 기술이나 분류를 선험적·논리적·합리적 이론에 기초하여 검사를 제작했다는 것을 의미한다. 이런 점에서 합리적이란 말은 경험적이란 말과 대비되는 개념이라 할 수 있다.

Kuder는 처음부터 흥미가 어떻게 분류되는가를 발견하기 위해 많은 문항을 요인 분석하고 그 결과에 의해 문항을 기술적인 몇 개의 유목으로 조직했다. 이 검사결과는 학업지도 및 직업지도에 활용하도록 되어 있으나 예언타당성보다는 추론에 더 의존하고

있다. 왜냐하면 이 검사의 목적이 직업 분류에 있는 것이 아니라 흥미 특성을 기술하는 입장에 있기 때문이다.

Kuder 흥미검사는 Strong 흥미검사와 마찬가지로 직업과 관련된 흥미, 욕구, 가치 등의 변인을 측정하는 검사다. 이 검사는 응답자로 하여금 세 개씩 짝지은 문항들 중에서 가장 좋아하는 것과 가장 싫어하는 것을 하나씩 표기하게 하는 3항 선택법을 사용한다. 채점방법으로는 응답자가 선택한 선택지는 1점 처리하고 나머지 선택지는 0점 처리한다. 특정 직업군의 응답 백분율과 피검사자의 반응들의 상관을 구해 직업 점수의 기초자료로 사용한다.

Kuder 흥미검사의 예시

한 물음에는 세 가지씩(가, 나, 다 등) 묶은 글이 나옵니다.
답안지에 이 세 가지를 비교해서 가장 마음에 들고 하고 싶은 일에는 '좋아함'에, 가장 마음에 덜 들고 하고 싶지 않은 일에는 '싫어함'에 표시하면 됩니다.
세 가지 중 하나는 꼭 좋아함에, 하나는 꼭 싫어함에 답을 해야만 합니다.
세 가지 모두 마음에 들지 않더라도 또는 세 가지가 모두 마음에 드는 일이라도 그중에 하나는 좋아함에, 하나는 싫어함에 표를 해야 합니다. 어떤 것이 옳고 그르다는 것은 없고, 다만 당신이 선택한 것이 정답입니다.

1.
가. 방송 서클에 가입한다.
나. 컴퓨터 서클에 가입한다.
다. 사회봉사 서클에 가입한다.

2.
라. 판매기법 강의를 듣는다.
마. 상업문서 작성 강의를 듣는다.
바. 인쇄과정 강의를 듣는다.

3.
사. 대본을 쓴다.
아. 설계도를 작성한다.
자. 통계표를 작성한다.

5.
파. 자전거를 수리한다.
하. 문서를 정리한다.
가. 식물을 채집한다.

6.
나. 과학계의 권위자가 된다.
다. 예술사진 전문가가 된다.
라. 광고회사 대표가 된다.

7.
마. 의학연구 실험실을 방문한다.
바. 미술 전시회에 간다.
사. 빈민가의 공공시설을 방문한다.

4.	8.
차. 나는 하찮은 사람으로 알려져 있다.	아. 육림대책을 수립한다.
카. 나는 믿을 수 있는 사람으로 알려져 있다.	자. 빈민들의 생활대책을 수립한다.
타. 나는 낙천가로 알려져 있다.	차. 도서 정리법을 연구한다.

(4) Holland의 직업흥미검사

Holland는 RIASEC이라는 6각형 모델을 통해 개인의 성공적인 진로 결정을 위한 효과적이고 체계적인 방법을 제시하고 있다. 그가 1965년에 여섯 가지 흥미 유형을 제시한 이래, 이 유형은 직업심리 분야에서 크게 활용되기 시작했으며 대부분의 흥미검사에서 기본 모형으로 사용되었다. 그에 따르면 각 개인의 성격은 기본적으로 여섯 가지 성격 유형 중의 하나이며, 비슷한 성격의 사람들은 특정한 직업 유형을 선호하는 경향이 있어, 직업 유형은 그 직업에 적응할 수 있는 사람의 성격을 정의한다는 것이다.

Holland(1985)의 이론을 간단히 살펴보면, 대부분의 사람들의 성격은 현실형(Realistic), 탐구형(Investigative), 예술형(Artistic), 사회형(Social), 진취형(Enterprising), 관습형(Conventional) 중 한 유형으로 분류할 수 있다. 그런데 사람들은 자신이 가진 기

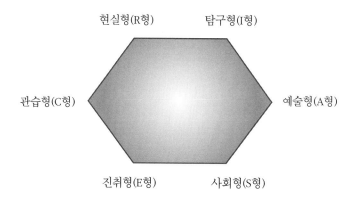

[그림 6-3] Holland 6각형 모델

술과 능력을 발휘할 수 있고, 자신의 태도와 가치를 표현할 수 있으며, 문제와 역할을 수용할 수 있는 환경을 찾는 경향이 있다. 사람의 행동은 그 자신의 성격과 환경 특성 간의 상호작용에 의해 결정되는데, 개인의 성격과 그들의 직업환경에 대한 지식은 진로 선택, 직업변경, 직업성취와 같은 결과를 예견할 수 있다(노동부, 2001).

Holland가 제시한 여섯 가지 직업흥미 유형을 보면 현실형(R)은 실제적이고 손, 기계, 도구를 다루는 기술에서 뛰어나며 신체활동을 선호하는 성격 유형이다. 해당 직업 유형은 건축기술자, 경찰관, 목수 등이다. 탐구형(I)은 자연과 사회적 현상을 이해하고 분석적 혹은 학문적 재능을 가진 성격 유형이다. 심리학자, 미생물학자, 대학교수 등이 해당된다. 한편, 예술형(A)은 경험적이고 창의적인 아이디어나 감정을 표현하는 능력이 있으며 문학, 음악, 미술 활동을 좋아한다. 음악가, 인테리어 디자이너, 모델 등이 해당 직업 유형이다. 사회형(S)은 공감적이고, 인내심이 있으며, 대인관계 기술이 뛰어나며, 타인을 돕고 가르치거나 봉사하는 것을 선호하는 성격 유형이다. 상담자, 교사, 목회자 등의 직업들이 해당된다. 진취형(E)은 판매 혹은 설득 등의 능력을 가지고 있으며 다른 사람들을 지시하거나 조정하는 데에 뛰어나다. 해당 직업 유형은 변호사, 머천다이저, 경영지도자 등이다. 관습형(C)은 일에 대해 기술적 능력이 있어 자료의 체계적인 정리와 질서정연하게 유지하는 일을 선호한다. 주로 사서, 비서, 출판 편집자 등이 해당된다(Holland, 1985).

Holland 검사는 직업적 성격 유형을 여섯 가지로 나누는데, 자신의 능력, 적성, 성격 및 가치관 등을 고려하여 어떠한 유형의 직업 분야가 자신의 적성에 가장 알맞고 자신이 잘할 수 있는가에 대하여 측정하는 검사다. 다음과 같이 적성탐색검사가 진행된다.

Holland 적성탐색검사의 예시

Ⅰ. 활동
다음의 활동에 대하여 당신이 하기를 좋아하고 하고 싶은 것이면 응답지의 '예' 칸에 까맣게 표시하고,
당신이 좋아하지 않고 또는 하고 싶지 않은 활동이면 '아니요' 칸에 까맣게 표시하면 됩니다.

	예	아니요
1. 시를 쓴다.	□	□
2. 상품판매원들의 관리책임자가 된다.	□	□
3. 정밀기계를 조립한다.	□	□

Ⅲ. 가치
장래 당신의 적성에 맞는 직업을 가질 때 다른 무엇보다도 특히 어떤 가치를 가진 직업이었으면 좋겠습
니까? 자신의 생각과 일치하면 응답지의 '예' 칸에 까맣게 표시하고, 일치하지 않으면 '아니요' 칸에 까
맣게 표시하면 됩니다.

	예	아니요
1. 정해진 규정대로 처리하기만 하면 되는 직업	□	□
2. 가난하고 병든 사람들을 돌볼 수 있는 직업	□	□
3. 건강한 신체와 운동능력을 발휘하는 직업	□	□

2) 자아개념

자아개념은 자기 자신에 관한 각 개인의 지각이다. 자아개념에는 크게 두 가지 속성
이 내포되어 있다. 하나는 자기 자신에 대한 자신감이며, 다른 하나는 자아존중감이다.
자신감은 어떤 과제를 할 수 있다는 자기 능력에 대한 신념이며, 자아존중감은 자기 자
신을 자기가 좋아하는 평가적 개념이라고 할 수 있다. 이 두 가지는 같은 비중으로 자
아개념을 구성하고 있는 심리적 개념이다. 자아개념을 발달시키기 위해서는 다양한 상
황(혹은 환경)에서 부딪히는 과제에서 성공의 기회와 경험이 축적되어야 하며, 이 같은
경험의 누적을 통해 자기 자신을 스스로 좋게 보는 평가가 형성된다(송인섭, 1998).

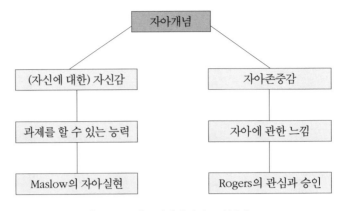

[그림 6-4] 자아개념의 구성요소

자아개념에 관한 정의는 학자마다 다양하지만, 자아개념은 자기 자신에 관한 각 개인의 지각으로서 환경과 상호작용을 하는 경험을 통해서, 그리고 그에 대한 자신의 평가를 통해서 형성된다. 특히 유의한 타자와의 상호작용에 의한 평가에 의해서 형성된다. 자아개념은 이같이 형성된 자기에 대한 지각이지만 그 자신의 행동을 결정하는 중요한 변인이 되며, 이러한 행동은 다시 그의 지각에 강화작용을 한다. 그러나 개인의 자아개념이란 그 개인 속에 잠재해 있는 것이기 때문에 누구도 알기 어려운 것이다. 잠재된 자아개념이 갖는 구인의 특성을 몇 가지로 요약하면 다음과 같다.

첫째, 자아개념은 조직화(organized)되고 구조화되어 있다. 각 개인의 경험은 다양하고 복합적이며 확산적이다. 따라서 다양한 각각의 경험에 대해 각각의 자아개념이 존재한다. 그러나 이것은 낱개의 독립된 것으로 존재하는 것이 아니라 유목화되고 체계화된다. 물론 이 유목화의 과정도 각 개인의 문화와 경험의 소산이다. 이렇게 유목화된 각각에 대해서는 지각, 판단이 다르게 나타나게 마련이다.

둘째, 자아개념은 다면적(multifaceted)이다. 특정한 측면은 특정한 개인 혹은 집단이 채택한 유목체제를 반영하게 된다. 예컨대, 신체, 학교, 사회적 승인, 능력 등 다면적 유목으로 나누어진다. 그러나 이 다면성은 특정 개인이나 집단에 따라 다를 수 있다.

셋째, 자아개념의 다면적 구조는 위계적(hierarchical)이다. 자아개념은 가장 아래 차원에서는 구체적이던 것이 위로 가면서 차츰 일반화된 자아개념으로 수렴된다. 일반적 자아개념(general self-concept)은 개인이 자기에 대해 갖는 일반화된 평가에 기초한 지각이다. 이것은 학업 자아개념(academic self-concept)과 비학업 자아개념(non-academic self-concept)으로 나뉜다. 학업 자아개념은 그 하위 수준으로 각 교과에 관련된 자아개념으로 나뉘고, 더 하위 수준으로 가면 구체적 상황에서의 행동의 평가에 대한 지각이 된다. 비학업 자아개념도 다시 사회적 자아개념(social self-concept), 정서적 자아개념(emotional self-concept), 신체적 자아개념(physical self-concept)으로 나뉜다. 사회적 자아개념은 그 하위 수준으로 또래 혹은 친구에 관한 자아개념과 유의한 타자(교사, 부모 등)에 관한 자아개념으로 나뉜다. 정서적 자아개념은 다시 특정한 정서적 상태에 따라 자아개념이 나뉜다. 각각에는 다시 더 세분화된 구체적 상황에서의 행동의 평가에 따라 더 하위 수준의 자아개념이 존재한다. 주목할 것은 자아개념은 구체적 상황에 따라 달라진다는 것이며(이미 개념의 정의에서 시사되었듯이), 자아개념의 발달은 구체적 상황에서의 자아개념에서 시작하여 차츰 일반적 자아개념으로 발달되어 간다는 것, 그리고 구체적 상황에서의 자아개념은 타인이 추정한 것과 그 개인 자신이 보고하는 것 간에 별 차이가 없지만 상위 수준으로 갈수록 그 차이는 크게 나타난다는 것이다.

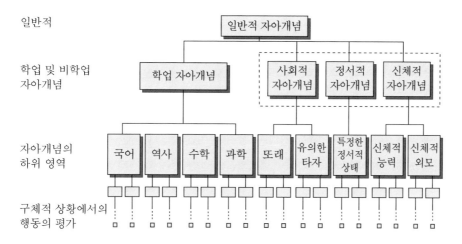

[그림 6-5] 자아개념의 위계

　넷째, 자아개념은 안정성이 있다. 하위 수준에서는 덜 안정스럽고 변하기 쉽지만 상위 수준으로 올라갈수록 안정성이 높아서 변화에 대한 저항력과 면역성이 강하다.

　다섯째, 자아개념은 발달적 측면을 지닌다. 유아는 자기와 환경을 분화시키지 못한다. 그러나 성장함에 따라 경험이 누적되어 자아를 환경에서 분화시키기 시작한다. 어린 아동의 자아개념은 총체적이고 미분화되고 상황 의존적이지만, 성장함에 따라 주체로서의 자아(I)와 객체로서의 나(me)를 점차 구별하기 시작하면서 여러 가지 형태의 자아개념을 분화시켜 나간다. 동시에 분화된 자아 사이에 어떤 조정과 통합을 시도한다. 이것이 곧 자아의 다면성과 구조화가 이루어지는 과정이다.

　여섯째, 자아개념은 평가적 특징을 지니고 있다. 개인은 특정 상황의 범주 속에서 자신을 기술할 뿐 아니라 동시에 자신에 관한 평가를 한다. 이 평가는 어떤 이상적 표준에 비추어 하기도 하며, 자기 또래나 '유의한 타자'의 지각된 평가에 의존해서 하기도 한다. 비록 남이 잘했다, 좋다, 근사하다고 생각하더라도 자기 자신의 지각적 평가가 신통찮다, 나쁘다, 못났다라면 그것으로 부정적 자아개념이 형성된다. 여기서 평가의 기준은 어떤 절대적 이상일 수도 있고, 남과의 비교일 수도 있으며, 유의한 타자의 지각일 수도 있다. 이와 같이 평가의 기준도 개인마다, 상황마다 다른 것은 물론이다. 개념의 정의에서도 보듯이 자아개념이라는 말과 자아존중이라는 개념이 혼용되고 있는 것이 그것을 잘 설명하고 있다.

　일곱째, 자아개념은 다른 개념과 독립적(independent)이다. 자아개념이 다른 개념과 독립적이라는 것은 이론적으로 독립된 변인이라는 뜻이다. 그러나 학업성적이라는 개념과 자아개념의 관계를 보려고 하는 경우 다른 자아개념보다는 능력에 관련된 자아개념과 관련시켜 볼 때 그 인과관계를 밝히기가 쉽다(황정규, 1998).

　자아개념은 자기 능력에 대한 신념과 자기 자신을 스스로 좋아하는 평가적 개념으로 이루어지는데, 일반적으로는 다음과 같은 문항들을 통해 자아개념을 측정하게 된다.

- 나는 지금의 내가 좋다.
- 나는 자랑거리가 많다.
- 나의 얼굴은 잘생겼다.

- 나는 친구들이 많다.
- 나는 명랑하고 쾌활한 사람이다.

3) 성 격

성격은 개인을 다른 사람과 구분해 주는 특성으로 개인이 그를 둘러싼 환경과 상호 작용하는 방식을 나타내기도 한다. 이와 같이 각 개인은 적응하고 살아가는 과정 속에서 지속적이고 일관되게 나타나는 자신만의 독특한 사고, 감정, 행동 유형 등을 보이는데, 이러한 개인의 성격적 특성은 비교적 안정적이며 예측 가능하다. 성격을 측정하는 대표적인 검사로는 MBTI 검사와 성격 5요인검사가 있다.

(1) MBTI 검사

MBTI는 사람들의 다양한 성격을 이해하기 위해 성격을 서로 구분되는 비연속적인 범주로 파악하는 유형론 중 대표적인 것이다. MBTI는 Jung의 심리유형이론을 보다 쉽게 이해하여 일상생활에 유용하게 활용할 수 있도록 개발된 검사다(최정윤, 2002).

MBTI는 Katharine C. Briggs와 그녀의 딸인 Isabel Briggs Myers가 개발한 성격 유형검사다. Jung은 처음에 사람의 성격 유형을 외향과 내향으로만 구분하였고, 감각과 직관 유형, 판단에 속하는 사고와 감정 유형을 추가하였다. Briggs는 지속적인 연구를 통해 Jung의 세 가지 유형에 외부세계를 대하는 태도에서의 차이를 나타내는 인식과 판단 유형을 추가하여 현재의 네 가지 유형에 관한 정보를 제공하고 있다.

MBTI 문항은 한번에 완성된 것이 아니라 여러 번의 과정을 거쳐 계속 수정되면서 새로운 문항이 개발되었다. 그리고 이처럼 여러 차례의 개정 작업을 거치면서 전 세계적으로 가장 많이 사용되는 성격검사 중의 하나로 자리 잡고 있다(McCaulley & Martin, 1995).

MBTI 문항은 대부분의 성격검사 문항과는 달리 강제선택 방식을 채택하고 있다는 특징이 있다. MBTI 문항에서 제시되는 두 선택대안은 모두 가치 있고 유용한 행동 및 태도를 나타내고 있다. 두 대안은 서로 반대되는 선호 유형 내용을 각각 포함한다. 즉,

한 대안이 E(외향), S(감각), T(사고) 또는 J(판단) 형에 속하는 내용이면, 다른 하나의 대안은 각 선호도 유형과 반대가 되는 I(내향), N(직관), F(감정), P(인식) 형에 속하는 내용으로 구성되어 있다.

MBTI(Myers & McCaulley, 1985)는 인간의 행동을 네 가지 차원으로 구분하고 있으며 각 차원은 서로 반대되는 두 가지 선호 유형을 가지고 있다. 이 네 가지 차원은 외향형(extraversion)-내향형(introversion), 감각형(sensing)-직관형(intuition), 사고형(thinking)-감정형(feeling), 그리고 판단형(judging)-인식형(perceiving)으로 구분된다. 모든 사람은 자라면서 특정 유형에 대한 선호를 가지게 되며, 선호 유형과 관련된 활동에 더 많은 에너지를 소비하게 된다. 그러나 각 차원에서 두 선호 유형은 완전히 양적으로 반대되는 개념은 아니다. 예를 들어, 감각형은 단순히 비직관형을 의미하는 것이

구분	감각/사고	감각/감정	직관/감정	직관/사고
내향/판단	ISTJ 세상의 소금형 한번 시작한 일은 끝까지 해내는 사람들	ISFJ 임금 뒷편의 권력형 성실하고 온화하며 협조를 잘하는 사람들	INFJ 예언자형 사람과 관련된 것에 통찰력이 뛰어난 사람들	INTJ 과학자형 전체적으로 조합하여 비전을 제시하는 사람들
내향/인식	ISTP 백과사전형 논리적이고 뛰어난 상황 적응력을 가지고 있는 사람들	ISFP 성인군자형 따뜻한 감성을 가지고 있는 겸손한 사람들	INFP 잔다르크형 이상적인 세상을 만들어 가는 사람들	INTP 아이디어 뱅크형 비평적인 관점을 가지고 있는 뛰어난 전략가들
외향/인식	ESTP 수완 좋은 활동가형 친구, 운동, 음식 등 다양한 활동을 선호하는 사람들	ESFP 사교적인 유형 분위기를 고조시키는 우호적인 사람들	ENFP 스파크형 열정적으로 새로운 관계를 만드는 사람들	ENTP 발명가형 풍부한 상상력을 가지고 새로운 것에 도전하는 사람들
외향/판단	ESTJ 사업가형 사무적, 실용적, 현실적으로 일을 많이 하는 사람들	ESFJ 친선도모형 친절과 현실감을 바탕으로 타인에게 봉사하는 사람들	ENFJ 언변능숙형 타인의 성장을 도모하고 협동하는 사람들	ENTJ 지도자형 비전을 가지고 사람들을 활력적으로 이끌어 가는 사람들

[그림 6-6]　MBTI 16가지 성격 유형

아니다. 감각형이라 하더라도 정보를 받아들일 때 감각과 직관을 사용하게 되며, 단지 감각에 좀 더 의존한다는 의미다.

MBTI는 차원별로 두 가지 유형이 가능하기 때문에 이를 조합하면 16가지 성격 특성이 가능하게 된다. 각 성격 유형의 특성은 유형의 첫 번째 글자를 연결시켜 네 가지 글자(예: ENFJ)로 표시하게 된다. 각 성격 유형의 특성은 [그림 6-6]과 같이 요약해 볼 수 있다.

MBTI는 인간의 성격이 질적으로 차이가 있는 범주가 있다고 가정하며, 개인이 어떤 범주를 더 선호하는지를 측정하여 개인을 특정 범주에 포함시키게 된다. 따라서 점수도 정규분포를 가정하지 못하며, 오히려 중간보다는 양 끝에 점수가 더 많이 분포되는 모양을 갖게 된다. MBTI는 개인의 역량을 측정하는 것이 아니라 개인의 선호 경향을 나타내기 위해서 개발된 검사다(김정택, 심혜숙, 제석봉, 1995).

(2) 성격 5요인검사

인간의 성격을 비연속적인 범주로 파악하는 유형론과 반대로, 성격 5요인이론에서는 인간의 성격을 연속적으로 이해하고자 노력한다(심인보, 김정택, 2002).

성격의 5요인은 외향성(extraversion), 신경증적 경향성(neuroticism), 개방성(openness), 순응성(agreeableness) 및 성실성(conscientiousness)으로 구성된다(Costa & McCrae, 1980). 외향성은 대인관계의 양과 질, 활동 수준, 자극에 대한 민감성 등으로 대변된다. 외향적인 사람은 적극적이며 사교적이라 말이 많고 낙천적이며 인간 지향적이다. 외향성의 반대 개념은 내향성인데, 내향적인 사람은 감정 표현이 적고 침착하며 조용하다. 신경증적 경향성은 역으로 정서적 안정성을 대변한다. 신경증적 경향성이 강한 사람은 심리적 고통을 자주 호소하고, 현실적 사고를 하지 못하며, 부적응적 대처를 하여 욕구 충족의 좌절을 경험하고, 과도한 갈망을 보이는 등 정서적 안정성의 결여를 보인다. 개방성은 호기심, 상상력, 새로운 아이디어나 관습에 얽매이지 않는 가치 추구가 특징이다. 개방적인 사람은 폐쇄적인 사람보다 더 생생하게 전반적인 정서를 경험한다. 이에 반해 폐쇄적인 사람은 관습적이고 독단적이며 보수적이라고 할 수 있다. 순응성은 원만한 대인관계로 대변되며 그 반대의 개념은 반항성이다. 순응적인 사람은 온화하고 부드러운 마음의 소유자로 여겨지며, 관대하고 이타적이어서 주위 사람들로부터 신뢰를 얻는다. 반대로 순응성이 낮은 사람은 반항적으로 보이는데, 타인에게 냉소적이고 비협조적이며 자비를 베풀지 않는다. 성실성은 목표 지향적인 성격으로 대변된다. 성실한 사람은 열심히 일하고 주도면밀하며 야망이 크고 일을 조직적으로 끈기를 가지고 처리한다. 성실하지 않은 사람은 목표가 없고 게으르며 부주의하고 쾌락만을 추구하려는 경향이 있다(McCrae & Costa, 1991).

다섯 가지 주요 성격 차원이나 영역에 대한 점수를 제공하면서 각 영역을 설명하는 하위 성격요인들에 대한 정보도 제공한다. 다음과 같은 문항들을 통하여 성격의 5요인인 외향성, 신경증적 경향성, 개방성, 순응성 및 성실성을 측정하게 된다.

- 나는 내 주위의 사람들을 대체로 다 좋아한다.
- 나는 여러 사람들과 함께 있는 것을 좋아한다.
- 나는 내가 해야 할 일을 남에게 잘 미루는 편이다.
- 새로운 것을 접하는 것은 흥미로운 일이다.
- 사람을 너무 신뢰하면 나만 이용당하기 쉽다.
- 나는 쓸데없는 걱정을 많이 한다.

요약

이 장에서는 학습자의 정의적 영역의 대표적인 요소들을 살펴보고 각각을 측정하는 방법에 대해 검토하였다. 정의적 특성을 측정하기 위한 방법인 질문지법, 관찰법, 평정법, 의미분석법, 투사적 방법과 대표적인 정의적 특성의 유형으로 언급할 수 있는 흥미, 자아개념, 성격에 대해 다루었다.

- 학생들이 보여 주는 정의적 특성을 탐색하기 위해 질문지법, 관찰법, 평정법, 의미분석법, 투사적 방법 등 다양한 방법을 활용할 수 있다. 질문지는 많은 학생을 대상으로 단시간에 실시할 수 있고 결과를 신속하게 처리할 수 있어 가장 많이 활용되는 방법이다.
- 흥미는 동기적 요소를 내포하고 있기 때문에 우선적으로 고려해야 한다. 학생들의 직업적 흥미를 알아보기 위해 Strong 흥미검사와 Kuder 흥미검사 및 Holland 직업흥미검사 등이 사용되고 있다.
- 자아개념은 자기 자신에 관한 각 개인의 지각이다. 자아개념은 환경과의 상호작용의 경험을 통해서, 그리고 그에 대한 자신의 평가를 통해서 형성되며, 특히 유의한 타자와의 상호작용에 의한 평가에 의해 형성된다. 자아개념은 이같이 형성된 자기에 대한 지각이지만 이것이 그의 행동을 결정하는 중요한 변인이 되며, 이 행동은 다시 그의 지각에 강화작용을 한다.
- 성격을 측정하는 대표적인 검사로 MBTI 검사와 성격 5요인검사가 있다. MBTI는 인간의 행동을 네 가지 차원으로 구분하고 있으며, 각 차원에서 더 높은 점수를 첫 글자로 표시하여 16가지 성격 특성으로 분류하고 있다. 한편, 성격 5요인은 다섯 가지 주요 성격 차원이나 영역에 대한 점수를 제공하면서 각 영역을 설명하는 30개의 하위 성격요인들에 대한 정보도 제공한다.

학급 활동: 학생의 동기와 흥미 향상에 관해 생각해 보기

1. 다음의 예시를 읽고, 여러분이 김 교사라면 수학 수업에 대한 적극적인 참여를 이끌기 위해서 어떠한 노력들을 전개할 것인지 함께 생각해 보자. 특히 학생들의 흥미, 동기, 요구를 향상시킬 수 있도록 하려면 수업을 어떻게 설계하고 전개할 것인가?

───── 예시 ─────

　김 교사는 중학교에서 수학을 가르치고 있는 40대의 교사다. 그가 중고등학생으로서 교육을 받았던 시절에는 주로 교사 중심의 강의식 수업이 대부분이었고, 학교에는 엄격한 규율과 규칙이 존재하였으며, 학교 수업에 떠들지 못하였다. 수업시간에 부여하는 과제는 반드시 해 가야 했으며, 학교에서의 성적 또한 매우 중시되었다.

　김 교사는 이전에 자신이 받았던 교육이나 수업 대신 보다 학생들의 요구를 반영하고 적극적으로 참여하는 수업 및 학급 환경을 구축하고 싶다. 그가 현재 재직하고 있는 중학교는 한 반에 남학생과 여학생이 동시에 존재하는 남녀공학이며, 중소도시에 소재하는 보통 수준의 중학교다. 같은 반이라 하더라도 수학에 있어 잘하는 학생과 어려워하는 학생의 수준 차가 상당하며, 여학생과 남학생의 수학에 대한 태도 또한 다른 형태를 보이고 있다.

_____

_____

_____

_____

_____

_____

함께 풀어 봅시다

1. 다음 중 인간의 다양한 심리적 특성 중 전형적인 느낌의 방식에 해당하는 것은 무엇인가?
   ① 인지적 특성　　　　　　　　② 정의적 특성
   ③ 심동적 특성　　　　　　　　④ 개체적 특성
   ⑤ 신경적 특성

2. 다음 중 정의적 특성의 조건에 해당하는 조건이 아닌 것은?
   ① 감정이 향하는 대상이 있다.
   ② 어느 정도의 강도를 가지고 있다.
   ③ 대상에 관계없이 동일한 감정을 느낀다.
   ④ 긍정적 혹은 부정적이라는 방향을 가지고 있다.
   ⑤ 그 행동이나 사고가 감정이나 정서를 내포하고 있어야 한다.

3. 질문지에 대한 다음의 설명 중 옳지 않은 것은?
   ① 단시간에 많은 자료를 얻을 수 있다.
   ② 기억의 착오가 작용할 가능성이 있다.
   ③ 피험자의 자아가 관련된 정의적 특성에 효과적이다.
   ④ 피험자가 주어진 질문에 대해 자유롭게 반응할 수 없다.
   ⑤ 언어ㆍ표현 능력에 의존한다.

4. 다음 정의적 특성을 측정하는 방법 중 그 성격이 다른 하나는?
   ① 자연적 관찰법　　　　　　　② 참여관찰법
   ③ 실험적 관찰법　　　　　　　④ 행동요약법
   ⑤ 내용분석법

5. 평정법에는 평정자 자신의 조건 때문에 가지는 한계점이 있다. 이에 해당하지 않는 것은?
   ① 준거적 착오　　　　　　　　② 인상의 착오
   ③ 표준의 착오　　　　　　　　④ 대비의 착오
   ⑤ 논리적 착오

6. 투사적 방법에 대한 설명으로 옳은 것은?

① 개인의 욕구, 동기, 감정 등을 끌어내기 위해 구조화된 자극을 사용한다.

② 인성을 부분 부분 세분화하여 미시적으로 바라본다.

③ TAT는 잉크반점을 이용하여 개인의 인성을 파악하고자 시도한다.

④ 투사적 방법은 높은 신뢰도를 나타낸다.

⑤ Rorschach 검사가 인성의 구조나 조직에, TAT는 인성의 내용, 즉 충동, 욕구, 감정, 갈등, 상상에 초점을 둔다.

7. 다음 중 자아개념의 특성에 해당하지 <u>않는</u> 것은?

① 다면적이다.

② 안정성이 있다.

③ 위계적 구조를 가지고 있다.

④ 모든 영역의 자아개념은 동일한 모습을 띤다.

⑤ 자아개념은 조직화되고 구조화되어 있다.

8. 다음 중 직업흥미를 측정하는 Holland 6각형 모델에서 분류하고 있는 직업흥미 유형에 속하지 <u>않는</u> 것은?

① 정치형　　　② 탐구형　　　③ 예술형　　　④ 현실형　　　⑤ 사회형

9. 인지적 특성과 정의적 특성은 어떻게 다르며 서로 어떠한 관계를 형성하는지를 논하시오.

※객관식 문항 정답은 부록 참조

참고문헌

김정택, 심혜숙, 제석봉(1995). MBTI 개발과 활용 Theory, Psychometric, Application. 서울: 어세스타.

노동부(2001). 직업선호도검사 실시요람. 서울: 노동부 중앙고용정보관리소.

송인섭(1998). 인간의 자아개념 탐구. 서울: 학지사.

심인보, 김정택(2002). MBTI Form K와 Neo 인성검사와의 상관연구. 한국심리유형학회, 9(1), 1-14.

최정윤(2002). 심리검사의 이해. 서울: 시그마프레스.

탁진국(2007). 심리검사: 개발과 평가방법의 이해. 서울: 학지사.

한국교육심리학회 편(2001). 교육심리학용어사전. 서울: 학지사.

황정규(1998). 학교학습과 교육평가. 서울: 교육과학사.

Anastasi, A., & Urbina, S. (1997). *Psychological testing*. NJ: Prentice Hall.

Anderson, L. W., & Bourke, S. F. (2000). *Assessing affective characteristics in the schools*. NJ: Lawrence Erlbaum Associates.

Bloom, B. S. (1970). Toward a theory of testing which includes measurement, evaluation and assessment, in M. C. Wittrock & D. E. Wiley (Eds.), *The Evaluation of Instruction* (pp. 25-50). New York: Holt, Rinehart & Winston.

Costa, P. T., & McCrae, R. R. (1980). Influence of extraversion and neuroticism on subjective well-being: Happy and unhappy people. *Journal of Personality and Social Psychology, 38*, 668-678.

Mehrens, W. A., & Lehmann, I. J. (1973). *Measurement and evaluation in education and psychology*. New York: Holt, Rinehart & Winston.

McCaulley, M. H., & Martin, C. R. (1995). Career assessment and the Myers-Briggs Type Indicator. *Journal of Career Assessment, 3*, 219-239.

McCrae, R. R., & Costa, P. T. (1991). Adding Liebe und Arbeit: The full five factor model and well-being. *Personality and Social Psychology Bulletin, 17*, 227-232.

Myers, I. B., & McCaulley, M. H. (1985). *Manual: A guide to the development and use of the Myers-Briggs Type Indicator* (2nd ed.). Palo Alto, CA: Consulting Psychologists Press.

Quenk, N. L. (2000). *Essentials of Myers-Briggs Type Indicator Assessment*. New York, NY: John Wiley & Sons, Inc.

PART 03
평가도구 제작의 이론

Chapter 07

신뢰도

지금 논란이 되고 있는 '기초학력 진단평가'는 국민 기초교육 보장 정책의 첫발을 내딛는 국가적 사업의 하나라고 할 수 있다. 이를 위해서는 전국의 초등학교 3학년 학생들에게 신뢰도와 타당도가 높은 읽기, 쓰기, 수학의 기초학력 평가를 실시, 통계 분석을 할 필요가 있다.

　　　　　　　　　　　　　　　　　　　　　－『문화일보』, 2002년 10월 4일자 기사 중

학생에 대한 교사의 평가 비중을 높이기 위해 교육 당국은 교과 성적뿐만 아니라 비교과 영역도 내신에 포함시킨다고 하는데, 비교과 영역 평가는 매우 주관적이므로 객관성이 보장되지 않는다. 만약 비교과 영역을 대입 내신에 포함시킨다면 신뢰도와 타당도를 어떤 방법으로 보증할 것인지에 대한 방안을 내놓아야 한다.

　　　　　　　　　　　　　　　　　　　　　－『문화일보』, 2004년 3월 4일자 기사 중

일선 고교에서 공공연히 벌어지고 있는 성적 부풀리기의 파행적 운영에 대한 해법은 당연히 내신의 공정성과 신뢰도를 확보할 수 있는 대안을 모색하는 데에서 찾아야 할 것이다.

　　　　　　　　　　　　　　　　　　　　　－『문화일보』, 2004년 10월 15일자 기사 중

UC버클리 대학은 입학사정관이 학생들의 입학원서에 기재된 각종 정보 및 평가 요소들에 대한 포괄적 심사를 실시해 각각 1~5점을 부여한다. 그러나 사정관들의 채점 결과가 서로 1점 이상의 차이가 날 경우엔 제3의 사정관이 다시 채점하게 돼 있다. 이는 신뢰도를 높이고 공정성을 확보하기 위해서다.

- 『문화일보』, 2009년 3월 19일자 기사 중

신뢰도란 측정하고자 하는 대상의 특성을 얼마나 정확하고 오차 없이 측정하고 있는가를 가리킨다. 신뢰도가 높다는 것은 측정의 일관성, 안정성, 정확성이 높다는 의미다. 이 장에서는 이러한 신뢰도의 개념을 설명하고, 재검사 신뢰도, 동형검사 신뢰도, 반분 신뢰도, 문항내적 합치도 및 α계수의 추정방법에 대해서 알아보고자 한다. 또한 신뢰도에 영향을 주는 여러 요인에 대해 검토함으로써 검사도구의 신뢰도를 높이기 위한 방법에 대하여 살펴본다.

> **학/습/목/표**
> - 신뢰도의 개념을 말할 수 있다.
> - 신뢰도의 추정방법을 비교할 수 있다.
> - 신뢰도 제고방법을 말할 수 있다.

▶▶ 1 신뢰도의 개념

물체의 어떤 특성에 일관성 있게 숫자를 부여하거나 구분하는 것을 '측정(measurement)'이라 한다. 측정할 때마다 다른 점수가 얻어지는 측정도구가 있다면 그 측정도구는 '신뢰성 있지 못하다'라고 한다. 신뢰도(reliability)란 측정하려고 하는 것을 얼마나 안정적으로 측정하느냐, 즉 측정의 일관성(consistency)을 나타낸다. 체중계로 몸무게를 측정하는 경우, 측정할 때마다 다른 값이 얻어진다면 그 체중계는 신뢰도가 낮다고 한다.

측정에서 한 개인이 실제로 얻은 관찰점수(observed score: X)는 진점수(true score: T)와 측정오차점수(이하 오차점수, error score: E)의 합으로 구성되어 있다.

$$X = T + E$$

진점수는 측정오차에 영향을 받지 않는 부분을 지칭한다. 동일한 개인을 여러 번 검사한다면 거기에는 측정오차가 끼어들기 마련이다. 측정오차는 진점수를 중심으로 상하에 흩어지게 된다. 진점수는 무한 번 반복 측정해서 얻은 관찰점수의 평균과 동일하다.

$$E(X_{time}) = T$$

측정오차(measurement error)는 측정 시점에 따라서 무선적으로 발생하는 오차로서 '무선적 오차(random error)'라고도 한다. 측정오차들의 분포는 진점수를 기준으로 +쪽과 -쪽이 모두 존재하며 평균은 0이고, 전체적으로 정규분포를 따른다고 가정한다. 측정오차는 무선적으로 발생하기 때문에 측정오차와 진점수 간의 상관은 0이다. 측정오차들의 표준편차를 '측정의 표준오차(standard error of measurement)'라 한다. 이것은 하나의 대상을 무한 번 측정했을 때 관찰점수의 표준편차와 동일하다. 예컨대, 키를 무한 번 측정했을 때 그들의 평균이 진점수이고, 그들의 표준편차가 측정의 표준오차에 해당한다.

피험자 N명에 대한 관찰점수분산(S_x^2)은 진점수분산과 측정오차점수분산(이하 오차점수분산)의 합($S_t^2 + S_e^2$)으로 나타낼 수 있다. 이때 신뢰도는 다음과 같이 정의된다.

$$r_{xx'} = \frac{S_t^2}{S_x^2} = \frac{S_x^2 - S_e^2}{S_x^2} = 1 - \frac{S_e^2}{S_x^2}$$

단, $r_{xx'}$: 신뢰도

S_x^2: 관찰점수분산

$$S_t^2 : 진점수분산$$

$$S_e^2 : 오차점수분산$$

즉, 신뢰도는 관찰점수분산에 대한 진점수분산의 비율이다. 관찰점수분산은 실제로 얻은 개인별 점수들의 분산이고, 진점수분산은 개인별 진점수들의 분산이다. 오차점수분산은 개인별 측정오차점수들의 분산이다. 이론적으로 표현하면 진점수분산은 개인별로 무한 번 측정해서 얻은 관찰점수들의 평균인 진점수들이 개인 간에 흩어져 있는 정도를 나타낸다. 이에 비해 오차점수분산은 개인별로 무한 번 측정해서 얻은 관찰

심화학습 1

- 신뢰도의 정의 도출 과정

  $$X = t + e$$
  (단, $x = X - \overline{X}$, $t = T - \overline{T}$, $e = E - \overline{E}$)

  피험자 N명에 대한 관찰점수분산(S_x^2)은 다음과 같이 나타낼 수 있다.

  $$S_x^2 = \sum_{i=1}^{N} x_i^2 / N$$

  $$= \sum_{i=1}^{N} (t_i + e_i)^2 / N$$

  $$= \sum_{i=1}^{N} t_i^2 / N + \sum_{i=1}^{N} e_i^2 / N + 2 \sum_{i=1}^{N} t_i e_i / N$$

  $$= \sum_{i=1}^{N} t_i^2 / N + \sum_{i=1}^{N} e_i^2 / N \ (\because 진점수\ t와\ 오차점수\ e\ 간의\ 상관은\ 0)$$

  $$= S_t^2 + S_e^2$$

  이때 신뢰도는 다음과 같이 정의된다.

  $$r_{xx'} = \frac{S_t^2}{S_x^2} = \frac{S_x^2 - S_e^2}{S_x^2} = 1 - \frac{S_e^2}{S_x^2}$$

  (단, $r_{xx'}$: 신뢰도, S_x^2: 관찰점수분산, S_t^2: 진점수분산, S_e^2: 오차점수분산)

점수들이 각각의 진점수에서 얼마나 흩어져 있는가 하는 정도를 나타낸다. 이는 마치 분산분석에서 전체 집단 분산을 집단 간 분산과 집단 내 분산으로 나누는 것과 일맥상통한다. 진점수분산은 분산분석에서 집단 간 분산에, 오차점수분산은 분산분석에서 집단 내 분산에 비교될 수 있다.

신뢰도는 관찰점수분산에 대한 진점수분산의 비율이기 때문에 이론적으로 신뢰도 값은 0 이상 1 이하로 추정된다. 그러나 재검사 신뢰도 또는 동형검사 신뢰도와 같이

 심화학습 2

• 진점수 T의 신뢰구간 추정

$r_{xx'} = 1 - \dfrac{S_e^2}{S_x^2}$ 을 변형하면 다음과 같다.

$$S_e = S_x\sqrt{1 - r_{xx'}}$$

단, S_x: 측정의 표준오차

S_e: N명의 관찰점수들의 표준편차

$r_{xx'}$: 측정도구의 신뢰도

예컨대, 신뢰도가 .84이고 N명의 관찰점수들의 표준편차가 20점인 수학시험에서 80점을 받은 학생이 있다고 하자. 이때 이 학생의 진점수가 포함될 확률이 95%(이를 '신뢰수준'이라 함)인 신뢰구간을 구할 수 있다. 이를 위해 먼저 $S_e = S_x\sqrt{1 - r_{xx'}}$ 를 활용하여 측정의 표준오차를 구하면 $20\sqrt{1 - .84} = 8$임을 알 수 있다. 측정오차들의 분포는 정규분포를 따른다. 변수 X가 평균 μ, 표준편차 σ인 정규분포를 따른다고 할 때, $P(\mu - 1.96 \times \sigma \leq X \leq \mu + 1.96 \times \sigma) = .95$라는 점을 이용한다면 진점수 T의 신뢰구간은 다음과 같이 구할 수 있다.

$$P(X - 1.96 \times S_e \leq T \leq X + 1.96 \times S_e) = .95$$

즉, 신뢰수준 95%에서 신뢰도가 .84이고 N명의 관찰점수들의 표준편차가 20점인 시험에서 80점을 받은 학생의 진점수가 포함되어 있는 신뢰구간은 64.32점 이상 95.68점 이하다. 이는 이 학생의 진짜 수학 점수가 64.32점 이상 95.68점 이하에 포함될 확률이 95%임을 의미한다.

두 번 검사 간의 상관으로 신뢰도를 추정하게 되면 실제로는 0보다 작은 값으로 추정될 수도 있다.

▶▶ 2 신뢰도 추정방법

신뢰도는 관찰점수분산에 대한 진점수분산의 비율로 정의된다. 그러나 진점수분산 또는 오차점수분산을 구하는 것은 현실적으로 불가능하다. 이에 대해 다양한 신뢰도 추정방법들이 제안되었다.

1) 2회 반복검사를 통한 신뢰도 추정

Lord는 반복 측정하여 얻은 두 검사 x, x' 간의 상관계수가 신뢰도와 같음을 증명하였다. 이는 다른 두 시기의 검사 점수 간의 상관계수가 신뢰도로 이용될 수 있음을 의미한다. 이러한 논리에 기초한 신뢰도 추정방법이 재검사 신뢰도와 동형검사 신뢰도다.

심화학습 3

- 검사-재검사 간 상관과 신뢰도 간의 관계

  x와 x'간의 상관

  $$= \frac{\sum\limits_{i=1}^{N} x_i x_i'}{NS_x S_{x'}} = \frac{\sum\limits_{i=1}^{N}(t_i+e_i)(t_i+e_i')}{NS_x S_{x'}}$$

  $$= \frac{\sum\limits_{i=1}^{N} t_i^2 + \sum\limits_{i=1}^{N} e_i t_i + \sum\limits_{i=1}^{N} e_i' t_i + \sum\limits_{i=1}^{N} e_i e_i'}{NS_x^2}$$

  $$= \frac{\sum\limits_{i=1}^{N} t_i^2}{NS_x^2} = \frac{S_t^2}{S_x^2} = r_{xx'}$$

  (단, $t=t'$, $\sum et = \sum e't = \sum ee' = 0$, $S_x^2 = S_{x'}^2$)

(1) 재검사 신뢰도

재검사 신뢰도(test-retest reliability)는 하나의 측정도구를 동일한 피험자들에게 일정한 시간 간격을 두고 두 번 실시한 다음, 이들의 상관계수를 산출하는 방법이다. 재검사 신뢰도는 측정도구에 대한 피험자의 반응이 얼마나 안정적인지를 알기 위해 사용되기 때문에 '안정성 계수(coefficient of stability)'라고도 한다.

이 방법은 추정이 쉽다는 장점이 있지만, 실시 간격에 따라서 신뢰도 추정값이 달라진다는 단점이 있다. 특히 학력, 성취도 등 지적 영역의 경우, 전후 검사 실시 간격이 너무 짧으면 연습효과, 기억효과 등으로 신뢰도가 과대추정되며, 반대로 너무 길면 망각효과 등으로 신뢰도가 과소추정될 가능성이 발생한다. 적절한 실시 간격은 검사의 목적에 따라서 달라야 한다. 예컨대, 최대수행검사(maximum performance test)는 4주 정도가 적절하며 전형적 수행검사(typical performance test)는 2주 정도가 적절하다.

(2) 동형검사 신뢰도

동형검사 신뢰도(equivalent-form reliability)는 미리 두 개의 서로 비슷한 검사를 제작한 뒤 이를 동일 피험자에게 각각 다른 시기에 실시하여 얻은 점수 간의 상관계수를 산출하는 방법이다. 두 개의 서로 비슷한 검사를 '동형검사'라 부른다. 동형검사 간에는 서로 문항 수, 문항의 내용 및 난이도 수준 등이 유사해야 한다. 동형검사를 이용하기 때문에 동형검사 신뢰도는 일명 '동형성 계수(coefficient of equivalence)'라고도 한다.

이 방법은 연습효과, 기억효과 및 망각의 영향을 최소화시킬 수는 있지만, 동질적인 동형검사를 만드는 데에는 한계가 있을 수 있다.

2) 1회 검사를 통한 신뢰도 추정

재검사 신뢰도와 동형검사 신뢰도는 동일 피험자에게 검사를 두 번 실시해야 한다. 그뿐만 아니라 재검사 신뢰도는 시험 간격에 따라서, 동형검사 신뢰도는 동형성의 정도에 따라서 신뢰도가 변한다는 단점이 있다. 그렇다면 검사를 두 번 실시하지 못하는 경우에 신뢰도를 추정할 수 있는 방법은 없을까? 이에 대한 필요성에서 등장한 것이 내적 일관성 신뢰도 추정방법이다. 이에 해당하는 것으로 반분신뢰도, KR-20, KR-21, Cronbach α계수, Hoyt 신뢰도 등이 있다.

내적 일관성 신뢰도는 부분검사 혹은 문항 간의 일관성 정도를 추정하는 것이기 때문에 두 번의 시험을 볼 필요가 없다는 장점을 갖고 있다. 내적 일관성 신뢰도는 검사를 구성하는 문항들이 얼마나 동일한 영역에서 표집되었다고 볼 수 있는지, 즉 검사 내용이 얼마나 동질적인지를 나타내 주기 때문에 '동질성 계수(coefficient of homogeneity)'라고도 한다. 이 방법은 한 가지 차원을 측정하는 문항들로 구성된 검사라면 부분검사 간 혹은 문항 간의 상관이 높아야 한다는 논리에서 출발한다. 일반적으로 내적 일관성 신뢰도는 재검사 신뢰도와 동형검사 신뢰도에 비해서 다소 낮게 추정되는 경향이 있으며, 특히 전형적 수행 정도를 평가하는 데 목적이 있는 정의적 특성의 검사에는 내적 일관성 신뢰도가 논리적으로 더 적합하다. 그러나 내적 일관성 신뢰도는 재검사 혹은 동형검사 신뢰도의 추정이 어려운 상황일 때 차선책으로 선택해야 함을 명심해야 한다.

(1) 반분신뢰도

반분신뢰도(split-half reliability)는 한 검사를 어느 한 집단을 대상으로 실시한 다음, 그 검사를 두 부분으로 나누어 반분된 부분을 독립된 두 개의 검사로 간주하고 이들 간의 상관계수를 계산한 후, 스피어만-브라운 공식(Spearman-Brown formula)을 이용하여 교정하여 신뢰도 값을 산출하는 방법이다.

 심화학습 4

• 스피어만-브라운 공식

$$r_{xx'} = \frac{K r'_{xx'}}{1 + (K-1) r'_{xx'}}$$

단, $r_{xx'}$: K배 늘렸을 때의 신뢰도

$r'_{xx'}$: 부분검사의 신뢰도

스피어만–브라운 공식은 문항 수의 증감에 따른 신뢰도 값을 추정하는 식이다. 예컨대, 신뢰도가 .5인 10문항으로 구성된 측정도구를 이 검사와 동일한 조건의 문항을 더 늘려서 신뢰도가 .8 이상인 측정도구가 되도록 하는 데 스피어만–브라운 공식이 활용될 수 있다. 스피어만–브라운 공식에 $r'_{xx'} = .5$, $r_{xx'} = .8$을 대입하면 다음과 같다.

$$.8 \leq \frac{K \times .5}{1 + (K-1) \times .5}$$

이 부등식을 풀면 $K \geq 4$이다. 이는 문항을 4배 이상 늘리면 신뢰도가 .8 이상이 될 수 있음을 의미한다. 즉, 신뢰도가 .8 이상인 측정도구가 되도록 하려면 검사 성격이 동일하다는 가정하에 30문항 이상을 더 늘려야 함을 알려 준다.

스피어만–브라운 공식을 활용하면, [그림 7-1]과 같이 일반적으로 신뢰도는 문항 수가 많아질수록 곡선적으로 증가하게 된다는 점도 예상할 수 있다.

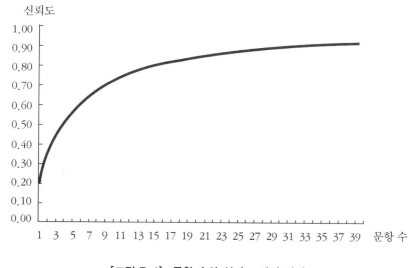

[그림 7-1] 문항 수와 신뢰도 간의 관계

반분신뢰도를 구하는 과정에서 한 검사를 반분하여 이들 간의 상관계수를 구하면 이는 전체 검사의 절반에 해당하는 신뢰도에 불과하다. 따라서 반분신뢰도는 반분된 검사점수들 간의 상관계수를 그대로 사용하지 않고 스피어만–브라운 공식을 활용하여 2배 늘렸을 때의 신뢰도 값으로 교정해서 이용해야 한다.

$$r_{xx'} = \frac{2r'_{xx'}}{1 + r'_{xx'}}$$

단, $r_{xx'}$: 반분신뢰도

$r'_{xx'}$: 전체 검사의 절반에 해당하는 신뢰도

반분신뢰도는 검사를 반분하는 방법에 따라 홀수문항과 짝수문항으로 나누는 기우 반분법, 검사 전반부와 후반부로 나누는 전후반분법, 무선적(random)인 방법으로 나 누는 무선반분법 등으로 나눌 수 있다. 이때 주의할 것은 어떤 방법을 택하든 반분된 두 검사는 동형검사가 되어야 한다. 내용영역과 행동영역, 난이도 수준, 피험자의 집중 력 등이 차이가 있는 경우에는 두 검사 간의 상관을 구하는 것이 무의미하다. 예컨대, 앞부분에 언어 추론에 관한 문제가 있고 뒷부분에 수리력에 관한 문제가 있을 때, 전후 반분법을 활용하는 것은 부적절하다. 일반적으로 기우반분법, 전후반분법, 무선반분 법 중에서 이러한 문제를 최소화할 수 있는 방법은 기우반분법이다.

(2) KR-20과 KR-21

Kuder와 Richardson은 피험자들이 검사에 포함된 문항에 반응하는 일관성에 기초 하여 문항 내적 일관성을 나타내는 신뢰도로 Kuder-Richardson 20(이하 KR-20)과 Kuder-Richardson 21(이하 KR-21)을 제안하였다. 특정 검사가 측정하고자 하는 요인 이 단일요인이라면, 검사 문항을 곤란도 역순위로 나열할 때 이상적으로는 피험자가 어느 문항까지는 다 옳게 답을 하고 그 이상의 문항에 대해서는 하나도 정답을 할 수 없어야 한다.

예컨대, 〈표 7-1〉에서 검사 a와 검사 b는 5명의 피험자들이 동일한 점수를 받았지 만, 검사 b는 피험자 2의 경우, 문항 3에 대해서는 오답을 했지만 이보다 어려운 문항 인 문항 4에 대해서는 정답을 함으로써 검사 a보다 일관성이 더 떨어짐을 알 수 있다. KR-20과 KR-21은 이러한 일관성의 정도를 수량화한 신뢰도다. 〈표 7-1〉에서 검사 a 는 문항 내 분산의 합이 $\frac{8}{25}$이고 검사 b는 $\frac{12}{25}$인 것으로 보아, 이러한 일관성의 정도 가 클수록 문항 내 분산은 작음을 추론할 수 있다. 요컨대, KR-20과 KR-21은 문항 내

〈표 7-1〉 문항 내 분산과 신뢰도의 관계에 대한 실례

피험자	검사 a					검사 b				
	〈문항〉				검사 점수	〈문항〉				검사 점수
	1	2	3	4		1	2	3	4	
1	1	1	1	1	4	1	1	1	1	4
2	1	1	1	0	3	1	1	0	1	3
3	1	1	1	0	3	1	1	1	0	3
4	1	1	1	0	3	1	1	1	0	3
5	1	1	0	0	2	1	1	0	0	2
문항 내 분산 $p_i(1-p_i)$	0	0	$\frac{4}{25}$	$\frac{4}{25}$	검사 점수 분산	0	0	$\frac{6}{25}$	$\frac{6}{25}$	검사 점수 분산
	$\sum_{i=1}^{4} p_i(1-p_i) = \frac{8}{25}$				$(S_x = .4)$	$\sum_{i=1}^{4} p_i(1-p_i) = \frac{12}{25}$				$(S_x = .4)$

분산을 오차점수분산으로 간주한 신뢰도 추정방법이다.

KR-20은 이분 문항에만 적용되는 반면, KR-21은 부분점수가 포함된 다분 문항에도 적용할 수 있다. 다만, KR-21은 각 문항의 곤란도(p_i)가 동일하다는 가정이 요구된다. KR-20과 KR-21은 그 검사가 하나의 순수한 단일요인을 재고 있다는 보장을 할 수 있을 때 타당한 신뢰도 추정방법이다.

 심화학습 5

• KR-20 추정공식

$$r_{xx'} = \frac{K}{K-1} \frac{S_x^2 - \sum_{i=1}^{K} p_i(1-p_i)}{S_x^2}$$

단, K: 문항 수

S_x^2: 검사점수분산

p_i: i문항에 정답한 비율

- KR-21 추정공식

$$r_{xx'} = \frac{K}{K-1} \frac{S_x^2 \left(\overline{X} - \dfrac{\overline{X}^2}{K} \right)}{S_x^2}$$

단, K: 문항 수

S_x^2: 검사점수분산

$$\overline{X} = \frac{\sum\limits_{n=1}^{N} \sum\limits_{k=1}^{K} X_{nk}}{N \times K}$$

단, N: 피험자 수,

K: 문항 수

X_{nk}: n번째 피험자의 k번째 문항 점수

(3) Cronbach α계수

이분 문항에 적용되는 KR-20을 부분점수가 있는 검사에도 활용하기 위해서 확장한 신뢰도 추정방법이 Cronbach α(이하 α계수)다. 즉, α계수의 특수한 경우가 KR-20이다. α계수는 각 문항의 곤란도가 다를 수 있음을 가정하고 있다는 점에서 KR-21과 구분되며, 사용하는 데 제한점이 적어서 가장 많이 활용되는 내적 일관성 신뢰도 추정방법 중 하나다. α계수는 각 문항들 간의 상관의 평균을 스피어만-브라운 공식에 의해 재교정한 값과 일맥상통한다. 속도검사 요인이 포함되어 있지 않다는 가정 하에서 α계수는 재검사 신뢰도와 동형검사 신뢰도보다는 작은 값으로 추정된다. 이는 α계수로 신뢰도가 양호하다면 재검사 신뢰도와 동형검사 신뢰도는 충분히 양호하다고 주장할 수 있음을 의미한다. 그러나 현실적으로 속도검사 요인이 포함되어 있지 않은 경우는 거의 없기 때문에 α계수가 높다고 재검사 신뢰도가 반드시 높다고는 볼 수 없다. 그러므로 시간 경과에 따른 검사 점수의 안정성을 알려 주는 재검사 신뢰도와 검사내용이 얼마나 동질적인지를 나타내는 내적 일관성 신뢰도 등을 가급적 동시에 제시해 주는 것이 바람직하다.

- α계수 추정공식

$$r_{xx'} = \frac{K}{K-1} \frac{S_x^2 - \sum_{i=1}^{K} S_i^2}{S_x^2}$$

단, K: 문항 수

S_x^2: 검사점수분산

S_i^2: 문항 내 분산

(4) Hoyt 신뢰도

분산분석의 반복측정 설계의 개념을 활용하여 피험자와 문항 간의 상호작용 부분을 오차점수분산으로 처리한 신뢰도 추정방법이 Hoyt 신뢰도다. Hoyt 신뢰도도 내적 일관성 신뢰도 중 하나로서 부분점수가 있는 문항(다분 문항)인 경우에도 사용 가능하다. Hoyt 신뢰도, KR-21, α계수는 계산하는 방법에는 차이가 있지만 최종 신뢰도 값은 모두 동일하게 산출된다. 〈표 7-2〉는 문항 내적 일관성 신뢰도 추정방법들을 비교한 것이다.

〈표 7-2〉 문항 내적 일관성 신뢰도 추정방법 간 비교

비교 항목	KR-20	KR-21	α계수	Hoyt
검사 실시 횟수	1번	1번	1번	1번
의미	문항 내적 일관성: 검사내용이 동질하다.	문항 내적 일관성: 검사내용이 동질하다.	문항 내적 일관성: 검사내용이 동질하다.	문항 내적 일관성: 검사내용이 동질하다.
각 문항의 부분점수 유무	없어야 함 (이분 문항)	있어도 됨 (다분 문항)	있어도 됨 (다분 문항)	있어도 됨 (다분 문항)
문항들 간의 난이도	달라도 됨	동일하다고 가정	달라도 됨	달라도 됨
속도검사 요인이 있는 검사	사용 불가	사용 불가	사용 불가	사용 불가
오차점수분산	문항 내 분산	문항 내 분산	문항 내 분산	피험자와 문항의 상호작용

심화학습 7

• Hoyt 추정공식

$$r_{xx'} = \frac{K}{K-1}\left(1 - \frac{MS_{PI}}{MS_P}\right)$$

단, MS_{PI}: 피험자와 문항 간의 상호작용 효과

MS_P: 피험자 간 분산

3) 준거참조평가에서의 신뢰도

이상에서 논의한 신뢰도 추정방법은 모두 개인을 변별하는 데 목적을 둔 규준참조평가 상황에서 적용할 수 있는 것들이다. 목표 도달 여부가 목적인 준거참조평가에서 개인 간 변산도는 관심이 없기 때문에 이에 적합한 신뢰도 추정방법들이 따로 제안되어 있다. 준거참조평가에서의 신뢰도 추정의 기본 아이디어는 분류의 일관성을 수량화하겠다는 것이다. 준거참조평가에서의 신뢰도 추정방법에는 다음과 같은 것들이 있다.

첫째, Hambleton과 Novick(1973)이 제안한 P_0 계수(P_0 coefficient)다. 이는 한 개의 검사 또는 동형검사를 반복하여 실시했을 때 달성-미달성 분류의 합치도를 나타낸다.

$$P_0 = \sum_{k=1}^{n} P_{kk}$$

단, n: 분류 등급의 개수

P_{kk}: 반복검사에서 같은 범주로 분류된 피험자의 비율

예컨대, 〈표 7-3〉에서 P_0계수는 다음과 같이 구할 수 있다.

$$P_0 = .3 + .4 = .7$$

〈표 7-3〉 준거참조평가의 재검사 실시의 실례

1차 시험 \ 2차 시험	달성	미달성	계
달성	6 ($a=.3$)	4 ($b=.2$)	10 ($a+b=.5$)
미달성	2 ($c=.1$)	8 ($d=.4$)	10 ($c+d=.5$)
계	8 ($a+c=.4$)	12 ($b+d=.6$)	20

a, b, c, d: 전체 피험자 중에서 차지하는 비율

P_0에는 우연한 오차에 의해 같은 범주로 분류된 피험자의 비율이 포함되어 있기 때문에 신뢰도를 과대 추정하고 있다고 볼 수 있다. 우연적 오차의 영향을 제외한 신뢰도 추정방법으로 Cohen은 '카파계수'라고도 하는 'κ계수(κ cofficient)'를 제안하였다.

$$\kappa = \frac{P_0 - P_c}{1 - P_c}$$

단, $P_c = (a+b)(a+c) + (c+d)(b+d)$:

우연적으로 같은 범주로 분류된 피험자의 비율

예컨대, 〈표 7-3〉에서 κ계수는 다음과 같이 구할 수 있다.

$$P_c = (a+b)(a+c) + (c+d)(b+d) = .5 \times .4 + .5 \times .6 = .5$$

$$\kappa = \frac{P_0 - P_c}{1 - P_c} = \frac{.7 - .5}{1 - .5} = \frac{2}{5} = .4$$

▶▶ 3 신뢰도 제고방법

1) 신뢰도 추정방법과 신뢰도

신뢰도는 추정방법에 따라 달라질 수 있다. 동형검사 신뢰도는 재검사 신뢰도에 비해서 기억의 영향이 줄어들기 때문에 신뢰도가 낮게 추정된다. 일반적으로 동형검사 신뢰도는 다른 신뢰도 값의 하한계를 제공한다. 즉, 다른 어떤 신뢰도 추정방법보다도 낮게 나올 가능성이 크다. 속도검사 요인이 없는 검사라면 α계수도 타 신뢰도 추정방법에 비해 낮게 추정된다. 이에 비해 반분신뢰도는 일반적으로 진짜 신뢰도에 대한 상한계를 제공한다. 즉, 다른 어떤 신뢰도 추정방법보다도 높게 나올 가능성이 크다. 특히 속도검사 요인이 큰 경우에 반분신뢰도는 신뢰도를 과대 추정하게 된다는 점에 유의할 필요가 있다.

2) 검사 간격과 신뢰도

검사 간격이 좁을수록 기억의 영향, 학습의 영향 등으로 재검사 신뢰도는 높아진다. 이러한 문제점을 최소화하기 위해 최대수행검사는 4주 정도의 검사 간격이 필요하다. 전형적 수행검사의 경우에도 2주 정도의 검사 간격을 두는 것이 바람직하다. 최대수행검사(maximum performance test)는 지능검사, 성취도검사 등과 같이 주어진 시간 내에 자신의 능력을 최대한 발휘하도록 하는 검사다. 반면, 전형적 수행검사(typical performance test)는 흥미검사, 성격검사 등과 같이 시간 제한이 없는 상태에서 평소 자신의 습관적인 성향에 반응하도록 하는 검사다.

3) 문항의 동질성과 신뢰도

문항들 간의 동질성이 높다는 것은 검사내용이 동질적임을 의미하기 때문에 일반적으로 내적 일관성 신뢰도는 높아지게 된다. 그러나 지나치게 유사한 문항으로 구성하게 되면, 문항의 수가 적어지는 효과가 발생하기 때문에 문항 수를 늘린다 하더라도 재검사 신뢰도와 동형검사 신뢰도는 증가하지 않을 수도 있다.

4) 피험자의 이질성과 신뢰도

두 변수 간의 상관은 두 변수의 분산의 크기에도 영향을 받을 수 있다. 예컨대, 초등학교 1학년 학생들을 대상으로 구한 키와 몸무게 간의 상관보다는 초등학교 1학년에서 6학년 학생을 모두 포함시켜서 구한 키와 몸무게 간의 상관이 더 크다. 대학수학능력시험과 학점 간의 상관이 예상보다 낮게 산출되는 이유도 대학에 진학한 학생들만을 대상으로 하기에 대학수학능력시험의 분산이 전집을 대상으로 했을 때보다 작아졌기 때문이다. 즉, 키와 몸무게 간의 상관, 대학수학능력시험과 학점 간의 상관을 구하는 과정에서 학년을 제한시키거나 대학에 진학한 학생만을 대상으로 상관을 구한다면, 아래식에서 $S_{Y.X}^2$ 변하지 않지만 S_Y^2가 작아지게 된다. S_Y^2가 작아지면 r_{XY}^2 및 r_{XY}도 작아지게 된다.

$$r_{XY}^2 = 1 - \frac{S_{Y.X}^2}{S_Y^2}$$

단, S_Y^2: Y의 전체 분산

$S_{Y.X}^2$: 변수 X로 예측할 수 없는 Y의 분산

재검사 신뢰도와 동형검사 신뢰도는 두 번의 반복검사 간의 상관계수로 추정된다. 새로 개발한 수학 검사도구의 신뢰도를 구하기 위해 개인 간 차이가 많은 일반계 고등학교 학생을 대상으로 하는 경우([그림 7-2]에서 a)와 개인 간 차이가 그리 크지 않은 특수목적 고등학생을 대상으로 하는 경우([그림 7-2]에서 b)를 비교한다면, $S_{Y.X}^2$([그림 7-

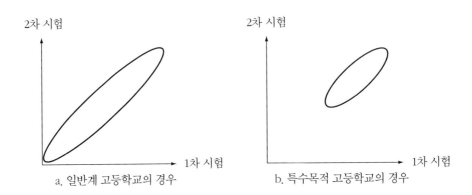

[그림 7-2] 각 변수의 분산에 따른 신뢰도 변화의 실례

2)에서 뚱뚱한 정도)가 동일하다 하더라도 각 측정 시점에서의 분산(S_Y^2)이 전자가 후자보다 크기 때문에 상관계수, 즉 신뢰도도 전자가 더 높게 된다.

5) 문항변별도, 문항난이도와 신뢰도

문항변별도가 높아질수록 분산이 커지기 때문에 '피험자의 이질성과 신뢰도'에서 언급한 내용과 동일한 이유에서 재검사 신뢰도와 동형검사 신뢰도도 높아질 가능성이 크다. 문항난이도는 적절한 수준일 때 변별도가 커질 수 있기 때문에 재검사 신뢰도와 동형검사 신뢰도는 높아지는 경향이 있다. 반대로 아주 어렵거나 쉬운 문항으로 구성된 검사의 경우 문항변별도가 0에 가까워지기 때문에 신뢰도는 낮아지게 된다.

난이도 차이가 큰 문항들로 구성되어 있는 검사의 경우, 문항 배열도 신뢰도에 영향을 줄 수 있다. 어려운 문항에서 쉬운 문항으로 배열한 검사보다는 쉬운 문항에서 어려운 문항으로 배열한 검사에서 신뢰도는 더 높다.

'① 2 + 3의 값은? ② 이를 이진법으로 고치면?'과 같이 서로 종속적인 문항이나 비슷한 내용의 문항들이 포함되어 있는 경우에는 문항 수가 줄어드는 효과가 발생하여 문항 수가 늘어남에도 불구하고 재검사 신뢰도와 동형검사 신뢰도는 증가하지 않을 수 있다.

6) 내용타당도와 신뢰도

내용타당도는 검사문항이 측정하려고 하는 내용을 얼마나 잘 대표하고 있느냐를 나타낸다. 내용타당도가 높으면 검사의 안정성은 더 높아져서 학생들의 반응 결과가 일관성을 유지할 가능성이 커지기 때문에 신뢰도는 높아지게 된다.

7) 속도검사와 신뢰도

속도검사 요인을 많이 포함한 검사인 경우 내적 일관성 신뢰도 추정방법으로 신뢰도를 추정하면 신뢰도를 과대 추정하게 된다. 순수한 '속도검사(speed test)'란 피험자에게 풀 수 있는 시간만 주어진다면 모든 문항에 정답을 할 수 있는 검사를 의미한다. 이와는 대조적으로 시간 제한이 없는 검사를 '역량검사(power test)'라고 한다. 순수한 역량검사라면 검사 시간이 득점에 영향을 주지 않는다. 모든 검사는 어느 정도의 속도검사 요인을 포함하고 있다. 일반적으로 피험자의 75~90%가 검사를 끝마칠 수 있는 시간을 그 검사의 검사 시간으로 정하는 것이 상례다. 속도검사인지 역량검사인지를 판단하기 위해 다음의 식이 활용된다.

$$P = \frac{\text{맞고 틀림에 상관없이 손댄 문항의 수를 점수로 하여 구한 분산}}{\text{정답을 한 문항만을 점수로 하여 구한 분산}}$$

순수한 역량검사에서는 P가 0이고 순수한 속도검사에서는 P가 1이 된다. P가 .5 이상이면 그 검사는 속도검사 요인이 상당히 포함된 검사라고 볼 수 있다. 속도검사의 성격을 많이 가지고 있는 검사에서는 내적 일관성 신뢰도보다는 재검사 신뢰도 또는 동형검사 신뢰도를 활용하는 것이 타당하다.

8) 문항 수와 신뢰도

앞의 심화학습 4에서 제시한 스피어만–브라운 공식을 활용하면, 신뢰도가 .50인 20

문항으로 구성된 검사도구를, 이 검사와 동일한 조건의 문항으로 20문항 더 늘리면 신뢰도는 .67이 되고, 40문항을 더 늘리면 신뢰도는 .75가 됨을 알 수 있다. 마찬가지 방법으로 60문항을 더 늘리면 신뢰도는 .80, 80문항을 더 늘리면 신뢰도는 .83이 된다. 일반적으로 문항 수가 늘어나면 신뢰도는 곡선적으로 증가하게 된다. 이때 주의할 것은 증가한 문항들은 기존 검사와 동일한 조건과 성격을 가진 동형검사이어야 한다는 점이다.

측정도구에서 문항은 무수히 많은 문항으로 구성된 전집에서 표집한 표본에 불과하다. 각 개인의 진점수는 전집의 문항을 모두 활용했을 때 비로소 구해질 수 있다. 실제로는 전집에서 표집한 일부 문항으로 각 개인의 진점수를 추정하게 된다. 표집분포이론에 의하면 전집에서 무선으로 표집된 표본 수가 클수록 전집의 모수치를 더 정확하게 추정할 수 있다. 마찬가지로 전집에서 많은 문항을 표집할수록 개인별 진점수 추정은 정확해진다. 즉, 문항 수가 많을수록 신뢰도는 높아지게 된다. 학교 기말시험에서 1문항으로 구성된 검사에서는 운이 좋은 피험자라면 자기 능력을 충분히 감출 수도 있겠지만, 30문항으로 구성된 검사에서는 자기 능력을 운에 맡기기는 힘들 것이다.

이 밖에도 신뢰도에 영향을 미치는 요인은 다양하게 존재한다. 피험자와 좋은 관계를 확보하지 못하면 피험자가 정직하게 최선을 다하여 검사에 임하지 못하므로 신뢰도는 낮아지게 된다. 검사 지시가 불충분하거나 지시가 정답에 어떠한 암시를 주는 경우도 신뢰도는 낮아진다. 청소년은 성인에 비해서 적응과 학습에 의한 변화가 빨리 일어나기 때문에 이들을 대상으로 하게 되면 신뢰도가 더 낮게 추정될 수 있다.

▶▶ 4 객관도

신뢰도가 측정의 일관성이라고 한다면, 객관도(objectivity)는 채점자, 관찰자, 평정자 간의 합치도를 일컫는다. 채점자, 관찰자, 평정자가 점수를 부여하는 것도 측정이라고 볼 수 있기 때문에 객관도는 신뢰도의 특수한 경우에 해당한다고 할 수 있다.

객관도 부족에는 두 가지 원인이 있을 수 있다.

첫째, 측정도구 자체의 문제다. 이를 보완하기 위해서는 채점 기준의 객관성과 엄밀성을 확보하는 것이 필요하다.

둘째, 평가자의 소양 부족의 문제다. 이를 보완하기 위해서는 채점하기 전에 채점자에 대한 사전교육이 필수적이다. 그리고 채점자의 편견을 배제하기 위해서 최고점수와 최하점수를 부여한 채점자를 제외할 필요도 있다. 경우에 따라서는 집중경향값을 제공함에 있어서 극단의 점수(outlier)의 영향을 상대적으로 크게 받는 평균(mean)보다는 중앙값(median) 또는 절삭평균(trimmed mean)을 활용하는 것도 필요하다.

▶▶ 실용도

실용도(utility, practicality)는 어떤 측정도구를 사용할 때 드는 비용과 이익을 비교·분석함으로써 측정도구의 유용성을 평가하는 방법이다. 즉, 측정도구를 사용하는 데 있어서 시간, 노력, 경비를 얼마나 적게 들이고 사용할 수 있는가의 정도를 일컫는다. 실용도를 평가할 때에는 '검사 실시와 해석이 얼마나 용이한가?' '채점이 얼마나 용이한가?' '시간과 비용이 얼마나 적게 드는가?' 등이 고려되어야 한다.

요약

- 신뢰도는 측정의 일관성을 일컫는 것으로, 측정결과가 유의미하기 위해서는 먼저 측정도구의 신뢰도가 보장되어야 한다.
- 신뢰도를 추정하는 방법으로는 재검사 신뢰도, 동형검사 신뢰도, 내적 일관성 신뢰도(반분신뢰도, KR-20, KR-21, Cronbach α계수, Hoyt 신뢰도) 등이 있다.
- 문항 수가 증가함에 따라 신뢰도는 곡선적으로 증가하게 된다. 그리고 검사 간격이 좁을수록, 피험자의 이질성이 클수록, 문항변별도가 높을수록 재검사 신뢰도는 일반적으로 증가하게 되며, 문항들이 동질적일수록, 속도검사 요인이 강할수록 내적 일관성 신뢰도는 높아지게 된다.

학급 활동

1. 다음은 5명의 학생에 대한 '테니스 서브 자세'를 2명의 교사가 채점한 결과다. 두 교사의 채점결과에서 나타난 양호도의 문제점을 지칭하는 용어를 쓰고, 이 문제점에 대한 근거를 두 가지 서술하시오.

교사 \ 학생	학생 1	학생 2	학생 3	학생 4	학생 5
교사 A	5	6	7	8	9
교사 B	6	5	4	3	2

〈모범답안〉
- 채점결과에서 나타난 양호도의 문제점을 지칭하는 용어: 신뢰도(또는 객관도)
- 이 문제점에 대한 근거
  ① 2명의 교사가 채점한 5명 학생의 점수(의 순위) 간 상관이 지나치게 낮다.
  ② 2명의 교사가 채점한 5명 학생의 점수의 평균이 차이가 크다.
  　②-1유사답안: 교사 A는 교사 B에 비해 더 관용적인 채점을 하였다.
  　②-2유사답안: 교사 B는 교사 A에 비해 더 엄격하게 채점하였다.
  　②-3유사답안: 각 학생에 대한 두 교사의 채점결과가 차이가 있었다.

함께 풀어 봅시다

함께 풀어 봅시다

1. 이번 기말고사 수학 과목에서 80점을 획득한 철희가 75점을 획득한 철수보다 수학적 능력이 반드시 앞선다고는 할 수 없다. 이에 대한 이유를 설명하는 데 필요한 개념은?
   ① 측정의 표준오차   ② 표준편차   ③ 사분편차   ④ 평균편차

2. 신뢰도에 대한 설명으로 옳지 <u>않은</u> 것은?
   ① 측정의 일관성을 일컫는다.
   ② 문항 수가 증가함에 따라 곡선적으로 증가한다.
   ③ 관찰점수분산에서 진점수분산이 차지하는 비율이다.
   ④ 속도검사의 경우 반분신뢰도로 추정하는 것이 바람직하다.

3. 내적 일관성 신뢰도에 대한 설명으로 옳지 <u>않은</u> 것은?
   ① 반분신뢰도는 동형검사 신뢰도의 일종이다.
   ② 검사내용이 얼마나 동질적인지를 나타낸다.
   ③ KR-21은 다분 문항인 경우에도 적용할 수 있다.
   ④ 호이트 신뢰도는 분산분석의 반복측정 설계의 개념을 활용한 것이다.

4. 신뢰도가 .2인 5문항으로 구성된 측정도구를 이 검사와 동일한 조건의 문항을 더 늘려서 신뢰도가 .5 이상인 측정도구가 되도록 하려고 한다. 몇 문항을 더 늘려야 하는지 스피어만-브라운 공식 ($r_{xx'} = \dfrac{K r'_{xx'}}{1 + (K-1) r'_{xx'}}$)을 활용하여 구하시오.

5. 신뢰도를 제고하기 위한 방안 세 가지를 제시하고, 각각이 어떠한 이유에서 신뢰도 향상에 도움이 되는지 설명하시오.

※객관식 문항 정답은 부록 참조

참고문헌

박도순 외(2007). 교육평가: 이해와 적용. 서울: 교육과학사.

성태제(2009). 교육평가의 기초. 서울: 학지사.

성태제(2010). 현대교육평가(3판). 서울: 학지사.

이종승(2009). 현대교육평가. 서울: 교육과학사.

임인재, 김신영, 박현정(2003). 심리측정의 원리. 서울: 학연사.

황정규(2004). 학교학습과 교육평가. 서울: 교육과학사.

Campbell, D. T., & Fiske, D. W. (1959). Convergent and discriminant validation by the multitrait-multimethod matrix. *Psychological Bulletin, 56*, 81-105.

Hambleton, R. K., & Novick, M. R. (1973). Toward an integration of theory and method for criterion-referenced test. *Journal of Educational Measurement, 10*, 159-170.

Chapter 08

타당도

현행 대학수학능력시험은 "① 대학수학 적격자의 선발 기능을 제고하고, ② 고교교육 정상화에 기여하며, ③ 학생선발에 공공성과 객관성이 높은 자료를 제공하는 데 목적이 있음"이라고 밝히고 있다. (중략) 고교교육 정상화 문제는 적어도 수능 난이도보다는 수능문제의 출제 목표(타당도)에 견주어 평가해야 하는 것만은 분명하다. 그러나 우리는 현재까지 난이도에 대해 비판들을 하고 있지만, 정작 중요한 타당도 문제는 소홀히 하고 있는 것은 아닌지 반성할 일이다.

- 『문화일보』, 2001년 11월 12일자 기사 중

대학수학능력시험에서 더 중요한 것은 난이도보다 문항의 타당도다. 대학수학능력을 측정할 수 있는 시험다운 시험문제이냐, 고교 교육목표와 교육정상화를 위해 타당한 문제이냐 하는 점이다. 앞으로도 이에 더욱 관심을 기울여 문제를 출제할 것이다. 요즘 학생들의 정보검색능력, 자기 주도적 학습능력 등은 과거 어느 세대보다 더 뛰어나다고 본다. 내년에도 올해와 비슷한 수준의 문제를 출제하겠다.

- 『문화일보』, 2002년 12월 2일자 기사 중

제2외국어 한문 영역은 학교 수업을 정상적으로 마친 학생이라면 누구나 쉽게 답할 수 있도록 타당도, 신뢰도 제고에 힘쓰고 있다. 문법보다는 의사소통능력 평가에 초점을 맞춤으로써 생활 외국어 측정에 비중을 두고 있다.

-『문화일보』, 2006년 3월 31일자 기사 중

타당도는 검사도구가 측정하고자 하는 대상의 특성을 제대로 충실하게 재고 있는 정도를 의미한다. 타당도의 종류에는 내용타당도, 준거타당도, 구인타당도 등이 있다. 이 장에서는 이러한 타당도의 개념과 그 추정방법에 대하여 알아보고자 한다. 신뢰도와 타당도는 서로 밀접한 관련이 있으며 타당도가 높은 검사도구를 얻기 위해서는 일단 신뢰도가 높은 측정도구를 만들어야 한다. 그러나 신뢰도가 높다고 해서 타당도가 함께 증가하지는 않는다는 점에 주의할 필요가 있다.

> 학/습/목/표
>
> • 타당도의 개념을 말할 수 있다.
> • 타당도의 추정방법을 비교할 수 있다.
> • 타당도와 신뢰도 간의 관계를 설명할 수 있다.

▶▶ 1 타당도의 개념

측정에서 신뢰도는 측정의 일관성을 일컫는다. 그렇다면 측정의 일관성만 유지한다고 해서 그 측정도구는 양호하다고 할 수 있는가? 체중계를 이용하여 키를 측정하는 상황, 머리 둘레로 지능을 측정하는 상황을 예로 든다면, 이들 두 상황은 신뢰도는 매우 높지만 각각의 측정이 그 목적을 충실히 표현해 주고 있다고는 볼 수 없다.

측정도구가 측정하려고 의도하는 것을 어느 정도 충실히 측정하고 있는지, 측정도구가 무엇을 측정하고 있는지에 대한 설명이나 지수를 '타당도(validity)'라고 한다. 머리 둘레로 지능을 측정하는 상황은 머리 둘레와 지능 간의 관련성을 설명할 수 있는 이론이 없기 때문에 타당도가 매우 낮은 측정 상황이다. 수리력을 측정하고자 하는데 문두가 너무 길어 어휘력을 요구하는 측정도구가 있다고 할 때 이 측정도구는 타당도가 낮다고 볼 수 있다. 측정 상황에서 일관성을 벗어나서 생기는 오차를 '무선적 오차(random error)' 또는 '측정오차(measurement error)'라고 한다. 이에 비해 일관성은 있지만 측정하고자 하는 바를 제대로 측정하지 못하여 생기는 오차를 '체계적 오차(systematic error)' 또는 '고정오차'라고 한다. 기계적성을 측정하기 위해 제작된 지필검사 결과가 독해력에 의해서 영향을 받았다면 체계적 오차가 존재하는 경우로 볼 수 있다. 체계적 오차는 측정 시점이나 장소에 따라서 변화하지 않기 때문에 진점수에 포함되어 나타난다.

▶▶ 2 타당도의 종류

타당도 유형은 내용타당도, 준거타당도, 구인타당도 등 크게 세 가지로 나눌 수 있다.

1) 내용타당도

내용타당도(content validity)의 기본 관심은 한 검사를 구성하는 문항들이 전집의 내용영역과 행동영역을 얼마나 잘 대표하고 있느냐와 관련된 것으로 문항 표집의 적절성으로 간략히 정의할 수 있다. 여기서 전집이라 함은 수업시간에 다루어진 모든 학습목표를 일컫는다. 전문가의 입장에서 볼 때 검사문항이 검사문항의 전집을 적절하게 대표하고 있다고 한다면 그 검사는 내용타당도를 가졌다고 판단한다. 내용타당도의 결정적인 단점은 수량화하기가 힘들며 구체적이고 객관적이지 못하다는 것이다. 게다가 검사도구와 그 검사도구를 표집한 전집과의 관계에 대한 설명에 있어서 특별한 규칙이 있는 것도 아니다.

내용타당도는 심리측정에 소양을 가진 심리측정 전문가 또는 교과 내용영역의 전문가에 의해서 철저하고 계획적인 판단하에 규정된다. 이러한 이유에서 명료히 눈에 띄는 내용뿐만 아니라 그 의도가 명료하지 않은 복잡한 내용에 관한 것도 고려하게 된다. 내용타당도는 검사가 얼마나 교육과정에 있는 내용을 잘 포함하고 있느냐 하는 '교과타당도(curriculum validity)'와 교수-학습 중에 가르치고 배운 내용이 얼마나 포함되었느냐 하는 '교수타당도(instructional validity)'로 나눌 수 있다.

내용타당도는 제작한 검사도구와 교육과정에 포함되어 있는 교육목표 간의 일치성을 평가하는 논리적이고 합리적인 과정으로 볼 수 있다. 이러한 이유에서 내용타당도

〈표 8-1〉 인문계 수리 영역의 평가목표 이원분류표 예시

행동영역 / 내용영역	계산	이해	추론		문제 해결		문항 수	비율 (%)
			귀납, 유추, 추측	증명	수학 내적 관련성	수학 외적 관련성		
수학적 기초			1	1		1	3	10.0
집합과 명제			1				1	3.3
수와 식	1	1	1				3	10.0
방정식과 부등식	1						1	3.3
도형의 방정식			1			1	2	6.7
함수		4	1		1		6	20.0
지수함수와 로그함수				1	1		2	6.7
삼각함수	1	2					3	10.0
행렬		1					1	3.3
수열					1	1	2	6.7
극한		1					1	3.3
다항함수의 미분법	1						1	3.3
다항함수의 적분법	1				1		2	6.7
확률		2						6.7
통계								0.0
문항 수	5	11	5	2	4	3	30	100.0
비율(%)	16.7	36.7	16.7	6.7	13.3	10.0	100.0	

출처: ○○○○학년도 대학수학능력시험.

를 제고하기 위해서는 교육목표를 내용영역과 행동영역으로 이분화시켜 표현한 이원분류표의 작성이 필수적이다. 이원분류표는 '교육과정에 포함되어 있는 모든 교육목표들을 기초로 하여 작성'할 수도 있고, '검사문항에 기초하여 작성'할 수도 있다. 이 두 가지 이원분류표를 비교한다면, 제작된 검사도구가 교육목표에 부응하는 정도를 평가할 수 있고, 제작한 검사도구가 특정 내용영역과 행동영역에 편중되어 있지 않은지도 점검할 수 있기 때문에 내용타당도를 높일 수 있다. 〈표 8-1〉은 대학수학능력시험의 인문계 수리영역의 평가목표 이원분류표의 예이며, [그림 8-1]은 중학교에서 사용되고 있는 이원분류표 양식이다.

내용타당도의 판단이 좀 더 객관화될 수 있도록 하기 위해서는 다음의 절차가 필요하다.

① 교육목표들을 명세화한다. 즉, 교육과정에 포함된 모든 교육목표들을 기초로 하여 이원분류표를 작성한다. 명세화된 교육목표들은 문항 제작에서 전집에 해당한다.

(   )고사
이원목적분류표

과주임	계	교무	교감	교장

( )학년 ( )과   200 년 월 일   교시   실시   작성자 :   인

문항	출제 내용	영역				난이도			정 답	배점	주관식 부분점수 및 유사정답
		지식	이해	적용	분석	상	중	하			
1											
2											
3											
...											
주 1											
...											
주 10											
계	주관식: 문항 객관식: 문항								예 상 점 수 :		

[그림 8-1] 중학교 중간고사 · 기말고사 이원분류표 양식

<table>
<tr><td rowspan="3">일련
번호</td><td colspan="2">출제 범위</td><td rowspan="3">출제내용</td><td rowspan="3">문항 수</td><td colspan="3">정답률</td><td rowspan="3">출제자</td></tr>
<tr><td rowspan="2">기본이수
과목</td><td rowspan="2">출제 영역
(대영역)</td><td rowspan="2">낮
음</td><td rowspan="2">보
통</td><td rowspan="2">높
음</td></tr>
<tr></tr>
</table>

출제계획표

		출제위원	출제대표

일련번호								
1								
2								
3								
...								
30								

[그림 8-2] 출제계획표 양식

② 전집을 몇 개의 하위 영역으로 분류하고 각 하위 영역의 상대적 중요성에 따라 적당한 비중을 정한다. 하위 영역의 비중은 문항 수와 배점을 기초로 하되, 변별도와 난이도도 함께 고려하여 정해야 한다. 예컨대, 흥미와 자신감을 심어 주기 위해서 출제하는 가장 쉬운 난이도의 문항들은 변별력이 거의 없기 때문에 하위 영역별 비중을 따질 때 이들 문항은 제외할 필요가 있다. 특히 하위 영역별 비중은 내용영역뿐만 아니라 행동영역도 함께 고려해야 한다.

③ [그림 8-2]와 같은 형식의 출제계획표를 작성한다. 즉, 하위 영역별 비중에 따라서 제작하고자 하는 문항들의 내용영역과 행동영역을 정한다.

④ 검사 제작자로 하여금 검사문항을 구체적으로 제작하게 한 다음, 평가목표 이원분류표를 작성하게 하여 출제계획표와 비교하도록 한다.

⑤ 내용전문가로 하여금 검사문항에 대한 이원분류표를 작성하게 하여 검사 제작자가 작성한 것과 비교하도록 한다.

⑥ 내용전문가로 하여금 자신이 제작한 이원분류표와, 교육과정에 포함된 모든 교육목표들을 기초로 하여 제작된 이원분류표, 검사 제작자가 제작한 이원분류표 등을 비교하면서 내용타당도를 총체적으로 평가하게 한다.

〈표 8-2〉 20문항에 대한 2명의 내용전문가의 내용 적합성 평정결과 예시

내용전문가 B 내용전문가 A	적합	부적합	계
적합	13 (*a*)	2 (*b*)	15 (*a*+*b*)
부적합	1 (*c*)	4 (*d*)	5 (*c*+*d*)
계	14 (*a*+*c*)	6 (*b*+*d*)	20

a, b, c, d: 전체 문항 중에서 각 셀에 해당하는 문항 수

　　내용타당도는 대부분 내용전문가가 이원분류표를 작성한 후 자신의 주관적 시각으로 내용타당도 정도를 판단하게 하기 때문에 수량화하지 않는 것이 보통이다. 그러나 경우에 따라서 내용전문가의 평정 일치도를 '내용타당도 지수'로 활용하기도 한다. 〈표 8-2〉는 2명의 내용전문가에게 교육목표에 비추어 봤을 때 20문항 각각에 대해 내용 적합성을 평정하도록 한 결과다. 이 표에서 *a, b, c, d*는 각 셀에 해당하는 문항 수를 나타낸다. 이때 전체 문항 중에서 2명의 내용전문가가 모두 내용 적합성이 있다고 평정한 문항 수의 비율을 내용타당도 지수로 정의한다.

$$내용타당도 \ 지수 = \frac{a}{a+b+c+d}$$

　　〈표 8-2〉의 경우 내용타당도 지수는 13/20≒.65다.

　　내용타당도와 유사한 개념으로는 안면타당도가 있다. 안면타당도(face validity)는 주로 피험자가 검사문항을 보았을 때 그 검사를 구성하는 문항들이 검사목적에 부합한다고 할 수 있는지에 대한 피상적인 판단을 일컫는다. 즉, 안면타당도는 피험자나 기타 검사에 접근 가능한 관찰자가 피상적인 느낌을 통해서 그 문항이 측정하고자 하는 것이 무엇인지에 대해 주관적인 판단을 내린 것을 의미한다. 따라서 안면타당도는 내용전문가뿐만 아니라 비전문가에 의해서도 판단될 수 있다. 성취도검사에서는 안면타당도가 지나치게 낮은 경우 피험자들이 검사목적을 이해하지 못할 가능성이 높아서 피험자 능력 추정에 오차가 커질 우려가 있다. 이와 반대로 성격검사, 태도검사, 가치관검사와

〈표 8-3〉 내용타당도와 안면타당도 비교

비교 영역	내용타당도	안면타당도
평가 주체	심리측정 전문가, 내용전문가	피험자: 내용전문가와 비전문가 모두 가능
평가방법	과학적이고 체계적인 확인 절차 : 이원분류표 작성	피상적인 느낌

같이 정의적 특성을 측정하는 검사에서는 안면타당도가 너무 높으면 피험자들이 자기
방어를 하여 거짓으로 반응할 가능성(사회적 바람직성, social desirability)이 커지기 때문
에 바람직하지 않다. 〈표 8-3〉은 내용타당도와 안면타당도를 비교한 것이다.

2) 준거타당도

준거타당도(criterion validity)란 검사도구의 측정결과와 현재나 미래의 특정 준거점
수 간의 경험적 관계를 토대로 검사도구의 타당성을 평가하는 방법이다. 준거타당도를
얻기 위해서는 반드시 어떤 준거가 있어야 한다. 대학수학능력시험의 준거타당도를 얻
기 위해서는 피험자들의 대학 학점이, 적성검사의 준거타당도를 얻기 위해서는 피험자
들의 직장근무 평정 점수가, 그리고 새로 만든 성격검사의 준거타당도를 얻기 위해서
는 다른 성격검사 점수가 필요하다.

검사도구 측정결과 ──관계: 준거타당도──▶ 준거점수

준거타당도를 입증할 때에는 준거로 활용할 변수의 선정이 적절해야 하고, 준거로
설정한 변수의 측정이 신뢰성 있고 타당해야 한다. 대학수학능력시험의 준거타당도를
확인하기 위해 우울을 준거변수로 활용하는 것은 무의미하다. 준거변수로 대학 학점을
활용하였다 하더라도 그 측정이 신뢰성 있고 타당하지 못한 것이었다면 준거타당도의
결과도 믿을 수 없다. 일반적으로 검사 X 또는 검사 Y의 신뢰도가 낮다면 X와 Y의 상
관은 실제 값보다 낮아지게 된다. 즉, 검사도구의 신뢰도 또는 준거를 측정하는 검사도

구의 신뢰도가 낮다면 준거타당도는 과소 추정될 우려가 있음에 유의해야 한다.

준거타당도는 준거의 성격에 따라서 예언타당도(predictive validity)와 공인타당도 (concurrent validity)로 구분할 수 있다. 예언타당도는 준거가 될 만한 행동 특성이 미래에 있는 반면, 공인타당도는 이미 인정된 기존의 검사 간의 상관을 이용하기 때문에 준거가 현재에 있다.

(1) 예언타당도

예언타당도란 검사도구에서 구한 점수와 미래에 피험자에게 나타날 행동 특성을 수량화한 준거점수 간의 상관을 토대로 검사도구의 타당성을 평가하는 방법이다. 예언타당도는 검사 점수가 미래의 행동 특성을 얼마나 잘 예측할 수 있는지를 나타낸다. 대학수학능력시험 점수와 대학 입학 후의 성적 간의 상관을 토대로 파악하고자 하는 것은 대학수학능력시험의 예언타당도에 해당하고, 진로적성검사 점수와 진로 선택 후의 근무평정 점수 간의 상관을 토대로 파악하고자 하는 것은 진로적성검사의 예언타당도에 해당한다.

예언타당도는 선발, 채용, 배치를 목적으로 하는 적성검사, 선발시험 등에 적절하다. 중등임용시험에서 높은 점수를 획득한 사람은 교사로서 직무수행 능력이 높아야 할 것이고, 신입사원 선발시험에서 높은 점수를 획득한 사람은 회사에서의 직무수행 능력이 높아야 할 것이다. 이러한 경향성이 낮다면 중등임용시험, 신입사원 선발시험은 예언타당도에 문제가 있다고 한다.

예언타당도는 계량화가 가능하기 때문에 객관적인 정보를 제공해 줄 수 있지만, 타당성 검증을 위해서는 오랜 시간이 지난 후의 준거점수를 수집해야 하기 때문에 많은 시간이 요구된다는 한계점을 가지고 있다.

(2) 공인타당도

공인타당도란 검사도구에서 구한 점수와 이미 타당성을 입증받은 다른 검사도구에서 구한 점수 간의 상관을 토대로 검사도구의 타당성을 평가하는 방법이다. A가 미남임을 증명하기 위해 A가 이미 미남이라고 알려진 B와 닮았다고 주장하는 것이 공인타

〈표 8-4〉 대학수학능력시험의 공인타당도 결과 예시

변 수	대학수학능력시험	내신성적	면접 점수	논술 점수
대학수학능력시험	1.00			
내신성적	.41	1.00		
면접 점수	.32	.15	1.00	
논술 점수	.23	.12	.17	1.00

당도의 검증 논리다. 예컨대, 새로 제작한 인성검사와 MMPI 검사의 상관은 공인타당도를 검증하기 위한 것이다. 〈표 8-4〉와 같이, 대학수학능력시험의 타당성을 검증하기 위해 내신성적, 면접 점수, 논술 점수 간의 상관을 구한 것은 대학수학능력시험의 공인타당도를 검증하기 위함이다.

공인타당도는 미래 행동 특성에 대한 예측에 목적이 있는 것이 아니라 이미 타당하다고 인정된 기존의 검사와 공통된 부분이 얼마나 있는지를 통해 그 타당성을 증명하는 방법이다. 자기보고법으로 우울을 측정하는 검사도구를 개발하였다고 하자. 만약 이 검사도구가 기존에 타당성이 입증된, 면접에 의한 우울측정 검사방법과 상관이 높다면 실용성 측면을 고려하여 검사도구를 선택해야 할 것이다. 즉, 새롭게 개발된 검사도구의 공인타당도를 확인한 상태이기 때문에 비용과 시간이 효율적인 검사도구인 자기보고식 검사도구를 선택하여 활용하는 것이 현명하다.

공인타당도는 예언타당도와 마찬가지로 계량화할 수 있기 때문에 객관적인 정보를 제공할 수 있다는 장점이 있지만, 기존에 타당성을 입증받은 검사가 없는 경우에는 그 추정이 불가능하다는 단점을 가지고 있다.

3) 구인타당도

구인타당도(construct validity)란 특정 검사도구가 측정하려고 하는 심리적 특성에 대해 조작적 정의를 내리고, 그 정의를 기준으로 특정 검사도구가 측정하고자 하는 심리적 특성인 구인을 얼마나 제대로 측정하고 있는지를 분석함으로써 검사도구의 타당성을 평가하는 방법이다. 여기서 구인(construct)이란 인간의 행동을 설명하는 데 필요한 이론을 만들어 내기 위해 사회과학자들이 상상 속에서 만들어 낸 추상적이고 가설적인 개념이다. 예컨대, '내향성'이라는 구인은 다른 아이와 잘 어울리지 않고 서로 말도 잘 하지 않으며 수줍어하는 경향성을 설명하기 위해 사회과학자들이 만든 것이다.

구인타당도는 '특정 검사도구가 측정하고 있는 구인이 무엇인가?' '특정 검사도구가 특정 구인을 얼마나 잘 측정하고 있는가?' 등에 대해 다양한 증거를 축적하고 이를 활용하여 검사도구의 타당성을 평가하는 것이다. 즉, 조작적으로 정의되지 않은 어떤 특성을 측정하였을 때 그것을 과학적 개념으로 분석하고 의미를 부여하는 과정으로 볼 수 있다. 과학적 개념으로 분석한다는 것은 특정 결과에 대한 원인을 가정하고 그에 따른 잠정적 이론(가설)을 끌어낸 다음, 그것을 검증하는 증거를 찾아내는 과정을 일컫는다. 예컨대, 내향성 검사의 속성을 분석하기 위해서 내향성 검사를 통해서 측정할 수 있는 구인이 '수줍음'이라는 가정을 한 다음, '내향성 검사에서 높은 점수를 얻은 사람은 그렇지 않은 사람들보다 수줍음이 더 많을 것이다'라는 가설을 세우고 다양한 경험적 증거의 수집을 통하여 이를 검증한다면 내향성 검사가 지닌 구인의 본질을 찾아낼 수 있을 것이다.

구인타당도에 대한 정보 수집의 방법은 준거타당도와 내용타당도를 포함하여 매우 다양하며, 그것들에 대한 총평관적인 접근을 '구인타당도'라고 할 수 있다. 구인타당도를 규명하는 방법을 분류하면 다음과 같다.

(1) 요인분석 접근방법

요인분석(factor analysis)은 서로 유사한 변수들끼리 묶어서 자료를 요약하는 통계적 방법이다. 즉, 측정변수들 간의 상관계수들로부터 잠재변수를 추론하는 과정이다. [그림 8-3]에서 국어, 영어, 수학, 과학이라는 4개의 측정변수를 요인분석하면, 이들 간에 상관이 높은 국어와 영어가 '어휘력'이라는 요인으로 묶이고, 수학과 과학이 '수리력'이라는 요인으로 묶이게 된다. 만약 기대한 것과 달리 과학이 국어와 묶였다면 구인타당도에 문제가 있음을 지적할 수 있고, 과학 또는 국어 성취도 측정과정에서 문제점이 있을 수 있음을 짐작할 수 있다.

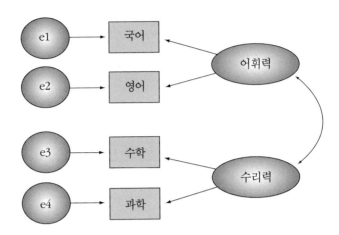

[그림 8-3] 요인분석의 기본 논리

요인분석은 여러 개의 측정변수들을 동질적인 것끼리 묶음으로써 불필요한 측정변수를 제거할 수도 있다. 요인분석의 목적은 변수를 더 적은 수의 요인으로 설명하는 것이다. 요인분석은 탐색적 요인분석(exploratory factor analysis)과 확인적 요인분석(confirmatory factor analysis)으로 나눌 수 있다.

심화학습 1

1. 탐색적 요인분석

여러 개의 변수에 대한 잠재적 구인이 무엇인가 탐색하는 것이다. 의도했던 요인으로 분류되지 않은 측정변수가 많이 있다든지, 추출된 요인으로 설명할 수 있는 전체 분산(eigenvalue)이 적다든지, 공통성(communality)이 지나치게 적은 경우, 구인타당도가 낮다고 판단한다.

2. 확인적 요인분석

선행적으로 설정한 가설이 관찰된 자료에서 유의하게 나타나는지 확인하는 것이다. 확인적 요인분석에서는 x^2 검정(적합 기준: 유의확률 p > .05), TLI(적합 기준: TLI > .90), CFI(적합 기준: CFI > .90), RMSEA(적합 기준: RMSEA < .10) 등의 적합도 지수(fit index)를 활용하여 검사도구의 타당성을 확인하게 된다.

(2) 공인타당도 접근방법

공인타당도 접근방법은 새로운 검사도구와 이미 널리 알려진 검사도구와의 상관관계를 통해 구인을 확인하는 방법이다. 이와 관련한 것으로써 수렴적 타당도와 변별적 타당도가 있다.

심화학습 2

1. **수렴적 타당도(convergent validity)**

  한 가지 특성(예: 사회성)이라면 여러 가지 다른 방법(예: 자기보고법, 관찰법, 투사적 방법)에 의해서 측정된다 하더라도 그들 간에는 높은 상관이 존재해야 함을 나타내는 타당도다.

2. **변별적 타당도(discriminant validity, 일명 확산적 타당도[divergent validity])**

  여러 가지 특성(예: 사회성, 애착, 공격성)이라면 동일한 방법(예: 자기보고법)에 의해서 측정되었다 하더라도 그들 간에는 상관이 높지 않아야 함을 나타내는 타당도다.

(3) 예언타당도 접근방법

예언타당도 접근방법을 통해서 특정 검사도구의 구인타당도를 확인할 수도 있다. 이와 관련하여 다음의 두 가지 방법을 제안할 수 있다(임인재, 김신영, 박현정, 2003).

첫째, 특정 검사에서 상하 점수를 받은 피험자들이 미래에 보여 주는 대조적인 특성을 찾아냄으로써 특정 검사가 가지고 있는 구인의 정체가 무엇인가를 확인하는 방법이다. 예컨대, 자아강도 검사에서 높은 점수를 받은 집단은 일정 기간 후, 성격 조사에서 독립적이고 결단력이 높은 것으로 나타난 반면, 낮은 점수를 받은 집단은 의존적이고 감상적인 성격을 갖고 있다고 평정되었다면, 자아강도 검사가 측정하고 있는 구인은 독립성과 결단성이라고 추론할 수 있다.

둘째, 실험설계를 활용한 방법으로서 특정 구인에 인위적인 조작을 가했을 때 그것이 검사 점수에 주는 영향을 조사하여 구인의 실체를 추론하는 방법이다. 예컨대, 특정 검사도구가 측정하고 있다고 규정한 '시험불안'이라는 구인의 성격을 규명하기 위해 실험설계 방법을 활용하여 중요한 시험임을 알려 준 경우와 그렇지 않은 경우에 있어서 시험불안과 성취도 간에 상관을 구해 봄으로써, 시험불안 검사도구는 '장래에 영향을 미칠 수 있는 중요한 시험에 대해 갖는, 실패에 대한 역기능적 공포'를 측정하고 있음을 추론할 수 있다.

이 밖에 재검사 신뢰도를 통해서 구인타당도를 검증하는 경우도 있다. 예컨대, 특정 구인에 대한 개념적 정의가 시간적인 안정성을 포함하고 있다면 그 검사는 재검사 신뢰도를 통해서 타당성을 확인할 수도 있다. 이와 반대로 '지능'과 같이, 시간적으로 성장이 예상되는 개념으로 정의된 구인이라면 시간의 흐름에 따라서 검사 점수도 증가할 때 타당한 검사라고 평가해야 한다.

4) 결과타당도

결과타당도(consequential validity)란 검사결과가 검사의 목적과 얼마나 부합하는가, 즉 의도한 결과를 얼마나 달성하였으며 의도하지 않은 어떤 결과가 나타났는지에 대한 검증이다. 즉, 결과타당도는 검사를 실시한 후 그 결과에 대해 가치판단을 하는 것으로서 평가결과가 학생, 학부모, 교사, 학교, 사회에 미치는 영향을 토대로 검사도구의 타당성을 평가하는 방법이다.

 심화학습 3

내적타당도와 외적타당도

'타당도'라는 개념은 측정 상황에서뿐만 아니라 실험연구에서 실험설계 상황에서도 등장한다. 내적타당도와 외적타당도가 그것이다. 내적타당도(internal validity)는 실험연구 과정에서 독립변수 외의 다른 가외변수가 적절히 통제되었는지를 나타낸다. 이에 비해 외적타당도(external validity)는 실험결과를 연구에서 사용된 장면과 피험자 이외에 다른 장면 또는 다른 피험자에 일반화할 수 있는 정도를 일컫는다.

▶▶ 3 타당도의 일반화 가능성

특정 상황에서 얻은 타당도가 검사점수와 준거점수 간의 관계를 신뢰성 있게 잘 대표하고 있는지를 검토할 필요가 있다. 타당도 결과를 다른 사태에 얼마나 보편화 또는 일반화할 수 있느냐, 즉 타당도의 신뢰도를 '교차타당도(cross-validity)'라고 한다. 교차타당도를 구하기 위해서는 다음의 절차를 따르게 된다.

첫째, 제1표집에서 새로 제작한 검사도구에서 구한 점수를 독립변수($X_{제1표집}$), 현재나 미래의 특정 준거점수를 종속변수($Y_{제1표집}$)로 하는 회귀분석을 실시하여 회귀식을 추정한다.

둘째, 동일한 전집에서 제2표집을 추출하여 이 집단에게 앞에서 얻어진 회귀식을 적용하여 예측된 준거점수($Y'_{제2표집}$)를 구한다. 이때 얻어진 예측된 준거점수($Y'_{제2표집}$)와 제2표집의 실제 준거점수($Y_{제2표집}$) 간에 상관계수($r_{YY'}$)를 구한다. 이 상관계수를 '교차타당도'라고 한다.

▶▶ 4 타당도와 신뢰도

신뢰도는 측정하고자 하는 특성을 얼마나 정확하게 오차 없이 측정하였느냐 하는, 측정도구의 일관성을 말한다. 이에 비해 타당도는 측정하고자 의도한 본래의 특성을 얼마나 충실히 측정하고 있는지를 나타낸다. 타당도는 측정도구가 측정의 목적을 정확하게 반영하고 있는 정도, 즉 측정도구의 적절성을 일컫는다.

예컨대, 키에 관한 정보를 얻고자 하는 데 체중계를 이용한다면, 체중계 값이 일관성 있게 얻어진다는 가정하에 신뢰도는 높지만 타당도는 그리 크지 않을 것이다. 체중계가 키와 관련한 정보를 제공하는 데 한계가 있기 때문이다. 만날 때마다 다른 말을 하는 상대는 신뢰성이 떨어진다 할 수 있다. 만날 때마다 동일한 말을 하지만 그것이 진실하지 않은 경우에는 신뢰성은 있지만 타당성이 없다고 할 수 있다. 예컨대, 경우에 따라서 "나는 산이 제일 좋아!" 하다가 "바다보다 더 좋은 곳은 없어!"라고 갑자기 말을 바꾸는 사람은 신뢰성이 없는 사람이다. 따라서 '늘 바다를 좋아한다고 말하던 사람' 혹은 '늘 산을 좋아한다고 말하던 사람'이 실제로는 산에 오르지 못하는 자신의 신체적 결점을 합리화하기 위해서 바다를 좋아한다고 하였고, 각선미에 자신이 없어서 산을 좋아한다고 지속적인 거짓말을 하였다면 그의 말은 '신뢰성은 있지만 타당성은 없다'고 할 수 있다.

배우자를 선택할 때 자상함을 가장 중시하는 여자가 어느 날 해수욕장에서 만난 한 남자의 터프한 모습에 반해서 결혼했다면 그녀의 삶은 결코 행복하지 않을 것이다. 왜냐하면 그녀의 측정은 타당도가 매우 낮았기 때문이다. 터프함과 자상함은 아무런 관련이 없으며 심지어는 반대의 성향일 수도 있다. 백옥같이 고운 피부에 반해서 지금의 아내와 결혼했다는 사람이 실제로는 지독한 원시였다면 그의 판단도 타당성이 없는 경우의 예가 될 수 있다. 수업시간에 항상 자신이 잘생겼다고 말하는 교사에 대해 학생들이 황당함을 보였다면, 그 이유는 교사가 자신의 외모를 측정함에 있어서 신뢰도에 문제가 있어서가 아니라 타당도에 문제가 있었기 때문으로 볼 수 있다. 즉, 그 교사는 자신의 언행에 있어서 비록 일관성은 가지고 있었지만 잘생긴 외모가 무엇인지에 대한 정확한 기준을 가지고 있지는 못했다고 볼 수 있다.

측정을 통해서 직접 얻을 수 있는 관찰점수는 [그림 8-4]에서 보는 바와 같이, 진점수와 오차점수로 구분할 수 있다. 진점수는 다시 타당한 진점수와 타당하지 않은 진점수로 나눌 수 있다. 이때 진점수에 해당되는 부분이 신뢰도이며, 타당한 점수 부분에 해당하는 것이 타당도다.

타당한 점수 부분이 매우 크다면 진점수 부분을 의미하는 신뢰도도 클 수밖에 없다. 신뢰도가 높다고 해서 항상 타당도가 높은 것은 아니지만, 신뢰도가 낮다면 타당도는 절대 기대할 수 없다. 즉, 높은 신뢰도는 높은 타당도가 되기 위한 선행조건이다. 이를 달리 표현하면, 높은 신뢰도는 높은 타당도가 되기 위해 '체계적 오차가 작아야 한다'는 조건이 더 필요하기 때문에 필요조건이 되고, 높은 타당도는 높은 신뢰도가 되기 위한 충분조건이 된다.

타당한 점수	타당하지 않은 점수: 체계적 오차=고정오차	일관성이 없는 점수: 측정오차=무선적 오차
〈타당도〉		
〈신뢰도〉		
[진점수]		[오차점수]
[관찰점수]		

[그림 8-4] 신뢰도와 타당도의 관계

타당도와 신뢰도 중에서 더 중요한 것은 무엇일까? 머리 둘레로 지능을 측정하는 것처럼 아무리 일관성 있는 측정이라 하더라도 그것이 평가의 목적에 부합하지 않는 것이라면 무의미하다. 반대로 평가의 목적에 충실한 측정이라면 그것이 다소 일관성에 문제가 있다 하더라도 앞의 예보다는 낫다고 볼 수 있다. 측정에 있어서 신뢰도와 타당도는 모두 중요하지만 우선순위를 정한다면 타당도를 먼저 생각해야 한다.

그러나 많은 연구에서 확인할 수 있듯이 신뢰도에 대한 정보에 비해 타당도에 대한 정보는 매우 미흡하게 보고되고 있다. 그 이유는 다양하게 진단할 수 있다.

첫째, 신뢰도에 대한 확신 없이는 타당도도 확신할 수 없기 때문이다. 앞서 언급한 바와 같이 높은 신뢰도는 높은 타당도의 선행조건이다.

둘째, 타당도에 대한 증거 수집이 신뢰도에 비해 훨씬 어렵기 때문이다. 즉, 실용성 측면에서 타당도의 증거 수집이 신뢰도에 비해서 훨씬 떨어진다.

셋째, 타당도보다 신뢰도와 객관도를 더 중시하는 사회적 분위기 때문이다. 임용시험이 교사로서의 적성과 인성을 제대로 평가하고 있는지에 대해 논의하기보다는 채점자 간 점수 차이가 무시할 수 있을 정도로 충분히 적은지에 더 관심을 두는 것이 현실이다. 인지적 영역, 정의적 영역, 심동적 영역을 동시에 평가할 수 있고 결과적 지식뿐만 아니라 과정적 지식도 평가할 수 있다는 장점을 지닌 수행평가가 학교 현장에서 좀 더 확대되지 못하는 이유도 채점자 간 합치도를 보장하기 어려워 학생과 학부모의 동의를 구하는 데 한계가 있기 때문으로 볼 수 있다.

그러나 향후 교육평가는 신뢰도와 객관도를 확보하려는 노력도 필요하지만 이보다 더 우선적으로 따져 보아야 할 것이 타당도를 제고하려는 노력이다. 단순히 일관성 있는 숫자를 재생산할 수 있는 평가에 그치지 않고 교육목표를 제대로 반영한 평가가 될 수 있도록 해야 할 것이다.

한 가지 더 유의할 점은 타당화 검증이 한번 완료되었다고 그 측정도구가 영구적으로 신뢰성 있고 타당하다고는 할 수 없다는 것이다. 타당도가 확인된 측정도구라 하더라도 시대와 사회 분위기가 변하면 타당도도 달라질 수 있다. 멋진 남자를 측정하는 도구가 있다고 하자. 이에 대한 측정문항은 '돈가스를 밥에 비벼서 먹을 수 있는가?' 등의 내용으로 구성되어 있다고 할 때, 이 측정도구가 타당하다고 할 수 있는지는 사회적 분위기에 따라 달라지게 된다. 즉, 멋보다는 맛을 중시하는 사회에서는 타당한 측정도구가 될 수 있지만, 맛보다는 멋을 중시하는 사회에서는 타당하지 않은 측정도구가 되어 버린다.

요약

- 측정결과가 유의미하기 위해서는 먼저 측정도구의 타당도와 신뢰도가 보장되어야 한다. 타당도는 측정도구가 측정하려고 의도하는 것을 어느 정도 충실히 측정하고 있는지, 또는 측정도구가 무엇을 측정하고 있는지에 대한 설명이나 지수를 말한다.
- 타당도를 확인하는 방법으로는 내용타당도, 안면타당도, 준거타당도(공인타당도, 예언타당도), 구인타당도, 수렴적 타당도, 변별적 타당도, 결과타당도 등이 있다.
- 신뢰도가 높다고 해서 항상 타당도가 높은 것은 아니지만, 신뢰도가 낮다면 타당도는 절대 기대할 수 없다. 즉, 높은 신뢰도는 높은 타당도가 되기 위한 선행조건이다. 달리 표현하면, 높은 신뢰도는 높은 타당도가 되기 위해 '체계적 오차가 작아야 한다'는 조건이 더 필요하기 때문에 필요조건이 되고, 높은 타당도는 높은 신뢰도가 되기 위한 충분조건이 된다.

학급 활동

1. 측정전문가 A는 공격성을 측정하는 검사도구를 새롭게 개발하였다. 이 측정도구의 타당도를 어떻게 검증할 것인지 그 절차를 제시하시오.

〈모범답안〉
- 공인타당도 검증: 기존에 타당화 검증이 이루어진 다른 공격성 검사와 새롭게 개발한 공격성 검사를 동일 집단에게 실시한 다음, 두 검사점수 간의 상관을 구한다.
- 예언타당도 검증: 공격성 검사에서 높은 점수를 받은 집단의 공통된 행동 특성을 추론함으로써 공격성 검사의 구인의 정체가 무엇인지를 확인한다.
- 구인타당도 검증: 탐색적 요인분석을 실시하여 의도했던 요인으로 분류되지 않은 문항이 있는지, 추출된 요인으로 설명할 수 있는 전체 분산이 적지 않은지, 공통성이 지나치게 적은 문항이 있는지를 확인한다. 그리고 확인적 요인분석을 실시하여 χ^2검정(적합 기준: 유의확률 p > .05), TLI(적합 기준: TLI > .90), CFI(적합 기준: CFI > .90), RMSEA(적합 기준: RMSEA < .10) 등의 적합도 지수를 확인한다. 부적합한 문항이 발견되면 삭제하거나 수정한다.

함께 풀어 봅시다

1. 타당도와 관련된 것이라고 보기 <u>어려운</u> 것은?
   ① 측정도구가 측정하려고 의도하는 것을 어느 정도 충실히 측정해 주는지를 설명한다.
   ② 한 검사를 구성하는 문항들이 전집의 내용영역과 행동영역을 얼마나 잘 대표하는지를 설명한다.
   ③ 검사도구에서 구한 점수와 이미 타당성을 입증받은 다른 검사도구에서 구한 점수 간의 상관을 구한다.
   ④ 검사 및 이에 대한 동형검사를 제작하여 동일 피험자에게 각각 다른 시기에 실시한 다음, 여기서 얻은 시점별 점수 간의 상관을 구한다.

2. 타당도에 관한 설명으로 옳은 것은?
   ① 안면타당도는 준거타당도의 일종이다.
   ② 태도검사에서 안면타당도는 높을수록 좋다.
   ③ 이원분류표의 제작은 내용타당도를 보이기 위해서다.
   ④ 수능 점수와 대학 입학 후의 성취도 간의 상관은 수능시험의 공인타당도를 보이기 위해서다.

3. 요인분석에 대한 설명으로 옳은 것을 〈보기〉에서 모두 고른 것은?

   ──────── 〈보기〉 ────────
   ㄱ. 서로 유사한 변수들끼리 묶어서 자료를 요약하는 통계적 방법이다.
   ㄴ. 주로 구인타당도를 확인하는 데 이용된다.
   ㄷ. 탐색적 요인분석은 선행적으로 설정한 가설이 관찰된 자료에서 유의하게 나타나는지 확인하는 것이다.

   ① ㄱ   ② ㄱ, ㄴ   ③ ㄴ, ㄷ   ④ ㄱ, ㄴ, ㄷ

4. 타당도와 신뢰도 간의 관계를 서술하시오.

5. 측정전문가 A는 공격성을 측정하는 검사도구를 새롭게 개발하였다. 이 측정도구의 타당도를 어떻게 검증할 것인지 그 절차를 제시하시오.

6. 다음은 전문상담교사들이 객관형 자기보고식 검사에 대하여 대화하는 내용이다. 괄호 안

의 ㉠에 해당하는 용어를 쓰시오.

> 신 교사: 학습 동기를 재려면 어떤 검사가 좋을까요?
>
> 고 교사: 좋은 검사는 무엇보다도 알아보고자 하는 내용을 알 수 있게 구성되어 있어야 해요. 일단 제가 한번 알아보죠.
>
> 신 교사: 고맙습니다. 그런데 어떤 검사들은 할 때마다 검사결과가 달라져서 곤란한 적이 있었어요.
>
> 고 교사: 그랬었군요. 검사결과가 실시할 때마다 다르게 나오면 결과를 믿을 수가 없죠. 그래서 검사결과가 일관성 있게 나오는 (㉠)이/가 높은 검사를 사용해야 해요.

7. 다음은 1학기 창작댄스와 농구 실기 평가에 대한 체육 교사 간의 대화 내용이다. 〈작성 방법〉에 따라 서술하시오.

> 강 교사: 선생님, 이번에 평가한 창작댄스의 동료 평가 결과를 확인했는데 문제가 많아요.
>
> 황 교사: 어떻게 평가하셨죠?
>
> 강 교사: 저는 학생들을 A, B, C의 세 모둠으로 나눠 한 모둠을 다른 두 개의 모둠이 평가하도록 했어요. 예를 들어, A 모둠이 창작댄스를 발표할 때 B 모둠과 C 모둠이 동시에 A 모둠의 작품을 평가하도록 했어요.
>
> 황 교사: 그런데 평가결과에 어떤 문제가 있었나요?
>
> 강 교사: 네. A 모둠에 대한 B 모둠과 C 모둠의 평가가 너무 달라 점수 차이가 컸어요. 학생들은 공정하지 않다며 동료 평가에 대한 불만이 컸어요.
>
> … (중략) …
>
> 강 교사: 선생님! 지난 번에 실시한 농구 평가도 문제가 있었어요. 선생님은 저와 다르게 농구의 전술 이해도를 슛 성공률로 평가하셨더라고요?
>
> 황 교사: 슛을 잘하면 전술을 잘 이해하고 있다고 볼 수 있는 거 아닌가요? 저는 전술 이해도를 경기 중에 평가하기 어려워서 슛 성공률로 평가했어요.
>
> 강 교사: 저는 그렇게 생각하지 않아요. 전술 이해도는 경기 중에 학생들의 의사결정, 공간 활용, 의사소통 여부를 평가하는 것이 더 적절하다고 보거든요.

> 〈작성 방법〉
> • 대화 내용에 근거하여 신뢰도 측면의 문제점을 찾고 해결 방안을 제시할 것.
> • 대화 내용에 근거하여 타당도 측면의 문제점을 찾고 해결 방안을 제시할 것.

※객관식 문항 정답은 부록 참조

✉ 참고문헌

박도순 외(2007). 교육평가: 이해와 적용. 서울: 교육과학사.

성태제(2009). 교육평가의 기초. 서울: 학지사.

성태제(2010). 현대교육평가(3판). 서울: 학지사.

이종승(2009). 현대교육평가. 서울: 교육과학사.

임인재, 김신영, 박현정(2003). 심리측정의 원리. 서울: 학연사.

황정규(2004). 학교학습과 교육평가. 서울: 교육과학사.

Campbell, D. T., & Fiske, D. W. (1959). Convergent and discriminant validation by the multitrait-multimethod matrix. *Psychological Bulletin, 56,* 81-105.

Hambleton, R. K., & Novick, M. R. (1973). Toward an integration of theory and method for criterion-referenced test. *Journal of Educational Measurement, 10,* 159-170.

Chapter 09
문항분석과 적용: 고전검사 이론과 문항반응이론

출제와 병행해 진행하는 검토과정은 '시중 참고서나 모의고사, 학원교재, 신문 등에 그대로 출제된 문항은 없는가' '난이도와 변별도는 적절한가' '특정 교과서를 사용한 학생에게 유리한 내용을 담고 있지는 않은가' 등의 일반원칙에 따라야 한다. 아울러 문항 및 답지는 '정답 시비가 생기지 않도록 필요한 조건이 모두 포함돼 있는가' '정답이 특정한 문항에 편중돼 있지 않은가' '답지는 논리적 순서에 따라 배열돼 있는가' 등을 검토한다. 검토위원과 출제자는 의견을 제시하고 토론과정을 거쳐 문항을 여러 차례 수정해 최종 확정한다 ……. 답지를 제작할 때는 '정답 시비가 없도록 하면서 오답도 그럴듯해 보이도록 매력도를 높이되, 오답을 지나치게 생소한 용어로 표현하지 않아야 한다.' 수리 출제과정에서 출제자들의 초안 중 '정답이 없거나 복수 정답 시비가 있는 경우' '문제 상황이 현실에 부합되지 않거나 답지의 표현이 불분명한 경우'에 문항이 수정되거나 교체된다.

－『문화일보』, 2005년 3월 11일자 기사 중

지난 17일 한국교육과정평가원 홈페이지의 수능 이의신청 게시판에는 수능 영어 32번 문제와 함께 오류 논란이 있는 영어 홀수형 25번 문항에 대해 복수 정답을 인정해야 하는지에 대한 의견이 나오고 있다. 수능 영어 25번은 미국 학생의 설문조사가 지문으로 나왔는데 2번과

4번이 복수 정답으로 인정해야 한다는 목소리가 높다

– 『서울경제신문』, 2014년 11월 18일자 기사 중

    2015학년도 대학수학능력시험(수능) 채점 결과 자연계열 수험생이 주로 치르는 수학 B형은 만점을 받아야 1등급인 것으로 나타났다. 인문계열 수험생이 치르는 수학 A형의 1등급자 비율이 7.06%에 이르는 등 1등급 비율이 6~7%인 과목이 많아 수능 난이도 조절에 실패했다는 분석이 나온다. 수능 1등급은 4%에 맞추도록 돼 있다.

– 『한겨레신문』, 2014년 12월 2일자 기사 중

    검사를 구성하고 있는 기본 요소인 문항 하나하나가 검사자가 의도한 기능을 제대로 수행할 때 검사의 양호도는 확보될 수 있다. 문항분석은 문항들 각각의 특성을 분석하는 작업을 말하며, 개별적 문항에 대한 질적 문항분석과 함께 문항난이도, 문항변별도, 답지의 매력도 등과 관련된 양적 문항분석을 포함한다. 근래에 들어서는 검사이론의 발전에 따라 고전검사이론에 근거한 전통적 문항분석뿐만 아니라 문항반응이론에 따른 문항분석도 활발히 사용되고 있다. 이 장에서는 전통적 문항분석부터 최신의 측정모형에 따른 문항분석 방법까지 자세히 살펴보도록 한다.

학/습/목/표

- 문항분석의 목적과 정의를 이해하고 이를 진술할 수 있다.
- 전통적 문항분석 방법을 이해한 후 문항난이도, 문항변별도, 오답지의 매력도 등과 관련된 통계치를 계산하고 그 수치들을 해석할 수 있다.
- 문항반응이론에서의 문항분석 방법을 이해한 후, 문항반응모형에서 문항 모수들이 갖는 의미를 설명할 수 있고 그 추정된 수치들을 해석할 수 있다.
- 명목반응모형을 적용하는 이유를 이해하고 반응범주곡선을 설명할 수 있다.
- 문항분석에 있어서 설명적 문항반응모형을 통하여 추가적으로 얻을 수 있는 정보는 무엇인가 기술할 수 있다.
- 인지진단모형의 적절한 적용을 위한 전제조건을 기술할 수 있다.

▶▶ 1 문항분석의 개념과 활용

하나의 교육 및 심리검사를 제작하고 실시하는 것은 얼핏 보기에 매우 간단한 일처럼 보일 수 있다. 이는 다수의 관련 문항이나 질문을 직접 제작하거나 모아서 피험자들에게 답하도록 하고 그 결과를 일정한 규칙에 따라 채점하여 최종 점수를 부여하면 될 것으로 보이기 때문이다. 그러나 우리 눈으로 직접 관찰할 수 없는 복잡한 인간의 지식, 기능, 심리적 특성 등을 타당하고 신뢰성 있는 검사를 통해서 객관적인 정보로 만드는 과정은 그리 단순한 것이 아니다(Barnard, 1999). 이러한 목표를 이루기 위해서는 하나의 검사목적에 부합할 뿐만 아니라 피험자의 능력을 보다 정확하고 효율적으로 측정할 수 있는 양질의 문항을 개발 및 확보하는 것이 무엇보다 중요하다. 각 문항의 심리측정학적 특성을 파악하기 위해 이루어지는 제반 활동을 문항분석이라고 하는데, 이는 하나의 교육 및 심리검사 속에 포함된 질이 낮은 문항을 가려내고 이를 수정하거나 삭제하여 검사를 개선하려는 목적을 가진다. 다시 말해서, 문항분석은 검사의 각 문항이 적절한 수준의 통계적 속성을 갖추고 있는지 검토하고, 이를 바탕으로 신뢰성과 타당성 높은 검사 구성을 위해 그 문항들이 사용되기에 적합한지 판단하기 위한 절차다.

문항분석에 대한 접근방법은 검사의 목적에 따라서 달라질 수 있다. 예를 들어, 준거지향평가를 위한 검사문항과 규준지향평가를 위한 검사문항은 그 양호도를 검증하기 위하여 주로 살펴야 할 문항 통계치가 다를 수 있으며, 또 같은 통계치를 사용한다고 하더라도 그 해석에서의 기준이 다를 수 있다(황정규, 1998). 또한 학생에 대한 최종적 판단을 위해 사용되는 총합평가, 교수–학습이 진행되는 과정에서 이를 돕기 위한 형성평가, 그리고 보통 학년 초에 학생들의 학력수준을 파악하기 위해 실시하는 진단평가 등에서 요구되는 문항의 특성이 각각 다를 수 있다. 아무리 좋은 검사일지라도 위와 같은 여러 가지 목적을 모두 충족시키기는 어렵기 때문에, 검사의 결과가 최종적으로 어떻게 사용될 것인가에 대한 명확한 이해를 바탕으로 문항에 대한 분석 및 선택이 이루어져야 한다.

학생 및 피험자에 대한 올바른 이해, 즉 구인(construct)에 대한 정확한 측정을 목적으로 하는 하나의 검사를 제작할 때에는 교사나 내용전문가 등에 의해 만들어진 문항들을 소규모 학생 표집을 대상으로 예비적으로 실시(pilot testing)하고, 그렇게 수집된 자료를 바탕으로 문항의 양호도를 경험적으로 검증하는 과정인 문항분석 절차를 밟게 된다. 이를 통해 문항 모집단(item universe)을 잘 대표할 수 있을 것으로 기대되는 문항 표본집단을 선택하여 본검사를 제작하게 되며, 이렇게 최종적으로 사용된 문항들은 검사의 신뢰도와 타당도에 가장 큰 기여를 할 수 있을 것으로 기대된다. 또한 이러한 검증과정을 통하여 실제 검사에서 한 번 사용된 문항도 이후의 검사에서 유효하게 다시 사용하기 위하여 문항은행(item pool) 속에 저장할 수 있는데, 이때 관련 정보를 지속적으로 갱신할 필요가 있기 때문에 검사의 실행결과로 얻게 되는 자료를 바탕으로 새로운 문항분석이 지속적으로 실시되어야 한다.

문항에 대한 예비적 분석 없이 실시된 검사는 애초에 의도된 구인을 정확하고 의미 있게 잴 수 있는지 장담할 수 없기 때문에 신뢰도와 타당도상의 문제가 발생하기 쉬우며, 궁극적으로는 검사 전체의 양호도 및 학생을 변별하는 힘에 문제가 생겨 검사 결과 자체가 무의미하게 될 가능성이 크다. 예를 들어, 너무 어려운 문항들로만 이루어진 검사는 뛰어난 능력을 갖춘 소수의 학생을 제외한 대부분의 학생이 낮은 점수를 받게 됨에 따라 그 실력 차이를 제대로 변별해 내지 못할 가능성이 있다. 특히 진단평가에서 이런 일이 발생할 경우, 그 검사의 결과는 능력이 뒤처지는 학생들을 찾아서 개별적인 교수 처치를 제공하려는 목적에 별로 도움이 되지 않을 것이다. 반대로 너무 쉬운 문항들로 구성된 검사도 대부분의 학생이 그들의 능력 수준과 관계없이 모두 높은 점수를 받게 되어 배치 · 승급 · 합격 등과 관련된 목적으로 사용되는 고부담 시험(high stakes testing) 상황에서는 제대로 된 역할을 할 수 없게 된다. 또한 타당도에 문제가 있는, 즉 엉뚱한 구인을 재는 문항들을 포함하는 검사는 그 결과의 의미 있는 해석과 활용이 어려워짐에 따라 평가적 목적을 달성하는 데 있어서 심각한 결함을 내포할 가능성이 크다.

그렇다면 하나의 문항이 '나쁜' 혹은 '부적절한' 문항이 되는 원인은 무엇일까? 다음에서는 이에 대한 설명과 함께 문항분석 과정을 통하여 얻을 수 있는 정보를 어떻게 실질적으로 활용할 수 있는가에 대하여 간단히 살펴보기로 한다.

- 문항이 너무 어렵거나 쉽다: 문항의 난이도 혹은 난이도[1] 분석을 통하여 관련 정보를 얻을 수 있다. 지나치게 어렵거나 쉬운 문항은 검사의 신뢰도에 큰 기여를 할 수 없다는 문제를 갖지만, 다른 관점에서의 이유로 인하여 검사에 의도적으로 포함될 때도 있다. 예를 들어, 매우 쉬운 문항을 검사의 첫 번째 문항으로 사용함으로써 시험에 대한 불안을 가진 학생들이 지나치게 경직되는 것을 막는 효과를 기대할 수 있다. 또한 매우 어려운 문항은 검사의 마지막 부분에 배치되어 능력이 뛰어난 학생들에게 학습 동기를 부여할 목적으로 사용될 수도 있다.

- 문항이 능력이 뛰어난 학생과 뒤처지는 학생을 변별하는 힘이 없다: 문항의 변별도 분석을 통하여 관련 정보를 구할 수 있다. 문항의 변별력은 보통 크면 클수록 바람직한 것으로 해석될 수 있다. 무조건 높은 변별도가 최대의 검사 정보를 유도하는 것은 아니라는 선행 연구(Veerkamp & Berger, 1999)가 있고, 비현실적으로 높은 변별도를 가지는 문항이 사실은 교육 현장의 어떤 문제를 암시하는 것일 수 있다는 연구결과(Masters, 1988)도 존재한다. 하지만 이와 같은 다른 문제가 없다면 기본적으로 능력이 낮은 피험자는 오답을, 그리고 능력이 높은 피험자는 정답을 할 경향성이 커야 좋은 문항이라고 할 수 있다. 만약 어떤 문항이 이러한 변별력을 가지고 있지 않다면 검사를 통해서 재고자 하는 피험자의 능력을 파악하는 데에 도움이 되지 않을 것이다.

- 문항이 검사가 원래 측정하고자 하는 내용과 범위를 벗어나거나 원래 의도된 구인과는 다른 영역을 묻고 있다: 이러한 문제점을 파악하기 위해서는 우선 내용 및 교과 전문가의 질적인 판단이 중요하며, 이와 더불어 검사의 구인타당도 검증 과정을 통하여 해당 문항을 수정하거나 걸러 낼 필요가 있다. 검사의 본래 의도를 반영하지 못하는 문항은 검사 전체의 타당도에 해가 될 수 있다.

- 문항의 문두 혹은 답지가 명확히 기술되지 않아서 학생들이 문항에 답할 때 혼동할 여지가 있

---

1) 난이도는 문항의 어렵고 쉬운 정도를 의미한다. 따라서 '난이도가 높다 혹은 낮다'는 표현이 혼동스러울 수 있기 때문에 이러한 문제로부터 자유로운 난이도라는 용어를 함께 쓰기로 한다. '난이도가 높다'는 것은 문항이 어렵다는 뜻으로 명확히 이해할 수 있기 때문이다.

다. 혹은 문항에 포함되어 있는 그림, 사진, 도표 등의 정보가 명확하지 않아서 문항에 대한 잘 못된 이해를 유발할 수 있다: 하나의 문항은 학생들이 제대로 응답하기 위해 요구되는 정보를 충분히 포함하고 있어야 한다. 주어진 정보가 부정확하거나 관련 없는 정보를 너무 많이 제공하여 혼란을 유발하는 것은 바람직하지 않다. 예를 들어, 수리능력 검사에서 문항에 대한 명확한 이해가 곤란하면 검사를 통해 재고자 하는 구인보다 학생들의 '읽기' 혹은 '정보해독' 능력을 측정하는 문항이 되어 버릴 수도 있다. 이러한 다차원성 문제도 마찬가지이지만, 통계적 문항분석 결과가 문항의 내용과 관련된 정보를 직접 제공할 수는 없기 때문에 문항을 제대로 분석하고 문제점을 수정하기 위해서는 출제자인 교사나 검사전문가의 검토가 함께 이루어져야 한다.

- 문항의 모든 오답지가 여러 가지 이유로 오답임이 너무 명백하여 정답을 모르면서도 맞힐 가능성이 높다: 피험자가 문항에 맞게 답하는 과정은 단순히 주어진 답지를 비교하여 최선의 대안을 고르는 식이 되어서는 안 되며 충분한 근거가 그 바탕이 되어야 한다. 또한 오답지는 얼핏 보기에 그럴듯하거나 능력이 부족한 학생들이 보기에 매력적인 것이 가장 바람직할 것이다. 이는 문항 제작에 있어서 주의할 사항이다. 보다 구체적으로 말하자면, 오답지가 문법에 어긋나거나 논리적으로 앞뒤가 맞지 않게 기술되어 있어서는 안 되며, 또한 복수의 오답지들이 동의어 관계인 경우나 '절대' 혹은 '언제나'와 같은 단어를 포함하여 오답임이 확실히 드러나는 경우는 피해야 한다. 선다형 문항의 경우, 답지나 오답지에 대한 분석은 이러한 문제점들을 수치적으로 드러내 줄 수 있다. 말하자면 어떤 답지가 어느 정도 비율로 선택되었는지, 얼마나 매력적인지, 능력이 떨어지는 학생들이 선택할 가능성이 얼마나 높은지 등에 대한 정보를 제공해 줄 수 있다.

- 문항의 내용이 검사가 실시되는 전체 집단 속의 특정 하위 집단에 불리하거나 유리할 수 있다: 편파적 문항(biased item)과 관련된 문제는 내용전문가의 문항에 대한 질적인 검토와 함께 차별적 기능문항(differential item functioning: DIF) 분석을 통해 살펴볼 필요가 있다. DIF 문항을 통해 이득을 보는 집단이 전반적으로 능력이 뛰어난 집단

일 경우, 문항의 변별도는 원래 값보다 과대 추정되기 쉬우며, 불이익을 당하는 집단의 규모가 클 경우 난이도 또한 원래 어려운 정도보다 더 어려운 것으로 나타나기 쉽다. 하지만 검사 실시자의 의도와 다르게 작용하는 것이 아니라면 DIF 문항 자체가 항상 나쁜 문항이라고 볼 수는 없다. 이는 어떤 문항이 특정 집단에 더 쉬워야 한다는 목적을 가지고 제작될 수도 있기 때문이다. 예를 들어, 여성적 성향이 중시되는 직업을 위한 적성검사라면 여성에게 유리한 문항이 의도적으로 포함될 수도 있다.

앞에서 살펴본 바와 같이, 어떤 문항의 질을 평가함으로써 문제점을 발견하고 해결하는 작업은 통계적 방법에 기초한 접근과 함께 검사의 내용적 측면을 살필 수 있는 내용 및 교과전문가의 도움이 필요하다. 하지만 이 장에서는 주로 통계적 및 양적 측면에서 검사문항을 검토하는 방법에 주된 비중을 둘 것이다. 이러한 방법론으로서 크게 고전검사이론(classical test theory: CTT)에 바탕을 둔 전통적 문항분석과 현대검사이론이라고도 불리는 문항반응이론(item response theory: IRT)에서의 문항분석을 살펴볼 것이다. 앞서 언급된 '나쁜' 문항의 원인과 관련하여 문항분석 결과가 제공할 수 있는 정보는 크게 ① 문항난이도(item difficulty), ② 문항변별도(item discrimination), ③ 오답지(distracter)의 매력도 등 세 가지로 요약될 수 있다. 구인타당도 검증과정을 통한 각 문항의 요인 부하량 검토 및 다차원성 검사, 그것의 DIF 분석 등은 넓은 의미의 문항분석 범주에 포함될 수 있지만 이 장에서는 다루지 않기로 한다.

문항분석의 주된 목표는 문항의 양호도에 관한 객관적인 정보를 얻는 것이며, 이를 통해 나쁜 문항이나 적절하지 않은 문항을 골라낼 수 있다. 즉, 어떤 검사문항은 너무 쉽거나 혹은 너무 어려울 수 있으며, 또 어떤 문항은 능력이 높은 학생과 낮은 학생을 변별해 내는 데에 별다른 도움을 주지 못할 수도 있다. 이를 위해 가장 기본적으로 사용되는 두 가지 통계치는 문항난이도와 문항변별도다. 또한 선다형 문항의 경우 피험자들이 각 오답지를 택한 비율 및 오답 여부와 피험자의 능력 추정치 간의 관계 또한 주요 관심의 대상이 되는데, 각 오답이 의도했던 기능이나 역할을 제대로 수행하는지에 대한 정보를 제공함으로써 해당 문항을 정교화하는 데에 이용될 수 있다.

이하에서는 이 세 가지 정보와 관련된 CTT와 IRT의 접근방법을 소개한다. 1970년대 초반부터 점차 CTT와 함께 사용되기 시작한 IRT는 점점 그 비중이 높아져서 근래에는 주된 문항분석의 이론적 틀로 기능하고 있다. 문항분석은 검사자료에 대한 문항단위의 통계학적 분석이라고 할 수 있기 때문에, 안정적이고 타당한 통계치의 추정을 위해서는 피험자 전집(population)을 잘 대표할 수 있는 일정 크기 이상의 표본집단(sample) 이 요구된다. Nunnally(1967)는 CTT를 적용하여 문항분석을 하기 위해서는 대략 문항 수의 5~10배의 피험자 표본이 필요하다고 하였으며, Hambleton과 Jones(1993)는 200~500명의 표본 크기가 요구된다고 하였다. IRT의 경우는 적용하는 모형에 따라 안정적인 모수 추정을 위해 요구되는 표본 크기에 차이가 존재한다. 문항당 추정할 모수가 난이도 하나뿐이어서 가장 간단한 IRT 모형이라고 할 수 있는 라쉬(Rasch) 모형의 경우 적어도 200명 정도의 표본이 필요하며, 보다 복잡한 모형인 경우 그 이상의 피험자가 필요한 것으로 알려져 있다(Hulin, Drasgow, & Parsons, 1983; Wright & Stone, 1979).

▶▶ 2 고전검사이론

고전검사이론의 기본 가정은 피험자의 관찰점수가 진점수와 오차점수의 합 ($X = T + E$)으로 표현될 수 있다는 것이고, 이에 따른 고전검사이론의 장점은 이러한 '약한' 가정 덕분에 실제 자료에 대한 이론의 적용과 해석이 비교적 수월하다는 것이다. 하지만 피험자의 진점수가 어떤 절대적인 속성을 갖는 것이 아니라 검사에서의 문항 수, 내용, 난이도 등에 따라서 달라질 수 있다는 점과 문항의 난이도가 피험자 집단에 따라서 다르게 정의될 수 있다는 점에서 문제를 가지고 있기도 하다. 전통적 문항분석은 이러한 고전검사이론을 바탕으로 문항의 양호도를 검증하는 작업이다.

1) 문항의 난이도

문항난이도는 한 문항의 쉽고 어려운 정도를 의미하며, 보통 선다형 문항이나 진위형 문항과 같이 이분적으로(dichotomously) 문항 점수가 주어지는 경우 해당 문항에 정답을 한 학생의 수와 표본에 있는 모든 학생의 수(N)의 비율로 정의된다. 이를 공식으로 나타내면 다음과 같다.

$$p_i = \frac{1}{N} \sum_{j=1}^{N} X_{ij} \quad \cdots\cdots\cdots\cdots\cdots\cdots\cdots\cdots ①$$

여기서 X_{ij}는 문항 i에 학생 j가 획득한 문항 점수이며 맞았을 경우 1점, 그리고 틀렸을 경우 0점이 주어진 것으로 본다. p_i 값이 작을수록 어려운 문항이며 반대로 클수록 쉬운 문항임을 의미하는데, 대개 0.2보다 작거나 0.8보다 클 경우에 너무 어렵거나 너무 쉬운 문항으로 판정한다.

이 공식에서 N 대신에 문항 i에 응답한 모든 학생의 수를 사용할 수도 있는데, 이는 속도검사(speeded test)에서 검사의 마지막 부분에 위치하는 문항들의 경우 미달항(non-reach)이 될 가능성이 높기 때문에 이를 고려하기 위한 것이다. 그러나 검사 중간중간에 학생들이 응답하지 않은 문항들의 경우(omit)는 오답으로 처리하는 것이 보다 타당할 수 있으므로 이러한 교정이 반드시 필요하지는 않다. 이외에도 피험자가 문항의 정답을 모름에도 불구하고 우연히 맞는 답을 하는 추측요인이나 정답을 하기에는 충분치 않지만 부분적인 지식(partial knowledge)을 가지고 있을 경우 등을 고려하는 난이도 지표도 개발되어 있다(Crocker & Algina, 1986; Lord, 1952). 그러나 실제 교육자료의 분석 시에 널리 쓰이지 않기 때문에 이 장에서는 다루지 않기로 한다.

한 문항이 세 개 이상의 점수 범주를 갖는 경우(예: $X_{ij} = 0, 1, 2 \cdots\cdots K$), 그 난이도는 다음과 같이 계산될 수 있다. 이와 같은 다분 문항(polytomous item)의 난이도는 0과 K 사이의 값을 가지며, 역시 그 값이 클수록 쉬운 문항이라는 의미다.

$$\mu_i = \frac{1}{N} \sum_{j=1} X_{ij} \cdots\cdots\cdots\cdots\cdots\cdots\cdots\cdots ②$$

2) 문항의 변별도

한 문항이 피험자의 능력이나 특성에서 그 개인차를 파악하는 데에 있어서 얼마나 유용한가를 평가하기 위해서 문항변별도 지수(item discrimination index)가 사용될 수 있는데, 이는 문항의 타당도를 보기 위한 하나의 방법으로 볼 수 있다. 문항의 타당도(item validity)는 하나의 문항이 측정해야 할 구인을 제대로 측정하는가에 대한 질적·양적 판단을 위한 개념이다. 문항의 타당도는 내용전문가의 검토와 같은 질적 방법으로 평가될 수도 있고 이미 그 양호도가 검증된 다른 검사나 수행평가 등의 결과에 비추어서 평가될 수도 있다. 간편한 방법으로는 해당 문항을 포함한 검사의 총점을 내적 준거로 삼아서 판단하는 것이 있는데, 이는 타당한 교육 및 심리검사가 그 검사의 총점을 통해서 구인과 관련된 개인차를 효과적으로 드러낼 수 있어야 하기 때문이다.

문항의 변별도를 파악하는 데는 흔히 개별 문항의 점수와 전체 검사점수 간의 상관계수를 이용한다. 주로 사용되는 상관계수로는 두 가지 종류가 있는데, 양류계수(point-biserial coefficient: γ_{pb})와 양분계수(biserial coefficient: γ_b)다. 전자의 경우 0과 1로 이루어진 문항 점수와 전체 검사점수 간에 적률상관계수(Pearson product-moment correlation coefficient)를 구하는 것과 같은 결과를 얻게 되며, 후자의 경우는 양분된 문항 점수가 실은 정규분포를 따르는 연속변수로부터 얻어진 것이라는 가정하에 계산된다. 양분계수는 간혹 1보다 큰 값을 갖는 경우도 있으며 같은 자료를 사용할 경우 언제나 양류계수보다 조금 큰 값으로 추정된다(Lord & Novick, 1968). 대개 한 문항에 대한 양분계수가 0.4 미만이거나 양류계수가 0.3 미만일 경우 그 변별도가 만족스럽지 않은 것으로 판정한다. 따라서 이러한 문항은 버리거나 교정과정을 거친 후 다시 변별도를 평가할 필요가 있다.

$$\gamma_{pb} = \frac{\overline{X}_1 - \overline{X}_0}{S_x} \sqrt{p(1-p)} = \frac{\overline{X}_1 - \overline{X}}{S_x} \sqrt{\frac{p}{1-p}} \cdots\cdots\cdots\cdots ③$$

여기서 $\overline{X}_1$와 $\overline{X}_0$는 각각 해당 문항에 정답($X_i=1$)과 오답($X_i=0$)을 한 피험자들의 평균 검사점수를 의미하며, $\overline{X}$는 전체 검사점수의 평균이다. 또한 S_x는 전체 검사점수의 표준편차를, 그리고 p는 문항에 정답을 한 피험자의 비율(p-value)을 나타낸다. 양분계수는 양류계수를 구하는 앞의 공식과 비슷하면서도 약간 다른 형태로 계산된다.

$$\gamma_b = \frac{\overline{X}_1 - \overline{X}}{S_x}\frac{p}{h} \quad \cdots\cdots\cdots\cdots\cdots ④$$

공식 ④의 h는 $N(0, 1)$의 표준정규분포에서 p에 해당하는 Z점수에서의 세로 좌표(ordinate), 즉 높이를 의미하며 확률밀도라고 불린다. 예를 들어, [그림 9-1]에서 문항의 p-value가 0.6이라면, 이때 h값은 Z점수가 0.2533일 때의 세로 좌표 0.3863이다.

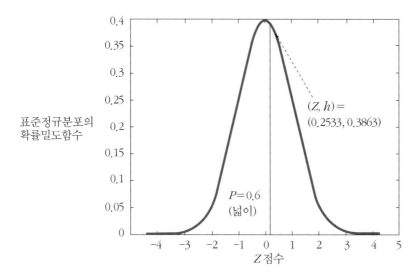

[그림 9-1] 양분계수 계산을 위한 h값 찾기

3) 오답지의 매력도

선다형 문항의 경우 한 문항에 대한 피험자들의 반응을 0과 1로 채점한 뒤에 문항분석을 실시하면 각 오답지에 대한 응답 정보가 무시되기 쉽다. 따라서 분석의 단위를 문항 속의 답지 하나하나로 옮겨서 문항반응분포를 살피면 각 오답지가 얼마나 매력적인지 혹은 매력적이지 못하다면 그 이유가 무엇인지에 대해서 분석할 수 있게 된다. 하나의 오답지가 피험자들에 의해서 거의 선택받지 못한 경우(말하자면 2% 미만인 경우) 오답으로서 걱정 수준의 매력도를 갖지 못한 것이므로 수정될 필요가 있다.

또한 각 답지를 1, 나머지를 0으로 코딩하는 자료를 작성한 후에 양류계수나 양분계수와 같이 전체 검사 점수와의 상관계수를 구해 보는 것도 유용하다. 오답지의 경우 대략 양류계수가 −0.1보다 작으면 오답으로서 제대로 기능하고 있다고 본다. 이는 오답을 택하는 경향성이 전체 검사점수로 대표되는 능력과 음의 상관관계를 가져야 바람직한 것이기 때문이다.

4) 전통적 문항분석의 실제

〈표 9-1〉은 1996년 미국에서 전국적 규모로 실시된 중학교 2학년 대상의 수학시험 문항에 대한 전통적 문항분석 결과를 보여 주고 있다. 전체 13문항 중 9문항은 선다형이고 나머지 4문항은 구성형이었다. 전체 피험자 수는 1만 9,193명이었으며 Cronbach α로 계산된 검사 신뢰도는 0.74였다. 마지막 열에는 해당 문항을 제외할 때 계산되는 α를 첨부하였는데, 이 값이 작을수록 해당 문항이 전체 검사 신뢰도에 주는 공헌이 크다는 의미다. 모든 문항에서 0.71부터 0.74까지 비슷한 값이 산출되어서 특별히 검사 신뢰도를 저해하는 문항은 없었다. 보통 많은 부분 점수를 가지는 구성형 문항이 전체 신뢰도에 기여하는 바가 큰 경향이 있지만, 이 자료에서는 의외로 문항 13이 제외된다고 해도 전체 신뢰도에 별 영향을 주지 못하는 것으로 나타났다. 이는 문항 13의 검사 신뢰도에 관한 공헌이 다른 문항과 비교했을 때 가장 적다는 의미다.

〈표 9-1〉 전통적 문항분석: 중학교 2학년 수학시험

문항	문항 유형	문항 통계치	답지, [ ]는 정답					문항 제외 시
			A	B	C	D	E	α
1	선다형	p-value	.10	.11	[68]	.04	.07	.72
		γ_{pb}	-.29	-.19	**.44**	-.14	-.12	
2	선다형	p-value	.04	.02	.24	[68]	.02	.71
		γ_{pb}	-.17	-.13	-.47	**.58**	-.10	
3	선다형	p-value	.21	.14	.09	.05	[51]	.71
		γ_{pb}	-.15	-.23	-.31	-.15	**.54**	
4	선다형	p-value	.01	.05	.03	.09	[82]	.72
		γ_{pb}	-.14	-.31	-.24	-.26	**.48**	
5	선다형	p-value	.25	.22	[34]	.09	.10	.73
		γ_{pb}	-.10	-.06	**.38**	-.11	-.22	
6	선다형	p-value	.09	[69]	.09	.01	.12	.72
		γ_{pb}	-.17	**.44**	-.20	-.12	-.24	
7	선다형	p-value	.09	.10	[59]	.09	.13	.73
		γ_{pb}	-.11	-.21	**.44**	-.18	-.17	
8	선다형	p-value	.15	[44]	.15	.23	.03	.71
		γ_{pb}	-.20	**.56**	-.19	-.26	-.09	
9	선다형	p-value	.17	.06	.11	.08	[58]	.71
		γ_{pb}	-.30	-.20	-.22	-.21	**.60**	
10	구성형 (0,1)*	p-value	(0): 0.44, (1): 0.56					.71
		γ_{pb}	0.53					
11	구성형 (0,1)*	p-value	(0): 0.78, (1): 0.22					.72
		γ_{pb}	0.48					
12	구성형 (0,1)*	p-value	(0): 0.77, (1): 0.23					.73
		γ_{pb}	0.40					
13	구성형 (0,1,2,3)*	p-value	(0): 0.34, (1): 0.31, (2): 0.20, (3): 0.15					.74
		γ	0.64					

* 구성형 문항에서의 문항 점수: 문항 10, 11, 12는 0과 1로 채점되었으며, 문항 13만 0부터 3까지의 네 가지 범주로 채점되었다.

아홉 개의 선다형 문항 중에서는 문항 4가 $p_4 = 0.82$로서 가장 쉬운 문항이었으며, 문항 5가 $p_5 = 0.34$로 가장 어려운 문항이었다. 문항 4는 너무 쉬운 문항이어서 82%의 피험자가 정답에 반응을 하였고, 따라서 전체 검사의 신뢰도에서 큰 기여를 하지 못할 것으로 나타났다. 하지만 앞서 언급한 대로 고부담 시험에서 피험자의 긴장이나 불안을 줄여 줄 목적으로 첫 번째 문항으로 사용되기에 적합할 수도 있다. 양류계수(γ_{pb})로 구해진 문항변별도의 경우 모든 검사문항에서 0.3 이상의 값을 보여서 매우 양호한 것으로 나타났다. 이러한 기준은 절대적인 것은 아니며 검사 프로그램에 따라서 대략 0.2에서 0.4까지의 값들이 판단준거로 사용될 수 있다. 만약 어떤 문항의 양류계수가 이러한 준거보다 작은 것으로 발견된다면, 이는 높은 총점을 얻은 학생들이 그 문항에 대해서는 오답을 하는 경우가 많다거나 반대로 낮은 총점을 얻은 학생들이 그 문항에 대해서 정답을 할 가능성이 상대적으로 크다는 것을 의미하므로 문항에 대한 재검토가 요구된다.

문항 4의 오답지 A와 문항 6의 오답지 D는 겨우 1% 정도의 피험자들이 선택한 것으로 나타나 매력도 측면에서 문제가 있음을 알 수 있다. 각각의 양류계수가 −0.14와 −0.12로서 오답지 기능성 측면에서 나쁘지 않은(즉, −0.1보다 작음) 결과를 보이기는 하였지만, 혹시 이들 오답지가 너무 명백한 오답이거나 문법 및 어법 측면에서의 문제점을 가지고 있는지에 대해서 살펴볼 필요가 있을 것이다. 문항 6은 '자료분석, 통계학 및 확률'에 관한 지식을 묻는 문항이었으며 그 내용은 다음과 같다.

문항 6. 한 중학교에서 학교 마스코트를 바꾸는 문제를 결정하기 위하여 여론조사가 진행 중이다. 아래의 장소 중 학생 전체를 잘 대표하는 학생 표집을 얻기 위한 장소로 가장 적합한 곳은 어디인가?

A. 수학 교실
B. 학교 식당(정답)
C. 상담실
D. 불어 교실
E. 교무실

오답지 D의 경우는 불어를 선택해서 듣는 학생이 얼마 되지 않을 수 있는데다가 선택 수업인 불어를 위해 모인 학생들이 학생 전체를 잘 대표한다고 보는 것은 매우 어렵기 때문에 대부분의 학생이 이를 선택하지 않은 것으로 보인다. 또한 '불어 교실'의 경우, 다른 장소들에 비해 다소 이질적으로 보이는 탓에 문제의 답을 모르는 학생도 답으로 선택하지 않았을 가능성이 있다. 따라서 이를 수정한다면 '음악 교실'이나 '미술 교실' 정도의 대안이 가능할 것으로 보인다.

문항 8의 오답지 E의 경우에 양류계수가 -0.09로 -0.1보다 약간 큰 것으로 나타났다. 오답지의 양류계수가 음의 값으로부터 0에 점점 가까워지거나 더 나쁜 경우 양의 값을 갖는다면, 이는 피험자의 능력이 높을수록 해당 오답을 택하는 경향성이 점점 약해져야 한다는 기대에서 벗어난다는 의미다. 이는 검사가 측정하고자 하는 능력과 관계없는 다른 요인에 의하여 해당 오답에 대한 반응이 이루어진다는 의미일 수도 있다.

문항의 점수 범주가 0부터 3까지 네 개였던 문항 13의 경우 문항변별도는 문항 점수와 전체 검사점수 간의 적률상관계수로 계산되었다. 그 값은 0.64로 검사 내의 다른 어떤 문항에 비해서도 크게 나타났다. 만약 다른 이분 문항들을 위해서 양분계수(γ_b)가 계산되었다면 문항 13을 위해서는 다분계수(polyserial correlation; Olsson, Drasgow, & Dorans, 1982)를 제시하는 것이 보다 일관적일 것이다. 문항 13의 난이도는 공식 ②에 따라서 $\mu_{13} = 1.16$으로 나타났는데, 검사 내에 네 개의 문항반응(0, 1, 2, 3)을 가지는 다른 문항이 없었기 때문에 이를 이용한 다분 문항들 간 상호 비교는 불가능하였다. 다만, 1.16을 $K = 3$으로 나누면 0.387을 구하게 되는데, 이 값을 다른 이분 문항들의 난이도와 대략적이나마 비교해 보는 것은 가능할 것이다.

▶▶ 3 문항반응이론

IRT는 1960년대부터 그 이론적 배경의 근간이 서서히 형성되기 시작하였으며 (Birnbaum, 1968; Lord & Novick, 1968), 현재는 문항분석뿐만 아니라 검사개발, 차별적 기능 문항, 컴퓨터화된 검사, 문항은행, 검사 동등화 등의 영역에서 활발히 사용되고 있다. CTT와 대비되는 IRT의 강점은 여러 가지이지만(Embretson & Reise, 2000), 그중 CTT와 극적으로 차별화되는 특징은 문항과 피험자 모수가 같은 척도상의 값으로 표현될 수 있다는 점이다. 대개의 IRT 모형은 하나의 검사가 단 하나의 능력 혹은 구인만을 측정하고 있다는 단일차원성(unidimensionality)을 가정하는데, 이에 따라 단일한 연속체(continuum) 위에 피험자의 능력 수준이 표시될 수 있으며 이러한 척도상에 문항의 난이도 역시 존재한다. 이에 따라 피험자의 능력 수준에 맞는 맞춤형 검사 제작이 가능할 뿐만 아니라 특정 문항의 난이도나 변별도 등을 알고 있을 경우 피험자 개인의 해당 문항에 대한 수행, 즉 정답확률을 통계적 모형을 통하여 쉽게 계산할 수 있다. 다시 말해, 검사가 아닌 문항 단위에서 피험자의 반응을 모형화하고 분석함으로써 개별 적응검사(adaptive testing)와 같이 기존 CTT에서는 접근이 난해했던 분야에서도 실질적인 해결책을 제공해 준다. 이하에서는 다양한 IRT 모형을 소개하고 각각에 사용되는 문항 모수의 의미와 함께 문항분석 방법을 설명한다.

1) 문항난이도, 문항변별도 및 문항추측도: 문항반응모형 및 문항특성곡선

IRT의 수리적 모형들은 피험자의 능력과 문항 특성들 함수로서 문항에 대한 특정한 반응의 확률을 구할 수 있도록 구성된다. 일차원성 가정하에서 각 문항이 맞고 틀림에 따라 1과 0으로 채점되었을 때 흔히 쓰이는 이분 문항반응모형으로는 1모수, 2모수, 그리고 3모수 로지스틱 모형(1-, 2-, and 3-parameter logistic model: 1PLM, 2PLM, and 3PLM)을 들 수 있다. 이 세 모형은 위계적 관계를 가지는데 3PLM이 가장 일반화된 혹은 복잡한 모형이다.

$$P(X_{ij}=1|\theta_j,\ \alpha_i,\ \beta_i,\ \gamma_i)=\gamma_i+(1-\gamma_i)\frac{\exp[\alpha_i(\theta_j-\beta_i)]}{1+\exp[\alpha_i(\theta_j-\beta_i)]} \ \cdots\cdots ⑤$$

$X_{ij}=1$은 문항 i에 대한 학생 j의 반응이 정답이어서 문항 점수가 1이라는 의미이

며, α_i, β_i, γ_i는 각각 문항 i의 문항변별도, 문항난이도, 문항추측도를 의미한다. θ_j는 학생 j의 능력모수(ability parameter)인데, 비록 그 척도나 추정방법에서 차이가 있기는 하지만 CTT에서의 진점수(T)와 크게 다르지 않은 개념이다. 다시 말해서, 측정하고자 하는 구인과 관련된 과제(task or item)를 얼마나 잘 수행할 수 있는지를 보여 주는 지표로 이해할 수 있다. β_i는 이론적으로는 −∞부터 ∞까지의 값을 가질 수 있지만, 실제로는 대개 −4~4 사이에 존재하며 그 값이 클수록 어려운 문항임을 의미한다. α_i는 문항특성곡선(item characteristic curve: ICC)의 변곡점에서의 기울기를 의미하는데, 그 값이 클수록 문항이 피험자들의 능력을 변별하는 힘이 크다는 뜻이다. 역시 이론적으로는 −∞부터 ∞까지의 값을 가질 수 있으나 실제로는 대개 0~3 사이에 존재한다. γ_i의 경우 능력이 극히 낮은 피험자가 문항에 옳은 답을 할 확률을 의미한다. γ_i의 값을 0에 고정할 경우 앞의 모형은 2PLM이 되며, 덧붙여서 모든 문항의 변별도가 같다고 가정하면 위 모형은 1PLM이 된다. [그림 9-2], [그림 9-3], [그림 9-4]는 각 문항 모수의 변화에 따라서 ICC가 어떻게 달라지는지를 보여 준다.

[그림 9-2]는 서로 다른 문항난이도(−1, 0, 1)를 가지는 세 문항의 ICC를 보여 주고 있는데, 이때 $\beta_i = 1$인 점선의 ICC를 가지는 문항이 가장 어려운 문항이다. 이는 그림을 통해 확인할 수 있는 바와 같이 같은 능력 수준(예: $\theta_j = 0$)에서 보았을 때 이 문항의 정

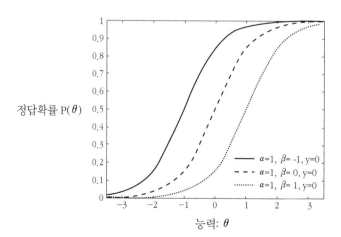

[그림 9-2] 문항난이도가 다른 세 개의 문항특성곡선

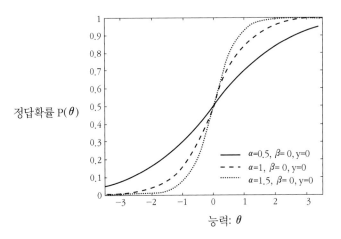

[그림 9-3] 문항변별도가 다른 세 개의 문항특성곡선

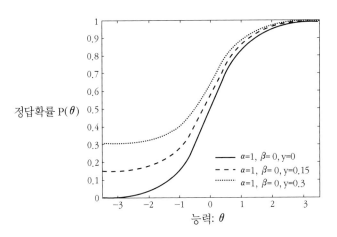

[그림 9-4] 문항추측도가 다른 세 개의 문항특성곡선

답확률이 가장 낮기 때문이다. [그림 9-3]에서는 문항난이도가 같은 세 문항 중에서 문항변별도 $\alpha_i = 1.5$를 가지는 문항이 피험자들의 능력을 가장 예리하게 변별하고 있음을 볼 수 있다. [그림 9-4]는 문항변별도와 문항난이도는 같지만 서로 다른 문항추측도를 가진 세 문항을 보여 주고 있다. $\gamma_i = 0.3$인 문항의 경우 아무리 낮은 능력을 가진 피험자라고 하더라도 대략 0.3 정도의 정답확률을 갖는다.

2) 오답지 분석을 위한 명목반응모형의 활용

선다형 문항의 경우 정답(1)과 오답(0)으로 채점한 뒤의 자료만을 분석하게 되면 각 오답지가 제공해 줄 수 있는 독특한 정보를 활용할 수 없게 된다. 따라서 고전적 문항분석 방법에서는 각 오답지와 관련된 정보를 얻기 위하여 답지별 반응비율과 양류계수를 살펴보았다. 이와 같은 맥락에서 IRT하에서는 각 답지의 반응범주곡선을 나타낼 수 있는 특정한 모형을 통하여 각 오답지 및 정답지와 관련된 문항분석이 가능하게 된다. 대표적으로는 Bock(1972)의 명목반응모형(nominal response model), Thissen과 Steinberg(1984)의 선다형모형(multiple-choice model)을 들 수 있는데, 여기에서는 명목반응모형을 통하여 오답지와 관련된 정보를 얻는 방법을 살펴보기로 한다. 선다형모형은 명목반응모형을 바탕으로 해서 추측에 의한 정답 가능성을 모형 내에 포함시키고자 하는 시도로 이해할 수 있다. 명목반응모형에서는 문항 i에 대한 학생 j의 반응 범주가 k일 때(즉, K개의 답지 중 하나는 정답이고 나머지는 오답일 때 $k = 1, 2, \cdots, K$)의 그 확률을 다음과 같이 표현한다.

$$P(X_{ij} = k \mid \theta_j,\ \alpha_{ik},\ \beta_{ik}) = \frac{\exp[\alpha_{ik}\theta_j + \beta_{ik}]}{\sum \exp[\alpha_{iy}\theta_j + \beta_{iy}]} \quad \cdots\cdots\cdots\cdots ⑥$$

문항반응모형의 모수 추정을 위한 상업용 프로그램 중에서 MULTILOG(Thissen, 1991)를 이용하여 손쉽게 명목반응모형을 다룰 수 있다. [그림 9-5]에서는 앞에서 제시된 미국 중학교 수학시험의 13문항 중에서 9개 선다형 문항자료를 명목반응모형으로 분석할 때 이용할 수 있는 MULTILOG 사용법을 소개한다.

이 프로그램이 제공해 주는 분석 결과와 해석은 다음에서 다루도록 한다.

```
MULTILOG for Windows 7.00.2327.2
Created on: 31 May 2009, 16:42:45
>PROBLEM RANDOM, INDIVIDUAL, DATA = 'C:\temp\onlyMC.txt',
          NITEMS = 9, NGROUPS = 1, NEXAMINEES = 19193, NCHARS = 5;
>TEST ALL, NOMINAL, NC = (5(0)9), HIGH = (3,4,5,5,3,2,3,2,5);
>END;
5
12345
111111111
222222222
333333333
444444444
555555555
(5A1, T7, 9A1)
```

[그림 9-5] 명목반응모형 분석을 위한 MULTILOG 명령문

* 처음 두 줄에는 해당 자료나 분석의 맥락 혹은 실행 일시에 대한 간략한 정보를 적을 수 있다.
* >PROBLEM에서는 자료의 형태와 파일 이름 등에 대한 정보를 제공하고 더불어서 문항의 수, 피험자 수, 문항 범주의 수 등에 대하여 기술한다.
* >TEST에서 NOMINAL을 적음으로써 명목반응모형을 사용한다는 선언을 하는 것이며 HIGH = ( )를 통해서 각 문항의 정답을 입력하고 있는데, 〈표 9-1〉에서 언급된 각 문항의 정답과 일치함을 볼 수 있다.
* >END; 밑에는 각 문항이 5개의 범주를 가지고 있고 그 자료의 형태가 어떠한지에 대한 정보를 제공하고 있다. A, B, C, D, E 대신에 1, 2, 3, 4, 5를 이용하여 자료를 코딩하였다. (5A1, T7, 9A1)이 의미하는 바는 처음 5개 열(column)에 피험자 식별번호(ID)가 있으며 텍스트 파일(여기서는 onlyMC.txt)의 7열째부터 시작해서 9개 문항의 문항반응 자료(1열당 1문항)가 위치하고 있다는 것이다. 다시 말해서, 7열부터 15열까지 9개 문항에 대한 피험자의 반응자료가 존재한다.

3) 문항반응이론을 이용한 문항분석의 실제

여기에서는 앞의 전통적 문항분석의 실제에서 사용된 것과 같은 자료 중 9개의 선다형 문항만을 사용하여 문항반응이론을 통한 분석을 실시한다. 두 개 이상의 문항 점수를 갖도록 채점된 구성형 문항의 경우, 이를 다루기 위한 다분 문항반응모형은 이 장의 범위를 벗어나기 때문에 여기서는 다루지 않기로 한다. [그림 9-6]은 상업용 프로그램 PARSCALE(Muraki & Bock, 1997)을 사용하여 선다형 문항의 모수를 추정하는 방법을

```
Math Achievement Test with 13 items: Item Parameter Estimation
Mixed Format Test: 9 MC items
>FILE DFNAME= 'MFD.dat', SAVE;
>SAVE PARM= 'MC.par';
>INPUT NIDW=5, NTOTAL=9, NTEST=1, NFMT=1;
(5A1,T7,9A1)
>TEST TNAME=Math, ITEM=(1(1)9), NBLOCK=9;
>BLOCK BNAME=DITEMS, NITEMS=1, NCAT=2, ORI=(0,1), MOD=(1,2),
       GPARM=0.2, GUESS=(2,EST), REP=9;
>CALIB PARTIAL, LOGISTIC, CYCLES=(100), SCALE=1.0, NQPTS=20;
>SCORE NOSCORE;
```

[그림 9-6] 문항반응이론에서의 문항 모수 추정을 위한 PARSCALE 명령문

* 처음 두 줄은 해당 자료나 분석의 맥락 혹은 실행 일시에 대한 간략한 정보를 적을 수 있다.
* >FILE에서 9문항의 자료를 담고 있는 파일 이름을 적으며, >SAVE는 추정된 문항 모수가 저장될 파일 이름을 미리 설정한다.
* >INPUT에서는 피험자 식별번호(ID)가 5개의 열을 차지한다(NIDW=5)는 것과 전체 문항 및 검사의 수를 제공하였다. NFMT는 바로 다음의 format statement(다음 줄의 5A1, T7, 9A1과 같은)가 차지하는 줄의 수를 의미한다. Format statement가 80열을 넘어갈 경우 두 줄로 나누고 NFMT=2로 적시한다.
* (5A1, T7, 9A1)이 의미하는 바는 처음 5개 열(column)에 피험자 식별번호(ID)가 있으며 텍스트 파일(여기서는 MFD.dat)의 7열째부터 시작해서 9개 선다형 문항의 문항반응 자료(1열당 1문항)가 위치하고 있다는 것이다.
* 각 BLOCK을 통해 하나하나의 문항과 관련된 문항반응모형을 지정해 주는데, 예를 들어 9번 반복된(REP=9) 각 BLOCK에서는 한 선다형 문항에 대해서 추측도 모수를 추정해야 하며(3PLM), 문항반응 범주의 수가 두 개임을 밝히고 있다.

보여 준다.

　문항 모수 추정결과는 〈표 9-2〉에 제시된 바와 같다. 문항난이도를 볼 때 문항 4가 가장 쉬운 문항이었으며 문항 5가 가장 어려운 문항이었다. 선다형 문항들의 문항변별도를 보면 문항 8과 9가 매우 높은 변별력을 가지는 것으로 나타났고, 문항 1에서 가장 작은 변별도가 추정되었다. 문항추측도의 경우는 9개의 선다형 문항들에 대해서 0부터 0.287까지의 값들로 추정되었다.

　[그림 9-7]은 문항 1과 문항 7의 문항특성곡선과 문항정보함수(Baker & Kim, 2004)를 보여 주고 있다. 문항정보함수는 각각의 주어진 피험자 능력에 대해서 그것이 얼마나

〈표 9-2〉 **문항 모수 추정치: 중학교 2학년 수학시험**

문 항	문항변별도(α_i)	문항난이도(β_i)	문항추측도(γ_i)
1	0.904	−1.086	0.000
2	1.769	−0.666	0.003
3	1.348	−0.019	0.044
4	1.462	−1.999	0.000
5	1.305	1.314	0.164
6	0.954	−0.785	0.113
7	1.277	0.251	0.287
8	1.932	0.395	0.087
9	1.923	−0.233	0.065

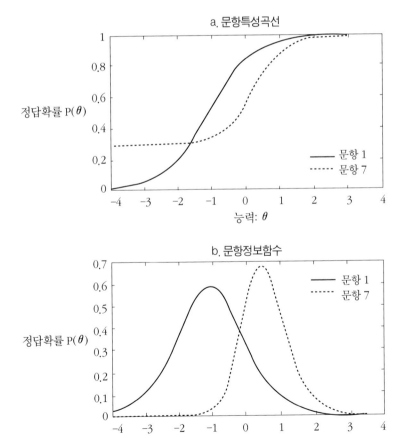

[그림 9-7] **문항 1과 문항 7의 문항특성곡선 및 문항정보함수**

정확히 추정되는가에 대한 정보를 제공해 주며, 따라서 능력 추정치에 대한 추정의 오차(standard error of estimation)와 밀접히 관련된 개념으로 이해할 수 있다. 〈표 9-2〉의 문항난이도 추정치에서 보았듯이, 문항 7이 문항 1보다 어려운 문항이기 때문에 [그림 9-7]의 a에서 보듯이 문항 7의 문항특성곡선은 상대적으로 오른쪽에 위치한다. 그러나 문항 7의 문항추측도 지수가 0.287에 달하기 때문에 능력이 매우 낮은 학생들도 약 0.3 정도의 정답확률을 갖게 됨을 알 수 있다. [그림 9-7]의 b에서 문항정보함수를 보면 문항 7의 정보함수가 상대적으로 오른쪽에 위치하고 최고점이 약간 더 높게 나타났다. 이는 그 수평적 위치에 있어서는 주로 문항난이도의 영향을 받고 높이에 있어서는 주로 문항변별도의 영향을 받기 때문이다. 문항 1의 경우는 능력척도상에서 대략 -1 부근에서 가장 많은 정보, 즉 정확한 측정이 가능한 것으로 나타났고, 문항 7의 경우는 0과 1 사이에서 문항 정보가 가장 많은 것으로 나타났다. 이러한 정보들은 검사를 구성할 때 매우 유용하게 사용될 수 있는데, 예를 들어 준거지향평가를 위해서 특정 준거에서 정확한 측정을 가능하게 해 주는 문항이 무엇인가를 찾을 때 도움이 될 수 있다. 또한 컴퓨터 적응검사에서 특정 능력 수준에서 가장 정확한 능력을 추정해 줄 문항을 선택하고자 할 때 이용될 수 있을 것이다.

이제부터는 앞서 설명된 명목반응모형을 9개의 선다형 문항에 적용했을 때의 결과를 제시하고 그 의미를 탐구해 보기로 한다. 먼저 공식 ⑥에서의 α_{ik}와 β_{ik} 문항 모수 추정치는 〈표 9-3〉과 같다. 명목반응모형에서는 문항 모수 추정의 기준을 정하여 모형을 식별(model identification)하기 위하여 다음 두 가지 제약 중 하나를 쓸 수 있다. 첫 번째는 모든 문항에서 첫 번째 범주(즉, 모든 문항에서의 답지 A)와 관련된 α_{i1}와 β_{i1}을 각각 0이라고 놓는 것이다. 두 번째 가능한 방법은 각 문항에서 $\sum \alpha_{ik} = \sum \beta_{ik} = 0$이라고 설정하는 것이다. 〈표 9-3〉에서 확인될 수 있는 바와 같이 여기서는 두 번째 방법이 쓰였다. 예를 들어, 문항 1에서 $\hat{\alpha}_{11} + \hat{\alpha}_{12} + \hat{\alpha}_{13} + \hat{\alpha}_{14} + \hat{\alpha}_{15} = 0$이고 $\hat{\beta}_{11} + \hat{\beta}_{12} + \hat{\beta}_{13} + \hat{\beta}_{14} + \hat{\beta}_{15} = 0$이며, 이는 다른 문항에서도 마찬가지였다. 명목반응모형에서의 모수 추정치는 그 자체에 어떤 해석 가능한 의미가 있다기보다, 그것을 바탕으로 문항 반응범주곡선을 나타냈을 때 문항분석을 위한 유용한 정보를 제공할 수 있다. [그림 9-8]은 이와 같은 곡선들을 제시하고 있다.

이 그림에서는 9개의 선다형 문항 각각에 대해서 반응범주곡선을 보여 주고 있다. 각 그림에서 +로 이어진 곡선은 정답반응과 관련된 곡선이며, 하나의 문항이 다섯 개의 범주를 갖기 때문에 나머지 네 개의 오답지에 대한 곡선도 함께 그려져 있다. 우선 모든 문항에서 정답의 경우 피험자의 능력이 증가함에 따라서 그 응답확률이 함께 증가함을 알 수 있다. 만약 어떤 문항에서 정답의 반응곡선이 단조증가함수의 모습을 보이지 못하고 능력이 증가함에도 오히려 감소하는 형태의 곡선을 갖는다면, 높은 능력의 학생들이 왜 더 높은 정답확률을 보이지 못하는가에 대한 고찰이 필요할 것이다. 〈표 9-1〉에

〈표 9-3〉 **명목반응모형에 의한 9개 선다형 문항의 모수 추정치**

문항	관련 모수	각 문항반응 범주와 관련된 모수 추정치				
		A(1)	B(2)	C(3)	D(4)	E(5)
1	α_{1k}	−0.44	0.03	0.87	−0.58	0.12
	β_{1k}	−0.19	0.18	2.06	−1.69	−0.36
2	α_{2k}	−0.40	−0.54	−0.42	1.47	−0.12
	β_{2k}	−0.83	−1.48	1.01	2.49	−1.19
3	α_{3k}	0.35	−0.18	−1.04	−0.37	1.25
	β_{3k}	0.70	0.06	−1.11	−1.14	1.49
4	α_{4k}	−0.72	−0.51	−0.45	0.17	1.50
	β_{4k}	−2.49	−0.66	−0.94	0.74	3.35
5	α_{5k}	0.04	0.14	0.63	−0.20	−0.61
	β_{5k}	0.40	0.26	0.66	−0.60	−0.73
6	α_{6k}	0.06	0.82	−0.15	−0.66	−0.08
	β_{6k}	0.07	2.15	−0.14	−2.36	0.29
7	α_{7k}	0.09	−0.38	0.65	−0.23	−0.13
	β_{7k}	−0.29	−0.58	1.52	−0.42	−0.23
8	α_{8k}	−0.30	1.20	−0.29	−0.34	−0.27
	β_{8k}	0.07	1.00	0.07	0.39	−1.53
9	α_{9k}	−0.30	−0.51	−0.17	−0.47	1.44
	β_{9k}	0.14	−0.95	−0.11	−0.73	1.65

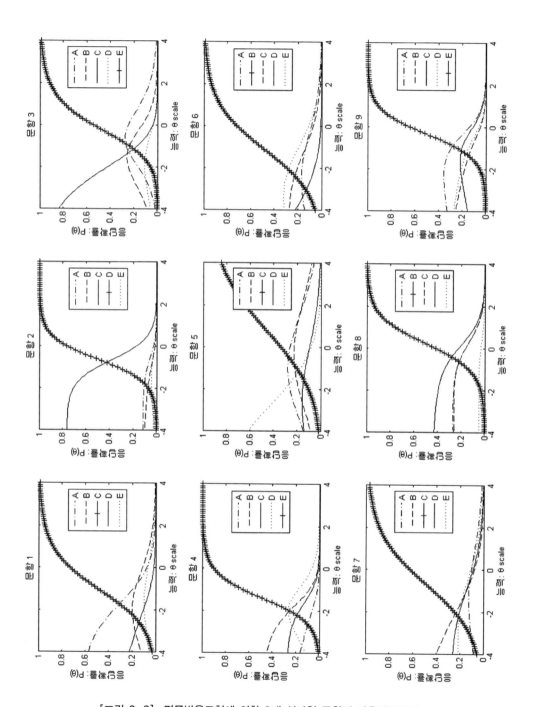

[그림 9-8] 명목반응모형에 의한 9개 선다형 문항의 반응범주곡선

서 보았듯이, 문항 4의 오답지 A와 문항 6의 오답지 D는 겨우 1% 정도의 피험자들이 선택하였는데, 이들을 [그림 9-8]에서 보면 아주 낮은 능력 영역을 제외하고는 다른 답지들에 비해서 응답확률이 현저히 낮은 것으로 나타났다.

문항 2의 경우는 능력이 낮은 학생들은 오답 C를 선택하는 확률이 꽤 높았다는 것을 보여 주고 있으며, 나머지 오답들의 경우는 상대적으로 선택되는 경우가 매우 드물었음을 알 수 있다. 이는 〈표 9-1〉에서 문항 2의 A, B, C, D, E의 선택비율(p-value)이 0.04, 0.02, 0.24, 0.68, 0.02로 나타난 경향성과 일치하며, 다른 점은 이러한 정보를 주어진 각 능력에 따라서 조건적 확률로 나타내 주고 있다는 점이다. 실제 문항 2의 문두와 답지는 다음과 같았으며, 정답 1/3과 상대적으로 가까운 1/4이 많이 선택되었고 다른 오답들이 많이 선택되지 않았음을 알 수 있다.

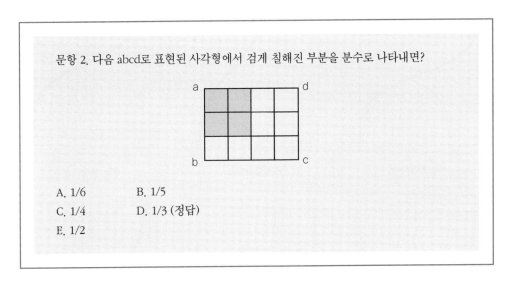

문항 8의 경우는 비록 오답지 E에 대한 응답확률이 전반적으로 낮기는 했지만, 오답들의 반응곡선은 단조 감소하고 정답 B의 경우는 반응곡선이 명확하게 단조 증가하는 모습을 보임으로써 매우 바람직한 결과를 보여 주었다. 대개의 문항에서 이러한 유형으로 반응범주곡선이 그려졌지만, 문항 3의 오답지 A와 B의 경우 흥미로운 패턴을 보여 주었다. 즉, 낮은 능력 수준에서는 응답확률이 작다가 −2에서 0까지의 능력대에서는 점차 그 확률이 증가하였고, 그보다 높은 능력 수준에서는 다시 응답확률이 감소하는

추세를 보였다. 이는 다음 문항 3의 실제 문두와 답지에서 확인되듯이 A와 B를 선택할 때에는 학생들이 가진 부분적인 지식이 작용했기 때문으로 보인다. 문항 3을 분석해 보면 곱셈에 대한 지식과 함께 부호를 다룰 줄 아는 하위 기능이 필요함을 알 수 있다. 오답지 A를 선택한 학생들의 경우 곱셈에 대한 지식은 가지고 있었지만 부호에 대한 개념이 부족하다고 볼 수 있다. 오답지 B를 선택한 학생들의 경우는 부호에 대해 제대로 이해하고는 있으나 문제가 요구하는 곱셈 대신 덧셈으로 문제를 해결한 것으로 보인다.

문항 3. $(-5)(-7)=$

A. -35 B. 12
C. -2 D. 12
E. 35 (정답)

문항반응이론의 확장 및 인지심리학과의 통합

문항반응이론은 전체 검사점수가 아닌 문항 수준에서의 피험자 반응확률을 모형화함으로써 기존의 고전검사이론이 적절한 해결책을 제시하지 못하였던 문항은행의 구축 및 운영, 개별 적응검사, 문항 모수의 동일 척도화, 검사 동등화 등의 응용 분야에 있어서 매우 유용하게 사용되어 왔다. 앞서 전통적 문항분석과 문항반응이론을 이용한 문항분석에서 보았듯이, 후자의 경우 피험자의 능력과 문항의 난이도가 공통 척도 위에서 정의되며 하나의 문항이 보다 정확하게 능력을 측정하는 능력척도상의 위치를 파악하기에 용이하였다.

이러한 장점에도 불구하고 문항반응이론이 가지고 있는 단점을 정리해 보자면 다음과 같다. 첫째, 일차원성 가정이라는 강한 가정으로 인해서 그 적용에 많은 주의가 요구된다는 점이다. 다시 말해서, 일차원 문항반응모형의 경우 하나의 검사가 하나의 능력만 측정한다는 전제를 가지고 있기 때문에 두 개 이상의 구인이 관련되는 검사에 대해서는 그 적용에 제한점이 생기게 된다. 둘째, 1PLM과 같은 매우 기본적인 모형들을 위해서도 고전검사이론의 적용 시에 비해서 상대적으로 많은 수의 피험자가 필요하다. 예를 들어, 선다형 문항에 많이 쓰이는 3PLM의 경우에 20문항이 있을 경우 최소 1,000명 이상의 피험자가 있어야 안정적인 모수 추정이 가능하다. 셋째, 수학적으로 CTT에 비해서 매우 복잡하기 때문에 널리 이해되기에는 제한이 많다는 점을 들 수 있다. 이는 IRT 자체의 문제라고는 할 수 없겠지만 일반 대중과의 원활한 의사소통을 어렵게 만들 수 있다.

문항반응이론에 기초한 문항분석을 통해 보다 폭넓고 의미 있는 정보를 얻기 위해서는 다음과 같은 크게 두 가지 방향의 방법론을 추가적으로 고려할 필요가 있을 것으로 보인다.

① 설명적 문항반응모형

기존의 문항분석 안에서 하나의 문항이 어려운 문항으로 밝혀졌을 때, 그 문항이 '왜 어려운가?'라는 질문에 대한 답을 얻기 위해서는 전적으로 내용전문가나 교사들의 질적인 분석에 의존할 수밖에 없었다. 고전검사이론이든 문항반응이론이든 이를 통해 얻을 수 있는 문항 통계치는 현상을 기술하는 도구일 뿐 어떤 설명적 분석을 담고 있는 것은 아니기 때문이다. 통계적 모형 속에서 어떤 문항이 왜 어려운지 혹은 왜 변별력이 큰지에 관련된 질문뿐만 아니라 어떤 피험자는 왜 능력이 뛰어난지 등의 질문에 대해서 통계적 유의성을 검증하는 가운데 제대로 답을 하려면 무엇보다 기존 모형을 확장하려는 시도가 요구된다. 이러한 맥락 속에서 최근 대두되고 있는 설명적 문항반응모형(De Boeck & Wilson, 2004; Kamata, 2001; Reise, 2000)은 매우 유용한 접근방법이 될 수 있을 것으로 전망된다. 예를 들어, 가장 단순한 문항반응모형이라고 할 수 있는 라쉬 모형의 경우 다음과 같은 방식으로 그 확장이 가능하다.

$$P(X_{ij}=1|\theta_j, \beta_i) = \frac{\exp(\theta_j - \beta_i)}{1 + \exp(\theta_j - \beta_i)} \quad \cdots\cdots\cdots\cdots\cdots\cdots ⑦$$

$$\theta_j = b_0 + b_1(study\_time_j) + b_2 (IQ_j) + e_j \quad \cdots\cdots\cdots\cdots\cdots ⑦\text{-}1$$

공식 ⑦-1의 경우 능력 모수 추정치를 고정효과의 선형결합과 무선효과로 분리해 낸 것인데, 만약 b_1이나 b_2가 유의미하게 0과 다른 것으로 나타난다면, 이는 공부하는 시간($study\_time$)과 지능지수(IQ)가 통계적으로 유의미하게 피험자의 능력에 영향을 준다는 의미가 된다. 무선효과(e_j)는 이러한 두 변수가 설명하지 못하는 나머지 잔차를 나타낸다.

$$\beta_j = b_0 + b_1(content1_i) + b_2(content2_i) + b_3(content3_i) + b_4(content4_i) + e_i \cdots ⑦\text{-}2$$

문항 모수의 관점에서는 공식 ⑦-2와 같은 방식의 확장이 가능하다. 앞서 사용한 미국의 중학교 2학년 대상 수학시험의 경우 모든 문항이 다섯 개 중 하나의 내용영역에 포함된다. 즉, (a) 기본적 가감승제, (b) 측정, (c) 기하, (d) 자료분석, 통계학 및 확률, (e) 대수 및 함수 등과 같다. 공식 ⑦-2의 $content1$ …… $content4$ 등은 일종의 더미변수(dummy variable)인데, 예를 들어, 문항 i가 (a)에 포함될 경우 $content1$만 1이고 나머지 변수는 0의 값을 갖게 된다. 네 변수 모두 0일 경우는 문항이 (e)에 속한다는 것을 의미한다. 이때 어느 한 내용영역에 속하는 것이 문항의 난이도에 영향을 주는지는 회귀계수 값들이 0과 유의미하게 다른지를 살핌으로써 검토할 수 있다. 또한 상대적으로 가장 큰 값을 갖는 계수를 찾아서 어떤 영역의 문항들이 가장 어려운지도 파악할 수 있을 것이다.

이와 같은 문항 모수의 분해는 다음 세 가지 방향으로의 응용과도 밀접하게 연관되어 있다. 첫째, 공식 ⑦-2에서 무선효과를 제거한 것은 1973년에 Fischer가 개발한 선형 로지스틱 검사모형(linear logistic test model)이라고 볼 수 있다. 이 경우 문항의 난이도가 b_0부터 b_4까지의 다섯 가지 계수로 모두 설명된다는 의미이므로 문항의 수만큼 문항 모수치가 필요한 라쉬모형보다 더 간단한, 즉 더 적은 문항 모수를 사용하는 모형이 된다. 둘째, 각 문항을 채점하는 데에 있어서 다수의 평정자(rater)가 관여되어 있을 경우, 문항난이도는 각 평정자의 관대함 혹은 엄격함에 대한 정도를 고려할 수 있도록 분해될 수 있다. 이러한 경우를 다루는 대표적인 모형으로는 Linacre(1989)의 다국면 라쉬 모형(many-facet Rasch model)이 있다. 셋째, 다중집단(multiple-group) IRT 모형은 피험자들이 성별 혹은 특정 조건에 따라서 다른 집단에 속할 때 이러한 소속 여부가 문항난이도에 미치는 영향을 조사함으로써 추가적 분석을 가능하게 해 준다. 대표적 예로는 차별기능문항분석 및 문항 모수표류분석(item parameter drift analysis; Mislevy, 1982) 등을 들 수 있는데, 이러한 분석들 역시 문항 모수를 외생적 변수로 설명하려는 노력으로 이해할 수 있을 것이다.

② 인지진단모형의 적용

주로 사용되는 일차원성 가정하의 문항반응모형들은 교육 및 심리검사가 오직 하나의 구인과 관련되어 있다는 전제를 가지기 때문에, 최근 활발하게 논의되는 인지이론적 관점에서 바라볼 때 하나의 문항이 정말로 무엇을 측정하고 있는지, 그리고 학생이 학교에서 무엇을 어떻게 배우는지에 대한 충분한 정보를 제공하기에 부족한 면이 있다. 다시 말해서, 앞서 살펴본 문항 모수 추정치 등이 문항의 특성을 이해하는 데에 유용할 뿐만 아니라 검사의 제작 및 결과 해석 등에도 많은 도움을 주는 것이 사실이지만, 인간의 복잡한 인지적 능력을 파악하기 위한 도구로서 문항을 바라볼 때는 심하게 단순화된 정보일 수 있다는 뜻이다. 그리하여 보다 정교한 인지이론적 분석에 따라서 실제적으로 검사문항이 다루는 보다 자세한 구인과 기능 및 지식이 무엇인지, 그리고 각 학생의 인지 상태는 어떠한지, 문제 해결을 위해 선택한 전략은 무엇인지 등에 대한 이해를 가능하게 해 주는 새로운 심리측정학적 방법론이 요구되고 있다. 일찍이 Snow와 Lohman(1989)은 대부분의 교육용 검사가 인지적 문제 해결을 요구하는 다양한 과업으로 이루어지기 때문에 인지심리학이 교육 및 심리측정학에서 가장 핵심적인 위치를 차지하게 될 것으로 내다보았다. 문항분석의 관점에서 볼 때, 이와 같은 인식은 다음 두 가지 방향으로 당면 과제를 제시하게 된다.

첫째, 검사 문항을 통해 측정하고자 하는 구체적인 지식(knowledge), 기능(skill) 혹은 역량(competency)을 정확히 파악하고 이들 간의 상호관계를 이해하는 것이다. 이와 같은 잠재적 특성들은 Tatsuoka(1983)의 규칙장모형(rule-space model)에서 인지적 속성(attribute)이라고 불리며, 혹은 인지요소(김성훈, 박영선, 2004)라고 번역되기도 한다. 인지요소를 확인하고 그들 간의 위계적 관계(말하자면 한 요소가 다른 요건의 필요조건인지 충분조건인지에 대한 정보)를 이해하는 것은 넓게 보아 문항분석에 대한 질적 접근으로 생각될 수 있는데, 이는 어떤 심리측정학적 모형을 사용하여 피험자의 검사 수행자료를 해석하고 피험자의 인지적 능력을 추정하고자 할 때 필수적 정보가 되기 때문에 매우 중요하다. 인지요소를 파악하고 그 관계를 밝히는 일은 전문가의 식견에 의한 내용분석, 예상 가능한 요소들의 조합을 통한 논리적 이해, 또는 학생들의 문제 풀이과정을 세부적으로 관찰·분석함으로써 접근할 필요가 있다(김성훈, 1991).

인지요소에 대한 이해가 이루어지고 나면 다시 그들과 문항의 관계를 밝힐 필요가 있는데, 이때 널리 사용되는 개념이 발생행렬(incidence matrix) 혹은 Q행렬이다. Q행렬은 $I \times A$의 0

과 1로 이루어진 행렬인데, 여기서 I는 검사 내의 전체 문항 수를, A는 전체 인지요소의 수를 가리킨다. 이 행렬은 피험자가 각 문항에 정답을 하기 위해서 갖추어야 할 인지요소들을 명시하기 위한 것이다. 1은 해당 문항을 해결하기 위하여 해당 인지요소가 요구된다는 것이며, 0은 그렇지 않다는 의미다. 예를 들어, 〈표 9-4〉는 대분수 뺄셈과 관련된 한 산수시험에 대하여 작성된 Q행렬을 보여 주고 있다. 이 시험에서는 다음 세 가지 인지요소에 대하여 학생들의 숙달 여부를 측정하고자 한다.

〈표 9-4〉 Q행렬의 예: 대분수 뺄셈에 대한 산수시험의 경우

문항	문항내용	인지요소		
		(ㄱ)	(ㄴ)	(ㄷ)
1	$\dfrac{6}{7}-\dfrac{4}{7}=$	1	0	1
2	$3\dfrac{4}{5}-2\dfrac{2}{5}=$	1	0	1
…		…	…	…
15	$4\dfrac{4}{12}-2\dfrac{1}{6}=$	1	1	1

(ㄱ) 기초적인 분수 뺄셈하기
(ㄴ) 분수를 약분 혹은 통분하기
(ㄷ) 대분수에서 정수와 분수를 분리하여 다루기

〈표 9-4〉에서의 문항 1은 기초적인 분수의 뺄셈과 관련된 능력만을 요구하기 때문에 인지요소 (ㄱ)과 관련된 항에만 1의 값이 주어졌다. 문항 2의 경우는 대분수가 주어졌을 때 정수와 분수 부분을 분리하여 사고하는 인지적 능력이 요구되므로 추가로 인지요소 (ㄷ)이 관련됨을 알 수 있다. 그리고 문항 15를 풀기 위해서는 인지요소 (ㄱ)과 (ㄷ)의 능력뿐만 아니라 4/12를 2/6으로 약분하는 능력이 요구되므로 인지요소 (ㄴ) 역시 필요한 것으로 분석되었다.

둘째, 복잡한 인지 진단적 정보와 관련된 다수의 잠재변수, 즉 인지요소들을 검사문항들과의 연관 속에서 함께 다룰 수 있는 다양한 심리측정학적 모형이 개발되었는데, 이들을 충분히 이해하고 필요에 따라 개선하면서 검사자료의 속성과 인지요소적 특성 등에 맞게 적절히 적용해야 한다. 이러한 맥락에서 대두된 여러 가지 심리측정 모형은 기존의 일차원 문항반응모형이 확장 및 변형된 형태이거나 경우에 따라서는 전혀 새로운 형태로 나타나기도 한다. 이러

한 모형들은 피험자의 지식, 기능, 특성 등과 관련된 잠재변수를 어떻게 보는가에 따라서 다음 세 가지로 나누어 살펴볼 수 있다.

- 연속변수로서의 잠재변수를 다루는 잠재특성모형(latent trait model)하에서 다양한 형태의 다차원 문항반응모형(multidimensional IRT, 이하 MIRT)들이 존재한다. 예를 들어, 일차원 문항반응모형의 단순 확장으로서 비선형적 요인분석과 통계적으로 동일한 보상적 다차원 문항반응모형(compensatory MIRT), 잠재능력 간 보상적 관계를 상정하기보다는 문항에서 요구하는 모든 능력이 충분히 숙달되었을 때 높은 정답확률이 가능하다고 보는 결합적 혹은 비보상적 다차원 문항반응모형(conjunctive or noncompensatory MIRT) 등이 있다.
- 잠재변수를 이산변수로 다루는 잠재계층모형(latent class model)하에서 다양한 인지진단모형들이 대두되었다. 이러한 모형들은 위에서 설명한 Q행렬에 기반하는데, 검사 수행자료를 이용하여 개별 피험자가 어떤 기능을 숙달하였는지 혹은 숙달하지 못하였는지를 가리는 데에 초점을 두게 된다. 보다 구체적으로는 규칙장모형, NIDA(Noisy Inputs, Deterministic 'And' Gate) 모형, DINA(Deterministic Input; Noisy 'And' Gate) 모형, 퓨전(Fusion) 모형(conjunctive reparameterized unified model: conjunctive RUM), 보상적 재모수화된 통합모형(compensatory reparameterized unified model; compensatory RUM), 베이지안 네트워크(Bayesian Network) 모형 등을 들 수 있다.
- 연속변수인 잠재변수와 이산변수인 잠재변수를 함께 다루는 모형(hybrids of latent trait model and latent class model)들이 있으며 구체적으로는 Mixture IRT 모형, Higher-order DINA 모형 등이 있다. 퓨전 모형의 경우 연속적 잠재변수가 모형상에 추가적으로 포함되기는 하지만 능력 추정을 위한 목적으로 쓰이지 않기 때문에 세 번째 분류에 포함시키지 않았다.

〈표 9-5〉에서는 앞에서 언급된 각각의 모형에 대해서 그 이해에 도움이 될 수 있는 몇몇 관련 참고문헌을 제시하였다. 이 밖에 언급되지 않은 다른 많은 인지진단모형이 존재한다(Fu, 2005). 이와 같은 모형들의 궁극적인 목적은 피험자의 인지적 능력에 대한 정확한 추정을 통하여 타당하고 유용한 처방 정보를 제공하여 교사의 수업이나 학생의 학습에 직접적인 도움을 주는 것이다.

인지진단모형은 또한 인지요소들이 피험자의 문항 수행에 영향을 미치는 방식에 따라서 나뉠 수 있다. 예를 들어, 결합적 다차원 문항반응모형, DINA 모형, 퓨전 모형 등은 피험자가 한 문항에 대한 높은 정답률을 확보하기 위해서는 해당 문항을 풀기 위해 요구되는 모든

〈표 9-5〉 인지진단모형과 관련 참고문헌

보상적 다차원 문항반응모형	Ackerman(1989), Bolt & Lall(2003), Maris(1999), McDonald (1997), Reckase(1985)
결합적 다차원 문항반응모형 혹은 비보상적 다차원 문항반응모형	Ackerman(1989), Bolt & Lall(2003), Maris(1999), Whitely(1980)
규칙장모형	Tatsuoka(1983), Tatsuoka & Tatsuoka(1992)
NIDA 모형	Junker & Sijtsma(2001), Maris(1999)
DINA 모형	de la Torre(2009), de la Torre & Douglas(2004), Doignon & Falmagne(1999), Haertel(1989), Junker & Sijtsma(2001)
퓨전 모형	DiBello, Stout, & Hartz(2000), DiBello, Stout, & Roussos(1993), Hartz(2002)
compensatory RUM	Hartz(2002), von Davier & Yamamoto(2004)
베이지안 네트워크	Mislevy(1995), Pearl(1988), Sinharay(2006)
Mixture IRT 모형	Cohen & Bolt(2005), Rost(1990)
Higher-order DINA	de la Torre(2009), de la Torre & Douglas(2004)

인지요소에서 높은 능력을 가지거나 이것들을 숙달해야 한다고 가정한다. 하지만 보상적 다차원 문항반응모형과 compensatory RUM에서는 피험자가 높은 문항 정답확률을 갖기 위해서 관련된 인지요소들을 모두 숙달해야 한다기보다는 적어도 하나의 인지요소에서 높은 능력을 가지고 있을 경우 이러한 인지요소가 다른 인지요소들을 도울 수 있기 때문에 정답확률이 높아질 수 있다고 본다.

　인지요소와 문항 간의 관계를 기반으로 해서 특정 심리측정 모형을 적용하여 개인이 어떤 인지요소를 숙달하였는지 혹은 숙달하지 못하였는지를 판단하게 되는데, 이러한 결과를 얻기 위한 과정 자체가 쉽지 않을 뿐만 아니라 어떤 문제가 발생하였을 때 그 원인을 찾는 작업 또한 매우 어려운 것이 사실이다. 예를 들어, 특정한 문항들을 해결하는 데 요구되는 인지요소들을 충분히 숙달하였다고 판단되는 피험자들이 있다고 했을 때, 만약 그들이 그러한 인지요소들 전부 혹은 일부를 숙달하지 못한 것으로 추정되었다고 하자. 이때 기대에 어긋나는 결과가 도출된 원인은 다음과 같이 복합적일 수 있다. 첫째, 검사가 측정하고 있는 인지요소가 제대로 파악되지 않았거나 인지요소 간 위계관계가 잘못 설정되었다. 둘째, 작성된 문항들이 인지 진단적 평가가 의도하는 바를 측정하기에 적절하지 않았다. 셋째, Q행렬을 작성함에 있어 특정 인지요소와 문항 간의 관계를 제대로 명시하지 못하였다. 넷째, 적절한 심리측정 모형이 사용되지 않았다. 다섯째, 피험자가 시험 당일의 컨디션과 같은 다른 요인 때문에 기대한 대로 문항에 대한 수행을 보이지 않았다.

　이러한 다양한 문제 원인은 검사문항에 대한 심리측정학적 이해를 위한 노력, 나아가 인지심리학에 기반을 둔 문항분석이 단순히 문항이나 학생들의 수행자료를 들여다보고 이를 통계적 모형을 이용하여 분석함으로써만 이루어질 수 있는 것이 아니라, ① 내용전문가나 노련한 교사에 의해서 어떻게 교육목표에 관련된 인지요소를 정확히 산출할 것인가, ② 이들을 측정하기 위해 어떻게 문항을 작성할 것인가, ③ 피험자의 능력을 제대로 측정하기 위한 방법론(말하자면 Q행렬, 심리측정모형)을 어떻게 적용하고 개선해 나갈 것인가와 관련하여 끊임없는 노력과 투자가 필요하다는 것을 의미한다. 더욱이 인지진단모형을 적용하여 문항을 분석하고 인지요소와 관련된 피험자의 능력을 추정하는 기존의 시도들이 대부분 비교적 단순한 산수시험과 관련하여 이루어졌다는 사실은 다양한 교과 영역과 평가 분야에 걸쳐서 교육심리측정학과 인지심리학을 통합 적용함에 있어서 수많은 난관이 존재함을 짐작하게 해 준다.

- 문항분석은 검사 문항들의 특성을 관찰하고 각각의 문항이 고유의 측정목적을 가진 검사에 포함되기에 적합한 양호도를 갖추고 있는지를 확인하는 작업이다. 양호한 문항을 통해 검사 시행자는 피험자들의 능력을 효율적이고 효과적으로 측정할 수 있기 때문에, 문항분석 과정은 양질의 새로운 검사를 만들거나 기존 검사의 질을 제고하는 데에 필수적이다.

- 문항분석을 위한 측정이론적 배경으로 크게 고전검사이론과 문항반응이론을 들 수 있다. 두 이론은 모두 문항난이도, 문항변별도, 선다형 문항에서의 문항반응분포에 대한 정보를 제공한다. 문항난이도는 한 문항의 쉽고 어려운 정도를 의미하며, 문항변별도는 높은 능력을 가진 학습자와 능력이 낮은 하위 학습자를 얼마나 예리하게 구분해 낼 수 있는지의 정도를 말한다. 또한 각 문항의 답지에 반응한 분포 및 검사 총점과의 관계를 통하여 어떤 답지가 문제점을 갖고 있는지를 파악하기 위한 정보를 제공할 수 있다.

- 고전검사이론의 단점은 이러한 통계치들(문항난이도, 문항변별도, 오답지 매력도 등)이 사용된 피험자 표집에 따라 크게 달라질 수 있다는 것이다. 문항반응이론에서는 문항의 특성과 피험자 집단 간의 관계가 상호 독립적임을 가정한다. 문항반응이론에서는 사용된 모형에 따라서 추정된 문항 모수를 이용하여 문항난이도, 문항변별도, 문항추측도 등에 관한 정보를 얻을 수 있다. 또한 명목반응모형의 사용을 통하여 각 문항의 답지가 가지는 특징을 반응범주곡선으로 나타내어 피험자의 능력에 따른 각 오답지 및 정답지의 반응확률을 계산할 수 있다. 이러한 정보들은 어떤 문항이 양호한 문항인지 혹은 적절하게 기능하는 것인지 판단하는 근거가 되며, 부적절하다면 그 원인이 무엇인지 파악하여 수정하는 작업을 돕는 역할을 한다.

- 기존의 문항분석을 보다 풍부하고 의미 있게 만들기 위하여 두 가지 방향의 방법론이 소개되었다. 첫째는 설명적 문항반응모형으로서 각 문항 및 능력 모수치를 설명하는 변수들을 포함하도록 기존의 모형을 확장하려는 시도다. 둘째는 다양한 인지진단모형에 대한 이해와 적절한 적용을 통하여 각 문항의 특성을 확인하고 피험자가 가지고 있는 각 인지요소에 대한 정확한 능력을 추정하고자 하는 시도다. 인지심리학이 점차 교육 및 심리 측정이론에서 차지하는 중요도가 커짐에 따라 이에 따른 문항분석을 가능하게 해 주는 질적 및 양적 토대를 마련할 필요가 있다.

학급 활동

1. 아래 표를 보고 주변 학생들과 함께 논의해 보시오.

〈전통적 문항분석 결과〉

문항	문항 유형	문항 통계치	답지, [ ]는 정답				
			A	B	C	D	E
1	선다형	p-value	.10	.11	[.68]	.04	.07
		rpb	−.29	−.19	.44	−.14	−.12
2	선다형	p-value	.04	.02	.24	[.68]	.02
		rpb	−.17	−.13	−.47	.58	−.10
3	선다형	p-value	.21	.14	.09	.05	[.51]
		rpb	−.15	−.23	−.31	−.15	.54
4	선다형	p-value	.01	.05	.03	.09	[.82]
		rpb	−.14	−.31	−.24	−.26	.48
5	선다형	p-value	.25	.22	[.34]	.09	.10
		rpb	−.10	−.06	.38	−.11	−.22
6	선다형	p-value	.09	[.69]	.09	.01	.12
		rpb	−.17	.44	−.20	−.12	−.24
7	선다형	p-value	.09	.10	[.59]	.09	.13
		rpb	.11	−.21	.44	−.18	−.17
8	선다형	p-value	.15	[.44]	.15	.23	.03
		rpb	−.20	.56	−.19	−.26	−.09
9	선다형	p-value	.17	.06	.11	.08	[.58]
		rpb	−.30	−.20	−.22	−.21	.60

• 9개 선다형 문항 중 가장 어려운 문항은? _____

• 9개 선다형 문항 중 가장 변별력 있는 문항은? _____

• 오답지의 매력도 측면에서 문제를 가질 것으로 예상되는 문항은? _____

• 능력이 높을수록 (원점수가 높을수록) 오답지를 더 택하게 되는 경우의 문항은? _____

함께 풀어 봅시다

1. 양호한 검사 제작을 위해 실시되는 문항분석의 목적으로 적합하지 <u>않은</u> 것은?
   ① 검사문항의 통계적 속성을 파악하기 위해서
   ② 검사문항의 양호도를 확인하기 위해서
   ③ 검사문항 중 가장 좋은 한 문항을 가려내기 위해서
   ④ 피험자의 능력을 정확하고 효율적으로 측정하기 위해서

2. 전통적 검사이론에서 제공되는 문항 통계치가 <u>아닌</u> 것은?
   ① 문항의 난이도
   ② 문항의 변별도
   ③ 문항의 정보함수
   ④ 선다형 문항에 대한 반응분포

3. 고전검사이론의 가장 기본적인 가정을 진술하는 문장은?
   ① 한 피험자의 관찰점수는 모든 검사에서 같다.
   ② 관찰점수는 진점수와 오차점수를 포함한다.
   ③ 오차점수의 평균은 관찰점수의 평균과 같지 않다.
   ④ 진점수와 오차점수 간의 적률상관계수는 0이다.

4. 하나의 문항이 '나쁜' 혹은 '부적절한' 문항으로 판정되는 이유가 <u>아닌</u> 것은?
   ① 문항의 변별도가 너무 낮다.
   ② 한 오답지의 서술에 문법적인 오류가 발견되었다.
   ③ 두 개 이상의 답지가 정답이다.
   ④ 오답지를 택한 비율이 2% 이상이다.

5. 선다형 문항의 한 오답지가 문항분석 결과 매력적이지 않다고 판정하는 근거가 되는 것은?
   ① 정답이라고 반응한 학생 수가 너무 적다.
   ② 논리적으로 적합하지 않아 오답임이 분명하다.
   ③ 문법적 오류가 있거나 표현이 모호하다.
   ④ 정답에 대한 단서를 제공한다.

6. 선다형 문항의 한 오답지에 대한 반응을 1(선택한 경우)과 0(선택하지 않은 경우)으로 코딩한 후 검사의 총점과 양류계수를 계산하였다. 오답지에 어떤 문제가 있다고 판정할 수 있는 경우는?

① 적률상관계수가 −0.4에 가깝다.

② 적률상관계수가 0.4에 가깝다.

③ 0으로 코딩된 경우가 40% 정도였다.

④ 1로 코딩된 경우가 대략 40% 정도였다.

7. 문항반응이론에서 문항난이도가 가질 수 있는 이론적 값의 범위는?

① 0부터 ∞까지   ③ −4부터 4까지   ② 0부터 1까지   ④ −∞부터 ∞까지

8. 문항반응이론에서 문항변별도가 가질 수 있는 이론적 값의 범위는?

① 0부터 ∞까지   ② 0부터 3까지   ③ −4부터 4까지   ④ −∞부터 ∞까지

9. 문항반응이론에서 문항추측도가 가질 수 있는 이론적 값의 범위는?

① 0부터 ∞까지   ② 0부터 1까지   ③ 0부터 0.5까지   ④ −∞부터 ∞까지

10. 일차원성 가정하의 이분 문항반응모형에서 피험자 능력 모수 추정치의 평균과 표준편차가 각각 0과 1일 때 문항난이도 추정치가 2라면 그 의미는?

① 피험자 집단에게 쉬운 문항이다.   ② 중간 수준의 난이도를 의미한다.

③ 피험자 간 능력을 잘 변별하지 못한다.   ④ 피험자 집단에게 어려운 문항이다.

11. 문항반응이론에서 오답지 분석을 위해 사용될 수 있는 문항반응모형은?

① 명목반응모형   ② 등급반응모형

③ 3모수 로지스틱 모형   ④ 부분점수모형

12. 문항분석 목적으로 명목반응모형을 적용했을 때의 결과로서 바람직한 것은?

① 오답지 반응범주곡선이 단조 증가를 보인다.

② 오답지 반응범주곡선의 y축 최대치가 0.05보다 작다.

③ 정답지 반응범주곡선이 단조 증가를 보인다.

④ 정답지 반응범주곡선이 x축에 평행하다.

13. 문항분석을 실시함에 있어서 고전검사이론과 비교하여 문항반응이론이 갖는 장단점을

정리하여 각각 세 가지씩 나열해 보시오.

14. 전통적 문항분석 결과 한 문항의 변별도(예: 양류계수)가 0보다 작은 음의 값으로 나타났다. 우선 해당 문항을 문항반응이론으로 분석했을 때 예상되는 문항변별도 값을 대략적으로 예측해 보시오. 추가로 이러한 현상이 나타나는 원인을 두 개 이상의 예를 들어 설명해 보시오.

※객관식 문항 정답은 부록 참조

 ## 참고문헌

김석호(1998). 다분 문항반응의 이론과 실제. 황정규 편, 교육측정 · 교육평가의 새 지평 (pp. 177-247). 서울: 교육과학사.

김성훈(1991). 문제해결 전략에 따른 문항반응유형의 통계적 분류. 교육평가연구, 4, 59-89.

김성훈, 박영선(2004). 오개념 진단 및 교정을 위한 규칙장 모델의 알고리즘개발. 교육평가연구, 17, 183-195.

황정규(1998). 학교학습과 교육평가. 서울: 교육과학사.

Ackerman, T. A. (1989). Unidimensional IRT calibration of compensatory and noncompe nsatory multidimensional items. *Applied Psychological Measurement, 13*, 113-127.

Baker, F. B., & Kim, S. H. (2004). *Item response theory: Parameter estimation techniques* (2nd ed.). New York: Marcel Dekker.

Barnard, J. J. (1999). Item analysis in test construction. In G. N. Masters & J. P. Keeves (Eds.), *Advances in measurement in educational research and assessment* (pp. 195-206). Oxford, UK: Elsevier Science Ltd.

Birnbaum, A. (1968). Some latent trait models and their use in inferring an examinee's ability. In F. M. Lord & M. R. Novick (Eds.), *Statistical Theories of Mental Test Scores* (pp. 397-472). Reading: Addison-Wesley.

Bock, R. D. (1972). Estimating item parameters and latent ability when responses are scored in two or more nominal categories. *Psychometrika, 37*, 29–51.

Bolt, D. M., & Lall, V. F. (2003). Estimation of compensatory and noncompensatory multidimensional item response models using Markov chain Monte Carlo. *Applied Psychological Measurement, 27*, 395–414.

Cohen, A. S., & Bolt, D. M. (2005). A mixture model analysis of differential item functioning. *Journal of Educational Measurement, 42*, 133–148.

Crocker, L., & Algina, J. (1986). *Introduction to Classical and Modern Test Theory*. New York: Holt, Rinehart and Winston.

De Boeck, P., & Wilson, M. (Eds.) (2004). *Explanatory item response models*. New York: Springer.

de la Torre, J. (2009). DINA model and parameter estimation: A didactic. *Journal of Educational and Behavioral Statistics, 34*, 115–130.

de la Torre, J., & Douglas, J. (2004). Higher-order latent trait models for cognitive diagnosis. *Psychometrika, 69*, 333–353.

DiBello, L. V., Stout, W., & Hartz, S. (2000). *On identifiability of parameters in the unified model for cognitive diagnosis*. Paper presented at the annual meeting of Psychometric Society, Vancouver, Canada.

DiBello, L. V., Stout, W., & Roussos, L. (1993). Unified cognitive/psychometric diagnosis: Foundations and application. Paper presented at the annual meeting of the American Educational Research Association, Atlanta, GA.

Doignon, J. P., & Falmagne, J. C. (Eds.) (1999). *Knowledge Spaces*. New York: Springer Verlag.

Embretson, S. E., & Reise, S. P. (2000). *Item response theory for psychologists*. Mahwah, NJ: Lawrence Erlbaum Associates.

Fischer, G. H. (1973). Linear logistic test model as an instrument in educational research. *Acta Psychologica, 37*, 359–374.

Fu, J. (2005). A polytomous extension of the fusion model and its Bayesian parameter estimation. Unpublished PhD Dissertation, University Of Wisconsin-Madison.

Hambleton, R. K., & Jones, R. W. (1993). Comparison of classical test theory and item response theory and their applications to test development. *Educational Measurement: Issues and Practice, 12*, 535–556.

Hartz, S. M. (2002). A Bayesian framework for the unified model for assessing cognitive abilities: Blending theory with practicality. Unpublished PhD Dissertation, University Of

Illinois At Urbana-Champaign.

Haertel, E. H. (1989). Using restricted latent class models to map the skill structure of achievement items. *Journal of Educational Measurement, 26,* 333-352.

Hulin, C. L., Drasgow, F., & Parsons, C. K. (1983). *Item Response Theory.* Dow-Jones Irwin, Homewood, Illinois.

Junker, B. W., & Sijtsma, K. (2001). Cognitive assessment models with few assumptions, and connections with nonparametric item response theory. *Applied Psychological Measurement, 25,* 258-272.

Kamata, A. (2001). Item analysis by the hierarchical generalized linear model. *Journal of Educational Measurement, 38,* 79-93.

Linacre, J. M. (1989). Objectivity for judge-intermediated certification examinations. San Francisco, CA. Cited by Raymond, M. R. (1990), *Detecting and correcting for rater effects in performance assessment.* American College Testing Program, Iowa City, Iowa, 13.

Lord, F. M. (1952). A theory of test scores. *Psychometric Monograph, 7.*

Lord, F. M., & Novick, M. R. (1968). *Statistical theories of mental test scores.* Reading, MA: Addison-Welsley Publishing Company.

Maris, E. (1999). Estimating multiple classification latent class models. *Psychometrika, 64,* 187-212.

Masters, G. N. (1988). Item discrimination: When more is worse. *Journal of Educational Measurement, 25,* 15-29.

McDonald, R. P. (1997). Multidimensional normal ogive model. In W. J. VanderLinden & R. K. Hambleton (Eds.), *Handbook of modern item response theory* (pp. 257-269). New York: Springer-Verlag.

Mislevy, R. J. (1982). *Five steps toward controlling item parameter drift.* Paper presented at the annual meeting of the American Educational Research Association, New York.

Mislevy, R. J. (1995). Probability-based inference in cognitive diagnosis. In P. Nichols, S. Chipman, & R. Brennan (Eds.), *Cognitively diagnostic assessment* (pp. 43-71). Hillsdale, NJ: Erlbaum.

Muraki, E. (1992). A generalized partial credit model: Application of an EM algorithm. *Applied Psychological Measurement, 16,* 159-176.

Muraki, E., & Bock, R. D. (1997). *PARSCALE: IRT item analysis and tests coring for rating-scale data.* Chicago, IL: Scientific Software.

Nunnally, J. C. (1967). *Psychometric Theory*. New York: McGraw-Hill.

Olsson, U., Drasgow, F., & Dorans, N. J. (1982). The polyserial correlation coefficient. *Psychometrika, 47*, 337–347.

Pearl, J. (1988). *Probabilistic reasoning in intelligent systems: Networks of plausible inference*. San Mateo, CA: Morgan Kaufmann.

Reckase, M. D. (1985). The difficulty of test items that measure more than one ability. *Applied Psychological Measurement, 9*, 401–412.

Reise, S. P. (2000). Using multilevel logistic regression to evaluate person-fit in IRT models. *Multivariate Behavioral Research, 35*, 545–570.

Rost, J. (1990). Rasch models in latent classes: An integration of two approaches to item analysis. *Applied Psychological Measurement, 14*, 271–282.

Sinharay, S. (2006). Model diagnostics for Bayesian networks. *Journal of Educational and Behaviroal Statistics, 31*, 1–33.

Snow, R. E., & Lohman, D. F. (1989). Implications of cognitive psychology for educational measurement. In R. L. Linn (Ed.), *Educational measurement* (3rd ed., pp. 263–331). New York: American Council on Education, Macmillan.

Tatsuoka, K. K. (1983). Rule Space: An approach for dealing with misconceptions based on item response theory. *Journal of Educational Measurement, 20*, 345–354.

Tatsuoka, K. K., & Tatsuoka, M. M. (1992). *A psychometrically sound cognitive diagnostic model: Effect of remediation as empirical validity* (RR-92-38-ONR). New Jersey: ETS.

Thissen, D. (1991). Multiloguser's guide: Multiple categorical item analysis and test scoring using item response theory [Computer program]. Chicago: Scientific Software International.

Thissen, D., & Steinberg, L. (1984). A response model for multiple choice items. *Psychometrika, 49*, 501–519.

Veerkamp, W. J. J., & Berger, M. P. F. (1999). Optimal item discrimination and maximum information for logistic IRT models. *Applied Psychological Measurement, 23*(1), 31–40.

von Davier, M., & Yamamoto, K. (2004, October). A Class of Models for Cognitive Diagnosis. Invited Lecture at the ETS Spearmann Invitational Conference, Princeton, NJ.

Whitely, S. E. (1980). Multicomponent latent trait models for ability tests. *Psychometrika, 45*, 479–494.

Wright, B. D., & Stone, M. H. (1979). *Best test design: Rasch measurement*. Chicago: MESA Press.

Chapter 10

문항 제작

고법 "수능 세계지리 8번문항 오류"

2014학년도 대학수학능력시험(수능) 세계지리 과목 8번 문항 오류 논란과 관련해 항소심 법원이 수험생들의 손을 들어 줬다.

서울고법 행정7부(부장판사 민중기)는 16일 수능 수험생 4명이 "세계지리 과목 8번 문항에 오류가 있다"며 평가원과 교육부를 상대로 낸 대학수학능력시험 정답결정 처분취소 소송 항소심에서 원고 패소 판결한 1심을 뒤집고 원고 일부 승소 판결했다.

2014학년도 수능 세계지리 8번 문항은 북미자유무역협정(NAFTA)과 유럽연합(EU)에 대한 옳은 설명을 고르는 문제로, 평가원은 "EU가 NAFTA보다 총생산액의 규모가 크다"는 보기 ⓒ이 맞는 설명이라고 보고 문제를 제출했다.

이에 대해 수험생 측은 "총생산액은 매년 변화하는 통계수치"라며 "이 문제에서는 비교할 수 있는 기준 시점을 제시하지 않았기 때문에 문제 자체에 오류가 있다"고 주장했다.

그러나 평가원이 지난해 11월 "세계지리 교과서와 EBS 교재에 EU가 NAFTA보다 총생산액 규모가 크다는 내용이 있기 때문에 문제될 게 없다"며 2번을 정답처리한 성적을 발표했고, 이에 반발한 수험생 59명은 법원에 소를 제기했다.

이에 대해 1심 재판부는 "교과서에는 EU가 NAFTA보다 총생산량이 많다는 취지로 기재

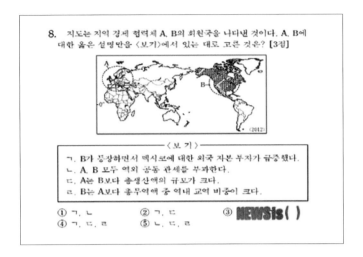

돼 있을 뿐 EU와 NAFTA의 연도별 총생산액 규모를 통계적으로 비교하는 내용은 없고, 총생산액 기준 시점을 제시하지 않았다고 해도 해당 지문이 명백히 틀린 지문이라고 단정하기 어렵다"며 평가원의 손을 들어줬다.

-『뉴시스』, 2014년 10월 16일자 기사 중

서울시 공무원시험 출제오류, 국가시험보다 5배 많아

[2015국감] 3년새 20문항······ 한 과목에 두 문항 오류 발견되기도 해

서울시 공무원 공채시험의 출제오류가 국가시행 공무원시험 출제오류에 비해 5배나 많은 것으로 나타났다.

국회 안전행정위원회 소속 진선미 새정치민주연합 의원이 15일 서울에서 제출받은 '서울시 공무원시험 정답가안 변경 현황' 자료에 따르면 최근 3년간 서울시 공무원시험 출제오류가 총 20건으로 나타났다.

2013년부터 2015년 7월까지 서울시 공무원 시험문제 4120문항 중에서 0.49%인 20문항에서 복수정답 및 모두 정답처리 등 출제오류가 있었다. 2013년에는 340문장 중 2문항에서 출제오류가 발견됐고 2014년에는 1920문항 중 11문항(0.57%)이 올해도 10860문항 중 7문항의 출제오류가 있었다.

출제오류가 발생한 20문항 중에 '복수정답으로 인정한 문항'이 11문항이고, '모두 정답처리한 문항'이 6문항, '정답이 수정된 것'이 1문항이었다. 특히 2014년 서울시 7급 공채시험에서는 '생태계관리및식물'과 '환경공학' 2과목에서 각각 2개 문항씩 출제오류가 있었다.

이런 서울시에서 시행한 지방직 공무원시험의 출제오류 비율은 인사혁신처가 시행하는 국가 · 지방직 공채시험의 출제오류율에 5배나 높았다.

··· (후략) ···

- 『뉴스미디어』, 2015년 9월 16일자 기사

위 신문기사들은 좋은 문항을 만들기가 쉽지 않음을 단적으로 보여 준다. 국가 혹은 지방자치단체에서 시행하는 중요한 시험의 문항들은 해당 분야의 최고 전문가 다수가 비교적 긴 시간을 들여 만들었음에도 정답이 무엇인가에 관해 의견이 분분한 사태가 생긴 것이다. 사람들은 흔히 교육평가가 중요하다고 말은 하지만 정작 그 기본 단위인 문항을 어떻게 제작할 것인가에 대해서는 상대적으로 관심을 덜 갖는 것 같다. 문항, 특히 좋은 문항을 제작하는 일은 대단히 전문적이고 섬세한 일이며 그만큼 고려해야 할 요소도 많다. 그럼에도 근무기간 내내 교육평가를 해야 하는 사람들을 길러 내는 교사 양성기관에서조차 문항을 어떻게 제작할 것인가에 관해서는 그리 큰 비중을 두지 않고 있는 듯하다. 이는 교육전문가들조차 문항 제작 관련 훈련의 중요성을 별로 크게 느끼지 않고 있음을 보여 주는 대목이다. 이 장에서는 문항 제작을 위한 여러 가지 기술적인 사항들, 즉 문항 유형, 문항 제작 절차와 방법 등을 다룬다.

학/습/목/표

- 좋은 문항의 특성을 이해한다.
- 각 문항 유형을 이해하고 각 문항 유형의 예를 2개 이상 제시할 수 있다.
- 다양한 문항 유형을 제시하면 그것이 어느 문항인지 구분할 수 있고, 해당 문항에서 잘된 점과 개선의 여지가 있는 부분을 지적할 수 있다.
- 평가목적에 따라 가장 적절한 문항 유형을 제시하고 실제로 문항을 작성해 볼 수 있다.

▶▶ 1 문항의 의미 및 목적

　　문항(item)이란 채점의 단위로, 응시자가 특정 내용이나 기술을 알고 있는 정도를 알아보기 위해 진술된 질문이다. 문항의 일차적인 목적은 특정 내용을 말이나 글로 표현하거나 주어진 조건에 맞게 선택사항을 고르도록 함으로써 학습한 정도를 확인하는 데 있다. 검사의 종류, 검사의 목적, 검사의 길이, 검사 제작 절차 등이 대략 정해지면, 이제 본격적으로 문항을 작성해야 한다. 문항은 검사가 재고자 하는 분야의 최고 전문가가 창의적으로 별다른 매뉴얼 없이 작성하는 경우도 있지만, 문항의 측정 영역, 방법, 형식, 유형 등을 세밀하게 마련해 놓고 그에 따라 작성하기도 한다. 어느 경우든 문항 제작 단계에서는 '어떠한 내용이나 기술을 측정할 것인가' '어떠한 형태의 문항을 작성할 것인가' '문항난이도(item difficulty)를 어떻게 설정할 것인가' 등 많은 의사결정이 필요하다. 이 장에서는 먼저 좋은 문항의 특성을 개관하고 각 문항 유형을 살펴보기로 한다.

▶▶ 2 좋은 문항 및 문항 개발자의 요건

1) 좋은 문항의 요건

　　어떤 문항이 좋은 문항인가? 이에 대해 성태제(2008)는 다음 13가지를 좋은 문항의 기준으로 제시했다.

- 문항 내용이 측정하고자 하는 내용과 일치할 것
- 문항 내용이 단순 기억에 의한 사실보다는 고등정신기능인 분석, 종합, 평가 등의

능력을 측정할 수 있을 것

- 열거된 단순 사실만을 질문하지 않고, 요약하고 일반화하고 추상화시킬 수 있는 내용을 포함할 것
- 문항 내용이나 형식이 참신할 것
- 질문이 모호하지 않고 구체적이며 구조화되어 있을 것
- 적절한 난이도를 가질 것
- 학습동기를 유발시킬 수 있을 것
- 검사의 사용 목적에 부합할 것
- 측정 오차를 유발하지 말 것
- 문항 형식에 맞게 문항 제작 요령을 준수할 것
- 문항 편집이 적절하게 되어 있을 것
- 문항 내용에 윤리적·도덕적 문제 소지가 없을 것
- 특정 집단에게 유리하거나 불리하지 않을 것

좋은 문항 요건의 핵심은 문항의 타당도와 신뢰도다. 재고자 하는 것을 일관성 있게 잴 수 있어야 좋은 문항이라 할 수 있다. 여기에 좀 더 요구를 한다면 명료성과 간결성이다. 짧은 시간에 최소한의 반응만으로도 재고자 하는 것을 일관성 있게 잴 수 있는 문항이야말로 가장 이상적인 문항일 것이다.

2) 문항 개발자의 요건

일찍이 Wesman(1971)은 "문항 제작은 본질적으로 창의적인 일이며 하나의 예술이다(p. 81)."라고 밝힌 바 있다. 그만큼 좋은 문항을 제작하기란 어려운 일이며 창의성을 어떻게, 얼마나 발휘하느냐에 따라 문항의 질이 달라질 수 있다는 것이다. 좋은 문항을 한마디로 정의하기는 어렵다. 좋은 문항의 가장 중요하면서도 기본적인 요건은 '재고자 하는 것을 제대로 그리고 일관성 있게 재는 것'이다. 좋은 문항은 우선 무엇을 묻는지가 분명하고 지시문이나 답지에서 그 답에 대한 단서를 주지 않아야 한다.

좋은 문항을 제작하기 위해서는 문항 제작자가 다음과 같은 조건을 갖추어야 한다(성태제, 2008; 황정규, 2002). 첫째, 해당 문항으로 평가하려는 교과를 충분히 깊이 있게 이해해야 한다.

둘째, 문항 제작자는 합리적이고 잘 개발된 교수목표관을 갖고 있어야 한다. 여기에는 목표 자체에 대한 이해뿐만 아니라 그 목표의 의미를 행동이나 내용으로 다양하게 드러내는 능력도 포함된다. 예컨대, 어떤 상황에서 어떻게 반응하는 것이 비판적 사고력을 가장 잘 보여 주는 것인지에 대한 통찰력을 갖고 있어야 한다.

셋째, 검사하려는 학생들을 심리학적으로 혹은 교육학적으로 잘 알고 있어야 한다. 이를 위해서는 교수-학습 이론과 인지심리학에 대한 이해가 필요하다. 예컨대, 검사 대상 학생들이 현재 어느 수준에 있는지, 얼마나 오랫동안 검사를 치를 수 있는지 등에 대해 잘 알고 있어야 한다. 최근에는 피험자의 다양한 특성에 따라 문항에 반응하는 방식과 결과가 어떻게 달라질 것인가에 대한 민감성도 문항 제작자 능력의 중요한 요소로 고려되고 있다. 피험자의 성별, 인종, 직업, 사회계층 등에 따라 문항이 동일하게 기능할지 혹은 다르게 기능할지를 어느 정도 예측할 수 있어야 한다.

넷째, 측정하고자 하는 바를 언어로 잘 표현할 수 있어야 한다. 예컨대, 어떤 이론에 대한 비판능력을 측정하는 문항을 제작할 때 굳이 '비판하라'는 직접적인 지시를 주지 않고서도 문항의 형식과 표현방식을 달리하여 비판력을 알아볼 수 있도록 문항을 작성하는 능력이 이에 해당할 것이다. 여기에는 문장력과 내용을 글로 간결하게 표현하는 능력 등이 포함된다.

다섯째, 문항 작성법을 숙지하고, 문항의 여러 특성과 각 특성이 측정하고자 하는 능력에 미치는 영향 등에 대해 잘 이해해야 한다.

여섯째, 문항분석 방법, 검사이론 등을 잘 이해해야 한다.

▶▶ 3 문항 형식 결정 시 고려사항

문항의 내용(무엇을 잴 것인가)과 문항의 형식(어떻게 잴 것인가)은 서로 밀접하게 연관되어 있다. 문항의 내용이 문항의 형식을 규정하는 경우도 있고, 또 반대로 문항의 형식이 문항의 내용을 규정하는 경우도 있다. 문항 내용과 문항 형식을 결정할 때 고려할 사항은 대체로 다음과 같다.

첫째, 문항으로 측정하고자 하는 바가 무엇이냐에 따라 문항의 내용이나 형식이 달라진다. 예컨대, 어떤 기술이나 내용을 미리 설정한 기준 이상으로 소유하고 있는가 여부를 확인하고자 할 때에는 응시자 간 변별이 주 관심사가 아니기 때문에 대상 내용이나 기술을 빠짐없이 제시하는 것이 중요하다. 비교적 간단한 지식이나 기술의 정확한 인지 및 기억 정도를 알고자 할 경우에는 단답식 문항이 적절하지만, 논리적 사고 전개력이나 설명력, 비교 분석력 등을 측정하고자 할 경우에는 서술식 문항이 더 적절하다. 학습이나 수업 전 현재의 상태를 정확하게 진단하기 위한 문항들은 가급적 난이도 순서로 쉬운 것부터 점차 어려운 것으로 제시한 뒤 학습자가 연속해서 3개 혹은 5개를 틀리면 그곳이 바로 수업이나 학습을 해야 하는 지점이라고 설정할 수 있다. 한편, 검사의 목적이 주어진 시간 안에 얼마나 빨리, 얼마나 많은 양의 지식이나 기술을 보일 수 있느냐에 있을 경우에는 가장 우수한 응시자라 할지라도 정해진 시간 안에 모든 문항을 풀 수 없을 정도로 많은 양의 문항을 제시해야 할 것이다.

둘째, 검사환경에 따라 문항 유형을 달리할 수 있다. 검사환경이란 시험지의 형태, 응답하는 방식, 환경적인 주변 여건 등을 의미한다. 이러한 검사환경은 문항 형식에 영향을 미친다. 예컨대, 지필식 시험으로는 듣기능력이나 수행능력을 측정하기 어렵다. 컴퓨터 환경에서는 이미지나 동영상을 선택지로 제시할 수 있다. OMR로 표기해야 하는 상황에서는 선택형 문항만 제시할 수 있다. 좁은 공간에서 많은 사람이 감독자 없이 시험을 봐야 하는 경우에는 단답형이나 선택형보다는 주관식 문항을 제시하는 것이 부정행위 방지 측면에서 유리하다. 시험시간이 비교적 길게 주어진 경우에는 몇 십 개의 선택형 문항이나 단답형 문항보다는 깊이 있게 사고를 전개해야 하는 논술형 문항이 보다 적절하다.

셋째, 검사 대상 영역이나 기술의 특성에 따라 문항 내용이나 형식이 달라야 한다는 것은 자명하다. 영어청취 능력이나 우리말을 듣고 이해하는 능력을 재는 문항은 당연히 청각적인 자극 형태로 제시해야 한다. 작문능력을 알아보기 위한 문항은 서술형이 적절하다. 일반적으로 낮은 수준의 지식이나 기술은 단답형이나 선택형 문항을 많이 사용하고, 논리적 사고력이나 분석·비판 능력은 서술형 문항을 많이 사용한다. 하지만 단답형이나 선택형 문항이라고 해서 높은 수준의 사고력이나 이해력을 측정하지 못하는 것은 아니다. 문항을 어떻게 작성하느냐에 따라 피험자에게 요구되는 지식이나 기술 수준은 얼마든지 다양화할 수 있다.

넷째, 피험자들의 특징 역시 문항 유형 결정 시 중요하게 고려해야 할 변수 중 하나다. 동일한 문항 내용임에도 피험자들의 특징에 따라 문항 형식을 다양화해야 하는 경우가 있다. 예컨대, 감각기능이나 운동기능의 결함으로 인해 인지능력을 충분히 나타내지 못할 때 자신의 능력과 상관없이 문항에 접근하거나 문항에 반응하는 수단에서 불리함을 겪는 경우다. 시각이나 청각 기능이 손상된 응시자에게는 다른 감각기능을 사용할 수 있도록 문항의 형식이나 반응방식을 조정해 주어야 한다. 글씨를 쓸 수 없을 정도로 운동기능이 손상된 응시자에게는 구두로 응답을 하게 하는 방식으로 문항반응 방식을 조정해 준다. 어떤 학생들은 감각이나 운동 기능에 심각한 결함이 있는 것은 아니지만 독특한 방식으로 정보를 처리하기 때문에 특정한 방식으로 문항을 제시하거나 반응을 하도록 하면 능력을 더 잘 발휘할 수 있다. 예컨대, 난독증 학생에게 제시할 수학 문항은 지필 형식이 아니어야 할 것이다. 읽기장애가 있는 학생들은 수학능력보다는 읽기문제 때문에 수학 문항을 이해하는 데 어려움을 겪을 수 있기 때문에 적절한 조정을 가해 주는 것이 필요하다. 다만, 이렇게 피험자의 특징을 고려하여 문항을 조정할 때에는 문항의 타당도와 신뢰도에는 변화가 없어야 한다. 검사 조정에 대한 보다 자세한 논의는 이 책의 13장을 참조하기 바란다.

▶▶ 4 문항의 유형

문항은 그 형식에 따라 크게 선택형 문항과 서답형 문항으로 구분할 수 있다. 선택형에는 진위형, 선다형, 연결형, 배열형이 있고, 서답형에는 단답형, 완성형, 논술형이 있다. 각 문항 유형에 대한 의미와 예는 다음과 같다.

1) 선택형 문항

선택형 문항은 응시자에게 대답에 필요한 정보를 제공하고 그중에서 정답이라고 판단되는 것을 선택하도록 하는 문항이다. 선택형 문항은 다시 진위형, 선다형, 연결형(짝짓기형)으로 나뉜다.

(1) 진위형 문항

진위형(true-false form) 문항은 ○, × 등을 사용하여 주어진 조건에 맞거나 옳은 선택지에는 ○를, 틀리거나 옳지 않은 선택지에는 ×를 기입하는 문항 유형을 말한다. 진위형 문항에는 다음 제시된 예의 A문항처럼 하나의 진술문에 대해 판단하고 응답하도

A. 다음 문장의 내용이 맞으면 ○, 틀리면 ×를 쓰시오.
  1) 임진왜란은 1492년에 일어났다. (   )
  2) 광합성에 필요한 3대 요소는 물, 햇빛, 토양이다. (   )

B. 다음 진위형 문항에 대한 설명들이 맞는지 틀린지를 표시하시오.
  맞다   틀리다
  ( ) ( )   제작하기가 쉽다.
  ( ) ( )   채점이 어렵다.
  ( ) ( )   주어진 시간과 지면에 상대적으로 많은 문항을 출제할 수 있다.

록 하는 형식과 B문항처럼 한 문항 안에 두 개 이상의 진술문을 주고 각각에 대해 진위 여부를 표시하도록 하는 형식이 있다.

진위형 문항의 장점(황정규, 2002: 344-345)은 다음과 같다. 첫째, 제작하기가 용이하다. 측정하고자 하는 지식이나 기술을 형태를 달리할 필요 없이 한 번만 진술하면 된다. 둘째, 채점이 쉽고 객관적이다. 특정 응답의 맞고 그름만 판단하면 된다. 셋째, 단위시간당 많은 수의 문항을 출제할 수 있고 그만큼 많은 영역을 평가할 수 있다. 주어진 시간과 지면에 상대적으로 많은 문항을 출제할 수 있다.

반면, 진위형 문항의 단점은 다음과 같다. 첫째, 추측에 의해 틀리거나 맞을 확률이 최고 50%에 이른다. 이러한 높은 확률은 결국 문항의 신뢰도를 낮게 만든다. 둘째, 고등사고력을 측정하기에는 적절하지 않고, 학생들을 단순 암기에 치중하도록 만들 우려가 있다. 주로 읽기능력이나 언어능력이 충분히 발달하지 않은 초등학교 저학년 대상 평가 문항으로 적절하다. 셋째, 사물이나 현상 자체가 복잡하고 지식이 복잡해짐에 따라 한두 문장으로 진위 여부를 판단하기 어려운 경우가 많다. 그래서 불가피하게 진위를 분명하게 따질 수 있는 경우만 출제 대상이 되기 때문에 문항 출제의 범위가 매우 좁아진다.

(2) 선다형 문항

선다형(multiple choice form) 문항은 제시된 둘 이상의 답지 중에서 하나 혹은 그 이상을 선택하는 문항이다. 선다형에는 제시된 답지 중에서 하나만 선택하는 경우와 두 개 이상 선택하는 경우가 있다. 선다형은 흔히 단답형이나 서답형에 비해 쉽다고 여겨지는 경우가 많지만, 문항 출제기법에 따라 문항난이도는 달라질 수 있다. 어떤 선다형은 주관식 못지않게, 경우에 따라서는 주관식보다 더 철저하게 해당 내용을 알아야만 응답을 할 수 있다. 예컨대, 다음의 두 문항은 모두 선다형 문항이지만 A문항이 상대적으로 더 많은 사고를 요구하고 있다. A문항을 해결하기 위해서는 물질이 세포막을 통과하는 이동방법에 관한 지식을 배경으로 주어진 〈보기〉 항목들을 판단해야 한다. B문항의 경우에는 갑상선이 제거되었을 때의 현상에 관한 지식만 있으면 해결할 가능성이 높다.

A. 표는 물질이 세포막을 통과하는 이동방법 A와 B의 특성을 나타낸 것이다.

이동방법	에너지 소비	막 단백질
A	없음	관여하지 않음
B	없음	관여함

이동방법 A와 B에 대한 설명으로 옳은 것만을 〈보기〉에서 있는 대로 고른 것은?

(2009 수능 과학탐구영역)

─── 〈보 기〉 ───

ㄱ. A에 의해 이동되는 물질은 농도경사에 역행하여 이동한다.

ㄴ. B의 예 중에는 Na$^+$-K$^+$ 펌프를 통한 Na$^+$의 이동이 있다.

ㄷ. B를 통한 물질 이동은 세포 호흡 저해제에 의해 촉진된다.

① ㄱ ② ㄴ ③ ㄷ ④ ㄱ, ㄴ ⑤ ㄴ, ㄷ

B. 갑상선 이상으로 갑상선이 완전히 제거된 사람의 경우, 갑상선이 제거되기 전과 비교하여 나타나는 증상으로 가장 타당한 것은? (단, 갑상선 제거 시 부갑상선도 함께 제거되었다.)

(2009 수능 과학탐구영역)

① 티록신 분비 증가

② 칼시토닌 합성 증가

③ 부갑상선 호르몬 합성 증가

④ 갑상선 자극 호르몬 분비 증가

⑤ 세포에서 산소 소비량과 열 생성 증가

  선다형 문항은 다시 최선답형(best-answer variety), 빈칸 채우기형(incomplete-statement variety) 혹은 불완전 문장형, 다답형(multiple-response variety), 합답형(combined-response variety), 부정형 등으로 분류할 수 있다. 최선답형은 선택지 중에서 가장 맞는 것 혹은 가까운 것을 고르는 문항 형태다. 따라서 최선답을 제외한 선택지도 완전히 틀리지 않을 수 있다. 빈칸 채우기형은 진술문의 일부를 비워 놓고 그곳에 해당하는 사항을 고르도록 하는 문항 형태다. 다답형은 정답으로 두 개 이상을 고르는 문항 형태다. 다답형을 채점할 때에는 부분 점수를 주거나 해당되는 것 전체를 다 선택해야 점수를 주는 방식의 두 가지 채점방식이 있다. 합답형은 선택지 중에서 정답에 해당되는 것만 짝지어진 것을 고르는 문항 형식이다. 합답형은 해당 내용을 완전히 알아야 정답을 찾을 수 있는 장점도 있지만, 동시에 짝짓는 방식 자체가 응시자에게 정답 힌트를 줄 수 있기 때문에 신중하게 제작해야 한다. 부정형은 최선답형의 반대 형태로, 제시된 선택지 중 가장 거리가 멀거나 해당되지 않는 사항을 고르는 문항 유형이다.

선다형 문항의 장점은 다음과 같다. 첫째, 측정목적에 따라 문항 형식을 융통성 있게 조절할 수 있다. 간단한 사실이나 개념 및 정보를 알고 있는지 물어보는 방식으로 제작할 수도 있고, 해당 내용이나 기술에 대해 잘 이해하고 분석력과 사고력을 구사해야만 해결할 수 있는 형태로 문항을 제시할 수도 있다. 둘째, 채점이 쉽다. OMR 방식으로 답안지를 작성하게 하면 컴퓨터로 신속하게 채점을 완료할 수 있을 뿐만 아니라 다양한 방식으로 결과를 분석하는 데에도 활용할 수 있다. 셋째, 진위형에 비해 비교적 추측 영향력을 감소시킬 수 있다. 특히 5지 선다형인 경우에는 상당한 정도로 추측 가능성을 낮출 수 있다. 넷째, 각 선택지를 어떻게 작성하고 구조화하느냐에 따라 피험자의 수행 정도에 관한 여러 가지 유용한 정보를 얻을 수 있다. 예컨대, 특정 오답 유형을 확인할 수 있고, 여러 피험자의 자료를 종합적으로 분석하면 어느 선택지를 특히 선호하는지도 확인할 수 있다. 다섯째, 다수의 선택지를 마련해야 하는 특성상 많은 내용 범위를 다룰 수 있다.

선다형 문항의 단점은 다음과 같다. 첫째, 일단 정답 가능성이 있는 내용을 제시해 주고 그 속에서 정답을 찾도록 요구하기 때문에 창의성이나 문제해결력 같은 것을 측정하기가 어렵다. 둘째, 진위형보다는 덜하지만 여전히 추측에 의해 정답을 맞힐 가능성을 배제할 수 없다. 셋째, 오답지의 매력도를 높이고 정답 선정에 힌트를 주지 않도록 하기 위해서는 고도의 문항 작성 능력이 필요하다. 예컨대, 다음에 제시된 문항의 경우 항목별로 해당하는 것만 고르면 나머지는 고려할 필요가 없어지기 때문에 정답 이외의 선택지들이 사고 자극제로서 기능을 못할 가능성이 크다. 이러한 경우에는 굳이 선다형 문항이 필요치 않을 것이다.

A. 교육과 교육평가의 대상인 인간을 보는 바람직한 관점은 무엇인지, 인간의 본성/인간의
행동/목적의식이라는 각각의 기준에 따라 바르게 분류한 것은?

	인간의 본성	인간의 행동	목적의식
①	성악설	수동적	현상학적
②	중립설	수동적	유목적적
③	성선설	능동적	유목적적
④	성선설	능동적	무목적적

(3) 연결형 문항

연결형(matching type) 문항은 일련의 답지에서 지시문에 따라 일련의 문제에 해당하는 답지를 연결하거나 해당 답지번호를 기입하는 문항 유형을 말하며, 배합형 문항으로 불리기도 한다. 연결형 문항은 그 형태에 따라 다시 단순연결형, 복합연결형, 분류연결형, 관계분석형, 관계분류형, 공변관계형 등으로 나누어 볼 수 있다. 단순연결형은 일련의 답지를 해당하는 문제지 항목에 연결시키거나 기입하는 문항 유형이다. 복합연결형은 한 개의 전제에 두 개 이상의 답지를 짝지어야 하는 문항 유형이다. 분류연결형은 주어진 조건에 맞게 답지를 분류해야 하는 문항 유형이다. 관계분석형과 관계분류형은 둘 다 두 진술 사이의 관계를 분석한다는 점에서는 동일하다. 다만, 전자의 경우에는 두 진술문 간 인과관계 여부를 묻는 반면, 후자는 진술문 간의 관계 유형을 묻는다는 점에서 차이가 있다. 공변관계형은 변인 사이의 관계를 묻는 문항 유형이다. 다음에 제시된 문항들은 복합연결형, 관계분석형, 관계분류형 문항의 예를 각각 제시한 것이다.

복합연결형
다음은 교육을 통해 변화되는 인간의 특성들이다. 각 특성들에 해당하는 교육의 결과를 연결하시오(복수 연결 가능).

• 인지적 특성　　① '근의 공식'을 알고 적용할 수 있다.

- 정의적 특성

- 심동적 특성

② 기하수업을 듣고 오히려 기하가 더 싫어졌다.

③ 자유형 수업을 듣고 자세가 교정되었다.

④ 지구과학 수업에서 오존층에 대해 배웠지만 이해하지 못했다.

⑤ 칸트의 『순수이성비판』을 읽고 완전히 그에게 매료되었다.

⑥ 바이올린을 처음 배워서 아직 포즈가 익숙하지 않다.

관계분석형

아래 짝지어진 주장과 근거를 보고 주장이 옳으면 A, 근거가 옳으면 B, 둘 다 옳으면 C, 둘 다 틀리면 D를 오른쪽 칸에 써 넣으시오.

주장	근거	판단(A, B, C, D 중 하나 기입)
환율이 오르면 수출이 잘 된다.	상품당 판매 단가가 낮아진다.	
염도가 높은 물에서는 물체가 잘 뜬다.	소금은 물의 비중을 높게 만든다.	
물이 얼면 부피가 줄어든다.	얼음의 경우 수소결합을 통해서 6각형 형태의 배열을 하게 되고, 그 사이에 빈 공간이 생긴다.	

관계분류형

다음 네모 상자를 보고 물음에 답하시오.

도시의 발달

1) 산, 강, 들 등의 지형적 입지 조건

2) 4계절의 존재 여부

네모 안에 주어진 사건이나 현상이 1), 2)와 어떠한 관계에 있는지를 다음 지시에 따라 답하시오.

1)에만 관련이 있으면 A로 표시하시오.

2)에만 관련이 있으면 B로 표시하시오.

1), 2) 모두와 관련이 있으면 C로 표시하시오.

1), 2) 모두와 관련이 없으면 D로 표시하시오.

연결형 문항의 장점은 다음과 같다. 첫째, 정답을 선택하는 형태이기 때문에 채점이 용이하다. 둘째, 유사한 사실을 비교, 분류, 관련짓는 능력을 측정하기에 적합하다. 셋째, 배합 형식을 변화시키면 검사목적에 따라 다양하게 피험자를 측정할 수 있다.

연결형 문항의 단점은 다음과 같다. 첫째, 문항 제작에 들어가는 노력과 시간에 비해 측정 가능한 영역이 단순 지식 이해나 암기 영역에 한정될 가능성이 높다. 둘째, 문제 부분과 답지 부분이 동질적이지 않으면 의도하지 않게 피험자에게 정답 힌트를 줄 수 있다. 셋째, 내용이나 기술을 부분적으로만 알고 있어도 추측을 통해 문항을 모두 맞힐 가능성이 있다. 예컨대, 특정 배합을 먼저 완성하고 남은 답지와 문제지만을 대상으로 생각할 수 있기 때문에 그만큼 정답을 맞힐 가능성이 높아진다.

(4) 배열형 문항

배열형(arrange type) 문항은 주어진 답지들을 일정한 기준에 따라 재배열하는 문항으로, 형식은 서답형이지만 주어진 답지들을 대상으로 순서를 정할 것을 요구한다는 측면에서는 선택형에 가깝다고 볼 수 있다. 엄격히 말하면 선택형 문항과 서답형 문항의 성격을 약간씩 갖고 있다. 다음은 배열형 문항의 예다.

다음 문장을 읽고 현장 체험 순서를 나열하시오.
1) 체험 대상지를 결정한다.
2) 필요한 자료를 수집한다.
3) 교통편과 날씨, 체험학습 일정을 결정한다.
4) 보고서를 작성한다.
5) 보고, 듣고, 조사한 것, 질문한 것 등을 기록한다.

배열형 문항은 제시된 답지를 모두 배열 대상으로 해야 하기 때문에 측정 대상 내용의 이해 상태를 비교적 포괄적으로 측정할 수 있다는 장점을 갖고 있다. 반면, 부분적으로만 알고 있어도 나머지 답지의 배열 순서를 추측하여 정답을 맞힐 수 있다는 단점이 있다.

2) 서답형 문항

서답형(supply type) 문항은 검사자가 원하는 답을 응시자로 하여금 직접 작성하게 하는 문항 유형을 말한다. 작성해야 할 답의 길이와 형식에 따라 단답형, 완성형, 논술형 등으로 분류한다.

(1) 단답형 문항

단답형(short-answer type) 문항은 주어진 지시문이 요구하는 내용을 비교적 짧게 기술하는 문항 유형이다. 단답형 문항은 문항 출제가 비교적 용이하고 채점도 논술형 등에 비해서는 상대적으로 용이하다. 또한 주어진 시간과 지면에 많은 문항을 출제할 수 있어 많은 내용과 기술을 다룰 수 있다. 반면, 비록 요구한 답이 짧다고 하더라도 정답 여부를 가리기 애매한 경우가 있을 수 있고, 깊이 있는 사고력이나 문제해결력, 창의력 등을 측정하기 어렵다는 단점을 갖고 있다.

(2) 완성형 문항

완성형(cloze type) 문항은 단답형과 유사하지만 진술문의 일부를 비워 놓아 그곳에 정답을 채우도록 한다는 점에서 약간 차이가 있다. 보통 빈칸에는 괄호를 치거나 밑줄을 그어 놓는다. 완성형 문항이 가장 널리 활용되는 부분은 독해력 측정 부분이다. 지문 속에 중요 단어나 내용 부분을 빈칸으로 남겨 놓고 피험자로 하여금 채우도록 함으로써 내용 이해 정도를 파악할 수 있다.

완성형 문항은 비록 전후 맥락을 통해 정답을 추론할 수는 있지만 선택할 답지가 주어지지 않기 때문에 추측으로 정답을 맞힐 가능성이 낮아진다. 또한 문항 제작이 비교적 수월하고 채점이 용이하다. 완성형 문항은 문항의 신뢰도와 타당도도 높은 편이다. 반면, 완성형 문항은 특히 한글의 경우 빈칸 뒤의 조사에 따라 정답의 힌트를 얻을 수 있다는 단점이 있다.

(3) 논술형 문항

논술형(essay type) 문항은 주어진 문제에 별다른 제한 없이 답을 기술하는 문항 유형이다. 하지만 논술형 문항도 답안 작성의 특정한 방향이나 기준에 따라 구조화 정도가 다양하다. 예컨대, 다음 예 중에서는 A문항이 B문항보다 훨씬 구조화되어 있다.

A. 우리나라 개화기의 사회 · 정치적 특징을 논하시오.

B. 우리나라 개화기의 사회 · 정치적 특징을 개화파와 수구파의 주요 주장별로 비교 분석하며 논하시오.

▶▶ 5 문항 제작 절차

1) 문항 제작 절차

문항 제작을 위해서는 몇 가지 절차를 거쳐야 한다. 이 절차는 시간적일 수도 있고 논리적일 수도 있다. 문항 제작의 첫 번째 단계는 검사의 목적을 진단, 형성, 총괄 평가 중 어느 것으로 할 것인지 구체화하는 것이다. 평가목적을 어느 것으로 하느냐에 따라 문항의 형식은 물론 내용과 채점방식 등이 달라진다. 예컨대, 읽기능력을 진단하고자 할 때에는 읽기능력 형성 단계, 읽기능력 구성요소 등은 물론 진단검사 자료의 활용목적 등을 고려해야 한다.

둘째, 측정할 내용을 정의하고, 측정을 용이하게 하기 위해 측정할 내용의 특성이나 행동을 규명한다. 측정할 내용은 최대한 구체적으로 규명한다. 가르치는 사람보다는 학습자가 갖추어야 할 기술이나 지식, 행동을 구체적으로 서술한다. 이를 위해서는 Bloom의 교육목표 분류학 등을 유용하게 활용할 수 있다. 측정하고자 하는 내용을 유형이나 범주, 난이도별로 규명하는 작업도 필요하다. 예컨대, 측정하고자 하는 내용을 형식(절차적 지식 대 선언적 지식), 유형(사실적 정보, 개념, 지식, 기술, 행위), 난이도(지식, 이해, 적용, 분석, 비교, 종합, 평가 등) 등에 따라 규정해 보면 특정 내용을 빠뜨리지 않고 비교적 고르게 문항으로 만들 수 있다.

셋째, 문항 제작을 위한 계획을 작성한다. 여기에는 이원분류표 작성, 문항 수와 문항 유형 결정, 채점방법과 점수 배정방식 결정, 문항 수준 결정 등의 활동이 포함된다.

넷째, 문항 제작 계획에 따라 문항을 제작한다.

2) 문항카드의 작성과 활용

문항카드는 앞으로 제작하거나 이미 제작한 문항에 관한 정보를 종합적으로 정리할 수 있게 해 주는 유용한 도구다. 문항카드에는 문항이 재고자 하는 내용영역(교과서의 단원이나 차시, 혹은 특정 기능이나 기술), 문항이 재고자 하는 기술(지식, 이해, 평가, 종합 중 어느 것인가 등), 실제 문항 내용과 답지, 난이도, 제작 일시, 해당 문항이 포함된 검사 이름, 기타 해당 문항 관련 특이사항 등이 포함될 수 있다. 예전에는 종이에 이러한 사항을 기록했지만, 지금은 컴퓨터 기반 워드 프로그램(한글, 워드)이나 스프레드시트(엑셀 등)를 활용하여 영구 저장은 물론 필요한 문항을 범주별로 인출 및 정리할 수 있다. [그림 10-1]은 이러한 문항카드 형식의 한 예를 나타낸 것이다.

측정 영역(중)	측정 영역(소)	측정 기능(수준)	문항 내용	정 답	난이도	제작 일시	검사명	비 고

[그림 10-1] 문항카드 형식

3) 이원분류표 작성

이원분류표란 각 문항을 통해 어떤 내용을 어떤 수준과 행동으로 측정할 것인가를 정리한 표로서, 문항 제작 준비의 가장 핵심적인 사항 중 하나다. [그림 10-2]는 이원분류표 작성 형식의 하나다. 내용영역은 각 문항이 측정하고자 하는 내용을 나타낸 것으로, 대개 단원명이나 학습 주제 등을 기록한다. 오른쪽 행동영역에는 각 문항을 통해 측정하고자 하는 목표행동이나 학습된 상태의 수준을 나타낸다. 목표행동이나 학습된 상태는 학습자의 수준이나 수업목표에 따라 수준을 다양화하여 제시할 수 있는데, Bloom의 교육목표 분류 수준이 좋은 참고가 될 수 있다. 물론 행동영역은 내용의 특성에 따라 Bloom의 교육목표 분류 수준이 적절하지 않을 수도 있고, 또 반드시 여섯 가

행동영역	탐구능력 요소										
	관찰측정 및 제시능력 B1			문제발견·해결방안 강구능력 B2			자료처리·해석 및 일반화 능력 B3					기구조작 능력 B4
내용영역	관찰 B11	분류 B12	측정 B13	가설 설정 B21	실험설계·변인통제 B22	모델 사용 B23	자료 정리 변환 B31	자료 해석 B32	예상 B33	추리 B34	일반화 B35	기구조작, 재료 다루기 B41
1. 용수철 저울 만들기			○					○				●
2. 지레받침의 위치에 따른 힘의 크기			○	○			●					
3. 빗면의 기울기와 드는 힘과의 관계					○		○		●			
4. 소금을 물과 아세톤에 넣었을 때의 변화	●							○				○
5. 물의 온도에 따라 용해되는 붕산의 양				●	○		○					
6. 용해 전과 후의 무게				○				○				

[그림 10-2] 문항 제작을 위한 이원분류표 형식(초등학교 5학년 과학)

〈표 10-1〉 Gronlund(1988)의 인지적 영역 교육목표 분류에 따른 문항 지시어 예

교육목표 수준	문항 지시어
지식	확인하라, 명명하라, 규정하라, 설명하라, 열거하라, 연결하라, 선택하라, 약술하라
이해	분류하라, 설명하라, 종합하라, 변환하라, 예측하라, 구별하라
적용	증명하라, 계산하라, 풀어라, 수정하라, 재배열하라, 조직하라, 관계 지어라
분석	차별화하라, 도식화하라, 추정하라, 분리하라, 추론하라, 구성하라, 세분하라
종합	종합하라, 창안하라, 고안하라, 설계하라, 합성하라, 구조화하라, 재배열하라, 개정하라
평가	판단하라, 비판하라, 비교하라, 정당화하라, 결론지어라, 판별하라, 지지하라

출처: 성태제(2008), p. 71 재인용.

지 인지적 목표 영역을 모두 측정 대상으로 해야 하는 것도 아니다.

[그림 10-2]와 같은 이원분류표는 내용영역별로 어떤 행동 수준을 측정하는가를 전반적으로 보여 줄 뿐, 실제로 특정 내용과 행동 수준이 교차하는 문항을 작성하는 일은 이제 본격적으로 시작되는 셈이다. 이 작업을 보다 수월하게 하기 위해서는 다시 각 내용영역과 행동 수준을 보다 세분화할 필요가 있다.

▶▶ 6 문항 제작의 실제

1) 선택형 문항의 제작

(1) 진위형 문항

진위형 문항을 제작할 때에는 다음 사항을 준수해야 한다(성태제, 2008: 82-90; 황정규, 2002: 343-345).

첫째, 하나의 진술문에는 한 가지 해석만 가능하게 작성한다.

둘째, 절대적 진(眞) 혹은 절대적 위(僞)의 진술문만을 사용한다. 아직 일반화되지 않

았거나 논란이 분분한 내용, 일부 집단의 견해를 나타내는 내용은 진위형 문항으로 적절하지 않다.

셋째, 가급적 부정 문장은 사용하지 않는다. '아닌' '않는' '틀린' '못한' 등의 부정어를 꼭 사용해야 한다면 밑줄을 긋는다.

넷째, 종속절이나 조건이 많이 포함된 복합문이나 긴 문장은 사용하지 않는다.

다섯째, 절대적 어구 혹은 일반적 어구 등 소위 정답에 단서를 줄 수 있는 표현은 사용하지 않는다. 예컨대, '종종' '흔히' '대체로' 등의 단어가 들어간 문장은 대개 진일 가능성이 높고, '절대로' '반드시' '필연적으로' '결코' 등과 같은 단어가 들어간 문장은 위일 가능성이 크다. 따라서 이러한 표현들은 사용하지 않는 것이 바람직하다.

(2) 선다형 문항

선다형 문항은 학생들이 보는 대부분의 시험에서 채택되고 있기 때문에 흔히 접할 수 있는 문항형식이지만 제대로 만들기는 매우 어렵다. 예컨대, 대학수학능력검사와 같이 중요한 시험의 문항은 해당 내용 분야의 전문가들이 여러 날에 걸쳐 출제를 해도 이 장 서두에서 소개한 신문기사 내용처럼 정답 시비가 종종 발생한다.

선다형 문항은 제시된 여러 답지 중에서 하나의 정답을 고르는 형식이기 때문에 문항의 질은 제시된 오답지가 정답과 얼마나 유사한가에 달려 있다. 따라서 선다형 문항의 핵심은 최대한 선택지 모두가 정답을 알아내는 데 동원되도록 하는 것이다. 예컨대, 다음에 제시된 문항 A는 오답 수는 3개이지만 모두 응시자가 정답을 선택하는 데 별 영향을 미치지 못하기에 단답형과 다를 바가 없다. 하지만 문항 B에서는 각 선택지의 의미를 알고 주어진 내용에 해당하는지 여부를 일일이 확인해야 정답을 찾을 수 있기 때문에 그만큼 응시자들에게 많은 지식을 요구한다.

A. 괄호형 문항에 대한 설명이다. 빈칸에 들어갈 알맞은 단어끼리 짝지어진 것은?

괄호형 문항은 서답형의 논술형 문항이나 단답형 문항보다 신뢰도가 ( ).
괄호형 문항은 서답형의 논술형 문항이나 단답형 문항보다 타당도가 ( ).
괄호형 문항은 선택형 문항인 선다형 문항보다 신뢰도가 ( ).

① 높다, 높다, 높다   ② 높다, 높다, 낮다
③ 낮다, 높다, 낮다   ④ 낮다, 낮다, 높다

B. 다음 사례와 관련된 문화 이해의 관점으로 가장 적절한 것은?   (2009 수능)

농촌 인근에 공장이 건설되자 사람들이 대거 유입되면서 아파트 단지가 생겨났다. 공장 주변의 위락시설에 사람들이 몰리면서 주민들 간 접촉 빈도는 줄고 지역의 공동체 놀이문화도 쇠퇴해 갔다. 물질주의와 향락주의적 생활양식이 급속히 확산되었다.

① 문화를 구성요소 간의 관계 속에서 파악한다.
② 문화를 자연환경에 대한 적응과정으로 파악한다.
③ 문화는 특수성을 지니므로 문화의 우열을 평가할 수 없다.
④ 문화를 비슷한 발전 단계에 따라 진화하는 것으로 파악한다.
⑤ 자기 문화의 특징을 이해하기 위해서 문화 간 유사성과 차이점을 살펴본다.

선다형 문항을 작성할 때에 고려해야 할 사항을 열거하면 다음과 같다.

첫째, 가장 중요한 고려사항으로, 문항으로 제작하기 용이한 내용을 평가대상으로 하기보다는 반드시 측정해야 할 지식이나 기능을 먼저 정하고 이를 가장 잘 측정할 수 있도록 문항을 구성한다. 흔히 선다형 문항은 단편 지식이나 기술을 아는 정도를 측정하는 데 그칠 가능성이 높다. 특히 객관성이 중시되는 시험에서는 정답 시비를 회피하기 위해서 정답이 분명한 내용만을 출제 대상으로 삼을 가능성이 높다. 이는 문항 자체의 타당성에도 부정적이지만, 학생들로 하여금 이후에는 단편 지식이나 기술을 중심으로 공부를 하게 만들 가능성이 있기 때문에 매우 심각하게 고려해야 할 사항이다.

둘째, 문항이나 답지는 간단하고 명확하게 서술한다. 다음에 제시된 문항에서 두 세포를 구별하는 능력에도 여러 수준이 있을 것이기 때문에 '구별' 단어만 가지고서는

복수의 답이 가능하다. 따라서 이러한 경우에는 '구별'이라는 말의 의미를 좀 더 한정해 주어야 할 것이다.

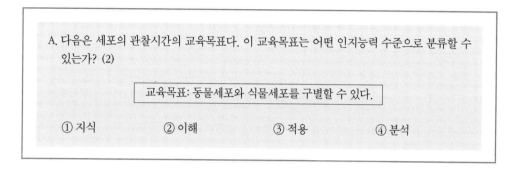

A. 다음은 세포의 관찰시간의 교육목표다. 이 교육목표는 어떤 인지능력 수준으로 분류할 수 있는가? (2)

교육목표: 동물세포와 식물세포를 구별할 수 있다.

① 지식   ② 이해   ③ 적용   ④ 분석

셋째, 정답은 분명하게, 오답은 매력적으로 만든다. 매력적이지 못한 답지는 관련 내용을 충분히 혹은 전혀 알지 못하고서도 답을 추측할 수 있는 가능성을 높인다. 이러한 문항의 예로는 답지가 특정 위치에 반복해서 제시되는 경우(예: 정답은 대개 세 번째에 위치시키는 경우 등), 답지 간 길이가 서로 다르고 대개 정답의 답지가 긴 경우, 정답이나 오답을 암시하는 문구나 단어가 포함되어 있는 경우 등을 들 수 있다.

넷째, 선택지 하나하나를 응시자들이 관련 지식이나 기술을 갖고 있지 않으면 정답 여부를 확인하기 어렵게 만든다.

다섯째, 가급적 각 답지의 문장 길이를 비슷하게 한다.

여섯째, 정답에 암시를 줄 수 있는 단어, 어구 등은 사용하지 않는다. 예컨대, '모두' '반드시' '꼭' '항상' '절대로' '결코' 등은 내용을 모르더라도 그 자체로서 맞고 틀림이나 옳고 그름의 여부를 판단할 수 있는 경우가 많다.

일곱째, 답지 사이의 중복을 피한다. 답지에 특히 범위나 기간, 양 등의 숫자를 다룰 때에는 각 답지 간에 중복되지 않도록 해야 한다(예: ① 3~5일 이하, ② 5일 이상~7일 미만).

여덟째, 문제는 가능한 한 긍정문으로 서술하되, 불가피하게 부정문을 사용해야 하는 경우에는 부정문에 밑줄을 그어 준다. '아닌 것으로 볼 수 없는 것은?' '~이 아닌 것은?' 등과 같이 묻기보다는 '~에 해당하는 것은?'이나 '~에 대한 설명으로 옳은

것은? 등과 같이 묻는 것이 더 적절하다. 왜냐하면 해당하지 않는 것 혹은 틀린 것보다 는 해당하는 것 혹은 옳은 것을 고르도록 하는 것이 더 교육적이고, 또 문항해결 능력 이 있음에도 부주의로 인해 부정 어구를 고려하지 못하고 문제를 풀 수 있기 때문이다. 이 경우 주의력을 측정하는 문항이 아니었다면 부정문을 사용하는 것이 문항의 타당도 나 신뢰도에 부정적인 영향을 미칠 수 있다.

아홉째, 중요한 용어나 개념에 대한 지식을 물을 때에는 해당 용어나 개념을 선택하 도록 하기보다 그에 해당하는 정의나 의미를 고르게 하는 것이 보다 확실하게 관련 지 식을 측정할 수 있다. 다음 예에서 A문항보다는 B문항이 더 적절하다.

부적절

A. 다음 중 마주 보는 변의 길이가 같고 평행이며 각이 모두 직각인 다각형은 무엇인가?

　가) 사다리꼴

　나) 직각삼각형

　다) 직사각형

　라) 정사각형

　마) 평행사변형

적절

B. 다음 중 직사각형의 정의를 가장 정확하게 진술하고 있는 것은 어느 것인가?

　가) 마주 보는 변의 길이가 같고 평행이며 각이 모두 직각인 다각형

　나) 네 변과 네 각의 크기가 같은 다각형

　다) 네 변의 길이가 같은 다각형

　라) 마주 보는 두 변의 길이가 같은 다각형

　마) 마주 보는 두 쌍의 변이 모두 평행인 다각형

열째, 문항에 도표, 그림, 표 등을 사용할 경우에는 모두가 한 페이지에 나오도록 문 항을 배열한다.

열한째, 선택지들이 검사 대상 학생들의 지식과 배경 측면에서 너무 낯설지 않도록 해야 한다. 예컨대, 다음 제시된 문항은 공기의 성질을 이용한 것을 아는 것과 상관없

이 각 선택지에 대한 경험이나 지식 여부에 따라 대답하는 능력이 결정되기 때문에 특히 저학년 학생을 대상으로 해서는 적절한 문항으로 보기 어렵다.

A. 다음 중 공기를 이용한 것이 아닌 것은 어느 것인가?
  ① 배구공
  ② 스킨 스쿠버의 산소통
  ③ 래프팅 보트
  ④ 행글라이드
  ⑤ 봅슬레이

열두째, 정답에 해당하는 번호가 특정 번호에 집중되거나 일정한 패턴(예: 1, 3, 2, 4, 1, 3, 2, 4 …… 등)을 갖지 않도록 한다.

열셋째, 답을 하나만 골라야 하는지 혹은 해당 답을 모두 골라야 하는지를 분명하게 명시해야 한다.

(3) 연결형 문항

연결형 문항을 작성할 때에는 다음 사항을 준수해야 한다.

첫째, 답지와 문제지 속의 항목들이 서로 동질적이어야 한다. 이 말의 의미는 답지 속의 각 항목, 그리고 문제지 속의 각 항목이 서로 범주 측면에서 동질적이어야 한다는 뜻이다. 답지 항목과 문제지 항목은 서로 간에 중첩되거나 서로 포함관계에 있지 않도록 해야 한다. 다음에 제시된 예의 첫 번째 문항의 경우, 답지 항목 중 레닌그라드는 수도급 도시가 아니고 라투아니아는 도시 이름이 아닌 국가 이름이기 때문에 적절하지 않다.

부적절	적절
다음 각 나라별로 수도를 연결하시오.	다음 각 나라별로 수도를 연결하시오.

유고슬라비아	테헤란	유고슬라비아	테헤란
이란	앙카라	이란	앙카라
칠레	베오그라드	칠레	베오그라드
포르투갈	산티아고	포르투갈	산티아고
	리스본		리스본
	레닌그라드		키예프
	라투아니아		

둘째, 답지의 항목 수가 문제지 항목 수보다 많아야 한다. 두 항목 수가 같으면 먼저 확실하게 아는 항목끼리만 배합을 하고, 나머지 항목끼리는 선택 수가 줄어들었기 때문에 정확히 답을 몰라도 맞게 배합을 할 가능성이 있다. 대략 답지 항목이 문제지 항목보다 1.3∼1.5배 더 많게 한다(성태제, 2008). 그렇지만 문제 항목이나 답지 항목 수는 가급적 10개를 넘지 않도록 한다. 이상적으로는 문제 항목 5개, 답지 항목 7∼8개가 적절하다(황정규, 2002).

셋째, 문제지 항목과 답지 항목을 가급적 한 페이지에 제시한다. 두 항목의 페이지가 다르거나 일부분이라도 다음 페이지로 넘어가면 응시자들이 앞뒤 페이지를 번갈아 가며 봐야 하기 때문에 문항에서 요구하는 능력과 관련 없는 시간과 행위가 개입하게 된다. 특히 저학년 학생이나 저성취 학생들의 경우에는 주의 부족, 낮은 기억력 등으로 이러한 요인에 더 크게 부정적인 영향을 받을 수 있다.

넷째, 문제 항목과 답지 항목의 위치를 일관성 있게 유지한다. 대개 문제 항목은 왼쪽이나 위쪽에, 답지 항목은 오른쪽이나 아래쪽에 각각 위치시킨다.

다섯째, 문제 항목의 번호와 답지 항목의 번호는 다르게 부여한다. 문제 항목의 번호를 1), 2), 3) ……으로 부여했으면, 답지 항목은 a), b), c) ……로 부여하거나 가), 나), 다) ……로 부여한다.

여섯째, 지시를 분명하게 제시한다. 예컨대, 답지 항목을 두 번 이상 사용할 수 있는지, 아니면 한 번만 사용할 수 있는지 등에 대해서 구체적으로 언급을 해 준다.

일곱째, 평가목적에 따라서는 채점 시 부분 점수를 부여할 수 있다. 예컨대, 진단목적으로 평가를 실시할 경우에는 문항 단위로 채점하기보다 구체적으로 어느 문제 항목에 어느 답지 항목을 연결했는지에 관한 정보가 필요할 수도 있다.

(4) 배열형 문항

배열형 문항은 일정한 기준이나 특성에 따라 답지의 순서를 재배열하는 문항 유형이다. 배열형 문항을 만들 때 고려할 사항은 다음과 같다. 첫째, 답지들이 상호 독립적이어야 한다. 문항들의 내용이 중복되거나 포함관계에 있을 때에는 순서를 정하기 어려울 경우가 있다. 둘째, 비교적 순서나 전후관계가 뚜렷한 내용을 대상으로 문항을 만든다. 셋째, 각 답시는 순서대로 번호나 기호를 부여하고, 측정하고자 하는 바가 순서를 제대로 배열할 수 있는지 여부이기 때문에 각 답지를 다시 쓰게 하기보다는 해당 번호만을 재배열하도록 한다.

2) 서답형 문항의 제작

(1) 단답형 문항

단답형 문항의 경우 제작하기가 비교적 쉽지만, 출제자가 의도하는 바가 응시자들에게 잘 전달되게 하기 위해서는 그만큼 세밀하게 문항을 작성해야 한다. 단답형 문항을 제작하는 요령을 살펴보면 다음과 같다.

첫째, 중요하고도 핵심적인 내용을 응답하도록 출제한다.

둘째, 비교적 짧고 분명하게 대답할 수 있는 내용을 중심으로 문항을 만든다.

셋째, 질문은 간단하되 명료하게 서술한다. 예컨대, '~이 가장 유명한 곳은 어디인가?'라는 질문은 나라, 도시, 지역 등 다양하게 대답할 수 있기 때문에 이 중 어느 차원에서 묻는 것인지를 분명하게 지시해 주어야 한다. 다음에 제시된 예의 첫째 문항에서는 출제자가 특정 단어(공장)를 요구하는지, 아니면 특정 고장의 특징을 요구하는지가 분명하지 않다. 학습목표상 학생들이 특정 고장의 특징을 아는 것이 더 중요할 것이기 때문에 단순히 '공장'이라는 답을 요구하기보다는 '~이 많은 고장' 형태로 답을 작성하도록 하는 것이 더 적절하다.

부적절

A. 다음은 무엇이 많은 곳의 특징을 설명한 것인지 쓰시오. (   )

- 교통이 편리하고 사람들이 많이 모입니다.
- 많은 물건을 만들어 냅니다.
- 물을 얻기 쉽습니다.
- 큰 건물이 많습니다.

적절

B. 다음과 같은 특징들은 주로 (   )이(가) 많은 고장에서 두드러지게 나타난다. 괄호 안에 들어갈 말을 쓰시오.

- 교통이 편리하고 사람들이 많이 모입니다.
- 많은 물건을 만들어 냅니다.
- 물을 얻기 쉽습니다.
- 큰 건물이 많습니다.

넷째, 특별한 경우가 아니면 문법적인 오류(조사, 띄어쓰기, 맞춤법 등)는 가급적 채점에 반영하지 않는다.

다섯째, 정답이 수로 표기될 때에는 단위를 표기한다.

여섯째, 학습자들에게 익숙한 문장이나 어구(예: 교과서 속의 문장)는 그대로 사용하지 않는다.

(2) 완성형 문항

완성형 문항을 제작할 때에는 문장 중 가장 의미 있고 중요한 부분을 채워 넣도록 한다. 우리말의 경우에는 특히 빈칸 뒤의 조사가 정답을 추측하는 데 도움을 주지 않도록 한다. 빈칸 다음의 조사로 '이' '가' '을' '를' 등이 올 때에 이들 조사 중 어느 하나만 제시할 경우에는 출제자가 의도하지 않게 정답 힌트를 줄 수 있다. 이 경우 하나는 괄호 안에 넣어 '이(가)' '을(를)' 형태로 둘 다 제시하도록 한다. 이 문제는 특히 한글 문장을 가지고 문항을 만들 때 고려해야 할 사항이다. 다음 예에서 수정 전 문항은 괄호 뒤의 조사가 특정 단어의 정답에 대한 힌트를 이미 주고 있다. 따라서 수정 후 문항처럼 정답(공간)과 호응하는 조사를 오히려 괄호 안에 두는 것이 응시자들의 아는 바를 더 확실하게 측정할 수 있다.

부적절
A. 공기는 일정한 (　　　　　)을 차지하고 있다.

적절
B. 공기는 일정한 (　　　　　)을(를) 차지하고 있다.

채워야 할 빈칸의 수가 너무 많거나 적은 것도 피해야 한다. 문장의 길이나 내용에 따라 적절한 빈칸 수는 달라지겠지만 대개 한 문항당 3~4개가 적절하다(황정규, 2002). 완성형 문항을 채점할 때에는 빈칸 하나를 채점 단위로 한다. 빈칸이 아닌 문항 단위로 채점을 할 경우, 어떤 문항은 2개 빈칸의 답이 맞아야 하지만 다른 문항은 3개 혹은 4개가 맞아야 하는 경우가 생길 수 있다. 경우에 따라서는 부분 점수를 줄 수도 있지만, 이 경우에는 빈칸에 들어갈 내용의 중요성이 동등할 경우만으로 한정되어야 한다. 더불어 가급적 교과서나 교재 등 학생들이 정기적으로 사용하는 자료에 나오는 문장은 그대로 사용하지 않도록 한다. 그 이유는 응시자들이 내용을 얼마나 알고 있느냐 여부보다는 그들의 암기력을 측정할 가능성이 있기 때문이다.

(3) 논술형 문항

논술형 문항은 비교적 짧은 지시문이나 조건문으로 응시자의 지식이나 기술 정도를 광범위하게 알아볼 수 있다는 장점이 있지만, 잘못 제작했을 경우에는 출제자의 의도가 충분히 전달되지 않아 전혀 다른 방향의 답안이 작성되는 사태가 발생할 수도 있다.

이럴 경우 원래 지시문에 특정 답안에 대한 구체적인 지시가 없었기 때문에 점수를 부여하는 것이 자칫 임의적이 될 가능성이 있다. 논술형 문항을 작성하는 요령은 대체로 다음과 같다.

첫째, 단편 지식이나 사실의 기억에 의존하여 답을 기술하기보다는 복잡하고 고차원적인 사고능력을 구사하여 답을 작성해야 하는 문항을 만든다. 논술형 문항을 사용하는 이유는 다른 문항 유형으로는 제대로 측정하기 어려운 능력, 예컨대 종합 사고력, 비교·분석력, 창의력, 논리 전개력 등과 같은 인지기능 등을 알아보기 위함이다. 따라서 문항도 그러한 능력을 요구하는 방식으로 기술해야 할 것이다.

둘째, 문제를 짧은 문장으로 제시하기보다는 추론이나 사고할 자료를 주는 것이 더 적절하다.

셋째, 문항의 지시문을 구조화하고 답의 방향을 구체적으로 지시해 주는 것이 적절하다. 문항을 '~을 논하라' '설명하라' 등과 같이 포괄적으로 서술하기보다는 '각 특징을 열거한 다음 그것이 주는 시사점을 논하시오' 등과 같이 구체적으로 제시하면 응시자들의 능력을 좀 더 정확하게 측정할 수 있고, 채점 시에도 분명한 기준을 설정할 수 있다. 예컨대, 다음에 제시된 문항은 비록 한 문항이지만 여러 가지를 요구하고 있다. 응시자들은 각 유형에 대한 비판을 어느 한 영역에 치우치지 않도록 두 가지씩 서술하고, 그 외의 유형을 역시 세 영역별로 균형 있게 기술해야 한다. 지시 측면에서도 세 가지 영역별로 대답할 것과 각 영역을 골고루 언급할 것을 주문하고 있다. 이러한 구조화를 통해 출제자는 응시자들에게 보다 명확하게 문항의 출제 의도를 알릴 수 있고, 채점의 기준도 명료하게 설정하여 검사점수의 신뢰도를 높일 수 있다.

> A. 다음은 바, 바스, 셔미스(Barr, Barth, Shermis)가 정리한 사회과 교육의 유형이다. <u>각 유형에 대한 비판을 두 가지씩 제시하시오.</u> 단, 비판은 <u>각 유형의 목표, 내용, 방법 어느 한 영역에 치우치지 않도록 서술하시오.</u> 그리고 바, 바스, 셔미스의 사회과 교육 유형이 담아 내지 <u>못한 유형을 두 가지 추가하고, 그것의 특징을 목표, 내용, 방법 영역에서 논하시오.</u> (25점)
> (2009학년도 중등교원임용시험 사회 기출문제; 밑줄 저자 첨가)

유형 영역	시민성 전수를 위한 사회과	사회과학으로서의 사회과	반성적 탐구로서의 사회과
목표	사회의 전통과 가치를 존중하고 이에 잘 적응하는 사회의 육성	'꼬마 사회과학자' 육성	자신과 사회의 문제 해결을 통한 합리적 의사 결정인 육성
내용	사회의 전통, 다수가 인정하는 사회규범(가치)	사회과학의 지식(개념, 일반화)과 탐구방법	학습자의 사회가 해결해야 할 문제
방법	주입, 전수, 강의	발견	반성적 탐구

넷째, 쟁점 사안에 관한 응시자들의 견해를 알아보기 위한 문항에서는 단순히 자신의 견해를 서술하라고 요구하기보다는 그 근거를 구체적으로 제시하도록 명시한다. 그냥 자신의 견해를 밝히라고만 요구하면 별다른 근거 없이 특정 입장을 제시하거나 양쪽 입장을 절충하는 식으로 논의를 이끌어 가 버릴 수 있다.

다섯째, 제한된 논술형 문항인 경우 응답의 길이를 제한하여 준다. 제한이 없을 경우 어떤 응시자는 길게 쓰는 것이 유리하다고 생각할 수 있고, 반면 다른 응시자는 간략하게 써도 될 것이라고 생각하기 때문에 문항의 신뢰도가 낮아진다. 제한을 줄 때에는 '제목 포함, 빈 줄 제외, 1,000자 이내' 등과 같이 구체적으로 제시하는 것이 바람직하다.

여섯째, 가급적 여러 문항 중 하나를 택하는 방식은 지양한다. 그 이유는 문항 간에 난이도가 다를 경우 어떤 문항을 선택하느냐에 따라 불리하거나 유리할 수 있기 때문이다. 꼭 측정해야겠다고 생각하는 내용이면 모두 문항으로 제시하고, 그렇지 않으면 차라리 제시하지 않는 것이 좋다.

일곱째, 두 개 이상의 논술형 문항을 제시할 경우에는 각 문항당 배점을 미리 알려 주어야 한다. 예컨대, 출제자는 두 문항 중 첫 번째 문항이 더 어려워 더 많은 배점을 생각하고 있을지라도 응시자는 배점이 같을 것으로 생각하고 두 번째 문항에 더 많은 시간과 지면을 할애할 수 있다.

여덟째, 문항의 난이도에 따라 응답시간을 적절하게 배정한다. 흔히 난이도가 높은 논술형 문항에도 비교적 짧은 응답시간을 주는 경우가 있는데, 이럴 경우에는 응시자들이 충분히 자기 능력을 발휘할 시간이 없기 때문에 문항의 타당도와 신뢰도가 낮아질 수 있다.

▶▶ 7 │ 문항 편집 시 고려사항

문항 편집은 대개 문항들 간의 순서를 어떻게 배열할 것인가, 한 지면에 몇 문항이나 제시할 것인가 등과 관련된 사항들을 다룬다. 이 경우에도 측정목적에 따라 문항 편집이 달라질 수 있다. 문항 편집상의 주요 고려사항은 다음과 같다.

첫째, 대체적으로는 어려운 문항과 쉬운 문항을 섞어서 제시하는 것이 좋지만, 검사 첫 부분에는 대개 쉬운 문항을, 끝부분에는 어려운 문항을 배치하는 것이 좋다. 그 이유는 처음부터 어려운 문항을 배치할 경우 시간 안배에 실패하여 해결할 수 있는 문항도 시간이 없어서 풀지 못할 수 있기 때문이다. 또한 처음부터 어려운 문항을 만나면 응시자들 중에서는 시험불안이나 긴장을 과도하게 느끼고 그로 인해 본래의 능력을 제대로 발휘하지 못하는 경우가 생길 수 있다. 그렇지만 매번 이렇게 섞어서 배치해야 하는 것은 아니다. 출발점 수준을 파악하고자 하는 경우에는 문항을 난이도 순으로 쉬운 것부터 어려운 것으로 제시해야 한다. 그래서 더 이상 풀지 못하거나 일정 기준 이상으로 오답이 발생한 문항을 통해 재고자 하는 내용이나 기술이 바로 적절한 교수 시작점이 될 수 있다.

둘째, 선택지 배열은 일관성 있게 한다. 예컨대, 선택지는 가급적 다음 표의 왼쪽과 같이 위아래로 나열하는 것이 좋고, 하나의 시험에서는 A형과 B형을 혼용하지 말고 가급적 하나의 형태를 일관성 있게 사용한다.

선택지 배열 A형	선택지 배열 B형	
① ② ③ ④	①	②
	③	④

셋째, 그림이나 표 등을 이용하여 문항을 출제할 경우에는 문항과 그 도표들을 같은 지면에, 그리고 한 페이지를 양분해서 문제를 출제할 경우에는 같은 쪽에 제시한다.

요약

- 평가를 제대로 하는 것의 핵심은 좋은 문항을 제작하는 것이다. 좋은 문항을 제작하는 일의 핵심은 '재고자 하는 것을 제대로 재는 것'이다.
- 좋은 문항을 제작하기 위해서는 교육내용에 대한 출제자 자신의 이해는 물론, 애초에 설정했던 교육목표 달성 여부에 대한 정보를 최대한 제공할 수 있는 형태로 문항을 제작하는 능력이 필요하다.
- 문항 유형을 결정할 때에는 묻고자 하는 내용이나 지식의 성격, 피험자들의 특성, 검사 환경 등 여러 가지를 고려해야 한다. 특히 각 문항 유형이 갖고 있는 장단점을 잘 파악하여 최적의 문항 유형을 선택할 수 있어야 한다.
- 문항 유형에는 크게 선택형 문항과 서답형 문항이 있다. 선택형 문항에는 진위형 문항, 선다형 문항, 연결형 문항, 배열형 문항이 있고, 서답형 문항에는 단답형 문항, 완성형 문항, 논술형 문항이 있다.
- 문항 출제자는 문항 유형별로 특징을 정확히 파악해야 한다. 무엇보다 중요한 것은 과연 자신이 제작한 문항으로 원래 측정하고자 의도했던 능력을 충분히 측정해 낼 수 있는가에 대한 전문적인 통찰과 안목이다.

학급 활동

1. 특정 단원이나 내용과 관련하여 참고서나 문제집에 나오는 문제를 20개 정도 추출한 다음, 해당 문항들을 좋은 문항 기준에 비추어 평가해 보시오.

2. 4~5인으로 조를 구성하시오. 특정 교과, 특정 단원을 선정한 다음, 최소 5가지 이상의 문항 형식을 사용하여 해당 단원 학습 여부를 가장 잘 평가할 수 있다고 생각하는 검사를 10문항 개발해 보시오. 개발한 검사에 대해서는 조별로 서로 교환해 가면서 좋은 문항 기준과 문항 형식의 적절성에 비추어 평가해 보시오. 아울러, 평가결과를 반영하여 문항을 수정하여 개발해 보시오.

함께 풀어 봅시다

1. 다음 중 문항 유형을 결정할 때 중요하게 고려할 사항으로 가장 적절한 사항을 고르시오.

> 가) 문항의 난이도
> 나) 시험지의 형태, 응답하는 방식, 주변 여건 등 측정환경
> 다) 채점의 편리성
> 라) 피험자들의 특징
> 마) 문항으로 측정하고자 하는 목적
> 바) 측정 대상 영역이나 기술의 특성

① 가), 라), 마), 바)　　　　　　　　② 나), 라), 마), 바)
③ 가), 다), 마), 바)　　　　　　　　④ 나), 다), 라), 마)

2. 선다형 문항의 부정문 사용에 관한 내용으로 적절한 것을 <u>모두</u> 고르시오.
　① 긍정문 문항에 비해 덜 교육적이다.
　② 부주의로 부정 어구를 보지 못해서 틀렸을 경우 이 결과는 문항의 타당도나 신뢰도에 부정적인 영향을 미칠 수 있다.

③ 문항 어구에 대한 주의집중 정도도 중요한 측정 대상이기 때문에 가급적 많이 사용해야 한다.

④ 틀린 것이나 그른 것보다는 옳은 것을 알도록 하는 것이 더 적절하다.

3. 선다형 문항을 제작할 때 고려할 사항으로 가장 적절한 것은?

(2001년 초등 임용시험 교육학 문제)

① 전문적인 용어를 사용한다.

② 일반화를 강조하는 용어의 사용을 피한다.

③ 긍정문장과 부정문장을 균등하게 사용한다.

④ 형용사나 부사 같은 질적 표현을 많이 사용한다.

4. 다음 설명은 어느 유형의 문항 작성에 관한 내용인가?

가) 답지의 항목 수가 문제지 항목 수보다 많아야 한다.

나) 문제지 항목과 답지 항목을 가급적 한 페이지에 제시한다.

다) 문제 항목과 답지 항목의 위치를 일관성 있게 유지한다.

라) 문제 항목의 번호와 답지 항목의 번호는 다르게 부여한다.

마) 지시를 분명하게 제시한다.

바) 답지와 문제지 속의 항목들이 서로 동질적이어야 한다.

---

① 진위형 문항   ② 선다형 문항

③ 배열형 문항   ④ 연결형 문항

5. 다음 문항 유형별 장점 혹은 단점이 바르게 짝지어진 것을 고르시오.

문항 유형	특징(장점 혹은 단점)
① 진위형 문항	단위시간당 많은 수의 문항을 출제할 수 있고, 많은 영역을 측정 대상으로 할 수 있다.
② 선다형 문항	서답형에 비해 깊은 사고력을 묻기 어려워 답하기가 쉽지만 출제하기는 어렵다.
③ 연결형 문항	유사한 사실을 비교하거나 분류하는 능력을 측정하기에는 다소 부적합하다.
④ 서답형 문항	서답형 중 완성형 문항의 경우 문항의 신뢰도와 타당도가 낮은 단점이 있다.

6. 다음 문항 제작 절차를 순서대로 열거해 보시오.

> 가) 이원분류표 작성, 문항 수와 문항 유형 결정, 채점방법, 문항수준 등 검사도구 제작을 위한 계획을 작성한다.
> 나) 검사의 목적을 진단, 형성, 총괄 평가 중 어느 것으로 할 것인지 구체화한다.
> 다) 측정할 내용을 정의하고, 측정을 용이하게 하기 위해 측정할 내용의 특성이나 행동을 규명한다.
> 라) 문항 작성계획에 따라 문항을 제작한다.

7. 다음 보기에서 주어진 예문은 선다형 문장의 제작원리에 비추어 보았을 때 적절하지 않은 예문이다. 아래 예문을 고치기 위한 지적이나 의견으로 적절하지 <u>않은</u> 것을 고르시오.

> ─────〈예문〉─────
> 초파리 알에서부터 성체가 될 때까지 걸리는 기간은?
> ① 6~9일
> ② 3~5일
> ③ 12~15일
> ④ 9~12일

① A교사: 답지들 사이에 겹치는 날짜가 있네요.
② B교사: 답지의 날짜 간격이 서로 다르네요.
③ C교사: 이런 문제는 진위형일 때 타당도를 가장 높일 수 있어요.
④ D교사: 기간의 길이를 짧은 것부터 차례대로 제시하면 어떨까요?

8. 논술형 문항의 제작 원리로 적절한 것을 고르시오.

> 가) 단편 지식이나 사실의 기억에 의존하여 답을 기술하기보다는 복잡하고 고차원적인 사고능력을 구사하여 답을 작성해야 하는 문항을 만든다.
> 나) 응시자의 능력이 충분히 드러나도록 추론하거나 사고할 자료는 가급적 제시하지 않고 문제를 간결하게 제시하는 것이 적절하다.
> 다) 문항의 지시문을 구조화하고 답의 방향을 구체적으로 지시해 주는 것이 적절하다.
> 라) 쟁점 사안에 관한 응시자들의 견해를 알아보기 위한 문항에서는 단순히 자신의 견해를 서술하라고 요구하기보다는 그 근거를 구체적으로 제시하도록 명시한다.
> 마) 응시자들에게 공평하게 기회를 제공하기 위해 가급적 여러 문항 중 하나를 택할 수 있는 방식으로 제작한다.

① 가), 나), 다)   ② 가), 다), 라)

③ 다), 라), 마)   ④ 나), 다), 마)

9. 〈보기〉의 문제를 '논술형 문항의 제작 원리'에 맞게 수정하기 위해 국어교사들이 토론을 하고 있다. 〈보기〉 문항의 문제점을 가장 적절하게 지적한 교사는?

─────────────── 〈보기〉 ───────────────

한미 FTA가 국내 농업에 끼칠 악영향을 근거로 FTA를 반대하는 입장에서 자신의 의견을 쓰시오.

---

① A교사: 문제가 너무 광범위한 내용을 묻고 있어서 해당 영역의 내용에 대한 인지 여부를 측정하기 힘들어요.
② B교사: 어휘 수준이 너무 어려워요. 측정내용에 인지능력과 독해력이 포함되어 피험자의 능력 추정이 부정확해질 거예요.
③ C교사: 질문의 요지가 분명하지 않아 학생들이 어떤 답안을 써야 하는지 잘 모를 것 같아요.
④ D교사: FTA를 찬성하는 학생의 논리적 사고를 제한하고 있어서 고등 정신능력을 평가하는 데 한계를 갖고 있어요.

10. 문항 작성 시 이원분류표를 작성해야 하는 이유를 설명하고, 이원분류에 들어가야 할 요소들을 예를 들어 설명해 보시오.

11. 다음 문항을 좀 더 좋은 문항으로 제작하기 위해서 수정해야 할 부분을 이유를 들어 설명하고 수정해 보시오.

학습자가 성취해야 할 특정 영역에 대하여 학습자들이 무엇을 얼마나 알고 있는가를 측정하는 것으로 글레이저(Glaser)와 닛코(Nitko)가 정의한 평가방식을 무엇이라고 하는가?

① 규준참조평가   ② 능력참조평가

③ 목표참조평가   ④ 성장참조평가

⑤ 준거참조평가

수정이 필요한 부분과 이유:

수정 후 문항 예:

※객관식 문항 정답은 부록 참조

참고문헌

김상계(1999). 초등학교 5학년 학생의 과학 탐구 능력 측정을 통한 실험 평가 도구 개발. 한국교원
    대학교 대학원 석사학위청구논문.
성태제(2008). 문항제작 및 분석의 이론과 실제. 서울: 학지사.
황정규(2002). 학교학습과 교육평가. 서울: 교육과학사.

Bloom, B. S. (1956). *Taxonomy of educational objectives: The classification of
    educational goals: Handbook I. Cognitive domain*. New York: David McKay Co,
    Inc.
Gronlund, N. E. (1988). *How to construct achievement test*. New Jersey: Prentice-Hall, Inc.
Wesman, A. G. (1971). Writing the test item. In R. L. Thorndike (Ed.), *Educational
    measurement* (2nd ed., pp. 81–129). Washington, DC: American Council on Education.

PART **04**

교육평가의 실제

Chapter 11

검사결과의 해석, 보고 및 활용

OECD라고 하면 한국에서는 국제학업성취도평가(PISA)를 가장 먼저 떠올립니다. 그만큼 PISA 결과에 민감한 편인데, 다른 나라의 반응도 우리와 같은지 궁금합니다. PISA 결과를 어떻게 받아들이고 발전시키는 것이 바람직하다고 보시는지요?

PISA에 대해 민감한 것은 어떤 나라의 경우도 마찬가지며 그런 현상은 지극히 당연하다고 생각합니다. PISA는 결과만이 아니라 결과에 다다른 원인까지 종합 분석해 내놓기 때문에 다른 나라의 좋은 점은 배우는 것이 필요하다고 봅니다. 한국은 PISA 성적이 우수하지만 학교에 대한 학생들의 흥미가 떨어지는 것으로 나타나지 않았습니까? 똑같이 성적이 우수한 핀란드의 경우는 그렇지 않았고요. 이런 점을 비교 분석해 더 나은 교육을 만들도록 노력하는 것이야말로 PISA 결과를 제대로 받아들이는 것으로 볼 수 있을 것입니다.

– 한국교육개발원의 OECD 교육연구혁신센터 데이비드 이스턴스

선임연구위원 초청 강연 중(『한국교육신문』, 2009. 6. 4)

교사는 교육 현장에서 다양한 교육 및 심리검사를 학생에게 실시하고, 그 결과를 해석하여 학교, 학생, 학부모 등에게 보고하는 주체다. 이 장에서는 교육 현장에서 사용

되는 다양한 교육 및 심리검사가 어떤 목적에서 사용되는지를 살피고, 검사결과의 해석과 관련하여 규준참조검사의 점수 설정 및 해석방법과 준거참조검사의 준거 설정을 위한 대표적인 방법들을 소개한다.

검사결과의 보고와 관련하여 교사는 검사가 측정하고자 하는 것이 무엇이며 검사점수는 얼마나 신뢰할 만한 것인지, 그리고 검사결과를 어떻게 활용할 수 있을 것인지에 관한 정보를 제공하여야 하며, 이를 통해 학생들이 가진 문제를 파악하고 교정할 수 있는 전략들을 마련하게 된다. 따라서 이 장에서는 검사결과를 보고하는 다양한 방법을 고찰하며, 더불어 검사의 실시과정 및 보고과정에서 교사가 유의해야 할 점들을 검토한다.

학/습/목/표

• 학교 현장에서 활용되는 다양한 검사의 결과를 해석하는 방법을 이해한다.
• 검사의 결과를 학부모 및 학생에게 송환하는 여러 가지 방법을 이해한다.
• 검사의 실시, 해석, 보고 과정에서 유의하여야 할 점에 대해 이해한다.

▶▶ 1 검사의 개념과 유형

검사는 직접적으로 측정 불가능한 잠재적 특성에 대한 정보를 얻기 위한 도구라 할 수 있다. 넓은 의미에서 관찰이나 면접 등과 같은 주관적이고 덜 구조화된 방법들도 검사에 포함시킬 수 있겠으나, 일반적으로 검사는 응답해야 할 질문이나 과제가 '문항'을 통해 체계적으로 제시되고 문항에 대한 피험자의 반응을 해석하는 절차 및 방식이 구체적으로 정해져 있는 측정도구를 가리키는 것이라 할 수 있다(Friedenberg, 1995). 유치원에서부터 대학원에 이르기까지 학생들은 수없이 많은 시험 혹은 검사를 치르게 된다. 대부분의 사람들이 검사라는 단어에서 즉각적으로 떠올리는 것은 아마도 '줄 세우기' '획일적 기준' '처벌이나 불합격' 등과 같은 부정적인 것들일지도 모른다. 그러나 검사의 본질적 기능은 학생들의 성장과 교육적 목표 달성에 도움을 주는 것, 즉 현재 상태의 파악과 이를 통한 피드백의 제공에 있다고 할 수 있다.

교육 장면에서 주로 이용되는 검사의 유형은 크게 학급시험(classroom test)과 표준화 검사(standardized test)로 나누어 볼 수 있다. 학급시험은 대개 지필검사의 형태로 담당 교사에 의해 제작되고, 주로 학생들의 상태를 모니터링하여 교수-학습의 과정을 교정하기 위한 형성적 목적에서 실시된다. 이에 반해 표준화 검사는 전문가에 의해 만들어지는 검사로, 표준화된 절차에 따라 제작되고, 표준화된 방식(즉, 동일한 지시문과 제한시간, 실시환경 등)으로 실시되며, 검사결과의 해석을 위해 규준 또는 준거가 매뉴얼에 제시되어 피험자의 상태나 수준을 상대적 혹은 절대적 기준에 비추어 해석할 수 있도록 한 검사를 의미한다. 학교 현장에서 주로 사용되는 표준화 검사는 검사가 측정하고자 하는 영역의 특성에 따라 최대수행검사(maximum performance test)와 전형적 수행검사(typical performance test)로 나누어 볼 수 있다. 최대수행검사는 말 그대로 피험자의 지식이나 능력의 상한선을 알아보기 위한 검사로 지식이나 직무 수행, 운동기능 등 '능력'과 관련된 영역의 측정을 위해 사용된다. 지능검사, 성취도검사, 적성검사 등이 최대수행검사의 예가 될 수 있을 것이다. 전형적 수행검사는 개인의 기질이나 특성, 감정, 행동 등의 측정을 위해 사용되는 것으로, 능력의 최대치가 아닌 일반적 상황에서의 반응이 관심의 대상이 된다. 성격, 태도, 흥미 검사 등이 전형적 수행검사의 예가 될 수 있을 것이다.

▶▶ 2 검사자료를 필요로 하는 교육적 상황

학교 현장에서 학생들은 수많은 검사를 치르게 된다. 학력과 관련된 국가수준의 검사만 해도 교과학습진단평가(초3~중2), 국가수준 학업성취도평가(중3, 고2), 대학수학능력시험 등의 이름으로 초등학교에서 고등학교 시기에 걸쳐 지속적으로 시행되고 있으며, 그 외에도 각 교육청, 학교 혹은 교실 수준에서 수많은 검사를 치르게 된다. 또한 지능을 포함한 각종 심리-적성검사와 자격시험 등, 학생들의 일상은 검사의 연속이라고 해도 과언이 아닐 것이다. 평가의 형태 또한 국제적 수준의 대규모 성취도검사에서부터 교실 단위에서 이루어지는 쪽지시험에 이르기까지 다양하다. 이러한 다양한 검사는 결국 검사자료를 필요로 하는 특정한 교육적 상황에서 비롯된다. 검사자료를 필요로 하는 교육적 상황은 크게 교수활동 측면에서의 의사결정, 교육의 결과에 대한 보고, 행정적 의사결정과 책무성에 대한 평가 등으로 나누어 볼 수 있을 것이다.

1) 교수활동 측면에서의 의사결정

교사들이 수업과 관련해 내리는 수많은 의사결정은 학생들에 대한 주관적 관찰뿐만이 아니라 학생들의 선수학습 정도, 흥미, 태도 등에 관한 객관적 정보에 기초하여야 한다. 검사는 학생들의 인지적 · 정의적 특성에 대한 객관적 측정치를 제공함으로써 교수전략의 수립과 수정을 포함한 다양한 교수활동 측면에서의 의사결정에 도움을 줄 수 있다. 예컨대, 어느 학생이 학습에 곤란을 겪고 있는지, 얼마나 많은 학생이 최저 수행 기준에 도달하지 못하였는지, 이에 비추어 수업의 목표를 어떻게 설정해야 하는지, 학생의 학업적성 및 직업적성은 어떠하며 어떤 방향으로 진로지도를 해야 하는지 등과 같은 다양한 의사결정 상황에서, 교사는 자신의 경험이나 관찰 등 주관적 판단뿐만 아니라 표준화된 성취도검사, 학습장애 진단검사 및 각종 적성검사 등의 결과를 활용하여 보다 객관적이고 신뢰성 있는 의사결정을 도모할 수 있을 것이다.

2) 교육의 결과에 대한 보고

학생들이 목표한 성취 수준에 도달하였는지, 어떠한 지적 · 정의적 · 신체적 발달을 보였는지를 체계적으로 기록하고, 이를 쉽게 이해 가능한 형식으로 학생, 학부모 및 학교에 보고하여 그 자료를 다양한 목적에 활용할 수 있도록 하는 것은 학교교육의 중요한 역할 중 하나다. 교육의 결과를 보고하는 형식은 구조화의 정도에 따라 학부모 면담과 같은 비구조화된 형태에서부터 수학능력시험 성적표나 학교생활기록부와 같은 고도로 구조화된 보고서에 이르기까지 다양하지만, 그 속에 포함되어야 할 정보는 학생의 특성과 성취를 최대한 정확하고 객관적으로 요약하는 것이어야 한다. 검사는 교육의 결과를 정확하고 객관적으로 보고하기 위한 도구의 역할을 한다. 학교생활기록부를 예로 들자면, 학년별로 교과학습 발달 상황의 보고를 위해 성취도검사 결과를 준거참조평가방식(성취평가제) 혹은 규준참조평가방식(석차 9등급제)으로 제시하는 형태로 검사자료가 활용되고 있다. 뿐만 아니라 진로지도 상황, 행동 특성의 기술 및 교사의 종합 의견 제시를 위해서도 각종 검사자료가 활용될 수 있다. 학생이 어떠한 분야에 소질과 재능이 있는지, 어떤 문제행동을 보이는지 등에 대한 평가를 교사의 주관적 판단에만 의지하는 것은 교육적으로 바람직하지 않을뿐더러 객관성을 확보하기도 어렵기 때문이다.

3) 행정적 의사결정과 책무성에 대한 평가

학생에 대한 포상과 징계, 자격증의 수여와 합격-불합격의 판정, 학생의 선발, 기초학력 미달 학생 비율이 높은 학교에 대한 행·재정적 지원 및 책무성 강화 등과 같은 행정적 의사결정은 객관적이고 타당한 근거를 바탕으로 내려져야 한다. 많은 경우 검사자료는 이러한 행정적 의사결정을 위한 근거자료로 활용된다. 특히 미국의 아동낙오방지(No Child Left Behind) 법안이나 우리나라의 국가수준 학업성취도평가를 통한 학교 책무성 강화와 같은 정책에 있어 의사결정자들은 대규모의 표준화된 검사결과를 흔히 활용하게 되는데, 의사결정자들이 검사자료를 선호하는 것은 대체로 현실적인 이유에 근거한다. 즉, 상대적으로 저렴한 비용으로 원하는 변화를 이끌어 낼 수 있고, 외부로부터의 통제가 용이하며, 상대적으로 빠른 시간 안에 시행될 수 있고, 결과가 가시적이고 수량화된 형태로 제공되기 때문이라고 할 수 있다(Miller, Linn, & Gronlund, 2009). 그러나 시험의 결과가 보상 혹은 제재라는 형태의 의사결정으로 학생, 학교, 교사를 포함한 시험의 당사자에게 적용되는 고부담 시험(high stakes test)의 경우, 객관적이고 표면상 공정해 보이는 의사결정의 이면에 시험에의 과잉 집착에 따른 교육과정의

왜곡, 부정행위의 방조와 결과의 조작, 채점 편의를 위한 객관식 위주의 평가에 따른 비판력 등 고급 정신기능 측정의 제약 등과 같은 의도하지 않은 부정적 영향의 가능성 또한 내재해 있음을 간과해서는 안 될 것이다(성열관, 2009).

이상과 같은 검사결과를 필요로 하는 상황을 크게 구분해 보면, 요구되는 의사결정의 성격에 따라, 교과학습진단평가를 통해 일정한 점수 이상을 획득한 학생이 해당 학년에서 요구되는 최소한의 학습이 이루어진 것으로 판단하는 등의 준거지향적 의사결정 또는 수능성적과 같이 표준화된 검사결과에 기초한 상대적 서열에 따라 학생을 선발하는 등의 규준지향적 의사결정으로 나누어 볼 수 있다. 각각의 경우에 검사의 결과는 어떤 방식으로 제시되어야 하며 어떻게 해석될 수 있는지를 구체적으로 알아보기로 한다.

▶▶ 3 검사결과의 해석

검사의 결과로 개인이 획득한 점수는 그 자체로서 어떤 의미를 가지는 것이 아니다. 예컨대, 성취도검사에서 어떤 학생이 60점이라는 점수를 획득했다는 그 자체만으로는 그 학생의 성취 수준에 대한 어떠한 해석도 불가능하다. 60점이라는 점수를 통해 '상대적으로' 얼마나 잘했는가, 교육과정을 정상적으로 이수한 학생이 도달해야 할 성취도 수준에 도달했는가 등과 같은 의사결정을 내리기 위해서는 개인이 획득한 점수를 무엇인가에 비추어 보아야 하는데, 이때 개인의 점수를 해석하기 위해 사용되는 기준은 그 성격에 따라 규준(norm)과 준거(criterion)로 나누어 볼 수 있다. 규준은 획득 점수에 따른 집단 내의 상대적 위치를 보여 주는 것으로, 규준점수라 함은 피험자의 원점수에 따른 상대적 서열의 파악이 가능하도록 변환된 점수를 의미한다. 반면, 준거란 상대적 서열과 관계없이 주어진 교육목표를 달성했을 경우 가지게 될 지식, 기술, 태도 등의 절대적 수준을 의미하는 것으로, 준거점수란 이러한 교육목표 달성 여부의 판단 기준이 되는 점수를 의미한다.

1) 규준점수의 해석

원점수를 의미 있게 해석하기 위해 어떠한 기준집단의 검사결과와 비교하게 된다. 이때 검사가 의도한 바에 부합되는 집단을 규준집단이라 하며, 이러한 규준집단에 검사를 실시하여 개인의 검사결과를 비교할 수 있는 자(尺), 즉 규준을 제작하게 된다. 규준집단을 구성할 때에는 그 검사가 목표로 하고 있는 집단을 명확히 정의하고 이를 가장 잘 대표할 수 있는 집단을 구성하여야 한다. 하나의 검사에 대해 복수의 규준집단을 구성할 수도 있다. 예를 들어, 동일한 문항의 지능검사를 초등학생들에게 실시할 경우, 원점수 70점은 3학년 학생에게는 상위 10%에 해당하는 성적이지만 6학년 학생에게는 상위 50%에 해당하는 성적이 되는 등 연령에 따라 동일한 원점수의 상대적 서열이 달라질 수 있다. 이 경우 표본집단을 연령에 따라 구분한 이후 연령집단별로 서로 다른 규준을 제작할 필요가 있을 것이다. 규준은 규준집단의 검사결과를 바탕으로 하여 원점수와 이에 대응하는 규준점수를 제시하는 방식으로 제작된다. 이때 규준점수는 원점수를 일정한 방식으로 변환한 것으로, 대표적인 규준점수로는 백분위와 표준점수(z점수, T점수, 스테나인 등)가 있다.

(1) 백분위

백분위(percentile rank)는 원점수를 기준으로 해당 원점수 아래에 몇 퍼센트의 사례가 포함되어 있는가를 보여 주는 점수다. 예를 들어, 원점수 60점의 백분위가 45라면 45%의 피험자가 60점 이하의 점수를 얻었다는 것으로 해석할 수 있다. 따라서 백분위를 통해 서로 다른 원점수의 상대적 비교가 가능하다. 한 학생의 원점수가 60, 백분위가 45, 다른 학생의 원점수가 70, 백분위가 65라면 원점수의 차이 10점은 두 번째 학생이 첫 번째 학생보다 더 잘했다는 서열적 정보 이외에는 다른 정보를 주지 못하지만, 백분위를 비교했을 경우 두 학생 사이에 약 20%의 학생이 있음을 알 수 있다. 동점자 수를 고려한 원점수 X에 대한 백분위($PR(X)$)는 다음의 공식에 의해 간단하게 계산할 수 있다.

$$\text{백분위}(PR(X)) = \frac{cf(X) + (f(X)/2)}{N} \times 100$$

여기서 $cf(X)$는 원점수 X보다 낮은 점수를 받은 학생의 수, $f(X)$는 원점수 X를 받은 학생 수(동점자 수), N은 전체 사례 수를 나타낸다. 100명의 학생을 대상으로 한 10점 만점 검사의 결과를 나타낸 〈표 11-1〉에서 원점수 5점의 백분위는 다음과 같이 구해진다.

$$PR(X=5) = \frac{\text{5점 미만 학생 수} + (\text{5점 학생 수}/2)}{\text{전체 학생 수}} \times 100$$

$$= \frac{28 + 20/2}{100} \times 100 = 38$$

백분위는 계산이 간단하고 별다른 훈련 없이도 쉽게 이해할 수 있다는 장점 때문에 많은 교육 및 심리검사의 규준점수로 활용되고 있다. 백분위는 기본적으로 서열척도의 특징을 가지므로 평균이나 표준편차를 구할 수 없고, 따라서 통계적 처리에 제한이 많

〈표 11-1〉 원점수의 빈도를 이용한 백분위 계산

원점수(X)	빈도(f)	누적빈도(cf)	백분위(PR)
0	1	1	0.5
1	2	3	2
2	5	8	5.5
3	8	16	12
4	12	28	22
5	20	48	38
6	17	65	56.5
7	13	78	71.5
8	10	88	83
9	8	96	92
10	4	100	98

으며, 또한 점수에 동간성이 없고 원점수의 분포를 반영하지 않으므로 백분위의 차이에 관한 해석에 유의하여야 한다. 즉, 백분위 60과 70의 차이인 10점은 두 백분위 사이에 10% 정도의 피험자가 위치하고 있다고 해석할 수는 있으나 그 이상의 해석은 불가하다. 정규분포와 같이 원점수의 중간 부분에 많은 피험자가 몰려 있는 경우 중간 점수대에서는 작은 점수 차이가 백분위로는 큰 차이가 될 수 있고, 분포의 극단, 즉 낮은 점수대 혹은 높은 점수대에서는 상대적으로 큰 점수 차이가 백분위로는 작은 차이로 나타날 수 있다. 그러므로 분포의 형태를 고려하지 않고는 원점수와 백분위의 관계를 판단할 수 없다.

(2) 표준점수

표준점수(standard score)는 규준집단에서 얻은 점수의 분포, 즉 평균과 표준편차를 고려하여 원점수를 정규분포의 개념에 비추어 변환한 척도로, 원점수가 정규분포에 가까울 경우 가장 신뢰성 있고 합리적인 규준점수라 할 수 있다(황정규, 1998). 표준점수는 개인의 원점수(X)가 평균($\overline{X}$)으로부터 얼마나 떨어져 있는가를 표준편차(s) 단위로 환산한 개념이다. 표준점수의 기본이 되는 z점수는 다음과 같이 평균으로부터의 편차점수를 표준편차로 나누어 준 점수다.

$$z = \frac{X - \overline{X}}{s}$$

이 식에서 s는 검사점수의 표준편차를, X는 학생의 원점수를, 그리고 $\overline{X}$는 원점수의 평균을 의미한다. 예를 들어, 어떤 검사의 평균이 50이고 표준편차가 10일 경우 65점을 받은 학생의 표준점수는 (65-50)/10 = 1.5다. 이 학생은 원점수를 기준으로 평균보다 15점 높은 점수를 받았고, 이를 표준편차 10의 단위로 환산하면 1.5, 즉 평균보다 1.5표준편차 높은 성적을 받았다는 의미로 해석할 수 있다. 마찬가지로 35점을 받은 학생의 z점수는 (35-50)/10 = -1.5, 즉 평균보다 1.5표준편차 낮은 성적을 받은 것이다.

원점수를 이런 방식으로 선형 변환할 경우 백분위와 달리 원점수의 동간성이 그대로 유지되며 평균이 0, 표준편차가 1로 통일되므로 동일한 집단이 두 개의 검사를 받았다면 개인이 획득한 두 검사 점수 간 상대적 비교가 가능하다는 장점이 있다. 예를 들어, 국어시험에서 70점, 영어시험에서 80점을 받은 학생의 성적을 비교할 경우에는 두 시험의 성적분포를 모르는 상태에서 상대적으로 어느 시험을 더 잘 보았다고 말할 수는 없다. 그러나 두 검사 점수를 표준화하여 국어시험의 표준점수가 1.5, 영어시험의 표준점수가 0.5라면, 원점수상에서는 영어시험 점수가 더 높지만 집단의 성적분포를 고려할 경우 상대적으로 국어시험을 더 잘 보았다고 말할 수 있다.

표준점수는 원점수를 선형 변환한 점수이므로 원점수와 표준점수의 분포 형태는 일치한다. 즉, 원점수가 오른쪽 꼬리가 긴 형태의 정적 편포를 하고 있다면 원점수를 표준화한다고 해서 분포가 좌우대칭의 정규분포로 바뀌는 것은 아니며 정적 편포의 형태를 그대로 유지한다. 왼쪽 꼬리가 긴 부적 편포 또한 마찬가지다([그림 11-1] 참조).

원점수에는 0점과 만점이 있지만 표준점수는 이론적으로는 정해진 최댓값과 최솟값이 없다. 그러나 원점수가 정규분포한다는 가정하에 거의 대부분의 사례가 −3에서 +3 사이의 값을 가지게 된다. 또한 원점수가 정규분포를 따른다면 정규분포의 특성에 따라 표준점수는 백분위로 변환될 수 있다. [그림 11-2]의 예를 들어 보면, 정규분포의 가정하에 z점수 1점에 해당되는 백분위는 84.1점이다. 즉, z점수 1점(혹은 z점수 1점에 해당하는 원점수)보다 낮은 점수를 기록한 사례 수가 전체의 84.1%라고 할 수 있다. 또한 z점수 −1점과 1점 사이에 전체 사례 수의 68.26%(34.13%+34.13%)가 분포하고 있음을 알 수 있다.

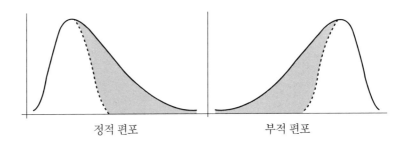

정적 편포   부적 편포

[그림 11-1] **정적 편포와 부적 편포**

*원점수가 편포일 경우 표준화한 점수의 분포도 편포의 형태를 유지한다.

기본적인 표준점수인 z점수는 음의 값을 가질 수 있고, 단위가 작아 소수점 이하의 값을 가질 수 있기 때문에, z점수를 구한 후 그것을 다양한 방식으로 선형 변환하여 좀 더 즉각적으로 이해하기 편리한 점수를 규준점수로 사용하는 경우가 많다. 대표적인 경우가 T점수, 스테나인(Stanine) 등이다.

① T점수

T점수는 z점수를 구한 후 그것을 평균 50, 표준편차 10의 단위로 변환한 점수를 말한다. z점수의 평균은 0, 표준편차는 1이기 때문에 다음과 같이 z점수에 10을 곱해 주고 50을 더해 주면 T점수로 변환된다.

$$T = 10z + 50$$

수학능력시험의 경우 국어, 수학, 영어 영역을 제외한 영역의 표준점수는 앞과 같은

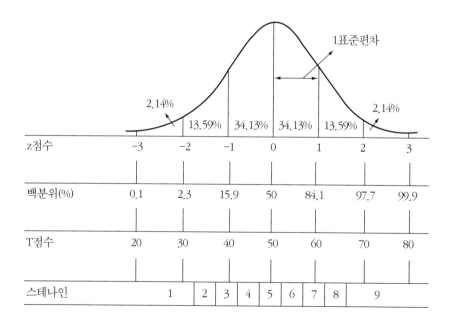

[그림 11-2] 정규분포곡선과 여러 가지 유형의 표준점수

T점수로 보고된다. 이 경우 z점수가 대부분 −3에서 +3 사이의 값을 가진다는 점을 감안한다면 대부분의 학생은 T점수 20점에서 80점 사이의 표준점수를 가지게 될 것이나, 실제로는 이 범위를 벗어난 값도 가질 수 있으므로 최고점과 최저점은 정해져 있지 않다. 따라서 수학능력시험에서는 0점 이하는 절삭해서 0점으로, 100점 이상은 절삭해서 100점으로 보고하게 된다. 국어, 수학, 영어 영역의 경우 T점수에 2를 곱해 준 점수, 즉 평균 100점, 표준편차 20점 단위로 변환한 표준점수가 사용되며, 가능한 표준점수의 범위는 0∼200점으로 보고한다(한국교육과정평가원, 2010).

② 스테나인

스테나인 점수는 표준점수를 변환하여 9개의 구간으로 나눈 점수다. 대표적인 예로, 수학능력시험 결과를 9개의 등급으로 보고하는 경우 이 방법을 사용하여 등급을 구성하게 된다. 원점수가 정규분포할 경우 z점수 기준 −1.75 이하를 최하위 급간(구간 1)으로 설정하고, 0.5점씩 z점수를 올려가면서 급간을 구성하여 마지막 급간(구간 9)은 z점수 1.75점 이상으로 설정하게 된다. 이를 T점수로 환산하면 32.5점 이하가 구간 1, 이후 5점 단위로 구간이 구성된다. 각 구간에 포함되는 사례 수를 보면 정규분포의 특성에 따라 가운데 5구간에 가장 많은 20%의 사례가 포함되고, 5구간에서 위로 혹은 아래로 멀어질수록 포함되는 사례 수의 비율이 순차적으로 줄어들어 1구간과 9구간에는 각각 하위 4%와 상위 4%의 학생이 포함된다. 실제 자료는 정규분포에 근접하지만 완벽하게 정규분포하는 것은 아니기 때문에 구간을 구성할 때에는 표준점수 혹은 원점수를 기준으로 하위 4%에 1구간, 4∼11%에 2구간 등으로 순차적으로 구간을 부여하게 된다(〈표 11-2〉 참조). 참고로 스테나인 구간은 낮은 점수에서부터 1구간, 2구간의 순서로 구간을 부여하며, 이를 등급으로 나타내는 경우 가장 점수가 높은 9구간이 1등급, 반대로 가장 점수가 낮은 1구간이 9등급이 된다.

이상에서 설명한 표준점수 이외에도 평균 100, 표준편차 16으로 z점수를 조정한 편차 IQ 점수(DIQ), 평균 50, 표준편차 21.06으로 조정된 정규분포변환점수(Normal Curve Equivalents: NCE) 등 다양한 표준점수가 사용되고 있다. NCE의 경우 다른 표준점수들과 달리 백분위를 정규분포상에서의 z점수로 변환한 후 거기에 21.06을 곱하고

〈표 11-2〉 스테나인 등급에 따른 표준점수 구간과 급간 비율

구간(등급)	z점수 범위	T점수 범위	비율(%)	누적비율(%)
1(9)	~-1.75	~32.5	4	4
2(8)	-1.75~-1.25	32.5~37.5	7	11
3(7)	-1.25~-0.75	37.5~42.5	12	23
4(6)	-0.75~-0.25	42.5~47.5	17	40
5(5)	-0.25~0.25	47.5~52.5	20	60
6(4)	0.25~0.75	52.5~57.5	17	77
7(3)	0.75~1.25	57.5~62.5	12	89
8(2)	1.25~1.75	62.5~67.5	7	96
9(1)	1.75~	67.5~	4	100

수험번호	성명	생년월일	성별	출신고교(반 또는 졸업연도)		
12345678	홍길동	97.09.05.	남	한국고등학교(9)		
구분	국어 영역	수학 영역	영어 영역	사회탐구 영역		제2외국어/한문 영역
	B형	A형		생활과 윤리	사회·문화	일본어 I
표준점수	131	137	141	53	64	69
백분위	93	95	97	75	93	95
등급	2	2	1	4	2	2

[그림 11-3] 2016학년도 대학수학능력시험 성적통지표(예시)

50을 더한 것으로, 원점수가 정규분포하지 않아도 변환된 점수는 정규분포하도록 인위적으로 조정된 점수다. 평균 50, 표준편차 21.06이라는 수치는 변환된 점수가 1~99점 사이의 점수를 가지도록 하기 위해 선택된 것이다.

[그림 11-3]은 교육과정평가원에서 제시하고 있는 2016학년도 대학수학능력시험 성적통지표의 예시다(교육부, 2014). 예시된 통지표에서 표준점수는 국어, 수학, 영어 영역에서는 T점수에 2를 곱한 점수를, 기타 영역에서는 T점수를 사용한다. 등급은 스테나인

방식으로 산출한 것이다. 예를 들어, 이 학생의 사회탐구 영역 생활과 윤리 과목의 z점수는 T = 10z + 50이라는 공식의 T에 53점을 대입하여 역산하면 z = (53-50)/10 = 0.3이고, 〈표 11-2〉에 따르면 z점수 범위 0.25~0.75에 해당하는 구간 6, 즉 구간 9부터 1등급으로 환산하여 4등급에 해당된다.

2) 준거점수의 설정방법

이상의 규준점수들은 학생들의 상대적 서열을 비교하여 어느 정도의 위치에 있는가에 관한 정보를 제공한다. 그러나 규준은 그 제작방식에서 알 수 있는 바와 같이 실제로 학생이 무엇을 알고, 무엇을 할 수 있으며, 어떤 태도를 가지고 있는지에 대해서는 아무런 정보도 제공하지 않는다. 이러한 규준에 기초한 검사 점수의 해석은 몇몇 측면에서의 불가피성, 예를 들어 과도한 경쟁 상황에서 제한된 인원을 선발해야 하는 데 따른 형식적 공정성과 객관성의 확보 필요성 등을 감안하더라도 교육의 본질에 비추어 결코 바람직한 방식이라고 할 수는 없을 것이다. 이에 대비되는 개념인 준거지향평가는 미리 설정해 놓은 준거, 즉 교육의 결과로 획득하기를 기대하는 기술, 지식, 태도 등의 일정한 수준이 달성되었는가 여부를 판단하기 위한 평가다. 따라서 준거지향평가의 결과는 원칙적으로 규준지향 방식과는 달리 상대적 서열에 구애받지 않는다. 대학에서의 학점을 예로 들자면, 서열을 기준으로 상대평가 방식으로 부여되는 학점은 규준지향 방식, 일정한 수준(점수) 이상의 학생은 그 비율에 상관없이 모두 A를 주는 등의 절대적 기준에 의한 학점부여 방식은 준거지향 방식이라고 할 수 있을 것이다. 이때 학점부여의 기준이 되는 미리 설정된 점수를 준거점수라 하며, 지필식 성취도검사뿐만이 아니라 수행평가 및 심리검사 등에서 교육목표의 달성 여부, 특정한 기술/기능의 보유 여부, 심리적 부적응 상태 판정 등의 의사결정을 위해 활용된다. 준거는 검사의 내용에 따라 수행기준(performance standard), 성취기준(achievement standard) 등의 용어로 표현되기도 하며, 하나의 검사에서 복수의 준거점수가 사용될 수도 있다. 학력진단검사의 성취기준을 기초미달, 기초, 보통, 우수 학력의 네 수준으로 설정할 경우 각 성취기준을 구분해 줄 3개의 분할선(thresholds)이 필요하게 된다([그림 11-4] 참조).

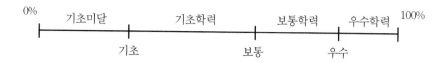

[그림 11-4] 준거점수(기초, 보통, 우수)와 그에 따른 성취 수준의 판정

준거점수의 설정을 위해서는 일반적으로 다수의 패널이 참여하여 정해진 준거 설정 방법에 따라 의견을 수렴해 나가는 절차를 통해 최종 준거점수를 산출하게 된다. Hambleton(2001)은 준거점수의 설정 절차를 11단계로 제시하였는데, 이들 단계를 5단계로 간단히 요약하면 다음과 같다.

① 패널 선정 및 준거 설정 방법 선택
② 패널의 훈련
③ 준거 설정 방법의 적용
④ 반복을 통한 결과 수렴
⑤ 결과의 문서화

패널은 일반적으로 다수의 교사 및 내용전문가 등으로 구성되는데, 미국의 국가수준 교육성취도 평가(National Assessment of Educational Progress: NAEP)의 경우 과목당 30명의 패널이 준거 설정에 참여하고 있으며 그중 약 55%가 해당 교과목의 교사, 15%는 교육행정가 등 교육전문가, 그리고 약 30%는 비교육가로 구성되어 있다(Raymond & Reid, 2001). 우리나라의 경우도 초등학교 3학년을 대상으로 하는 기초학력진단평가와 중3, 고2를 대상으로 하는 국가수준 학업성취도평가가 준거지향 평가방식으로 실시되고 있으며, 과목별로 20명 내외의 현직교사가 패널로 참가하고 있다(정규향 외, 2004).

준거점수를 설정하는 방법은 크게 규준적 준거 설정 방법, 피험자중심 방법, 검사중심 방법 및 대안적 방법으로 나누어 볼 수 있다(Mills & Melican, 1988). 여기에서는 가장 대표적인 방법이면서 우리나라에서 기초학력진단평가와 국가수준 학업성취도평가의 준거 설정 방법으로 사용되고 있는 수정된 앙고프(Angoff) 방법과 북마크(Bookmark)

방법에 대해 살펴보겠다.

(1) 앙고프 방법

Angoff(1971)가 제안한 준거 설정 방법은 전문가에 의한 검사내용 분석을 통한 준거 설정 방법 중 전통적으로 가장 널리 사용되어 온 방법이다. 이 방법의 절차를 기술하면 다음과 같다.

첫째, 준거 설정자는 '최소한으로 수용 가능한 사람(minimally acceptable person: MAP)'의 집단을 가정한다. MAP란 어떠한 능력집단에 포함되는 사람 중 최소의 능력을 가진 사람을 말한다. 예를 들어, '기초학력 보유집단'의 MAP는 기초학력을 보유하고 있다고 판단할 수 있는 학생들 중 최저 학력을 가진 학생으로, 이 학생보다 낮은 학력을 가진 학생은 기초미달로 판정되어야 하는 학생을 의미한다. 둘째, 준거 설정자는 각각의 문항에 대해 MAP 집단이 정답할 비율을 추정하게 된다. 예를 들어, 첫 번째 문항에 대해 MAP의 85%가 정답할 것이라고 예상했다면 첫 문항에 0.85의 점수를 부여한다. 셋째, 문항에 부여된 점수의 총합을 합격-불합격을 구분하는 분할점수(cut-score)로 사용한다. 이 과정에 복수의 준거 설정자가 참여할 수 있으며, 이 경우 각 문항에 대한 준거 설정자들의 평균점수를 합산하게 된다. Angoff는 이 방법을 실시하기 위한 구체적 절차에 대해서는 언급하지 않았다. 즉, 몇 명의 전문가가 필요한지, 상호 판단결과를 상

〈표 11-3〉 5명의 전문가에 의한 수정된 앙고프 방식 준거점수 설정

문항	패널					평균
	1	2	3	4	5	
1	.85	80	.85	.90	.90	0.86
2	.60	.65	.60	.70	.75	0.66
3	.75	.70	.75	.65	.75	0.72
4	.65	.75	.70	.65	.70	0.69
5	.80	.80	.85	.75	.90	0.82
합	3.65	3.70	3.75	3.65	4.00	3.75

의하고 수정하는 것을 허용할 것인지, 전문가는 어떤 사람을 의미하는지 등에 대한 구체적 지침이 없었기 때문에 앞의 방식을 응용한 많은 방법이 수정된 앙고프 방법으로 불린다. 5명의 전문가에 의한 수정된 앙고프 방식 준거점수 설정과정이 〈표 11-3〉에 제시되어 있다. 첫 번째 전문가는 1번 문항에 대한 MAP의 정답률을 .85로 예상하였고, 2번 문항의 정답률은 .60으로 예상하였다. 이런 방식으로 합산한 첫 번째 패널의 준거점수는 3.65점이다. 같은 방식으로 계산된 각 패널 준거점수의 평균은 3.75점으로 이 점수가 최소 합격점이 되는 것이다.

앙고프 방법은 준거 설정 방법이 간단하여 실제 적용에 용이하고 선다형 문항뿐 아니라 다양한 유형의 문항에도 적용 가능하다는 장점이 있다. 그러나 문항에 옳게 응답할 확률을 패널의 주관에만 의존하기 때문에 올바른 판단이 어려울 수 있고, 패널들이 문항의 내용에 집중하기보다 답지의 분석 등에 의해 판단을 내릴 가능성이 있다는 점 등의 문제점이 제기될 수 있다. 우리나라의 경우는 중3, 고2를 대상으로 한 국가수준 학업성취도평가의 성취 수준 판정을 위한 준거 설정에 수정된 앙고프 방법이 사용되고 있다.

(2) 북마크 방법

북마크 방법은 문항반응이론의 발달과 함께 비교적 최근에 제안된 준거 설정 방법으로(Lewis, Mitzel, & Green, 1996), 그 핵심은 준거 설정자들에게 문항의 난이도에 대한 정보를 제공하여 내용에만 집중하도록 하고, 정보 공유와 반복을 통해 의견을 수렴해 가는 절차를 거친다는 점을 들 수 있다. 북마크 방법의 일반적 절차는 다음과 같다.

첫째, 패널들에게 문제집을 제시한다. 이 문제집은 쉬운 문항에서 어려운 문항으로 순서화되어 제시된다. 미리 제시되는 문항의 난이도는 척도화된 점수로 제시되는데, 척도점수는 일반적으로 각 문항의 정답확률이 67%가 되는 피험자의 능력점수를 사용한다. 척도점수는 문항반응이론을 통해 추정될 수 있다.

둘째, 패널을 몇 개의 소집단으로 나누고, 소집단별로 각 평가자는 합격-불합격의 경계선상에 있는 피험자(borderline test taker)가 맞힐 수 있는 문항들 중 가장 어려운 문항과 맞히지 못할 문항들 중 가장 쉬운 문항 사이에 경계선(북마크)을 설정하도록 한다.

소집단 내에서 각 평가자는 자신의 결과를 공개하고 토의하여 각자의 결과를 수정한다.

셋째, 소집단을 몇 개의 중집단으로 묶어 패널들이 의견을 교환하고, 그 결과를 바탕으로 각 패널은 자신의 북마크를 수정할 기회를 가진다.

마지막으로 전체 패널이 모여 자신의 북마크에 관한 의견을 교환하고 각자 문제집에 최종적 북마크를 설정하여 제출한다. 실무진은 각 패널의 최종 북마크를 검토하여 준거점수를 설정한다. 일반적으로 북마크가 설정된 문항들, 즉 경계선상의 피험자가 정답할 것이라 판단된 가장 어려운 문항들의 척도점수의 중앙치를 사용한다.

북마크 방법은 앙고프 방법과 달리 문항의 난이도가 제시되고 또 평가자들에게 앙고프 방법에서의 MAP의 정답률과 같은 구체적 수치를 요구하지 않는다는 점에서 평가자들이 문항의 내용에 집중할 수 있게 해 준다는 장점이 있다. 이를 위해 패널들에게는 난이도별로 순서화된 문제집뿐만이 아니라 문항의 내용 구성에 대한 구체적 정보를 담은 문항지도(item map)가 제시된다. 앙고프 방법과 북마크 방법을 비롯한 다양한 준거 설정 방법에 대한 비교연구는 현재도 활발히 진행되고 있으며, 준거참조평가의 장점 및 자격부여 검사의 활성화 등으로 인해 그 중요성에 대한 인식이 점차 확대되고 있다. 앙고프 방법과 북마크 방법의 장단점은 〈표 11-4〉와 같다.

〈표 11-4〉 **준거 설정을 위한 앙고프 방법과 북마크 방법의 비교**

	앙고프 방법	북마크 방법
장점	• 절차가 비교적 간단함 • 다양한 유형의 문항에 적용 가능 • 문항내용의 분석에 의한 준거 설정	• 평가자들이 문항의 난이도에 대해 판단하지 않으므로 부담이 줄어듦 • 평가자들이 문항의 내용에 집중할 수 있음 • 다양한 유형의 문항에 적용 가능
단점	• 문항의 내용이 아닌 다른 요소들(답지분석 등)이 판단에 영향을 줄 수 있음 • 평가자가 문항의 내용뿐 아니라 난이도를 판단해야 하는 부담	• 사전에 문항순서집 등을 준비해야 함 • 척도점수의 응답확률에 대해 통일된 기준이 없음 • 난이도 이외의 문항 특성이 고려되지 않음

3) 검사 점수 해석에서의 유의점

(1) 검사 점수는 반드시 해당 검사 안에서 해석되어야 한다

성취도검사나 각종 적성검사 등 다양한 검사가 비슷한 이름으로 행해지고 있다. 각각의 검사들은 측정하고자 하는 지식이나 기술 등의 영역이 다르고, 표준화의 방식도 다를 수 있기 때문에 이들 점수를 호환적으로 해석해서는 안 된다. 예를 들어, A학생이 치른 스탠퍼드-비네 지능검사와 B학생이 치른 웩슬러 지능검사의 결과를 비교하여 A가 B보다 지능이 더 높다는 등의 해석을 해서는 안 된다.

(2) 검사 점수는 학생의 특성과 연관하여 해석해야 한다

검사 점수는 개인의 적성, 경험, 문화적 배경 등의 영향을 받는다. 이러한 상황을 가장 잘 이해하는 사람은 검사 제작자가 아닌 현장의 교사와 부모일 것이다. 낮은 검사 점수에 대해 획일적 해석을 시도하기 이전에 그러한 점수가 학생의 능력을 제대로 반영하는 것인지 개별 학생의 특성에 대한 검토가 있어야 할 것이다. 예컨대, 다문화가정 아동의 수학성적이 낮은 것은 수리능력의 부족이 아닌 한국어 이해능력의 부족으로 인한 것일 수 있다. 이 경우 교육적 처방이 달라져야 할 것임은 명백하다.

(3) 의사결정의 유형에 따라 해석은 달라져야 한다

검사 점수가 의미하는 바는 검사 점수를 활용해야 하는 의사결정의 유형에 따라 달라질 수 있다. 예를 들어, 백분위 80의 의미는 수준별 수업의 집단 구성을 위한 의사결정의 경우와 상위권대 지원을 위한 자료로 활용할 경우에 얼마나 높은 점수인지에 대한 해석이 달라질 것이다. 특히 규준점수는 학생이 가진 능력의 절대적 수준에 대한 정보를 제공하지 않기 때문에 서열에 기초한 의사결정 이외의 경우에 사용할 때 오류 가능성을 충분히 인지하고 있어야 한다.

(4) 검사 점수의 오차를 고려해야 한다

모든 검사 점수는 오차를 포함하고 있다. 검사의 신뢰도에서 알아본 바와 같이 관찰된, 즉 획득한 점수는 오차를 포함하고 있기 때문에 피험자 능력의 진점수로 확신할 수 없다. 따라서 검사 점수를 통해 피험자의 능력이나 특성을 파악하고자 할 경우 이러한 오차를 고려하여야 한다. 대규모 표준화 검사의 경우 검사의 표준오차를 고려하여 피험자의 점수를 고정된 점수가 아닌 점수대(score band)로 나타내기도 한다([그림 11-5] 참조). 검사 당일의 정서 상태, 검사에 대한 동기 수준 등 여러 가지 요소가 오차의 요인으로 작용할 수 있고, 이러한 오차는 일반적으로 통제 불가능하다. 따라서 평가자는 검사 점수가 하나의 절대적 능력을 지시하는 것으로 해석하여 피험자의 능력을 단 한 번의 검사 점수에 의존해 판단하는 것을 경계해야 한다.

준거참조검사는 다른 학생들과의 비교 없이 개인의 수행에 대해 기술할 수 있다는 점에서 규준참조 방식과 차이가 있다. 준거참조검사에서 제시되는 수행 수준을 해석할 경우 '기초미달' '보통학력' 등의 성취 수준을 나타내는 구간 중 어디에 속해 있는가에만 관심을 두는 경우가 많다. 그러나 이러한 구간의 명칭이 학습과 관련된 실제적인 도움을 주는 것은 아니다. 보다 중요한 것은 이를 통해 학생이 무엇을 할 수 있고 무엇이 부족한가를 파악하여 학습을 적정화시키는 피드백이 이루어져야 한다는 점이다. 그러므로 검사를 제작하는 과정에서 명확히 정의된 학습 영역에 대한 평가 문항을 제작하고, 각 성취 수준의 학생이 무엇을 할 수 있고, 무엇을 알고 있으며, 혹은 어떠한 태도를 가지고 있는지에 관해 명확한 정보를 제공해야 한다(〈표 11-5〉 참조). 그리고 검사를 사

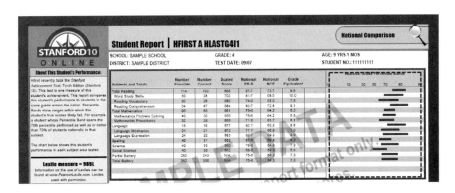

[그림 11-5] 스탠퍼드 성취도검사의 점수 보고 양식

* 우측에 학생의 백분위 점수를 고정된 점수가 아닌 점수대(Score band)로 제시하고 있다.

〈표 11-5〉 2014 국가수준 학업성취도평가 국어과 성취수준(중3)

우수학력	• 담화를 듣고, 담화에 나타난 주장의 신뢰성과 타당성을 평가할 수 있다. • 글을 읽고, 글에 나타난 인물이나 글쓴이의 가치관과 사고방식을 비판적으로 이해하고, 자신의 지식과 경험을 활용하여 생략된 정보를 추론할 수 있다. • 글의 개요와 초고를 비교하여, 내용이나 조직의 문제점을 찾아 글을 고쳐 쓸 수 있다. • 국어 어휘체계의 다양한 양상과 특징을 알고, 이를 분석하고 적절히 활용할 수 있다. • 소통 행위로서의 문학의 특성을 이해하고, 문학 작품에 대한 다양한 해석과 평가를 비교하여 감상문을 쓸 수 있다.
보통학력	• 담화를 듣고, 담화의 내용과 구조, 유형과 특징을 파악할 수 있다. • 글을 읽고, 글의 주제나 함축된 의미를 해석할 수 있으며 글의 구조와 표현의 적절성을 평가할 수 있다. • 글쓰기의 목적, 주제나 화제, 예상 독자에 알맞은 내용을 선정하여 글을 쓸 수 있다. • 국어 단어 형성법의 원리를 이해하며, 단어의 짜임에 따라 단어를 분류할 수 있다.
기초학력	• 강연을 듣고, 그 내용과 형식의 적절성을 평가할 수 있다. • 복수의 문장을 연결하는 다양한 방법을 알고 이를 적절히 활용할 수 있다.
기초학력 미달	• 말과 글의 내용을 이해하고, 자신의 생각을 글로 표현하는 기본적인 능력을 신장시키기 위한 노력이 필요하다. • 작품의 내용 및 표현 효과를 파악하는 기본적인 능력, 국어를 이해하고 활용하는 능력을 신장시키기 위한 노력이 필요하다.

용하는 측에서는 성취 수준의 구분뿐만이 아니라 각 성취 수준의 학생에게 어떤 능력이 부족한가를 파악하여 학습을 교정함으로써 검사의 효과를 극대화하여야 한다.

▶▶ 4 검사결과의 보고

교사의 중요한 책무 중 하나는 학생의 성취, 태도, 발달 등 교육의 결과에 대한 기록과 보고다. 이를 위해 교사는 학생들의 검사결과를 포함한 다양한 증거를 체계적으로 수집, 기록, 보관하고 그것을 쉽게 이해 가능한 방식으로 요약하여 학부모 및 학생 본인에게 제시하여야 한다. 주기적인 교육의 진전 상황에 대한 보고(progress report)는 피드백을 통한 동기부여 및 학습전략의 점검과 교정을 위해 중요한 역할을 한다. 이러한 피드백 효과를 극대화하기 위해서는 단순한 점수의 통보에서 벗어나 보다 포괄적이고 심층적인 정보의 제공이 필수적이다. 실제 상담이나 임상 장면에서 활용되는 많은 검사결과의 경우, 해석을 위해서는 전문적 훈련이 필요하다. 이에 여기에서는 교육 장면에서 주로 활용될 수 있는 표준화 검사를 위주로 일반적으로 검사결과의 보고에 포함되어야 할 요소들이 무엇이며, 검사의 결과는 어떤 방식으로 보고될 수 있는지에 대해 알아본다. 이러한 일반적인 원칙들은 대부분 교사가 직접 제작하는 학급검사에도 적용될 수 있다.

1) 검사결과 보고의 요소

(1) 검사의 측정내용

검사는 측정하고자 하는 영역에서의 통달 정도를 나타내 주는 지식 및 행동들 중 한정된 수의 행동표본(a sample of behavior)으로 구성된다. 교사는 학생이 치른 검사가 측정하고자 하는 바가 무엇인지를 정확히 인식하고, 이에 관한 정보를 학부모에게 제공하여야 한다. 대부분의 표준화 검사 매뉴얼에는 검사가 측정하고자 하는 것이 무엇인지가 명확하게 제시되어 있다. 그러나 지나치게 자세한 내용을 제공하는 것은 오히려 학부모를 혼란스럽게 하고 더 나아가 내용에 압도되어 읽기를 포기하게 할 수 있다. 그러므로 간략하게 그리고 지나치게 전문적인 용어를 피하여 제시하도록 한다. 예를 들어, 한국어판 Holland 진로발달검사의 결과분석표에는 학생 및 학부모에게 전달하기 위한 '진로지향성'의 개념을 다음과 같이 제시하고 있다.

> 진로지향성은 장래 진로에 대한 전망을 가지거나 진로 탐색을 함으로써 진로의식을 가지는 정도로서, 이 점수가 높으면 또래 친구들보다 장래 진로에 대한 꿈과 희망이 크고, 가깝게는 내일 또는 다음 시간에 무엇을 해야 할 것인가 하는 미래지향성 내지는 계획성이 높은 사람입니다.

(2) 검사 점수의 의미

앞서 규준참조검사와 준거참조검사에서의 다양한 점수에 대해 논의하였다. 규준참조검사의 경우 규준집단이 무엇인지를 명확히 제시하고, 제시되는 T점수, 백분위, 스테나인 등급 등의 규준참조점수의 의미를 분명히 밝혀야 한다. 예를 들어, 교육과정평가원에서는 수학능력시험의 백분위를 다음과 같이 설명하고 있다.

> 백분위는 영역/과목 내에서 개인의 상대적 서열을 나타내는 수치다. 즉, 해당 수험
> 생의 백분위는 응시 학생 전체에 대한 그 학생보다 낮은 점수를 받은 학생집단의 비
> 율을 백분율로 나타낸 수치다.

준거참조검사의 경우 〈표 11-5〉에 제시된 바와 같이 각 영역에 해당되는 학생이 무엇을 할 수 있으며 어떤 부분에서 더 노력이 필요한지, 혹은 어떤 특성을 가지고 있으며 그러한 특성을 가진 학생들은 어떤 행동 패턴을 보이고 어떤 방식으로 교육적 처치를 투입해야 하는지 등에 대한 구체적인 안내가 필요하다. 이러한 내용 또한 검사의 매뉴얼에 대부분 제시되어 있으므로 이를 참조하여 학생과 학부모들이 이해 가능한 수준에서 간명하게 제시하여야 한다.

(3) 검사 점수의 정확성

앞서 살펴본 바와 같이 검사 점수는 어느 정도의 오차를 항상 포함하고 있음을 분명히 밝히고, 검사결과는 하나의 추정치임을 분명히 하여 학부모나 학생이 검사 점수를 고정 불변의 능력으로 해석하지 않도록 주의하여야 한다. 또한 단 한 번의 검사결과로 어떠한 교육적 진단이나 처치에 관한 의사결정을 내리는 것은 검사 점수의 오차 등을 고려하면 위험할 수 있다는 점 또한 명확히 알릴 필요가 있다.

2) 결과 보고의 유형

(1) 등급형과 당락형

등급형(letter grading)과 당락형(pass/fail)은 가장 전통적인 형태의 보고방식으로, 보고하고자 하는 학생의 능력 혹은 성취를 몇 가지 등급으로 구분해 제시하는 것이다. 학기 말 성적을 수, 우, 미, 양, 가의 다섯 등급으로 보고하는 것이 대표적인 예가 될 수 있다. 등급은 서열에 의한 규준지향적 방식으로 매겨질 수도 있고 준거지향적 방식으로 매겨질 수도 있다.

당락형은 등급형보다 더 단순화된 방식으로, 합격-불합격의 두 범주의 정보를 제공한다. 당락 방식의 검사결과 보고는 주로 검사결과가 선발이나 배치에 사용될 경우, 혹은 교육과정에서 다음 단계로 넘어가기 위해 반드시 통달해야 할 능력이나 과목이 정해져 있을 경우 적용하기에 적합한 방식이다.

등급형과 당락형은 간단하고 익숙한 방식이지만 각 등급의 학생들이 무엇을 성취했고 어떠한 능력을 소유하고 있는지에 대한 구체적 정보를 제공해 주지 못한다는 것이 가장 큰 단점이라고 할 수 있다.

(2) 체크리스트형

체크리스트형(checklist)은 등급형 보고의 부족한 점을 보충하고 학생에 대한 더 많은 정보를 제공하기 위해 각 영역에서 필수적인 능력의 목록을 제시하고, 각 항목에서의 학생의 수준을 뛰어남, 적절함, 노력 필요 등 몇 가지 범주에 의해 제시하는 방식의 보고방법이다. 학생이 어느 부분에 강점이 있고, 어느 부분에 교육적 노력을 더 투입할 필요가 있는지에 대해 구체적인 정보를 제공해 줄 수 있다는 장점이 있다. 그러나 학생 개개인의 독특한 특성을 일률적인 체크리스트로 모두 파악할 수 있는 것은 아니다.

(3) 서술형

체크리스트로는 나타낼 수 없는 개별 학생의 고유한 특성에 대해서는 좀 더 비구조화된 방식으로 보고할 필요가 있다. 이러한 방식으로 대표적인 것이 자유로운 형식의 서술형 보고다. 학생의 특수한 문제행동이나 특별한 교육적 개입방식에 대한 제안 등을 내용으로 한 편지 형식의 보고가 그 예가 될 수 있다. 이 방식은 학생 개개인의 특별한 요구를 분석하고 반영하기에 적절한 방식이라고 할 수 있지만, 모든 학생에게 이러한 방식의 서술형 보고를 제공하기에는 지나치게 교사의 시간과 노력이 많이 소요되고 체계적으로 정보를 축적하기 힘들다는 문제가 있다. 따라서 보다 구조화된 방식인 등급형 및 체크리스트형 보고를 보충하는 방식으로 사용하는 것이 바람직하다.

(4) 포트폴리오

포트폴리오 방식의 보고는 다음 장에서 자세하게 다룰 것이다. 주의 깊게 축적된 학생들의 작업은 특히 학생들의 성장과 발달을 모니터링하기에 효과적인 방법이다. 또한 포트폴리오는 한 번의 보고 회기에 끝낼 수 없는 비교적 장기간의 프로젝트의 전체적 과정을 통해 학생들이 어떻게 성장·변화해 가는지를 평가하기에 적절한 방식이라고 할 수 있다. 한번 선정된 주제에 대해 장기간 성과가 누적되므로 포트폴리오 항목은 신중하게 선정할 필요가 있다.

(5) 학부모 면담

학부모 면담(conference)은 가장 비구조화된 형식의 보고방식이라고 할 수 있다. 이 방식의 가장 큰 장점은 정보의 일방적 전달이 아닌 쌍방향 의사교환이 가능하다는 점이다. 면담을 통해 교사는 검사결과를 포함한 학생의 성취와 문제점에 대해 학부모에게 보고할 기회를 가질 뿐 아니라 미처 파악하지 못했던 학생의 문제에 대한 정보를 학부모로부터 얻을 수 있다. 또한 교사가 계획하고 있는 개별화된 지도방식을 학부모에게 설명하고 수정하며 이해나 동의를 구하는 기회로 활용할 수도 있다. 특히 특수아동을 대상으로 한 개별화교육계획(Individualized Education Plan)의 작성에 있어서 면담은 필수적인 과정이다. 면담을 위해서는 사전에 학부모에게 제공할 정보들과 질문들을 주의 깊게 준비하고, 어떤 내용이 논의될 것인지를 학부모와 조율하는 등의 세심한 사전 준비가 필요하다. 면담은 준비과정 및 실시에 많은 시간이 소요되고, 사정에 따라 모든 학부모가 참여할 수도 없으며, 그 결과를 모든 학생에게 공통된 방식으로 구조화할 수 없기 때문에 구조화된 보고방식을 보충하는 방식으로 시행되어야 한다.

3) 검사의 실시 및 보고 과정에서의 유의점

검사의 실시 및 보고 과정에서는 다음과 같은 점에 특히 유의하여야 한다.

첫째, 검사의 실시 지침을 정확히 따라야 한다. 특히 표준화된 검사에 있어서 정확한 시험시간을 지키지 않거나, 검사과정에 불필요하게 개입하거나, 시험감독 소홀로 부정행위가 발생하는 등의 검사 실시 지침 위배는 검사결과의 의미 있는 해석을 방해하는 요인이 되며, 궁극적으로 학생에게 아무런 교육적 도움이 되지 않는다.

둘째, 학생들의 동기 수준을 최대한 높여야 한다. 검사의 일차적인 목적은 학생들의 현재 상태를 정확히 측정하는 것이다. 따라서 검사 점수는 기본적으로 그것이 학생들이 주어진 조건 안에서 최선을 다한 결과라는 것을 전제로 해석된다. 사실상 이러한 전제는 충족되기가 매우 어려울뿐더러 충족 여부를 확인하는 것조차 불가능하다. 따라서 교사의 입장에서는 학생들이 주어진 검사에 최선을 다하도록 최대한 동기부여를 할 필요가 있다. 구체적인 동기부여 방식은 검사에 따라 다르겠지만, 검사의 결과를 통해 학생들이 스스로를 얼마나 더 잘 이해할 수 있게 되고 학습에 도움이 될 것인지를 확인시켜 주는 방식이 일반적이다. 또한 교사가 검사의 결과를 적극적으로 활용하여 학생에게 도움을 주려는 노력을 지속적으로 보임으로써 검사의 결과가 자신들에게 도움이 되는 방식으로 활용된다는 믿음을 주는 것이 중요하다.

셋째, 검사결과의 보고에 있어 용어의 선택에 신중을 기해야 한다. 특히 지능 혹은 능력 등과 같은 용어가 사용될 경우 학생 및 학부모들은 이러한 것들이 모두 고정된 것이라는 결정론적 시각을 가지게 되기 쉽다. 따라서 결과가 고정된 것이라는 인식을 주지 않도록 용어의 선택에 신중을 기하고 변화의 가능성을 강조하여야 한다.

요약

- 교육 장면에서 주로 이용되는 검사는 교수활동 측면에서의 의사결정, 교육의 결과에 대한 보고 및 행정적 의사결정 등을 위한 자료를 제공하는 역할을 한다.

- 검사는 제작 주체에 따라 학급검사와 표준화 검사, 측정하고자 하는 영역의 특성에 따라 최대수행검사와 전형적 수행검사 등으로 나누어 볼 수 있다.

- 검사의 결과로 개인이 획득한 점수는 그 자체가 의미를 지니는 것이 아니라 규준 혹은 준거라는 기준에 비추어 해석된다.

- 규준점수는 원점수에 따른 집단에서의 상대적 서열의 파악이 가능하도록 변환된 점수이며, 준거점수는 특정한 교육목표 달성 여부의 판단기준이 되는 점수를 의미한다.

- 일반적으로 사용되는 규준점수에는 백분위와 표준점수가 있으며, 표준점수에는 가장 기본이 되는 z점수 및 이를 변환한 T점수, 스테나인 등급 등이 있다.

- 준거점수를 설정하기 위해 일반적으로 다수의 패널이 참여하여 정해진 절차에 따라 의견을 수렴해 나가는데, 이를 위해 앙고프 방법과 북마크 방법 등이 주로 사용된다.

- 검사의 결과를 해석할 때, 서로 다른 검사에서의 점수를 비교해서는 안 되며, 학생 개인의 적성, 경험, 문화적 배경 등을 고려해야 한다. 또한 요구되는 의사결정의 특성을 반영하여 해석해야 하고, 검사 점수에는 오차가 있을 수 있다는 점을 염두에 두어야 한다.

- 검사결과를 학생 및 학부모에게 보고할 때는 검사가 측정하는 내용, 검사 점수의 의미, 검사의 정확성에 대한 정보를 함께 제시하는 것이 바람직하다.

- 구조화된 보고 유형으로는 등급형과 당락형, 체크리스트형 등이 있으며, 상대적으로 비구조화된 보고 유형으로는 서술형, 포트폴리오, 학부모 면담 등이 있다.

- 검사의 실시에 있어 교사는 검사 실시 지침을 정확히 준수하여야 하고, 학생들의 동기 수준을 최대한 높여야 한다. 또한 하나의 검사로 학생의 특성과 상태를 정확히 파악할 수 있다는 환상을 버려야 하며, 검사의 결과는 고정된 것이라고 생각하기보다 학생의 변화 가능성에 대한 신념을 가져야 한다.

학급 활동: 준거 설정

[준거 설정] 앙고프 방법 실습

1. 아래 제시된 '함께 풀어 봅시다'의 1~6번 객관식 문항을 통해 '검사결과의 해석, 보고 및 활용' 단원 평가에서 A, B, C 학점을 받기 위한 분할점수를 앙고프 방식으로 설정해 보자.

(1) 5명이 한 모둠으로 패널을 구성한다.

(2) 각 패널별로 제시된 학습목표에 비추어 A, B, C 학점을 받을 학생이 어떠한 수행을 보여야 할지를 토론하고, 아래 표에 정리해 보자.

• 학습목표와 성취기준

학습목표	성취기준		
	A	B	C
학교 현장에서 활용되는 다양한 검사의 결과를 해석하는 방법을 이해한다.			
검사의 결과를 학부모 및 학생에게 송환하는 여러 가지 방법을 이해한다.			
검사의 실시 · 해석 · 보고 과정에서 유의하여야 할 점에 대해 이해한다.			

(3) 위에서 논의된 각 학점별 성취기준을 숙지하고, 각 수준(A, B, C)에 해당하는 최소한의 성취 수준을 가진 가상의 학생이 '함께 풀어 봅시다'의 6문항을 풀 경우, 각 문항의 내용요소와 난이도를 고려했을 때, 정답할 확률이 몇 %가 될지 각자 판단하여 다음의 표를 완성해 보자.

• 문항별 MAP의 예상 정답률 (1차, 개인별)

문항번호	MAP의 예상 정답률		
	A	B	C
1			
2			
3			
4			
5			
6			

(4) 위 (3)에서 각자 작성한 표를 조원들과 공유하고, 각 조원이 추정한 정답률이 크게 차이 나는 문항에 대해 문항의 난이도와 내용영역을 중심으로 각자의 의견을 논의해 보자.

(5) 토론이 끝난 후 (3)의 표를 개인별로 다시 작성하고, 작성된 결과를 수합하여 아래 표를 완성해 보자.

• 문항별 MAP의 예상 정답률(2차, 합산)

문항번호	MAP의 예상 정답률																	
	A						B						C					
	1	2	3	4	5	평균	1	2	3	4	5	평균	1	2	3	4	5	평균
1																		
2																		
3																		
4																		
5																		
6																		
합계						*						*						*

＊각 문항별로, 5명의 예상 정답률을 평균한 값을 합산하여 (＊)란에 기록한다.

(6) 위 (5)의 표에서 *에 해당되는 값이 각 수준별 분할점수가 된다. 예를 들어, A수준의 *점수가 4.5라면 6문항 중 4.5문항 이상(즉, 5문항 이상) 정답해야 A를 받을 수 있음을 의미한다. 각 조별로 설정된 분할점수의 수준이 적절한지 논의해 보고, 결과를 다른 조와 공유해 보자.

함께 풀어 봅시다

1. 다음 중 전형적 수행검사의 성격을 가지지 <u>않는</u> 검사는?

   ① 성격검사　　② 지능검사　　③ 태도검사　　④ 흥미검사

2. 영어와 수학 두 과목의 평균 및 표준편차와 철수의 성적은 아래와 같다. 두 과목 모두 성적은 정규분포한다고 가정할 경우 다음 중 올바른 설명은?

과목	평균	표준편차	철수의 성적
영어	60	10	70
수학	65	15	80

   ① 철수의 수학성적은 T점수 65점에 해당한다.
   ② 철수의 영어 성적은 스테나인 등급으로 3등급에 해당한다.
   ③ 상대적 위치로 판단하면 철수는 영어 성적이 수학 성적보다 더 높다.
   ④ 수학에서 스테나인 3등급을 받은 학생은 철수보다 수학 점수가 높을 것이다.

3. 다음의 〈보기 1〉과 〈보기 2〉의 항의 목표를 바르게 짝지은 것은?

   ┌─────────────── 〈보기 1〉 ───────────────┐
   ⑦ 고부담평가　　ⓛ 규준지향평가　　ⓒ 준거지향평가　　ⓔ 최대능력수행평가
   └──┘

   ┌─────────────── 〈보기 2〉 ───────────────┐
   ⓐ 검사 실시에 비용이 많이 드는 평가
   ⓑ 선발과 분류를 위한 평가
   ⓒ 성취목표 달성도를 확인하는 평가
   ⓓ 주어진 시간에 얼마나 많은 문제를 풀 수 있는가를 확인하는 평가
   ⓔ 검사결과가 중요한 의사결정에 활용되어 시험에 높은 점수를 받으려는 동기가 높은 평가
   └──┘

   ① ⑦-ⓐ, ⓒ-ⓒ　　　　　　　② ⓛ-ⓑ, ⓔ-ⓒ
   ③ ⓒ-ⓑ, ⓔ-ⓔ　　　　　　　④ ⑦-ⓔ, ⓛ-ⓑ

4. 준거참조검사 및 준거점수에 대한 <u>잘못된</u> 설명은?
   ① 준거점수는 교육목표 달성 여부 판단의 기준이 되는 점수다.
   ② 준거참조검사에서 검사결과의 상대적 서열은 고려되지 않는다.

③ 같은 검사에서 두 피험자의 원점수가 다르면 분할점수도 다르다.

④ 준거참조검사는 피험자가 가진 지식이나 능력 등의 절대적 수준에 관심을 둔다.

5. 다음 보기는 검사결과의 보고방법 중 어떤 방법에 해당하는가?

> 1. 가장 전통적인 보고방식이다.
> 2. 가장 구조화된 형태의 보고방식이다.
> 3. 학생 개개인의 특성을 고려한 맞춤형 정보 제공에는 부적합하다.

① 등급형　　　② 포트폴리오　　　③ 서술형　　　④ 면담

6. 다음 중 표준화 검사의 실시과정에서 유의해야 할 사항으로 적절하지 <u>않은</u> 것은?

① 실시 지침에 의거하여 시험시간을 엄수하여야 한다.

② 검사과정에 시험관이 불필요하게 개입해서는 안 된다.

③ 시험 실시 이전에 학생들의 동기를 유발하는 말이나 행동을 피한다.

④ 주변의 소음 등 검사결과에 영향을 줄 수 있는 외부 환경을 최대한 통제하여야 한다.

7. 검사의 결과를 통한 행정적 의사결정의 예를 세 가지 들어 보시오.

8. 고부담 검사의 부정적 영향을 예를 들어 설명하시오.

9. 포트폴리오 방식의 장점과 단점에 대해 설명하시오.

※객관식 문항 정답은 부록 참조

참고문헌

교육부(2014). '16학년도 대학수학능력시험 기본계획. 교육부 보도자료(2014. 9)

성열관(2009). 고부담 시험의 교육적 영향. 2009 한국교육학회 춘계학술대회 발표논문.

안덕선, 이규민, 이윤성, 반재천, 황인홍(2005). 국가시험 합격선 설정방법 연구. 서울: 한국보건의료인국가시험원.

양길석 외(2008). 국가수준 학업성취도평가 결과 추이(2003년~2007년) — 중학교 3학년. 서울: 한국교육과정평가원.

정규향 외(2004). 2003년 국가수준 학업성취도평가 연구: 총론. 서울: 한국교육과정평가원.

한국교육과정평가원(2010). 2011학년도 대학수학능력시험 시행기본계획. 한국교육과정평가원.

한국교육과정평가원(2015). 2014년 국가수준 학업성취도평가 결과 분석. 연구자료 ORM 2015-45-3.

황정규(1998). 학교학습과 교육평가. 서울: 교육과학사.

Angoff, W. H. (1971). Scales, norms, and equivalent scores. In R. L. Thorndike (Ed.), *Educational measurement* (2nd ed., pp. 508-600). Washington, DC: American Council on Education.

Friedenberg, L. (1995). *Psychological testing: Design, Analysis and Use.* Needham Heights, MA: Allyn/Bacon.

Hambleton, R. H. (2001). Setting performance standards on educational assessment and criteria for evaluating the process. In G. J. Cizek (Ed.), *Setting performance standards: Concepts, methods and perspectives.* Mahwah, NJ: Lawrence Erlbaum Associates, Inc.

Lewis, D. M., Mitzel, H. C., & Green, D. R. (1996). Standard setting: A bookmark approach. Paper presented at the Council of Chief State School Officers. National Conference on Large-Scale Assessment, Boulder, CO.

Miller, M. D., Linn, R. L., & Gronlund, N. E. (2009). *Measurement and assessment in teaching* (10th ed.). Upper Saddle River, NJ: Pearson Education, Inc.

Mills, C. N., & Melican, G. J. (1988). Estimating and adjusting Cutoff Scores: Features of Selected methods. *Applied Measurement in Education, 1,* 261-275.

Raymond, M. R., & Reid, J. B. (2001). Who made three a judge? Selecting and training participants for standard setting. In G. J. Cizek (Ed.), *Setting performance standards: Concepts, methods and perspectives.* Mahwah, NJ: Lawrence Erlbaum Associates, Inc.

Chapter 12

수행평가

○○대 미대입시 실기고사 없앤다

2013학년도부터 ○○대 미대 수험생들은 석고상 하나를 앞에 두고 같은 시간 내에 똑같은 스케치를 하지 않아도 된다. ○○대가 미술대 입시 실기고사를 2010학년도부터 단계적으로 없애 2013학년도에는 전면 폐지하기로 했기 때문이다.

··· (중략) ···

그동안 실기고사로 점수를 매겼던 미술 실기 능력은 전문 입학사정관이 심층면접을 통해 파악한다. 면접 과정에서 '고등학교 때 좋아했던 선생님의 이미지를 표현해 보라'는 식으로 창의력이나 소질을 평가하겠다는 것이다. 학생부의 미술 교과 성적과 미술 동아리 등 비교과활동을 통해 미술 공부에 대한 열의도 평가한다.

－『동아일보』, 2009년 3월 12일자 기사 중

학생들의 능력과 성취를 어떻게 평가할 것인가는 학교교육에서 중요한 주제다. 이를 위해 전통적으로 적용되어 온 지필평가를 대신하여 1990년대 중반 이후 교육자들의 관심을 끈 평가방법이 실제 상황에서의 학생들의 수행을 관찰하는 것이다. 이는 '죽은 지식'이 아닌 '산 지식'을 평가하는 대안적 방법으로서 학교교육이 아는 것보다는 할 수 있는 것을 보다 강조하도록 하는 데 긍정적 영향을 미치고 있다.

수행을 중심으로 한 이 같은 학업능력평가의 변화와 관련하여 이에 반하는 사회적 사건이 최근 우리 사회에 있었다(앞의 신문 기사 참조). 미술대학 입학지원생의 학업능력을 평가하는 방법으로 실기시험을 없애는 것이 바람직한가? 이와 관련하여 대다수의 교육전문가들은 미술을 전공하고자 하는 학생들의 학업능력을 제대로 평가하기 위해서는 실기평가가 반드시 필요하다고 말한다. 실제 수행능력을 평가하지 않고 다른 방법으로 이들 지원생의 학업능력을 타당하게 측정하기는 어렵기 때문이다. 어떻게 학생들의 실제 상황에서의 실천능력을 평가할 것인가와 관련하여 이 장에서는 수행평가에 대해 다루고자 한다.

> **학/습/목/표**
> • 수행평가가 무엇인지에 대한 개념적 이해를 할 수 있다.
> • 수행평가의 개발 절차에 대한 개념적 이해를 할 수 있다.
> • 수행평가의 적용 예들을 통해 수행평가 실시 절차에 대해 이해할 수 있다.
> • 수행평가의 측정학적 특성인 신뢰도와 타당도에 대해 이해할 수 있다.

▶▶ 1 수행평가란 무엇인가

1) 수행평가의 등장 배경

수행평가(performance assessment)는 기존의 지필중심의 평가가 인간의 능력을 총체적으로 평가하지 못한다는 비판에 따라 1980년대 말부터 미국에서 제안되기 시작하였다. 단순한 지식중심의 평가로는 학생들의 실제 능력을 제대로 측정할 수 없다는 교육학자들의 반성적 목소리가 반영된 결과라고 할 수 있다.

또한 학문적 배경 측면에서 볼 때 수행평가의 등장은 인지주의 학습이론의 등장과 밀접한 관련이 있다고 할 수 있다. 1980년대 이전까지 학습이론의 주 패러다임이었던 행동주의 학습이론은 학습의 과정(process)보다는 결과(outcomes)에 초점을 두었고, 학습에 대한 평가 역시 주로 결과중심적 접근을 취하였다. 반면, 인지주의 학습이론에서는 학습결과가 나타나게 된 과정에 보다 많은 관심을 기울이며, 따라서 학습결과를 가져온 내적 기제 또는 능력에 대한 평가를 보다 강조하였다. 그러므로 인지이론가들은 학생들의 능력을 제대로 평가하기 위해서는 지필중심의 결과 평가보다는 과정과 결과를 모두 포괄할 수 있는 수행평가가 교육적으로 더 중요한 의미를 갖는다고 제언한다.

한편, 우리나라에서 수행평가에 대한 관심이 증가하기 시작한 것은 1990년대라고 할 수 있다. 초기에는 교육평가 영역에서 연구 주제의 하나로 등장하였고, 실제 적용보다는 이론을 중심으로 한 논의가 중심을 이루었다. 그러다가 제6차 교육과정이 적용되는 시점부터 수행평가가 본격적으로 현장교육에 적용되기 시작하였고, 교육계 사람들의 관심도 증가하기 시작하였다. 그러나 이때는 수행평가라는 용어 대신 주관식 평가, 관찰평가라는 용어가 사용되었다. 이 시기에 서울시교육청에서는 목표지향평가를 강조하면서 1996년 초등학교에서 지필식 일제고사 시험을 전면 폐지하였고, 1997년부터 초등학교를 시작으로 한 '새물결운동'을 통해 공식적으로 수행평가가 초등학교 현장에 자리 잡게 되었다. 학교 현장에 수행평가의 적용은 점차 확대되기 시작하면서 1998년에는 중학교, 1999년에는 고등학교에 수행평가가 본격적으로 도입되는 변화를 겪게 된다.

2) 수행평가의 정의

수행평가에 대한 정의는 학자마다 다양하게 제시되고 있다. 수행평가에 대한 개념적 정의와 관련하여, 성태제(2009)는 수행평가를 "습득한 지식, 기능이나 기술을 실제 생활이나 인위적 평가 상황에서 얼마나 잘 수행하는지 혹은 어떻게 수행할 것인지를 서술, 관찰, 면담 등의 방법을 통하여 종합적으로 판단하는 평가방법" 이라 제안하였다.

백순근(1999)은 수행평가를 "교사가 학생이 학습과제를 수행하는 과정이나 그 결과를 보고 학생의 지식, 기능, 태도 등에 대해 전문적으로 판단하는 평가방식"으로 정의하고 있다.

이러한 정의는 모두 단순한 지식에 대한 기억평가로서의 지필고사를 넘어 실제 학생들이 가지고 있는 지식이나 기능을 '실제 장면'을 통해 '다양한 방식'으로 평가하는 것을 강조하고 있다. 여기서 실제 장면이란 인위적인 평가 상황보다는 학생들이 접하게 되는 자연스러운 상황을 말하며, 수행평가는 이러한 상황에서 학생들이 실제 주어진 과제나 문제를 효과적으로 다룰 수 있는 지식과 기능을 얼마나 가지고 있는지 평가하는 것을 의미한다. 또한 다양한 방식이란 실제 행동에 대한 관찰방법, 그리고 학생들의 구체적이고 심층적인 이해 수준을 확인하기 위한 구술과 지필 평가방법들을 말한다.

한편, 앞서 수행평가의 정의에서도 살펴보았듯이 수행평가에서는 평가자의 주관적 판단이 중요한 부분을 차지한다. 이는 교육전문가로서 교사들이 가지고 있는 전문성을 바탕으로 한 판단이 수행평가 과정에 중요함을 의미하며, 따라서 판단이 신뢰성과 타당성을 갖추도록 평가 관련 전문성을 계발하기 위해 교사들은 노력할 필요가 있다.

3) 유사 용어

수행평가와 유사한 용어들이 현재 교육 현장과 평가 관련 문헌들에서 많이 사용되고 있다. 이들 용어는 수행평가와 유사한 의미를 가지고 있는 것이 사실이나, 엄밀하게 보면 수행평가가 의미하는 바와는 조금씩 차이가 있기 때문에 해당 용어의 의미를 보다 명확히 구분할 필요가 있다.

우선 수행평가의 유사 개념으로 많이 언급되는 것이 대안적 평가(alternative assessment)다. 대안적 평가라는 개념은 한 시대의 주류를 이루는 평가체제와 성질을 달리하는 평가체제라는 의미를 가지며, 주로 선택형 문항을 사용하는 표준화 검사에 대한 대안적 접근을 지칭할 때 사용된다. 대안적 평가는 수행평가의 동의어는 아니지만, 기존의 선택형 중심의 지필평가 방법이 다루지 못한 영역을 수행평가가 다룰 수 있음을 부각시키기 위해 주로 사용된다(성태제, 2009).

자주 언급되는 또 다른 유사 용어로는 직접적 평가(direct assessment)가 있다. 직접적 평가라는 용어는 학생의 능력을 평가함에 있어 간접적 방식보다는 실제 능력이 드러나는 직접적 방식을 강조하는 평가의 의미로 사용된다. 학생의 도덕성을 평가하는 경우 지필시험이나 구두시험 방법보다는 도덕적 행동을 요구하는 상황에서 학생의 실제 행동을 관찰함으로써 학생의 도덕성을 직접 평가하는 방법이 한 예라고 볼 수 있다.

수행평가와 유사하게 사용되는 또 다른 용어로 실기중심평가(performance-based assessment)를 들 수 있다. 실기중심평가는 지필시험보다 실기시험을 중시하는 개념으로 자주 사용되며, 단순히 지식을 아는 것에 그치지 않고 실제로 할 줄 아는 것이 중요하다는 관점을 반영하는 개념이다. 학교 현장에서 기존 실기중심 교과들(예: 음악, 미술, 체육 등)에 한정되어 사용된 개념을 전 교과 영역으로 확장한 것이라 할 수 있다.

또 다른 유사 개념으로서 자주 사용되는 포트폴리오(portfolio) 평가는 학생이 쓰거나 만든 작품집이나 결과물 등을 이용한 평가를 말한다. 포트폴리오 평가에서는 최종적인 결과뿐만 아니라 결과에 도달하게 된 과정도 중요한 평가요소가 된다. 따라서 결과에 나타난 성취 못지않게 결과를 만들기까지 기울인 학생의 노력이나 이전의 성취수준과 비교하여 향상된 정도도 중요하게 다루어져야 한다. 이는 포트폴리오 평가가 일회적이거나 단편적인 평가가 아니라 지속적이면서도 통합적인 평가이며, 수업과 연계하여 학생들의 능력과 기능의 향상을 계속적으로 평가하는 방법이기 때문이다.

마지막으로 수행평가를 때로 참평가(authentic assessment)라고 부르기도 한다. 참평가라는 용어는 지필식 검사가 인위적 상황에서의 추상적인 결과물을 측정하는 검사라면 수행평가는 실제 상황에서의 개인의 수행능력을 측정한다는 의미를 갖는다. 실제 장면에서 이루어지는 개인의 실제 능력평가라는 의미에서 수행평가는 종종 참평가라고 불린다.

▶▶ 2 수행평가와 전통적 평가의 차이점

수행평가는 기존의 지필중심의 전통적 평가방법과 여러 측면에서 다른 특성을 가지고 있다. 평가의 목적과 방법에 있어서 차이뿐만 아니라 학습에 대한 관점이나 교수-학습 과정에서의 교사, 학생의 역할에 대한 인식에 있어서도 차이가 있다(Wiggins, 1999). 수행평가와 전통적 평가방법의 차이 가운데 가장 두드러지게 나타나는 측면들을 제시하면 다음과 같다.

1) 학습관

전통적 평가체제의 관점에서는 학습에 일정한 순서와 방향이 있다고 본다. 이는 어떤 지식을 배우기 위해서는 그 이전에 알고 있어야 할 지식이 있고, 정해진 단계에 따라 순서대로 학습이 이루어져야 함을 강조하는 것이다. 따라서 평가는 다음 학습으로의 진행을 위해 이전 지식을 제대로 기억하고 있는가를 확인하는 방식(재생산적 방식)으로 이루어지게 된다. 또한 실제적인 기능의 학습보다는 소위 진리로서 오랫동안 전해 내려오는 지식학습을 보다 중시하며, 따라서 실제적인 기능에 대한 평가보다는 이론적 지식에 대한 평가에 더 큰 가치를 부여하는 것이 특징이다.

이와는 대조적으로 수행평가 체제에서는 학습이 인지구조의 계속적 변화를 기반으로 이루어진다고 본다. 다시 말하면, 학습자는 학습을 통해 자신이 갖고 있는 지식의 구조를 수정·발전시키게 되는데, 수행평가에서는 이를 학습자에게 이해와 성장이 일어난 것으로 본다. 따라서 주어진 지식을 있는 그대로 회상해 내는 능력이 아니라 그 지식이 학습자에게 어떤 의미를 갖고 어떤 맥락을 통해 내재화되는지에 평가의 초점을 두는 것이 그 특징이라 할 수 있다.

2) 교수-학습 과정에 대한 인식

학습에 대한 관점의 차이는 교수-학습 과정에 대한 인식과 이 과정의 주체적 참여자인 교사와 학생에 대한 인식에서의 차이로 연계될 수 있다. 일반적으로 전통적 평가체제에서는 교수-학습 과정의 중심이 지식의 전달에 있다고 본다. 그렇기에 교사의 역할은 지식의 전달자로 간주되며, 학생들에게는 전달된 지식을 있는 그대로 내면화하는 것이 주된 역할로 여겨진다. 따라서 평가활동은 학생들이 교사가 전달한 지식을 제대로 내면화하고 있는지를 확인하는 절차를 통해 이루어지게 되는 것이다.

그러나 수행평가 체제에서는 교수-학습 과정을 학생들이 가지고 있는 지식구조가 지속적·발전적으로 변화되는 과정으로 인식하며, 이 과정에서 교사는 학습의 안내자이자 촉진자로 인식된다. 교사의 주된 역할은 학생들이 스스로 자신이 속한 사회문화적 맥락과 개인 내적 요인에 맞게 지식을 재구성할 수 있도록 돕는 데 있다. 학생 역시 수동적으로 주어진 결과를 받아들이는 것이 아니라 자신의 경험구조 내에서 새로운 학습 경험을 통합하고 그것을 자신의 능력 향상으로 전환시키는 데 중심적인 역할을 담당하게 된다. 따라서 수업은 학생중심, 탐구중심으로 이루어지며, 평가는 지식생산자로서의 학생들의 능력변화에 초점을 맞추게 된다.

3) 평가의 목적과 내용

전통적 평가체제에서 평가가 지향하는 주목적은 평가결과에 따라 학생들을 선발하고 적절하게 배치하는 것이다. 객관화된 결과인 점수를 중심으로 학생들을 일렬로 줄 세우고, 순서에 따라 기회를 공평하게 차등 배분하는 것이 평가가 담당하는 주 역할인 것이다. 따라서 선택형 지필평가 위주의 대규모 표준화 검사가 평가활동의 핵심을 차지하게 되고, 평가 과정 및 결과의 객관성과 일관성 그리고 공정성이 강조된다.

반면, 수행평가에서는 평가의 주목적이 학생의 학습을 지도하고 부족한 부분을 개선하는 것에 있다. 학습과정에서 나타나는 실제 수행을 관찰하고 이를 바탕으로 학생의 능력과 기능 수준을 판단할 뿐만 아니라, 평가결과를 바탕으로 현재 학생의 능력 또는 기능 수준을 향상시키기 위한 수업계획이 만들어지는 과정, 즉 교육과 평가 활동 간의 상호적 과정이 중시된다.

평가활동에서 중요한 부분을 차지하는 '무엇을 평가할 것인가'와 관련하여서도 수행평가와 전통적 평가 간에는 차이가 있다. 전통적 평가체제에서는 내용 지식의 습득 여부가 주요 관심사가 되고, 따라서 평가의 주 내용은 수업을 통해 교사가 무엇을 가르쳤고 그것을 학생들이 얼마나 잘 기억하고 있는가로 구성된다. 사실적 지식의 습득 여부가 평가의 주 내용이 되는 것이다. 반면, 수행평가 체제에서는 지식을 어떤 상황에서 어떻게 활용할 수 있는가와 관련하여 평가자가 학생들이 가지고 있는 절차적(procedural) 지식과 조건적(conditional) 지식의 평가에 관심을 갖는다. 학습자가 실제 상황에서 어떻게 지식을 활용하는지에 관심을 갖기에 평가는 실제와 유사한 상황에서 이루어지며, 학생들이 실제 무엇을 할 수 있는가에 평가내용이 집중된다.

평가가 이루어지는 시기에 있어서도 수행평가와 전통적 평가체제 간에 차이가 존재한다. 일반적으로 전통적 평가체제에서는 주로 학습활동이 종료되는 시점에 평가가 실시된다. 따라서 평가활동과 교육활동이 서로 분리되어 진행되는 것이 그 특징이다. 반면, 수행평가 체제에서는 학습활동의 모든 과정에서 평가활동이 이루어지게 되며, 따라서 평가활동과 교육활동이 서로 유기적으로 통합되어 운영되는 것이 일반적이다. 평가를 통해 얻어진 정보는 적응적 교육활동에 중요한 원천이 된다.

이상의 내용을 중심으로 볼 때 수행평가가 갖는 특징은 다음과 같이 요약할 수 있을 것이다(백순근, 1999).

- 수행평가는 교사의 전문적인 판단이 중요하게 적용되는 평가다.
- 수행평가는 학생들이 스스로 자신의 능력과 기능, 지식을 관찰 가능한 행동으로 드러내도록 하여 평가하는 방법이다.
- 수행평가는 교육목표의 달성 여부를 판단하기 위해 가능한 한 실제 상황을 이용하고자 한다.
- 수행평가는 학습결과뿐만 아니라 학습과정에서의 교수활동과 학습활동을 모두

중시하는 평가다.

- 수행평가는 학생의 선발, 분류, 배치보다는 학생의 개별 학습과정을 진단하고 이를 기반으로 학습활동을 촉진하는 것을 중시한다.
- 수행평가는 단편적 영역에서의 일회적 평가보다는 전체 학습 진행과정에 대한 종합적 판단을 위한 지속적 평가를 중시한다.
- 수행평가는 인지적 영역에 대한 평가뿐만 아니라 정의적, 신체적 · 영역에 대한 총체적 평가를 포함한다.

▶▶ 3 수행평가의 유형

수행평가는 다양한 방식으로 학교 현장에 적용되고 있다. 여기에서는 대표적인 수행평가 유형으로 지필식, 구술식, 실습식, 포트폴리오 평가방법에 대해 살펴보고자 한다.

1) 지필식 평가

지필식 평가는 전통적 평가체제에서 사용되던 선다형 시험이 아니라 서술형과 같이 학생이 자신의 생각을 체계적으로 구성하도록 요구하는 평가방법을 말한다. 지필식 평가는 때로 서술형(논술형) 평가 또는 보고서법이라고 불리며, 대체로 이 모두를 포괄하는 용어로 사용된다.

먼저, 서술형(논술형) 평가는 영어의 'essay test'를 우리말로 번역한 것으로, 학생의 생각이나 의견을 직접 서술하도록 하는 평가방법을 말한다. 이러한 평가방법은 단순한 지식에 대한 기억을 넘어서 학생의 창의성, 문제해결력, 비판력, 판단력, 통합력, 정보수집 및 분석력 등의 고차적 사고기능을 평가할 수 있다는 장점이 있다.

따라서 서술형 문항의 경우 가능한 한 학생이 자신의 생각이나 의견을 드러낼 수 있도록 검사 문항을 작성해야 한다. 이때 문항을 가급적 구조화할 필요가 있는데, 구조화란 학생들이 자신의 생각을 작성할 때 일정한 틀을 제공해야 한다는 것을 의미한다. 즉, 가능한 한 문항이 현실적인 상황과 관련될 수 있도록 하고 서술해야 할 내용이 무엇인지를 분명히 알 수 있도록 작성되어야 한다. 또한 서술형 문항을 출제하는 과정에서 교사는 사전에 모범답안을 만들어야 하고, 이를 근거로 채점기준표를 작성해야 한다.

서술형 평가를 실시한 뒤에는 교사가 작성한 모범답안 및 채점기준, 학생들이 제출한 답안지와 그 답안에 대한 교사의 채점 사례 등을 공개하는 것이 바람직하다. 이 자료들의 공개는 학생들의 학습에 크게 도움이 될 뿐만 아니라 교사에게 있어서도 평가에 대한 전문성을 신장시키는 데 도움이 된다.

다음은 서술형 문항의 예를 보여 주고 있다. 문항을 작성할 때에는 가능한 한 문제 상황을 설명해 주는 부분을 만들고, 이 상황을 중심으로 세부적인 문제들을 체계적으로 제시하는 것이 바람직하다. 문제가 구체적일수록, 그리고 제시되는 문제가 연계성을 가질수록 학생들이 서술형 문항을 작성하는 과정이 보다 용이할 수 있음을 고려하는 것이 필요하다.

사람들이 타인에 대해 가진 기대는 직접 그 기대를 말하지 않아도 간접적인 방식으로 전달된다고 한다. 즉, 상대에게 일정한 기대를 갖는 경우 얼굴 표정이나 다른 행동방식을 통해 자신이 가진 기대를 상대방에게 전달하게 된다는 것이다. 우리는 이러한 심리적 현상을 피그말리온 효과라고 한다.

문제 1. 피그말리온 효과가 학교 현장에서 나타나고 있는 예들을 제시하시오.

문제 2. 피그말리온 효과는 모든 사람에게 동일한 정도로 실현되지는 않는다. 문제 1에서 든 예를 중심으로 피그말리온 효과가 차별적으로 나타나는 이유가 무엇인지를 설명하시오.

문제 3. 피그말리온 효과를 학교문화라는 측면에서 어떻게 활용할 수 있는지 구체적 예를 들어 설명하시오.

보고서법은 연구보고서법, 자기평가 보고서법, 동료평가 보고서법으로 나눌 수 있다. 연구보고서법은 개별 과목 또는 범교과적 내용 중에서 학생의 능력이나 흥미에 적합한 주제를 선택하여 개인 혹은 소집단별로 연구를 수행하고 결과물로서 보고서를 제출하도록 하는 평가방식이다. 학생들은 연구를 수행하고 보고서를 작성하는 과정에서 각종 정보를 수집하는 방법, 다양한 자료를 종합하고 분석하는 방법, 보고서를 작성하는 방법 등을 익힐 수 있다.

자기평가 보고서법은 학생들이 특정 주제나 내용영역에 대하여 스스로 자신의 학습 '과정'과 '결과'에 대한 학습평가 보고서를 작성하여 제출하는 방법이다. 이 학습평가 보고서를 바탕으로 교사는 학생들의 학습 과정과 성취를 평가하게 된다. 동료평가 보고서법은 학생 자신이 아닌 동료 학생이 타인의 학습 과정과 결과에 대해 학습평가 보고서를 작성하여 제출하는 방법이다. 이때 학습 과정과 성취에 대한 최종 평가는 교사가 할 수도 있지만 동료 학생이 하도록 허용할 수도 있다.

2) 구술식 평가

구술식 평가에는 구체적으로 발표평가, 토론평가, 면접평가 방법이 포함될 수 있다. 발표평가는 학생으로 하여금 특정 내용이나 주제에 대해서 자신의 의견이나 생각을 발표하도록 함으로써 학생의 준비도, 이해력, 표현력, 판단력, 의사소통 능력 등을 평가하는 방법이다. 이때 학생들의 발표에 대한 평가는 내용과 전달이라는 두 영역을 중심으로 이루어질 수 있다. 내용평가 요소로는 목적의 명료한 진술, 내용조직의 명료성, 보조자료의 사용, 적절한 요약 등을 포함할 수 있으며, 전달요소로는 성량, 시선처리, 언어 표현, 어조, 발음 등을 포함할 수 있을 것이다.

토론평가는 교육활동과 평가활동이 통합된 대표적 수행평가 방법으로서, 특정 주제에 대해 학생들이 서로 토론하는 것을 관찰하고 학생들의 능력과 성취 수준을 평가하는 것이다. 토론활동을 이용한 평가에서는 특히 찬반토론법을 많이 활용한다. 찬반토론법이란 사회적으로나 개인적으로 서로 다른 의견을 제시할 수 있는 토론 주제를 가지고, 개인 혹은 소집단별로 찬반토론을 하도록 하는 것이다. 이때 토론을 위해 학생들이 사전에 준비한 자료의 다양성과 충실성, 토론내용의 충실성과 논리성, 반대 의견을 존중하는 태도, 토론 진행방법 등을 총체적으로 고려하여 학생들을 평가할 수 있을 것이다.

다음은 토론평가의 예시를 보여 준다. 교사는 찬반 의견이 분명한 상황을 제시하고, 학생들이 자신의 입장과 그것을 지지하는 논거들을 분명히 가지고 토론에 임할 수 있도록 사전에 준비시키는 것이 필요하다. 이후 토론이 이루어지는 과정 동안 구체적인 평가활동들이 이루어지게 될 것이다.

▶ 토론 주제

최근 정부에서는 국민들의 주택문제 해결을 위해 임대아파트 등을 적극적으로 보급하고 있다. 하지만 임대아파트의 보급방식과 관련하여 사회적 논란이 일고 있다. 기존의 임대아파트 단지를 따로 만드는 대신에 일반 민영아파트 건설 시 민영아파트와 임대아파트를 같이 짓는 것에 대한 논란이 바로 그것이다. 같은 아파트 단지 내 민영아파트와 임대아파트 동 사이에 철조망이 쳐지는 갈등의 모습이 이러한 사회적 논란의 한 단면을 잘 보여 준다. …(중략)… 하지만 임대아파트 단지를 따로 만드는 것에 대한 문제 지적도 강력하게 제기되고 있다. 소위 빈민가를 조성하고 지역 간 갈등을 조장한다는 것이다. …(중략)…

▶ 토론활동의 구성
• '임대아파트와 민영아파트를 같이 보급하도록 해야 한다.'는 주장에 찬성하는지 그렇지 않은지 학생들이 각자 입장을 분명히 하도록 한다.
• 학생들 각자 자신의 입장을 지지하는 근거들을 준비토록 하고, 이때 실제 사회적 사건을 예로서 같이 준비하도록 한다.
• 토론을 위한 질문들은 교사가 사전에 준비하도록 하고, 토론 패널을 구성해 토론을 진행토록 한다.
• 토론 패널에 대표로 참여한 학생들뿐만 아니라 다른 학생들도 각 사안에 대해 자신의 의견을 개진하도록 기회를 제공한다.

▶ 평가원칙
• 학생들의 토론활동 준비 정도
• 토론과정 중의 참여 정도 및 의사전달력
• 토론과정에서 지켜야 할 기본적 태도

⋮

면접평가는 평가자와 학생이 직접 대면한 상황에서 평가자가 질문하고 학생이 대답하는 과정을 통해 지필식 시험이나 서류만으로는 알 수 없는 심층적 내용들을 알아보는 데 활용된다. 면접평가 시 사전에 학생들에게 면접 질문들과 관련된 정보를 미리 제공함으로써 학생들이 약간의 준비를 할 수 있도록 하는 것이 좋다. 그렇지 않을 경우 학생들이 주어지는 질문들에 대해 자신의 생각과 경험들을 충분히 담아 답하기 어려울 수 있다. 면접 시 활용될 주요 질문들은 미리 준비해야 하며, 면접이 진행되는 동안 답변내용을 중심으로 추가적 질문들을 제시함으로써 심층적 면접이 이루어지도록 하는 것이 바람직하다.

3) 실습식 평가

실습식 평가에는 실기시험과 실험/실습 평가방법이 포함된다. 활동을 통한 평가가 이루어진다는 것이 실습식 평가의 가장 큰 특징이라고 할 수 있다.

먼저, 수행평가에서 중시하는 실기시험은 기존의 실기시험과 차이가 있다. 기존의 실기시험이 통제된 상황에서 학생의 능력을 평가하였다면, 수행평가에서는 가능한 한 자연스러운 실제 상황에서 학생을 평가하도록 제안한다. 자연스러운 상황에서의 실기시험은 음악, 미술, 체육, 실과(기술, 가정) 분야에서 많이 이용되는 수행평가 방법이나, 최근에는 듣기, 말하기, 읽기, 쓰기 등 언어 분야에서도 많이 활용되고 있다.

〈표 12-1〉에 제시된 100미터 달리기의 수행평가 적용 예시를 살펴보면 과거의 실기

〈표 12-1〉 100미터 달리기 실기시험을 통해 본 전통적 관점과 수행평가 관점의 차이

	전통적 평가에서의 실기시험	수행평가에서의 실기시험
평가 특징	• 결과중심 평가 • 상대적 순위 강조 • 수업결과에 대한 확인	• 결과와 과정 모두 중시 • 절대적 기준의 충족 여부 강조 • 이후 학습과의 연계
평가 항목	• 100미터 기록	• 100미터 달리기 시험 준비를 위한 노력 • 100미터 기록 • 이후 건강관리를 위한 운동계획

시험과 수행평가에서 강조하는 실기시험의 차이를 분명하게 알 수 있다(조한무, 강재성, 남창현, 1999). 과거의 실기시험에서는 학생들이 100미터를 달린 기록을 측정하고 그 기록에 의존하여 학생들에게 점수를 부여한다. 하지만 수행평가에서는 학생들이 얼마나 열심히 수업에 임하였고, 수업활동의 참여과정을 통하여 얼마나 즐거움을 느끼는가도 중요한 평가 항목으로 활용된다.

한편, 실험/실습 평가방법은 과학, 기술, 가정 교과 영역에서 많이 활용되는 수행평가 방법이다. 실험/실습을 이용한 평가에서는 기자재의 조작능력뿐만 아니라 실험/실습에 대해 학생들이 가진 태도, 그리고 지식을 적용하여 주어진 문제를 해결해 가는 과정에 대해 포괄적이면서도 분석적인 평가가 이루어진다. 과정과 결과 모두를 종합적으로 고려하여 평가가 이루어질 수 있도록 하는 것이 중요하다.

4) 포트폴리오

포트폴리오(portfolio)는 일정 기간 동안 구체적 목적에 따라 계획적으로 작성된 산출물을 평가하는 방법으로, 학생의 성취도뿐만 아니라 향상도를 평가할 수 있는 방법이다. 이 평가방법은 단편적인 영역에 대해 일회적으로 평가하기보다 학생 개개인의 변화 및 발달 과정을 전체적이면서도 지속적으로 평가하는 것을 강조하기에 수행평가

〈표 12-2〉 포트폴리오 평가 시 고려될 수 있는 세부 항목

평가 항목	세부 항목
목적	1. 포트폴리오 작성이 지향하는 교육목적은 무엇인가?
	2. 포트폴리오가 교육목적을 제대로 반영하고 있는가?
교수-학습	1. 포트폴리오가 수업시간에 어떻게 만들어졌는가?
	2. 포트폴리오에 학생들의 활동내용이 어떻게 담겨 있는가?
	3. 포트폴리오가 단순 학습산출물 모음집과 다른 점은 무엇인가?
내용	1. 포트폴리오에 들어가 있는 산출물의 내용은 무엇인가?
	2. 포트폴리오에 포함된 산출물의 내용은 충실하고 다양한가?
	3. 포트폴리오에 포함된 산출물을 앞으로 더 발전시킬 수 있는가?

의 대표적인 방법으로 관심을 받고 있다.

포트폴리오를 통해 학생들은 자기 자신의 변화과정을 알 수 있고, 자신의 강점이나 약점, 잠재 가능성 등을 스스로 인식할 수 있는 계기가 될 수 있다. 또한 교사들은 학생들의 과거와 현재의 상태를 쉽게 파악할 수 있을 뿐만 아니라 앞으로의 발전 방향에 대해 학생들을 지도할 수 있는 근거를 가질 수 있다.

학생들의 포트폴리오에 대한 평가 시에는 세부적 평가 항목들을 설정하는 것이 도움이 된다. 〈표 12-2〉는 교사들이 학생들의 포트폴리오 평가 시 활용할 수 있는 일반적 평가 항목들을 보여 준다(Arter, 1996).

▶▶ 4 수행평가 개발 절차

수행평가를 개발하는 경우 일정한 절차를 따라 과제들을 만드는 것이 필요하다. 일반적으로 수행평가의 개발 절차는 평가목적의 진술, 수행의 상세화, 자료 수집 방법, 채점 및 기록 방법, 실제 수행평가 과제의 결정 및 개발 단계로 이루어진다(남명호, 2003).

먼저, 수행평가를 준비하고자 할 때에는 평가목적을 분명히 하는 것이 필요하다. 학교 현장에서 사용되는 평가의 목적은 주로 학생 개개인의 강점과 약점 확인, 학교나 학급 단위에서의 집단평가, 학습결과에 따른 학생의 등급 결정, 영재 프로그램과 같은 특별 프로그램을 위한 학생 선발, 특정 학습 프로그램의 효과 검증 등이 있다. 수행평가는 주로 학생 개개인의 학습 과정과 결과에 대한 정보를 수집하고 이에 근거해 학생들을 도울 수 있는 교육 처치를 계획하는 데 그 목적이 있다. 따라서 이러한 목적이 평가 활동에서 중요하게 고려될 때 수행평가를 적용하는 것이 바람직하다.

수행평가를 충실하게 하기 위해서는 수업의 주요 목표가 무엇인지를 먼저 구체적으로 확인할 필요가 있다. 수업목표를 상세화할 때에는 그와 관련된 학습의 결과가 무엇일지를 같이 고려하는 것이 필요하다. 목표가 상세화되고 구체적 교육결과와의 관계가 분명히 확인될수록 수행평가를 통해 얻을 수 있는 효과는 더 커지게 된다.

둘째, 수행평가를 타당하게 진행하기 위해서는 어떤 내용영역에 대해 평가를 진행할 것이고, 이에 따라 어떤 평가과제를 선정할 것이며, 평가 시 적용될 수행기준은 무엇인지를 사전에 결정해야 한다. 수행평가에서 다루고자 하는 내용영역은 넓게는 교과 전체가 될 수도 있고, 좁게는 단원이나 주제가 될 수도 있다. 이때 수행평가의 목적을 고려해 적절한 내용영역을 선정하는 것이 필요하다.

내용영역이 선정되면 어떤 과제를 가지고 수행평가를 구성할 것인지를 생각해야 한다. 일반적으로는 수업목표에 비추어 가치가 있으면서 학생들의 흥미와 도전감을 유발할 수 있는 과제가 추천된다. 과제 선정 시 고려되어야 할 일반적 사항들을 제시하면 다음과 같다.

- 수업목표와의 일치성: 수업목표 달성 여부를 판단하기 위해 수행평가가 이루어진다는 측면에서 과제의 선정은 수업목표와의 관련성 속에서 이루어져야 한다.
- 과제의 현실성(맥락성): 가능한 한 학생들이 접하는 실제 상황을 중심으로 과제가 구성되는 것이 필요하며, 이 경우 학생들의 실제 능력과 기능이 수행결과에 보다 잘 반영될 수 있다.
- 과제의 다차원성: 가능한 한 하나의 기능을 중심으로 과제를 구성하기보다 여러 기능이 동시에 요구되도록 과제를 구성하는 것이 바람직하다. 예를 들어, 학급 내 의사소통 문제에 대한 진단결과를 보고서로 만들어 보는 활동은 사회적 관계에 대한 분석기능뿐만 아니라 이를 보고서 양식으로 체계적으로 결과화하는 기능 등을 동시에 요구하는 과제라고 할 수 있다.
- 과제의 주제 통합성: 어느 한 주제에 국한된 과제를 제시하기보다 다수의 내용영역에 걸친 과제를 선정하여 통합적 접근이 요구되도록 과제를 구성하는 것이 바람직하다. '그린벨트 지역개발을 통한 서민 주거 아파트 공급의 문제'는 사회적 요소와 환경적 요소들을 동시에 고려해야 하는 통합적 주제의 예라고 할 수 있다.

다음으로 수행평가 시 적용될 수행의 기준을 명확히 할 필요가 있다. 기준은 학생들이 반드시 알고 있어야 할 내용이나 기능, 이것이 행동화될 때 기대되는 수준 등을 포함한다. 평가기준을 사전에 분명히 정해 놓고 이를 기반으로 채점기준표를 작성한다면 평가활동이 일관되고 타당하게 이루어질 수 있을 것이다. 이때 모범답안을 같이 작성해 두고, 그것을 기준으로 어떻게 답안별로 점수 차이가 나타날 수 있는지를 명확히 하는 것도 필요하다. 수행평가 시 학생들에게 평가기준과 채점기준표를 미리 제시해 주는 것도 학생들이 어떤 활동에 보다 집중해야 하는지를 안내한다는 측면에서 고려될 필요가 있다.

셋째, 수행평가 시 학생들의 수행 능력과 기능을 어떤 방법을 통해 평가할 것인지에 대한 구체적 계획을 세워야 한다. 수업마다 학생들의 행동을 관찰하고 그 결과를 가지고 평가를 할 것인지, 중간중간에 평가 상황을 만들어 놓고 학생들을 평가할 것인지를 결정하여야 한다. 또한 평가 상황을 만들어 수행평가를 진행하는 경우에도 인위적 상황을 구조적으로 설정해 그 안에서 학생들의 행동을 관찰하고 평가할 것인지, 아니면 자연적 상황에서 이루어지는 학생들의 행동을 관찰하고 평가할 것인지를 결정해야 할 것이다.

더불어 관찰이나 면접 등의 방법들을 이용할 때 사전에 자료 수집을 보다 체계화하기 위해 수집된 자료의 기록지를 사전에 개발해 두는 것이 필요하다. 이렇게 하면 교사가 자신의 기억이나 인상에 근거해 주관적 판단을 하는 것을 막을 수 있으며, 이후 학생들의 학습 이력으로서 자료를 활용할 수 있을 것이다.

마지막으로 채점방법에 대한 고려가 이루어져야 한다. 채점은 이전에 설정한 평가기준을 하나로 통합하여 종합적인 판단을 내리는 총체적 채점과 평가기준 하나하나에 대해 독립적 판단을 하여 점수를 부여하고 이를 나중에 종합하는 분석적 채점으로 구분할 수 있다. 일반적으로 총체적 채점보다는 구체적 요소들 하나하나에 대한 평가를 중심으로 채점이 이루어지는 것이 바람직하다.

채점 시 평정자를 몇 명으로 할 것인가도 고려되어야 한다. 교실 상황에서의 채점은 교사 한 명이 책임을 지는 경우가 일반적이나, 다른 교사와 협력하여 평가할 수 있다면 공동채점 방식도 고려하는 것이 채점의 타당성, 공정성, 신뢰성을 높이는 데 도움을 줄 수 있다. 만일 혼자 채점을 하는 경우라면 채점의 일관성을 유지할 수 있도록 평가기준에 따른 채점기준표를 보다 명확히 준비해 두는 것이 필요하다. 이를 통해 채점의 공정성과 일관성을 유지할 수 있을 것이다.

또한 채점자는 평정 시 범할 수 있는 오류들에 대해서도 명확하게 인식할 필요가 있다. 다음은 평정 시 채점자가 범할 수 있는 대표적인 오류들이다(남명호, 2003; 황정규, 1998).

- **집중경향의 오류**(error of central tendency): 평정 시 중간 점수에 채점결과가 집중되는 경향성을 가리킨다. 이 경우 잘한 것과 그렇지 않은 것 간의 변별력이 떨어질 수 있다.
- **후광효과**(halo effect): 평정 시 수행결과물 자체보다는 학생이 가진 배경 정보에 영향을 받아 잘못된 판단을 하는 경우다. 교사가 좋은 인상을 갖고 있는 학생에게는 수행결과에 관계없이 관대한 평정을 하는 경우가 있으며, 그 반대의 경우도 흔히 발생한다.
- **논리적 오류**(logical error): 명확하게 평정의 속성을 규정하지 못해 발생하는 오류로서, 일반적으로 유사한 다른 속성과 평정 속성을 잘 구별하지 못해 발생하는 문제다. 예를 들면, 학생의 도덕성을 평가할 때 도덕성과 윗사람에 대한 예절을 같은 것으로 생각해 교사의 말을 잘 따르는 학생을 도덕적인 학생으로 평정하는 것이 논리적 오류다.
- **표준의 오류**(error of standard): 채점자가 각자 평정의 기준을 달리 둠으로써 나타나는 오류를 말한다. 7점 척도를 이용한 평정의 경우 어떤 채점자는 평균의 기준을 3으로 할 수 있고, 어떤 채점자는 기준을 4로 할 수 있다. 이때 채점자가 가지고 있는 기준의 차이로 인해 나타나는 평정결과의 차이를 표준의 오류라고 한다.
- **근접의 오류**(approximate error): 여러 속성을 근접하여 연속적으로 평정하는 경우 이전의 평정이 이후의 평정에 영향을 미치는 현상을 가리키는 개념이다. 예를 들어, 학생의 정직성, 타인 배려, 준법성을 연속적으로 평정하는 경우 정직성에 높은 점수를 준다면 이후 타인 배려와 준법성 평정에도 높은 점수를 주는 경향성이 발생할 수 있다.

▶▶ 5 수행평가의 타당도와 신뢰도

1) 타당도 평가

수행평가는 전통적인 선택형 지필평가와는 달리 학생들의 능력을 수행을 통해 평가한다는 측면에서 타당성을 가지고 있다고 언급된다. 즉, 학생들의 비판적 사고력을 측정한다고 할 때 비판적 사고에 대한 지식을 묻는 것이 아니라 주어진 자료들을 실제 분석, 종합, 평가할 수 있는 능력 자체를 가지고 있는지를 평가하는 방식을 취한다.

일반적으로 수행평가의 타당도를 평가하는 데 사용되는 개념들은 표준화 검사의 타당도 개념과는 다르다. Linn, Baker 그리고 Dunbar(1991)는 수행평가의 타당도를 평가할 때 적용할 수 있는 개념들을 다음과 같이 제시하고 있다(남명호, 2003).

- 내용의 질: 평가에서 다루어지는 내용영역이 얼마나 가치 있는 영역인지가 중요하다. 다른 내용과 비교할 때 핵심을 차지하며 다른 영역의 학습결과를 반영할 수 있는 내용영역을 선정하여 평가과제를 구성할 필요가 있다.
- 내용의 범위: 평가과제가 교육과정을 어느 정도 포함하고 있느냐의 문제로, 가능한 한 중요한 내용영역들은 모두 포괄할 수 있도록 평가과제를 구성하는 것이 바람직하다.
- 유의미성: 평가를 통해 학생들이 경험하는 것이 학생들의 성장에 얼마나 의미가 있느냐다. 의미 있는 경험을 하는 경우 학생들의 학습 흥미가 촉진될 가능성이 높아지고, 이를 통해 평가활동과 학습활동이 보다 유기적으로 연계되는 결과를 기대할 수 있다.
- 공정성: 평가과제가 학생들의 사회문화적 배경을 공정하게 반영하고 있느냐의 문제다. 특정한 경험을 많이 가지고 있는 학생들에게 유리한 방식으로 평가과제가 구성되어서는 안 되며, 수행결과에 대한 채점 시에도 공정성이 유지되도록 하는

것이 필요하다.

- 전이 및 일반화 가능도: 수행평가에서 다루고 있는 내용이 다른 내용영역으로의 전이 또는 일반화와 얼마나 관련이 있는지를 나타내는 개념이다. 가능한 한 유사 또는 새로운 상황에 직면했을 때 학습한 결과를 활용할 수 있도록 평가과제를 구성하는 것이 중요하며, 이를 위해 상황을 보다 구체적으로 구성하는 것이 고려될 수 있다.
- 평가내용의 다면성: 수행평가는 단순한 지식을 평가하는 것이 아니라 학생의 인지, 정서, 행동의 통합적 측면을 평가하는 것을 그 특징으로 한다. 따라서 가능한 한 평가과제가 학생들의 여러 측면을 동시에 평가할 수 있도록 구성되는 것이 바람직할 것이다.

2) 신뢰도 평가

수행평가 결과의 일관성을 유지하는 것 또한 수행평가의 질을 보장하는 데 중요한 요인으로 작용한다. 신뢰도는 결과의 일관성 또는 안정성을 나타내는 개념으로, 수행평가에서는 채점자 내 신뢰도와 채점자 간 신뢰도가 중요한 개념으로 적용될 수 있다.

채점자 내 신뢰도(intra-rater reliability)는 한 채점자가 평가 대상에 대하여 계속적으로 일관되게 그 결과를 평가하느냐의 문제다. 채점과정 중에 채점자의 일관성이 전제되지 않는다면 채점자 개인의 채점기준이 변화된다는 것을 의미하며, 이 경우 결과의 신뢰성은 큰 타격을 받을 수 있다. 채점자 내 신뢰도를 확보하는 것은 채점자 간 신뢰도의 기본 조건이 된다(성태제, 2009).

채점자 간 신뢰도(inter-rater reliability)는 여러 채점자가 평가에 참여하는 경우 이들 채점자 간의 평가결과의 일관성을 의미한다. 일반적으로 채점자 간 신뢰도를 확보하기 위해서는 수행평가의 목적, 평가기준, 채점기준표 구성 원칙, 평정 시 범할 수 있는 오류 등에 대한 사전 훈련이 중요하다. 또한 실제 여러 사람이 수행평가 결과물을 나누어 채점하는 경우 평가결과물의 10% 정도를 가지고 평가 시 적용한 자신의 기준과 결과에 대해 서로 이야기를 나누면서 평정결과의 일관성을 확보하려는 노력을 하는 것이 필요하다. 채점자 간 신뢰도는 평정자들 간의 채점결과에 대한 상관계수를 구하는 방식으로 이루어진다. 상관계수가 높으면 채점자 간 신뢰도가 높다는 것을 의미한다. 셋 이상의 평정자가 참여하는 경우에는 두 사람씩 쌍을 만들어 얻은 상관계수들을 평균하여 사용할 수 있다.

▶▶ 6 | 평가 매뉴얼을 통해 본 수행평가 실제

일선 학교에서는 학년 초에 교과협의회에서 작성한 교과별 평가계획서를 바탕으로

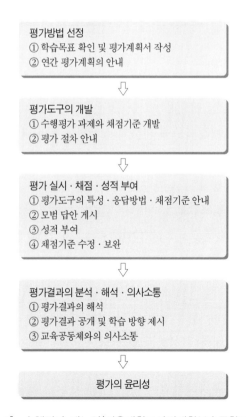

[그림 12-1] 수행평가 매뉴얼(서울대학교사범대학부속중학교, 2008)

수행평가를 실시한다. 수행평가의 개발과 실시 과정에서의 공정성과 객관성 확보를 위하여 [그림 12-1]과 같이 권장되는 수행평가 매뉴얼 또는 교과협의회에서 자체적으로 개발한 매뉴얼을 따르는 것이 적절하다.

[그림 12-1]은 교과와 수행평가 종류에 관계없이 보편적으로 적용이 가능하다. 자세한 수행평가 매뉴얼의 절차는 다음과 같다(서울대학교사범대학부속중학교, 2008).

첫째, '평가방법을 선정' 한다. 새 학년이 시작되기 직전에 각 학교에서는 동일 교과 교사들로 구성된 교과협의회가 소집된다. 이때 교과협의회에서는 과목별 학습목표를 세우고 평가계획서를 작성한다. 학습목표에 따라 지필고사와 수행평가의 내용, 방법 및 학기말 반영 비율 등이 결정된다. 연간 평가계획을 학생들에게도 전달하여 수행평가를 포함한 전반적인 평가 준비를 할 수 있도록 돕는다.

둘째, '평가도구를 개발' 한다. 평가를 통해 학생들의 교과와 관련한 수행을 향상시킬 수 있는 수행평가를 개발한다. 또한 채점기준을 명확하게 정리해 둔다. 교사들은 학생들에게 수행평가의 시기, 내용, 절차 등에 대하여 구체적으로 안내한다. 이때 교사들은 학생들에게 되도록 명료하고 자세한 정보를 제공해야 한다.

셋째, '평가 실시 · 채점 · 성적 부여' 를 한다. 교사들은 학생들에게 수행평가의 특성, 응답방법, 개별 문항 채점기준에 대하여 상세하게 알린다. 평가 실시 이후에는 모범 답안을 게시하여 학생들이 실질적인 평가기준이 무엇인지를 파악하게 한다. 채점기준은 교과협의회를 통해 공유하고 다수의 평가자를 활용하여 신뢰도를 높인다. 이후 개개인에 대하여 성적을 부여한다.

넷째, '평가결과를 분석 · 해석 · 의사소통' 한다. 각 교과 교사들은 평가 이후에 학생들에게 결과에 대한 정보를 제공한다. 이 과정에서 학생들의 학업성취 수준 전반을 파악하고 피드백의 방향을 결정한다. 학생들은 점수나 구체적인 코멘트를 통하여 자신의 성취 수준과 보완해야 할 점을 알게 된다. 정보를 제공받은 학생들은 다른 평가를 어떻게 준비해야 할지에 대하여 지침을 얻게 되고, 이를 통해 학부모와의 의사소통 또한 이루어진다.

다섯째, '평가의 윤리성' 이다. 이는 수행평가의 마지막 결과가 아니라, 과정 전체적으로 중요하게 고려되어야 할 요소다. 교사들은 모든 평가활동 시에 학생의 인격을 존중하며 윤리적 · 법적 책임을 준수한다. 이를 위하여 교사들은 수행평가의 개발과 실시에 있어서 철저를 기해야 한다. 무엇보다도 수행평가의 채점 및 성적 부여를 합리적이고 공정하게 처리해야 한다. 또한 수행평가 활동의 전 과정을 반성적으로 고찰하고 평가의 적절성을 판단해야 한다.

학교 현장에서 수행평가를 실시하는 과정에서 가장 빈번하게 불거지는 문제는 '공정성의 결여'에 대한 부분이다. 이러한 문제가 발생하는 이유는 수행평가의 원칙들을 지키지 않아서인 경우가 많다. 교사들이 수행평가 시 중요하게 고려해야 할 구체적인 항목을 〈표 12-3〉에 제시하였다. 공정성은 모든 과목의 평가에서 교사들이 중요하게 인식하고 지켜야 한다. 학생과 학부모가 이의제기를 가장 많이 하는 부분이기 때문에 처음의 계획 단계에서부터 마지막 단계까지 이러한 사항들을 철저하게 검토하여 수행평가를 실시할 필요가 있다.

〈표 12-3〉 학생 평가를 잘 하려면(한국교육과정평가원, 2006)

㉠ 수행평가 계획의 사전 공지 및 결과의 즉시 공개, 학생의 이의 신청 기회 부여
㉡ 명료한 수행평가 기준을 상세히 하여 객관성 확보
㉢ 수행평가 요소 및 채점기준을 자세하고 충분하게 공지하여 공정한 기회 부여
㉣ 배점 기준에 없는 점수를 부여하는 부적절 사례 지양
㉤ 수행평가 점수를 학생들에게 공개 · 확인하여 신뢰도 확보
㉥ 학급별 난이도가 다른 주제(내용)로 평가하는 사례 지양
㉦ 학교장의 결재를 받은 평가기준과 실제 평가기준이 다른 사례 지양
㉧ 조별 평가 시 합리적이고 공정한 점수 부여 방안 마련(예: 구성원의 활동내용에 따른 차등 평가를 위해 학생의 자기평가 및 동료 간 상호 평가활동 활용)
㉨ 해당 과 수업의 평가 요소와 무관한 평가 지양

요약

선택형 중심의 지필검사에서 수행평가로의 이행은 학교교육 체제에 대한 새로운 관점을 반영한다. 교수-학습 활동과 평가활동이 이원화된 교육체제가 아니라 이들 요소가 학생들의 능력과 기능 향상에 유기적으로 연계되어 있는 교육체제가 중요하다는 것을 반영하는 결과라고 할 수 있다. 따라서 평가도 학생들의 지식 획득 정도를 기준으로 상대적 서열을 결정하는 것보다는 학생들의 성취 수준을 지속적으로 모니터링하고 그 결과를 다시 교수-학습 활동에 환류시키는 형성적 활동으로 변화될 것이 요구된다. 이러한 측면에서 수행평가가 교육 현장에 바람직한 방향으로 적용되기 위해서는 아직도 많은 현실적 여건의 변화가 필요한 것이 사실이다. 수행평가에 대한 보다 구체적인 이해와 현장에서의 보다 타당한 수행평가 적용을 통해 학생들의 학습 흥미를 증가시키고 능력을 계발할 수 있도록 수행평가가 제 기능을 다하기를 기대해 본다.

다음은 이 장에서 다루어진 주요 내용들을 간략하게 요약한 것이다.

- 수행평가는 기존의 지필중심 검사가 학생의 총체적 능력을 평가하는 데 한계가 있다는 반성에서 등장한 것으로, 실제 상황에서의 수행능력을 중심으로 학습결과를 평가하는 방법이라 할 수 있다.
- 수행평가의 유사 개념으로는 대안적 평가, 직접적 평가, 실기중심평가, 포트폴리오 등이 있다. 이들 용어는 강조하는 바가 약간씩 다르지만 본질적으로 학생들의 학업 성취나 능력을 보다 실제적인 상황 맥락과 과제를 통해 평가하려 한다는 측면에서 공통점을 갖는다.
- 수행평가는 학습관, 교수-학습 과정에 대한 인식, 평가의 목적과 내용 등에 있어 전통적 평가와 차이점을 갖는다. 일반적으로 수행평가에서는 구성적 학습관, 평가활동과 교수-학습 활동의 유기적 연계, 선발이나 배치보다는 학습을 돕는 활동으로서의 평가가 강조된다.
- 수행평가는 다양한 방식으로 학교 현장에 적용되고 있다. 학교 현장에 적용되고 있는 대표적인 수행평가 유형으로는 지필식, 구술식, 실습식, 포트폴리오 평가방법 등을 들 수 있다.
- 수행평가를 개발하는 경우 일정한 절차를 따라 평가과제들을 만드는 것이 필요하다. 일반적으로 수행평가의 개발 절차는 평가목적의 진술, 수행의 상세화, 자료 수집 방법, 채점 및 기록 방법, 실제 수행평가 과제의 결정 및 개발 단계로 이루어진다.
- 수행평가에 사용될 과제로는 수업목표에 비추어 가치가 있으면서 학생들의 흥미와 도전감을 유발할 수 있는 것들이 권장된다. 과제 선정 시 고려되어야 할 일반적 사항으로는 수업목표와의 일치성, 과제의 현실성(맥락성), 과제의 다차원성, 과제의 주제 통합성 등을 들 수 있다.
- 수행평가 결과의 평정 시 채점자가 범할 수 있는 평정의 오류로는 집중화 경향의 오류, 인상의 오류, 논리적 오류, 표준의 오류, 근접의 오류 등이 있다. 채점자는 이들 오류에 대한 인식을 바탕으로 공정하게 채점이 이루어지도록 해야 한다.

- 수행평가는 전통적인 선택형 지필평가와는 달리 학생들의 능력을 수행을 통해 평가한다는 측면에서 타당성을 가지고 있다고 언급된다. 수행평가의 타당도를 평가할 때 고려할 수 있는 요소로는 내용의 질, 내용의 범위, 유의미성, 공정성, 전이 및 일반화 가능도, 평가내용의 다면성 등을 들 수 있다.
- 수행평가 결과의 일관성을 유지하는 것 또한 수행평가의 질을 보장하는 데 중요한 요인으로 작용한다. 수행평가의 신뢰도는 크게 채점자 내 신뢰도와 채점자 간 신뢰도로 구분해 볼 수 있다.
- 수행평가는 교과협의회에서 작성한 평가계획서와 수행평가 매뉴얼에 기초하여 공정하고 객관적인 절차에 따라 시행한다. 교사들은 수행평가의 공정성과 관련하여 불거질 수 있는 문제들을 미리 인지하여 평가의 계획 단계에서부터 마지막 단계까지 철저를 기해야 한다.

학급 활동: 수행평가 적용

[수행평가의 예시] 독후감 평가

독후감 평가는 국어과에서 주로 시행되어 왔지만, 학생들의 수행을 포트폴리오화하여 종합적 사고를 평가할 수 있다는 장점으로 인하여 최근에는 영어, 수학, 과학, 사회 등 다양한 과목에 걸쳐서 활용되고 있다. 또한 독후감 평가는 시행 후에 학생별로 학교생활기록부의 〈과목별 세부능력 및 특기사항〉 및 〈독서활동상황〉 등에 기록하기 용이하다. 실제로 대학별 수시모집 학생부종합전형에서는 학생의 희망 전공 및 교양영역과 관련한 독서활동에 대하여 높은 비중을 두고 평가하고 있다. 따라서 교사들은 교과와 관련된 추천도서를 학생들에게 제공해 주거나 독서기록 활동을 과목별 실정에 맞게 변형하여 활용하고 있다. 교사가 독서활동에 관하여 학교생활기록부에 기록할 때에는 각 학생이 책을 읽고 배운 점과 새롭게 결심하게 된 점 등과 같이 독서 기록의 반성적 사고 내용을 중심으로 요약하여 기입한다.

1. 다음은 고등학생들의 독후감 포트폴리오에서 발췌한 예시들이다. 제시된 성취기준 및 채점기준에 따라 독후감을 평가해 보고, 학생들에게 제공할 수행평가 통신문을 작성해 보자.

───────────────────〈예시 1〉───────────────────

　'위풍당당(성석제)' 을 읽고: 준호와 조폭들의 작은 갈등이 벌어진다. 조폭들이 시골로 습격해 오는 사건을 다루는 이 소설은 영화를 보는 듯 재미있었다. 다양한 사연을 가진 인물들이 등장하였다. 이들이 공동체를 이루어 조폭들에 대항하는 모습을 보면서 공동체의 의미에 대하여 생각해 보았다. 과거부터 공동체를 이루며 살아왔던 인류는 안전을 위해 공동체를 이루려는 본능을 가지지 않았나 생각해 본다. 이 책에 등장하는 인물들은 각자 삶에서 큰 고비를 겪은 사람들이었다. 이들이 어려운 일을 당했을 때 서로가 공감하면서 더 잘 뭉칠 수 있었다. 역시 공감의 힘은 대단하다고 생각하였다. 마을이라는 소중한 것을 지키기 위해 조폭에 맞서는 사람들을 보면서 감동을 느낄 수 있었다. 앞으로 내가 살아가면서 가장 소중한 것이 무엇인가에 대하여 많이 생각해 보게 될 것 같다. (○○고등학교 1학년 1반 정유미 학생)

───────────────────〈예시 2〉───────────────────

　'인권과 소수자 이야기(박경태)' 를 읽고: 한국전쟁 이후 우리나라의 민주주의는 눈부시게 발전하였다. 그러나 아직도 차별받는 소수자들이 많다. 민주주의를 이룩하였지만 그 속에서 아직도 차별받는 소수자에 대한 내용을 다룬 이 책을 읽으면서 그들에 대한 안타까움을 느꼈다. 사람들이 자신과 혹은 사회의 표준과 다르다는 이유로 차별을 하는 사회의 단면을 볼 수 있었다. 사람이 겉으로 드러나는 폭력을 쓰지 않더라도 얼마나 잔인해질 수 있는지도 알 수 있었다. 인간의 잔인성을 확인할 수 있었던 대표적인 예는 유럽의 과학자들이 백인의 우월성을 증명하기 위한 실험을 끊임없이 했었다는 점이었다. 세계에는 다양한 문화와 인종, 그리고 종교가 존재한다. 요즘 뉴스를 보면 세계가 점점 한 마을이 됨에 따라서 다른 문화 간의 갈등도 심화되는 추세이다. 서로 포용하는 넓은 마음을 갖지 못하면 전쟁과 같은 비극이 계속 이어질 것이다. 상대적으로 힘이 약하거나 소수를 차지하고 있는 사람들을 지켜 주기 위한 해결책이 필요하다. 약자에 대하여 포용하고 다름을 인정할 때 비로소 인류가 지적으로 진보하는 것이 아닐까? 모두가 행복한 사회를 만들기 위해서는 사람들이 마음속에 '이해'라는 단어를 깊이 새겨야 할 것이다. (○○고등학교 1학년 3반 김민규 학생)

(1) 제시된 수행평가 기준에 따라 각 학생의 독후감을 채점해 보자.

〈채점기준〉(한국교육과정평가원, 1999)

평가 목표	채점 요소	상(10점)	중(8점)	하(6점)	점수
	내용	책에 대한 이해가 깊고 비평적이며 자신의 견해를 등장인물이나 사건에 대한 분석을 통해 적극적으로 드러내고 있다.	책을 열심히 읽고 등장인물이나 사건에 대해 깊이 생각하였으나 자신의 생각을 적극적으로 드러내고 있지 못하다.	책에 대한 이해도가 떨어지며 등장인물이나 사건에 대해 자기 나름의 견해를 갖지 못한다.	

독후감을 효과적으로 쓸 수 있는가?	조직	책에 대한 자신의 생각과 느낌을 드러내기에 적합한 전개 방식을 선택하여 자신의 비평적 견해를 효과적으로 표현하고 있다.	책에 대한 자신의 생각과 느낌을 드러내기에 적합한 전개 방식을 선택하였으나, 글의 흐름이 매끄럽지 못한 부분이 종종 보인다.	책에 대한 자신의 생각과 느낌을 드러내기에 적합한 전개 방식을 선택하지 못하고 있다.	
	표현	자신의 독특한 생각을 다양한 표현 기법을 통해 효과적으로 표현하고 있고, 적합한 어휘와 문체를 활용하고 있다.	자신의 독특한 생각을 다양한 표현 기법을 통해 표현하고 있으나 자연스럽지 못하다.	자신의 독특한 생각을 다양한 방식으로 효과적으로 표현하지 못하고 있다.	

(2) 수행평가 통신문을 작성해 보자.

수행평가 통신문					
반	이름	독후감 평가 (총점: 점)			
		채점요소	상(10점)	중(8점)	하(6점)
		내용			
		조직			
		표현			
교과 담당교사 의견					

함께 풀어 봅시다

1. 수행평가의 등장 배경과 관련이 가장 먼 것은?

   ① 인지주의 학습이론의 등장

   ② 표준화 학업성취검사의 일반화

   ③ 교수-학습 과정과 평가의 연계 강조

   ④ 준거지향평가 체제의 강조

2. 수행평가와 유사 용어로 사용되지 않는 것은?

   ① 대안적 평가　　② 포트폴리오　　③ 직접적 평가　　④ 역동적 평가

3. 〈보기〉에 제시된 학습신념 중 수행평가와 관련된 것을 모두 고르면?

   ───────── 〈보기〉 ─────────

   ㄱ. 학습에는 일정한 순서와 방향이 존재한다.
   ㄴ. 학생들의 지식구조의 변화과정이 중요하다.
   ㄷ. 학습활동과 평가활동은 연계되어야 한다.
   ㄹ. 학생들이 지식생산자로서의 학습 경험을 갖도록 해야 한다.

   ① ㄱ, ㄷ　　　　② ㄱ, ㄴ, ㄹ　　　　③ ㄴ, ㄷ, ㄹ　　　　④ ㄱ, ㄴ, ㄷ, ㄹ

4. 수행평가의 특징 기술로 옳지 않은 것은?

   ① 교사의 전문적인 판단은 가능한 한 배제되어야 한다.

   ② 교육목표의 달성 여부를 판단하기 위해 가능한 한 실제 상황을 이용하고자 한다.

   ③ 학생의 개별 학습과정을 진단하고 이를 기반으로 학습활동을 촉진하는 것을 중시한다.

   ④ 인지적 영역 평가뿐만 아니라 정의적 · 신체적 영역에 대한 총체적 평가를 포함한다.

5. 우리 주변에서 일어나는 다양한 사회현상에 대한 학생들의 비판적 사고능력의 시간적 변화를 평가하기에 가장 적합한 수행평가 방식은?

   ① 지필식 평가　　　　　　　　② 포트폴리오 평가

   ③ 실습식 평가　　　　　　　　④ 표준화 사고능력검사

6. 수행평가 과제 구성 시 '하나의 기능을 중심으로 과제를 구성하기보다 여러 기능이 동시에 요구되도록 과제를 구성하는 것'이 바람직하다는 것을 보여 주는 개념은?

① 수업목표와의 일치성   ② 과제의 현실성

③ 과제의 다차원성   ④ 과제의 주제 통합성

7. 가정 배경이 좋은 학생들에게 상대적으로 높은 평정을 하는 것을 가리키는 것은?

① 논리적 오류   ② 표준의 오류

③ 근접의 오류   ④ 인상의 오류

8. 〈보기〉는 평정법(rating scale method)에 의해서 학생의 수행을 평가할 때 평정자에 의해 발생할 수 있는 오류의 유형을 설명한 것이다. 옳은 것을 모두 고르면?

(2008년 중등 기출)

― 〈보기〉 ―

ㄱ. 논리적 오류(logical error)는 전혀 다른 두 가지 행동 특성을 비슷한 것으로 생각해서 평정하는 경향을 말한다.

ㄴ. 후광 효과(halo effect)는 평정 대상에 대해 가지고 있는 특정 인상을 토대로 또 다른 특성을 좋게 또는 나쁘게 평정하는 경향을 말한다.

ㄷ. 집중경향의 오류(error of central tendency)는 아주 높은 점수나 낮은 점수는 피하고 평정이 중간 부분에 지나치게 자주 모이는 경향을 말한다.

① ㄱ, ㄴ   ② ㄱ, ㄷ   ③ ㄴ, ㄷ   ④ ㄱ, ㄴ, ㄷ

9. 수행평가의 도입 배경에는 학생의 지적 능력과 정의적 특성에 대한 평가를 통합하고자 하는 의도가 있다. 이러한 의도를 가장 충실히 반영한 것은? (2007년 중등 기출)

① 기계모형을 해체하였다가 원상 복구하는 데에 걸리는 시간을 측정하는 평가

② '집합'의 개념을 수학과 생물학의 시각에서 조명하도록 요구한 논술형 평가

③ 최종 정답만이 아니라 문제 풀이 과정까지 드러내도록 요구한 수학의 서답형 평가

④ 모둠의 협동을 요구하는 과학 실험 과제를 제시하고 학생의 행동을 교사가 관찰하여 평정하는 평가

10. 다음 대화에서 김 교사가 범하고 있는 평정의 오류는? (2011년 초등 기출)

― 〈보기〉 ―

박 교사: 이제 학생들의 실기평가 채점을 하도록 하지요. 오늘 학생들 중에서 제일 잘한 학생을 누구로 할까요?

이 교사: 철수가 제일 연기를 잘한 것 같아요. 동작의 섬세함이나 대사의 표현력에서 다른 학

생들보다 더 뛰어나게 연기한 것 같아요.

김 교사: 그래요? 저는 철수가 평가장에 들어올 때부터 첫 느낌이 좋지 않았어요. 그래서 연기력도 별로인 것 같아 낮은 점수를 주었어요.

① 대비의 오류(contrast error)
② 관대성의 오류(leniency error)
③ 근접의 오류(approximate error)
④ 인상의 오류(error of halo effect)
⑤ 집중화 경향의 오류(error of central tendency)

11. 수행평가 과제의 제작과 관련하여 교사가 유의해야 할 점으로 가장 적절한 것은?
(2009년 초등 기출)

① 한 가지 이상의 해결책이나 정답이 가능한 과제는 피하도록 한다.
② 학생들의 과제집중력을 고려하여 과제수행 시간이 최대 20분을 초과하지 않도록 한다.
③ 교육목표 및 교육내용과의 관련성을 확인하여 수행평가 과제의 타당성을 확보하도록 한다.
④ 하나의 수행평가 과제에서는 한 가지 학습성과만을 평가할 수 있도록 과제를 구조화하도록 한다.
⑤ 객관식 검사가 측정하지 못하는 것을 측정하기 위해 교과학습목표와는 독립적인 수행평가 과제가 되도록 한다.

12. 〈보기〉에서 포트폴리오를 이용한 수행평가에 해당하는 설명을 골라 바르게 묶은 것은?
(2005년 초등 기출)

───── 〈보기〉 ─────

가. 과정보다는 결과 평가에 중점을 둔다.
나. 신뢰도는 높으나, 타당도는 낮은 경향이 있다.
다. 지적 능력은 물론 정의적 특성도 평가할 수 있다.
라. 전통적인 인식론보다는 구성주의 인식론에 바탕을 둔다.

① 가, 나   ② 가, 다   ③ 나, 라   ④ 다, 라

13. 수행평가가 전통적 지필평가와 다른 점이 무엇인지 학습관, 교수-학습에 대한 인식, 평가의 목적과 내용 측면에서 논하시오.

14. 수행평가의 타당도를 평가하기 위해 적용될 수 있는 개념들이 무엇인지 설명하시오.

15. 수행평가의 신뢰도를 높이기 위해 어떠한 노력을 할 수 있는지 설명하시오.

※객관식 문항 정답은 부록 참조

참고문헌

남명호(2003). 수행평가: 기술적 측면. 서울: 교육과학사.

백순근(1999). 수행평가의 이론과 실천 방안. 열린교육연구, 7(1), 5-25.

서울대학교사범대학부속중학교(2008). 수행평가의 효율적 운영 방안 연구: 수행평가 자료 및 평가 매뉴얼 개발. 교육과학기술부 지정 상설연구학교 2008학년도 연구보고서.

성태제(2009). 교육평가의 기초. 서울: 학지사.

조한무, 강재성, 남창현(1999). 초등학교 체육과 포트폴리오 평가 절차모형 개발. 한국체육측정평가 학회지, 1(2), 103-126.

한국교육과정평가원(1999). 중학교 국어과 수행평가 시행 방안 및 자료 개발 연구.

한국교육과정평가원(2006). 도덕 수업에서 학생평가를 잘 하려면.

황정규(1998). 학교학습과 교육평가. 서울: 교육과학사.

Arter, J. A. (1996). Performance criteria: The heart of the matter. In R. E. Blum & J. A. Arter (Eds.), *A handbook for student performance assessment in an era of restructuring*. Virginia: Association for Supervision and Curriculum Development.

Linn, R. L., Baker, E. L., & Dunbar, S. B. (1991). Complex performance-based assessment: Expectations and validation criteria. *Educational Researcher, 20*(8), 15-21.

Wiggins, G. P. (1999). *Assessing student performance: Exploring the purpose and limits of testing*. San Francisco, CA: Jossey-Bass Pub.

Chapter 13

통합교육환경에서의 평가: 모든 학습자가 참여하는 평가

장애수험생 고사장에서 발견한 것들 - 잘 정돈된 시험 편의… 숙련된 시험감독관

뇌병변 장애학습자들이 시험을 치르는 경운학교에서는 일반 고사장과는 몇 가지 다른 점을 찾을 수 있었다. 장애학습자들이 시험을 잘 볼 수 있도록 돕기 위한 편의가 제공된다는 점이다.

올해부터 약시 학습자들과 뇌성마비 학습자들의 시험시간이 1.5배로 기존(교시별 20분)보다 더 늘어났다. 이에 따라 일반 수험생들은 오후 6시 5분이면 시험이 끝나지만, 뇌성마비 학습자들은 그보다 3시간 늦은 9시 5분이 돼야 수능시험이 마무리된다.

… (중략) …

독방에서 시험을 치르는 수험생이 있다는 점도 특이하다. 이곳 경운학교에서는 1명의 학습자가 독방을 차지하고 시험을 치렀다. 팔을 사용하는 것이 자유롭지 못하고 손 떨림이 심해 시험 감독관이 수험생을 대신해 문제지와 답안지를 작성해 준다.

또한 독방을 쓰지 않는 학습자들도 답안지 작성에 도움을 받을 수 있다. 손, 눈 등에 장애가 있는 학습자들을 위해 감독관들이 대신 OMR카드를 작성해 주는 것. 이를 위해 별도의 이기실도 마련돼 있다. 교시가 끝나면 답안지와 문제지를 이기실로 가져와 대신 마킹을 해 준다.

- 『에이블뉴스』, 2008년 11월 13일자 기사 중

장애인은 자신이 지닌 장애로 인하여 비장애인과 동등한 조건의 검사에 참여하는 데 있어 능력을 충분히 드러내는 것에 어려움이 있을 수 있다. 검사 조정이란 이러한 불이익을 최소화하기 위하여 검사가 제공되는 다양한 조건을 변경시키는 것을 가리킨다. 우리나라에서도 모든 학생에 대한 교육적 책임이라는 국가의 책무성 차원과 법적 요구를 기반으로 장애학생을 검사체제에 참여시키기 위한 검사 조정방안이 다양하게 제안되고 있다.

학/습/목/표

- 통합교육환경에서 모든 학생이 검사에 참여해야 하는 필요성과 이유를 설명할 수 있다.
- 장애학생이 검사에 참여할 때 제공되는 검사 조정의 정의와 필요성 그리고 그 유형과 현황에 대하여 설명할 수 있다.
- 검사 조정과 관련된 최근의 논쟁점을 알고 향후 전망을 제안할 수 있다.

모든 학생에게 평가 혹은 검사란 학교 경험 가운데 가장 의미 있는 것임에 틀림없다. 수업 중 한 과를 넘어갈 때면 실시되는 쪽지시험과 같은 간단한 형태의 형성평가에서부터 매 학기 치러지는 중간고사나 기말고사 등의 학력고사 혹은 국가수준의 학업성취도평가나 대학수학능력시험, 입학이나 졸업 또는 자격증 등을 위한 각종 고사에 이르기까지 우리가 일생 동안 치르게 되는 검사란 이루 헤아리기 어려울 정도로 많다.

이러한 검사들은 대개 검사가 실시되는 절차나 방법이 표준화되어 있으며, 이같은 표준화된 검사를 통하여 피험자들의 결과를 동등하게 비교할 수 있다. 하지만 검사에 응시하는 학생들의 구성이 점차 문화적·사회적·신체적으로 다양해지고 있음에 주목해야 할 필요가 있다. 다양한 특성을 갖는 학습자들은 그 다양성으로 인하여 표준화된 검사에 참여하는 데 어려움을 가지게 되며, 이로 인하여 검사가 측정하고자 의도한 목적을 적절하게 달성할 수 없게 되기도 하기 때문이다.

특히 장애를 가진 학생은 비장애학생과 동등한 조건에서 검사에 참여하게 될 경우 자신이 지닌 장애로 인하여 능력을 있는 그대로 드러내는 것이 불가능하기도 하다(김 동일, 2002; 김동일, 최종근, 시기자, 2008; 김은주 외, 2003; 최종근, 2005). 가령 시각장애 학생에게 비장애학생과 같은 형태의 일반적인 글자가 인쇄된 시험지를 제공한다거나 청각장애 학생에게 비장애학생과 같은 조건에서 듣기평가에 참여하도록 할 경우, 본래 검사가 측정하고자 의도한 것을 올바르게 측정할 수 없으리라는 것은 충분히 짐작 가능하다.

▶▶ 1 모든 학습자의 평가 참여

1) 검사 조정의 정의

교육에서의 검사는 교육의 목적 및 내용의 연장선상임과 동시에 교육에 있어 그 실제적 필요와 다양한 함의를 바탕으로 그 중요성이 입증되어 왔다. 또한 특수교육에서 검사란 그 대상자의 진단에서부터 프로그램 평가에 이르기까지 불가분의 관계에 놓여 있는데, 특히 최근 들어 통합교육에 대한 인식이 확대됨에 따라 장애학생이 통합교육 장면에 완전하게 통합되도록 돕기 위한 중요한 단계의 하나로서 검사 참여의 중요성이 논의되고 있다(김동일, 1995).

교육 장면에서 실시되는 검사들, 특히나 학력평가나 대학수학능력시험과 같이 교육적 선별이나 등급 매기기 등에 있어 중요한 의미를 지니는 검사의 경우에는 그 결과에 동일한 가치와 의미를 부여하여 상호 비교 가능성을 갖도록 하기 위하여 검사의 구성요소, 실시과정, 채점방법, 결과 해석 기법을 구조화하는 표준화가 필요하다.

하지만 장애학생의 경우에는 비장애학생과 동등한 조건에서 검사에 참여하는 데 있어서 어려움을 가지며, 때에 따라서는 검사 참여 자체가 불가능하다. 그러므로 장애학생을 대상으로 한 검사에서 본래 그 검사가 측정하고자 의도한 구인(construct)을 제대로 측정하도록 하기 위해서는 표준적인 검사조건에 대한 조정이 요구된다.

이처럼 장애학생이 검사에 참여하는 데 있어 자신의 장애로 인하여 어떠한 불이익도 받지 않도록 돕기 위하여 검사 자료나 절차 등을 변경하는 것을 '검사 조정(test accommodations)'이라 한다(Thurlow & Bolt, 2001).

검사 조정은 검사 수정(test modification)이라고도 부른다. 그런데 검사 수정을 시각장애 학생을 위한 문항 대독이나 점자나 확대묵자[1] 시험지의 제공과 같은 검사 제시형태의 변경으로, 그리고 검사 조정은 시험시간 연장이나 단독 고사실에서의 시험 응시, 잦은 휴식시간 제공과 같이 검사 절차나 환경의 변경으로 구분하여 보는 입장도 있다. 하지만 이러한 논의에 대한 공식적인 합의가 이루어지지는 않았기에 이 장에서는 이를 구분하지 않고 검사와 관련된 일련의 조건들에 대한 변경이라는 의미에서 이를 통칭하여 검사 조정이라 한다.

2) 검사 조정의 필요성

우리나라 헌법 제31조 제1항에서는 "모든 국민은 능력에 따라 균등하게 교육을 받을 권리를 가진다."고 규정하고 있다. 또한 교육기본법 제4조 교육의 기회균등 제1항에서는 "모든 국민은 성별, 종교, 신념, 인종, 사회적 신분, 경제적 지위 또는 신체적 조건 등을 이유로 교육에서 차별을 받지 아니한다."고 규정하며, 제18조 특수교육에서는 "국가와 지방자치단체는 신체적·정신적·지적 장애 등으로 특별한 교육적 배려가 필요한 자를 위한 학교를 설립·경영하여야 하며, 그들의 교육을 지원하기 위하여 필요한 시책을 수립·실시하여야 한다."(전문개정 2007. 12. 21)고 규정하고 있다. 이처럼 우리나라의 기본법 등에서는 비록 어떠한 조건과 환경을 가지고 있다 하더라도 모든 국민이 질 높은 교육을 받아야 할 권리를 가지고 있음을 명백히 밝히고 있다. 한편, 미국에서도 '아동낙오방지법(NCLB)', 즉 공교육 체제하에 있는 어떠한 학생도 뒤처지지 않고 모두 국가가 정한 일정한 성취기준에 도달하도록 지도해야 한다고 규정하고, 이

---

1) 묵자(墨字)는 '먹으로 쓴 글'이라는 의미로 일반적인 인쇄된 글자를 가리키는 말. 점자(點字)에 상대하여 이르는 말.

에 따라 모든 학생에게 질 높은 교육을 제공할 것을 강조한다.

이처럼 국내외에서 모든 학생에 대한 질 높은 교육이 강조되고 있으며, 이를 보장하기 위한 점검체계로서 국가수준 학업성취도평가를 제안한다. 즉, 질 높은 교육이란 비단 물리적 혹은 심리적으로 교수-학습 활동에 참여하는 것뿐만 아니라 평가 혹은 검사에 참여함으로써 학습자가 자신의 교육적 성취를 점검해 볼 수 있는 기회를 가지도록 보장하는 것까지도 포함하는 개념인 것이다.

하지만 학습자들은 문화적 · 신체적 · 사회적으로 매우 다양한 특성을 지니고 있고, 이는 사회가 다변화 · 다양화됨에 따른 것으로 고도의 산업화와 국제화가 진행되면서 점차 그 양상이 더욱 가속되고 있다. 학습자들의 특성이 다양해짐은 곧 그들의 교육적 요구에의 다양화를 의미하며, 이러한 다양화란 학습자들 간의 '차이'를 나타낸다.

그런데 이와 같이 다양한 특성과 차이를 가지는 학생들이 동일화된 조건이 갖추어진 표준화된 검사에 참여하게 될 경우에는 개개인의 학생이 지닌 다양한 특성과 그에 따른 요구에서의 차이로 인하여 표준화 검사과정에서 자신의 능력을 충분히 발휘하지 못하게 될 수 있다. 예컨대, 스페인어만을 사용할 수 있는 학습자가 수학과 검사에 참여할 때 지시문을 포함하여 모든 언어가 한국어로 적혀 있다면 언어적 곤란 때문에 검사를 통하여 자신의 능력을 적절하게 나타낼 수 없으며, 휠체어를 타는 지체장애 학생이 비장애학생과 같은 조건에서 100m 달리기를 하도록 요구된다면 그에 참여하기가 어렵다.

그러나 현재까지의 국가수준 학업성취도평가는 다양한 요구를 가지는 학생들, 특히 시각, 청각, 지체부자유 등의 장애학생이 장애로 인한 불이익 없이 검사에 참여하도록 하기 위한 고민을 거의 하지 못하여 왔다. 교육의 질을 보장하기 위한 체제를 마련하는 데 있어서 요구되는 학업성취도평가에서 장애학생을 제외하는 것은 결국 장애학생의 학업성취 및 그들에 대한 교육의 질에 관하여 국가가 책임지지 않음을 의미하는 것과 같으며, 이는 국가가 가지고 있는 책무를 다하는 것으로 보기 어렵다. 따라서 장애학생을 비장애학생과 동등하게 국가수준 학업성취도평가에 참여할 수 있도록 하는 것은 그들에 대한 교육의 질을 보장하기 위한 전제 요건이 된다(김은주 외, 2003).

장애학생이 장애로 인하여 갖는 불이익을 최소화하기 위한 방법이 바로 검사 조정이다. 검사가 측정하고자 목적한 바를 다양한 특성과 요구를 지닌, 특히 장애를 지닌 학생을 대상으로 보다 정확하게 측정할 수 있도록 돕기 위하여 점자 시험지, 음성자료, 수화 등을 통하여 검사가 제시되는 방법을 조정하고, 점자 답안, 음성 답안, 대필자 등을 통하여 검사에 반응하는 방식을 조정하며, 독립된 공간에서의 응시, 검사의 분할 실시 등을 통하여 검사가 실시되는 환경을 조정하는 것을 가리킨다.

Willingham 등(1988)은 장애학생이 검사에 참여하는 과정을 구분하고 각 과정에 따라 장애의 특성으로 인하여 검사결과에 불리하게 작용하는 요소에 대하여 논하였다. 그들은 검사를 수행하는 과정을 크게 검사내용을 읽고 응답을 표시하는 등의 감각-운동 과정(sensory-motor process), 검사내용을 처리하기 위하여 자료를 변환하는 부호화 과정(encoding process), 고차원적 정보처리를 하는 인지적 과정(cognitive process)의 세 과정으로 나눈다. 또한 이 세 과정 중에서도 장애학생은 장애로 인하여 감각-운동 과정이나 부호화 과정에서의 정보 습득 및 표현 방법과 전환에 어려움을 가지는 데 주목한다. 이러한 입장에 따라 Willingham 등은 물론 검사에서 측정하고자 하는 바가 이 모든 과정에 대한 수행능력일 것이나 특히 학업성취나 대학수학능력시험과 같이 고등 사고능력을 알아보기 위한 검사에서는 인지적 과정에 보다 큰 주안점을 두고 있다고 보고, 인지적 과정 외의 두 과정은 검사의 일차적인 목적이 아님과 동시에 장애학생이 이러한 과정에 어려움을 가짐에 따라 그에 대하여 비표준화된 검사를 실시할 필요가 있음을 제안한다.

이처럼 특히 장애학생이 검사에 응할 경우에는 검사에서 측정하고자 하는 바와 무관한 요소가 표준화된 검사에서 함께 측정되어 결과에 영향을 미칠 우려가 있음과 동시에 장애로 인하여 정보를 습득하고 처리하는 방식이 다름을 고려하여 그에 적합한 검사 조정이 요구된다(김은주 외, 2003).

▶▶ 2 검사 조정 절차

1) 검사표준의 검사 조정

1985년 미국교육학회, 미국심리학회, 미국측정학회에서 작성한 '교육 및 심리검사 표준(standards)'은 검사 조정과 관련된 입장을 제시하고 있다. 이는 장애학생이 검사에 참여할 때 장애로 인한 불이익을 최소화하기 위하여 검사 조정이 요구된다는 점에는 기본적으로 동의하고 있지만, 일반적인 원리에 준하여 검사 조정이 제공되어야 함을 역설한다. 다음은 그들이 제안하는 일반적인 원리 가운데 대표적인 사안인 '표준 6.2'다.

> 표준 6.2 검사자가 검사 형태, 실시방식, 지시, 언어, 내용에 명백한 변경을 가할 때에는 변경된 검사조건하에서 검사 사용을 재타당화하거나, 변경에 따른 부가적인 타당화가 필요하지 않거나 또는 가능하지 않다는 입장을 밝힐 수 있는 근거를 지녀야 한다(AERA et al., 1985: 41).

즉, 교육 및 심리검사 표준에서는 표준 6.2를 통하여 검사 조정이 갖는 타당성을 명확히 해야 함을 강조하고 있는 것으로서, 이러한 표준에 입각하여 검사 조정이 제공되어야 함을 시사한다.

한편, '표준'에서는 검사 조정의 타당성과 아울러 검사자의 윤리에 대해서도 언급하고 있는데, 이는 검사 조정을 제공받고 실시된 검사의 결과를 보고할 때에 검사 조정과 관련된 사실도 함께 알려야 한다는 내용이다. 하지만 현실적으로 장애를 함께 알리는 것이 여러 가지 부정적인 영향을 미치게 될 것으로 염려되는 것이 사실이다. 예를 들어, 청각장애인이 외국어 등의 시험에서 듣기평가 부분을 면제받고 성적표에 청각장애로 인하여 듣기평가를 실시하지 않았음이 표기될 경우, 일반 사기업의 사원 모집에 지원하는 과정에서 이 성적표를 제출하였을 때에 장애로 인한 영향력이 전혀 없지는 못할 것이라는 우려다.

2) 검사 조정의 다양성

검사 조정은 조정의 정도나 하위 장애 영역 등에 따라 매우 다양하게 구분된다. 먼저, 조정의 정도에 따른 구분은 표준화된 절차에 대한 변경의 정도에 따라 구분할 수 있다. 이를 도식적으로 나타내면 [그림 13-1]과 같이 검사 조정을 인정하지 않고 모든 학습자에게 표준화 절차를 요구하는 것에서부터 광범위한 대체 검사 절차를 제공하는 것에 이르기까지 광범위하게 나뉜다.

이 그림에 나타나 있는 바와 같이 검사 조정이 아무런 제한이 가해지지 않았을 때는 최소 제한의 상태인 검사의 순수성이 증가하여 검사가 고안된 목적 및 그 신뢰도와 타당도가 가장 적게 손상되는 범위에서 실시될 수 있는 상태가 될 수 있다는 점에서 가장 이상적이다. 그러나 앞서 언급한 바와 같이 피험자의 특성을 고려하여 불가피한 조정이 이루어지는데, 그 조정의 정도에 따라서 검사 적응(adaptation), 검사 수정(modification), 대체 검사(alternatives), 검사 면제(exemption)로 구분된다.

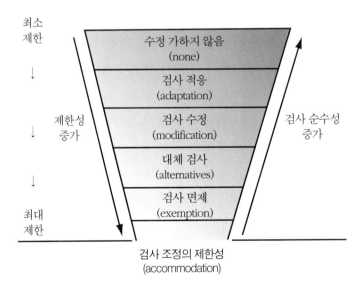

[그림 13-1] 검사 조정의 제한성에 따른 구분

　여기서 대체 검사란 검사 조정을 통하여 일반적인 검사에 참여하는 것이 어려운 학생들을 위하여 성취기준 자체를 조정하는 것을 가리킨다. 대체 평가와 관련하여 미국에서는 1997년에 장애인교육법(IDEA, P.L. 105-17)을 수정하여 국가의 책무성 평가체제에 장애학생을 반드시 포함시켜야 한다고 규정하고 있으며, 모든 주(州)는 장애학생의 수행 수준을 포함하여 모든 학생에 대한 수행 목표와 지표를 개발하여 보고해야 함을 명시하고 있다.

　또한 장애학생을 주 수준의 평가에 포함하는 과정에서 최대한 적절한 검사 조정이 이루어져야 한다고 하면서, 이러한 평가에 참여할 수 없는 학생들을 위한 평가방법으로서 대체 평가(Alternate Assessment) 방안이 마련되어야 함을 강조한다. 그리고 주 수준의 평가에 참여할 때 요구되는 개별 학생의 검사조정 방법이나 대체 평가에의 참여에 관한 진술문이 개별화교육계획(IEP)에 포함되어야 한다고 규정하고 있다(김동일, 홍성두, 최종근, 2007; 최종근, 2005; Ysseldyke, Thurlow, McGrew, & Shriner, 1994).

　그리고 Ysseldyke 등(1994)은 학생들이 이러한 국가의 책무성 평가체제에 참여하는 유형을 〈표 13-1〉과 같이 구분하고 유형별 학생의 비율을 추정하여 제시하고 있다. 이에 따르면 전체 학생 가운데 80~95%의 학생은 검사 조정 없이 정규 평가에 참여하며, 3~7%의 학생은 검사 조정을 통해 정규 평가에 참여하고, 2% 미만의 학생은 IEP 등에 따라 별도의 교육목표를 추구하기 때문에 대체 평가를 통해 평가에 참여하는 것으로 나타났다. 일부 주에서는 수준을 낮추어 수정한 검사(out-of-level testing) 형태를 허용하기도 하지만, 이에 대해서는 논란의 여지가 많다고 하였다(Thompson et al., 2001: 김은주 외, 2003 재인용).

〈표 13-1〉 장애학생의 국가수준 학업성취도평가방법 세 가지와 참여비율(추정)

참여 유형	전체 학생 중 비율	장애학생 중 비율
정규 평가	80~95	40~75 (≒50)
정규 평가(검사 조정 포함)	3~7	30~70 (≒40)
대체 평가	.5~2	5~20 (≒10)

출처: Ysseldyke et al. (1994): Thompson et al. (2001) 재인용.

〈표 13-2〉 검사 조정이 제공되는 형태에 따른 구분

검사 조정 제공 형태	종류
제시 형태 조정	점자본, 확대경 이용, 글자 확대, 지시 및 문제 구술, 수화 지시
반응 형태 조정	템플리트(글자판) 이용, 구두반응, 컴퓨터/타자기 이용, 수화반응
검사시간 조정	검사시간 연장, 검사시간 동안의 충분하고 잦은 휴식, 검사기간의 연장(수일에 걸쳐 나누어 실시)
검사환경 조정	재택 실시, 본인의 학교나 학급에서 실시, 고사장에서 단독 실시, 소수집단 실시

한편, Thurlow, Ysseldyke 그리고 Silverstein(1993)은 검사 조정이 제공되는 형태를 기준으로 검사 조정을 〈표 13-2〉와 같이 구분한다.

이 표에 나타난 바와 같이, 검사 조정은 그 형태에 따라 크게 제시 형태, 반응 형태, 검사시간 및 검사환경에서의 조정으로 구분된다. '제시 형태'란 검사의 지시 및 문항이 피험자에게 제시되는 형태로, 시각장애 학생의 경우 점자나 확대 묵자의 제공 혹은 음성을 통한 문항 제공 등의 검사 조정 방법이 있으며, 청각장애 학생의 경우에는 수화를 통해 검사 조정을 제공할 수 있다. '반응 형태 조정'은 피험자가 각 검사의 문항에 대하여 응답하는 방식에서의 조정을 말하며, 템플리트나 컴퓨터 등을 이용하거나 음성 또는 수화로 반응할 수 있도록 검사 조정을 제공할 수 있다. 또한 '검사시간 조정'은 검사시간 연장방안이나 잦은 휴식을 비롯하여 검사의 분할 실시 등의 검사 조정이 있다. '검사환경 조정'으로는 단독으로 또는 소집단에서 실시하거나, 건강상의 장애를 가진 피험자의 경우에는 병원에서 실시하는 등의 조정이 이루어질 수 있다.

이상에서 살펴본 것과 같은 수정 및 조정 방법을 검사가 실제 실시되는 절차에 비추어 단계별로 좀 더 구체적으로 제시하면 [그림 13-2]와 같이 정리할 수 있다.

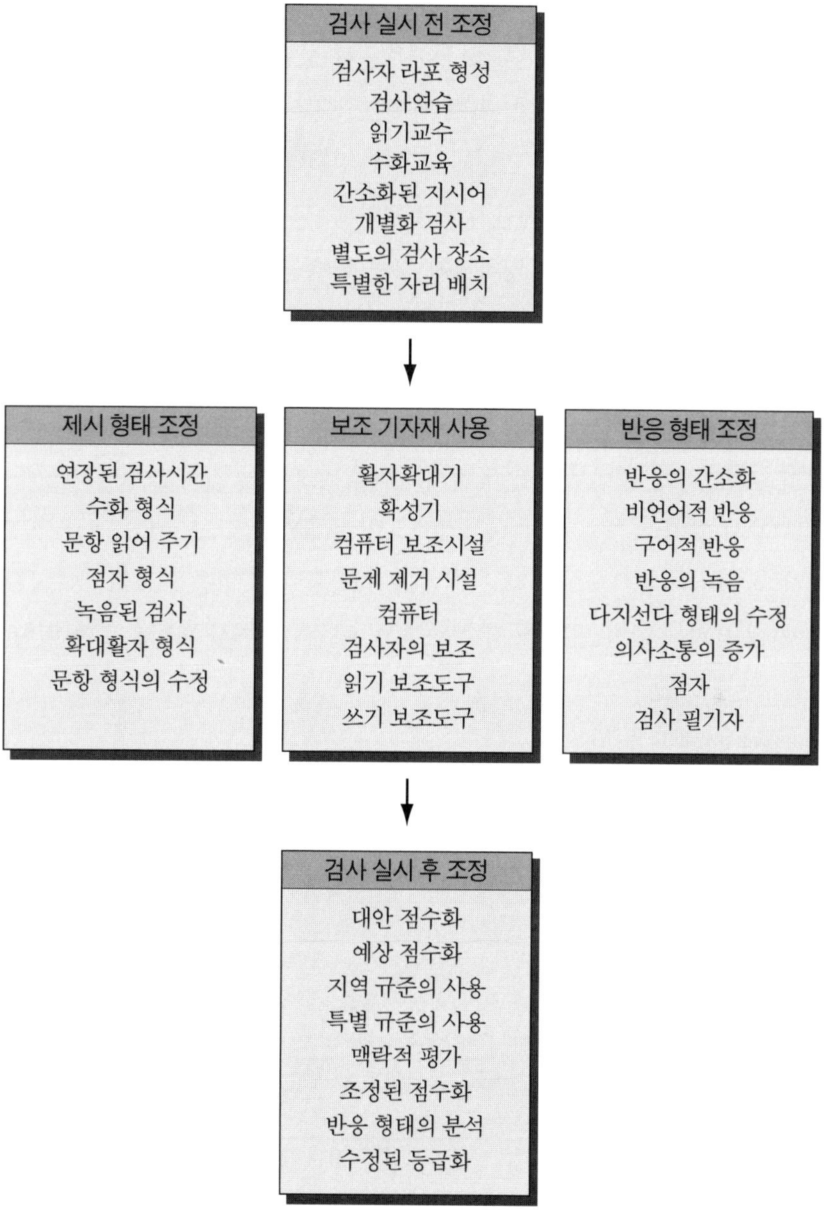

검사 실시 전 조정
검사자 라포 형성 검사연습 읽기교수 수화교육 간소화된 지시어 개별화 검사 별도의 검사 장소 특별한 자리 배치

제시 형태 조정	보조 기자재 사용	반응 형태 조정
연장된 검사시간 수화 형식 문항 읽어 주기 점자 형식 녹음된 검사 확대활자 형식 문항 형식의 수정	활자확대기 확성기 컴퓨터 보조시설 문제 제거 시설 컴퓨터 검사자의 보조 읽기 보조도구 쓰기 보조도구	반응의 간소화 비언어적 반응 구어적 반응 반응의 녹음 다지선다 형태의 수정 의사소통의 증가 점자 검사 필기자

검사 실시 후 조정
대안 점수화 예상 점수화 지역 규준의 사용 특별 규준의 사용 맥락적 평가 조정된 점수화 반응 형태의 분석 수정된 등급화

[그림 13-2] 검사 절차의 수정과 조정

3) 장애 유형별 검사 조정 절차

장애학생의 검사 조정에 있어 또 하나의 주요한 고려사항으로 장애 유형 및 각각의 하위 유형에서 나타나는 특성 그리고 장애 정도를 들 수 있다. 검사 조정의 주요한 목적은 단지 장애를 가졌다는 이유로 점수를 부풀리거나 하는 등의 혜택을 제공하는 것이 아니라 적절한 검사 조정을 제공하여 장애학생이 가진 장애로 인한 불이익을 최소화하고, 장애학생이 검사에서 측정하고자 하는 능력을 온전히 드러낼 수 있도록 돕는데에 있다. 따라서 앞서 언급한 검사 조정의 다양한 분류 및 종류와 아울러 개별 피험자가 가진 장애의 유형 및 그 정도와 그에 적합한 검사 조정에 대한 고찰은 적절한 검사 조정에 필수적이라고 할 수 있다.

이 장의 후반부에서 살펴보게 될 국내에서 시행되고 있는 검사 조정에서는 주로 시각장애, 청각장애 및 뇌병변을 포함한 지체장애를 그 대상으로 보고 있다. 하지만 궁극적으로 검사 조정이 모든 학생의 검사 참여에 그 의의를 두고 있음을 고려하여, 〈표 13-3〉과 같이 장애 유형에 따라 가능한 검사 조정을 제안하고 이를 바탕으로 어떠한 유형의

〈표 13-3〉 장애 유형에 따른 조정

장애 유형	가능한 검사 조정방안
특정 학습장애	대독자, 독립된 교실, 시간 연장, 확대활자, 읽기 보조기, 쓰기 보조기, 컴퓨터 보조기
말하기 · 언어 장애	비언어적 검사, 커뮤니케이션의 강화
지적장애	구체적 지시수단, 대독자, 시간 연장, 개별화 검사, 특별 자리 배치
중도 정서장애	시간 연장, 개별화 검사, 독립된 장소, 정기적인 검사, 조정된 검사시간
중복장애	개별화 검사, 커뮤니케이션의 강화, 특별 장소, 편의시설
청각장애	수화 통역자, 시간 연장, 독립된 장소, 특수 자리 배치
기타 건강장애	시간 연장, 휴식시간, 독립된 장소, 접근 용이한 장소, 개별화 검사
지체장애	편의시설, 커뮤니케이션의 강화, 독립된 장소, 시간 연장
시각장애	확대기, 점자, 활자 확대, 대필자, 반응 다시 표기, 시간 연장, 특수 자리 배치
자폐	커뮤니케이션의 강화, 개별화 검사, 비언어적 진단, 독립된 장소
뇌기능장애	커뮤니케이션의 강화, 특수시설, 독립된 장소, 개별화 검사
시청각중복장애	확대기, 청각 보조기, 비언어적 진단, 커뮤니케이션의 강화, 수화 통역자

장애를 가진 학생이라도 검사에 참여할 수 있도록 도울 방안에 대한 모색의 필요성을 제안한다.

국내의 검사 조정 절차 개관

1) 대학수학능력시험

한국교육과정평가원에서 주관하며 각 시·도교육청에서 실시하는 대학수학능력시험에서는 맹인, 약시(저시력)자, 뇌성마비(뇌병변)자, 청각장애자, 지체부자유자 등의 수험생을 '시험특별관리대상자'로 규정하고, '대학수학능력시험 특별관리대상자 시험 관리 규정'을 세워 그들을 위한 검사 조정을 제공하고 있다.

특히 수험생들의 요구와 교육적 필요성에 따라 2009학년도부터 실시된 대학수학능력시험에서는 장애 수험생들에 대하여 이전보다 더욱 허용적인 검사 조정이 제공되고

〈표 13-4〉 2009학년도 이전 및 이후의 대학수학능력시험 특별관리대상자 시험 관리 규정의 주요 사항 비교

	2009학년도 이전	2009학년도 이후
맹인	• 시험시간 1.5배(점심시간 및 휴식시간 단축 운영) • 시험실당 감독관 총 3명, 부감독관 2명 중 1명 점자 해독자 배치 • 시험장 건물 1층에 별도 시험실 • 영역 미선택 수험생을 위한 대기실 별도 설치 • 시험실당 수험생 수는 20명 이하 • 문제지는 한국교육과정평가원에서 점자 및 음성 평가자료(녹음테이프-1, 4교시)를 제작하여 일반 수험생 문제지와 함께 점자 문제지 및 답안지 배부 • 답안지는 수기용 답안지 배부(OMR 답안지는 배부하지 않음)	• 시험시간 1.7배(점심시간 및 휴식시간 단축 운영) • 시험실당 감독관 총 3명, 부감독관 2명 중 1명 점자 해독자 배치 • 시험장 건물 1층에 별도 시험실 • 영역 미선택 수험생을 위한 대기실 별도 설치 • 시험실당 수험생 수는 10명 이하 • 문제지는 한국교육과정평가원에서 점자 및 음성 평가자료(녹음테이프-1, 4교시)를 일반 수험생 문제지와 함께 제작하여 점자 문제지 및 답안지 배부 • 답안지는 수기용 답안지 배부(OMR 답안지는 배부하지 않음)

	• 맹인용 점자 문제지는 본인이 선택한 영역 및 과목의 문제지만 1개 유형(홀수형)으로 제작·배부 • 듣기평가용 녹음테이프(1, 3교시용)를 별도 제작하여 배부하므로 시험실별로 카세트녹음기 1대씩 준비	• 맹인용 점자 문제지는 본인이 선택한 영역 및 과목의 문제지만 1개 유형(홀수형)으로 제작·배부 • 듣기평가용 녹음테이프(1, 3교시용)를 별도 제작하여 배부하므로 시험실별로 카세트녹음기 1대씩 준비
약시 (저시 력)자	• 시험시간 매 교시별 20분 연장(점심시간 및 휴식시간 단축 운영) • 수험생이 원할 경우 확대독서기를 사용(기기 설치는 시험 전날 완료하여 시험 작동) • 확대 문제지(118%, 200%, 350% 중 택일)를 1개 유형(홀수형)으로 제작하여 일반 문제지와 함께 배부 • 확대 문제지는 본인이 선택한 영역 및 과목의 문제지만 제공 • 교시별로 B4 용지에 문항번호만 기입된 별도 답안지 제작·제공(답안지 이기 장소와 이기요원 확보) • 듣기평가용 녹음테이프(제3교시용)를 별도 배부하므로 시험실별로 카세트녹음기 1대씩 준비 • 시험장 건물 1층에 일반 시험실과 완전 격리하여 별도 시험실 설치(조명이 밝은 장소 선정) • 영역 미선택 수험생을 위한 대기실 별도 설치	• 시험시간 1.5배(점심시간 및 휴식시간 단축 운영) • 수험생이 원할 경우 확대독서기를 사용(개인 지참 가능) • 확대 문제지(118%, 200%, 350% 중 택일)를 1개 유형(홀수형)으로 제작하여 일반 문제지와 함께 배부 • 확대문제지는 본인이 선택한 영역 및 과목의 문제지만 제공 • 교시별로 B4 용지에 문항번호만 기입된 별도 답안지 제작·제공(답안지 이기 장소와 이기요원 확보) • 듣기평가용 녹음테이프(제3교시용)를 별도 배부하므로 시험실별로 카세트녹음기 1대씩 준비 • 시험장 건물 1층에 일반 시험실과 완전 격리하여 별도 시험실 설치(조명이 밝은 장소 선정) • 시험실당 수험생 수 10명 이하를 기준 • 영역 미선택 수험생을 위한 대기실 별도 설치
청각 장애 자	• 감독관은 시험실당 2명 이상 배치(4교시는 3명) • 보청기 사용 대상자 • 일반 수험생과 완전 격리하여 별도 시험실을 설치 • 시험감독관은 시험실당 3명을 배치하되, 제2, 3감독관 중 1명은 수화전문가를 배치 • 청각장애자 중 지필검사 대상자 수험생의 듣기평가는 필답고사로 대체 실시되며, 문제지는 1개 유형(홀수형)으로만 제작·배부(보청기 사용 대상자는 일반 수험생과 같은 방법으로 듣기평가 실시)	• 감독관은 시험실당 2명 이상 배치(4교시는 3명, 가능한 한 시험감독관 중 1명은 특수교육 전공자 또는 관련자로 임명) • 보청기 사용 대상자 • 일반 수험생과 완전 격리하여 별도 시험실을 설치 • 시험감독관은 시험실당 3명을 배치하되, 제2, 3감독관 중 1명은 수화전문가를 배치 • 가능한 한 시험감독관 중 1명은 특수교육 전공자 또는 관련자로 임명 • 청각장애자 중 지필검사 대상자 수험생의 듣기평가는 필답고사로 대체 실시되며, 문제지는 1개 유형(홀수형)으로만 제작·배부(보청기 사용 대상자는 일반 수험생과 같은 방법으로 듣기평가 실시)

뇌병변 및 지체부자유자	• 시험시간 매 교시별 20분씩 연장(점심시간 및 휴식시간 단축 운영) • OMR 답안지 표기가 불가능한 수험생에게는 문제지에 정답을 표기하도록 허용 • 듣기평가용 녹음테이프(3교시용)를 별도 배부하므로 시험실별로 카세트라디오 1대씩 준비 • 시험장 건물 1층에 일반 시험실과 완전 격리하여 별도 시험실 설치 • 수험생이 표시한 답을 이기할 '답안지 이기실'은 시·도별 여건을 고려하되, 이기요원이 이기한 OMR 답안지 이기결과에 대한 확인이 용이하도록 가급적 시험장 건물 1층에 설치(보안이 가능한 장소) • 영역 미선택 수험생을 위한 대기실 별도 설치 • 이기요원 및 감독관 수는 응시자 수를 고려하여 자체 실정에 맞게 운영	• 시험시간 1.5배(점심시간 및 휴식시간 단축 운영) • OMR 답안지 표기가 불가능한 수험생에게는 문제지에 정답을 표기하도록 허용 • 듣기평가용 녹음테이프(3교시용)를 별도 배부하므로 시험실별로 카세트녹음기 1대씩 준비 • 시험장 건물 1층에 일반 시험실과 완전 격리하여 별도 시험실 설치 • 수험생이 표시한 답을 이기할 '답안지 이기실'은 시험지구 여건을 고려하되, 이기요원이 이기한 OMR 답안지 이기결과에 대한 확인이 용이하도록 가급적 시험장 건물 1층에 설치(보안이 가능한 장소) • 영역 미선택 수험생을 위한 대기실 별도 설치 • 감독관은 시험실당 2명 이상 배치(4교시는 3명, 가능한 한 시험감독관 중 1명은 특수교육 전공자 또는 관련자로 임명)

있으며, 그 구체적인 사항은 〈표 13-4〉와 같다.

이 표에 나타나 있는 바와 같이 2009학년도부터 개정된 특별관리대상자 시험 관리 규정에서의 가장 큰 변화는 시험시간 연장이다. 맹인 수험생의 경우에는 기존의 일반 수험생 대비 1.5배 시험시간 연장에서 1.7배 시험시간 연장으로, 약시 수험생과 뇌병변 및 지체부자유자 수험생의 경우에는 기존의 매 교시별 20분씩의 시험시간 연장에서 1.5배 시험시간 연장으로 변경된 것을 알 수 있다. 아울러 시험실당 수험생 수의 축소, 감독관 가운데 특수교육 전공자의 배치 등의 변화를 통해서도 특별관리 대상 수험생에게 적합한 검사 조정을 제공하기 위한 노력을 확인할 수 있다.

특별관리 대상에 해당하는 수험생이 대학수학능력시험에서 〈표 13-4〉에 나타나 있는 바와 같은 검사 조정을 받고자 할 경우, 일반학교 출신자는 건강기록부, 학교생활기록부 및 종합병원장 발행 진단서를, 특수학교 출신자나 장애인 등록을 마친 수험생은 복지카드 사본 등을 참고자료로 활용하여 출신 학교장이 작성한 확인서를 대학수학능력시험 응시원서 제출 시 첨부하여 해당 시·도교육청으로부터 확인받아야 한다.

2) TOEFL

미국의 ETS에서 주관하며, 국제적으로 제2언어로서 영어능력을 검사하고자 실시되고 있는 TOEFL(Test of English as a Foreign Language)에서도 장애를 가진 수험생을 위한 검사 조정을 제공한다. TOEFL 시험의 경우 컴퓨터를 이용하여 시험을 보는 경우(Computer-Based Testing: CBT)와 종이를 이용하여 시험을 보는 경우(Paper-Based Testing: PBT)를 구분하여 〈표 13-5〉와 같이 그 구체적인 검사 조정 방법을 제시한다.

〈표 13-5〉 TOEFL에서 제공되는 검사 조정 방법

CBT	PBT
• 시간 연장 • 추가적인 휴식시간 • 대독 • 응답에 있어 녹음 혹은 대필 허용 • 구두 지식에 한하여 수화/구화 통역사 제공 • 화면 확대 정도 및 배경색 선정 • 특수한 장치가 고안된 키보드와 마우스 사용 • 점자, 확대묵자 시험지 및 답안지 제공	• 시간 연장 • 추가적인 휴식시간 • 대독 • 응답에 있어 녹음 혹은 대필 허용 • 구두 지식에 한하여 수화/구화 통역사 제공 • 점자, 확대묵자 시험지 및 답안지 제공 • 시험내용이 녹음된 자료와 카세트플레이어 제공

TOEFL 시험에서 제공되는 검사 조정 방법은 앞서 살펴본 우리나라에서 실시되고 있는 검사 조정과 크게 다르지 않다. 그러나 주목할 점은 명시된 검사 조정들 외에도 장애학생의 요청에 따라 적절성을 판단하여 다양한 검사 조정을 제공하고 있다는 점, 그리고 우리나라에서 흔히 검사 조정의 대상으로 분류하지 않고 있는 학습장애와 ADHD 등의 장애집단도 검사 조정의 대상으로 보고 적격성(eligibility)을 판단한 후 적절한 검사 조정을 제공하고자 노력하고 있다는 점이다.

평가 절차 조정의 쟁점과 전망

 지금까지 장애학생이 장애로 인한 불이익 없이 검사에 참여하는 방안에 관한 시사점을 도출하기 위하여 모든 학습자의 평가 참여의 당위성과 그에 따른 검사 조정의 필요성, 그리고 검사 조정의 제한성 및 장애 유형에 따른 다양한 검사 조정과 국내외 검사 조정의 현황에 대하여 조망해 보았다. 앞으로 장애학생을 위한 보다 질 높은 교육 및 적절한 검사 조정을 위하여 다음과 같은 쟁점과 그에 따른 향후 전망을 제안한다.

 첫째, 적절한 검사 조정의 수준에 관한 고민이 요구된다. 검사 조정은 검사가 측정하고자 하는 바에 비추어 장애학생이 실제 어느 정도의 능력을 가지고 있는가를 정확하게 알기 위하여 고안된 개념이다. 즉, 검사 조정의 핵심은 얼마나 적절한 조정을 제공하느냐에 달려 있는 것이다. 이러한 검사 조정의 적절성과 관련하여 Phillips(1993, 1994, 1996)는 그 핵심적인 쟁점으로서 다음의 다섯 가지 질문을 제기하였다.

- 검사 형태의 변화나 검사조건의 변경으로 인하여 측정되는 기술이 변하는가?
- 표준화 검사조건에서 측정된 피험자의 검사 점수는 검사 조정이 제공된 상태에서 측정된 피험자의 검사 점수와 다른 의미를 갖는가?
- 비장애 피험자에게 동일한 검사 조정을 제공하면 더욱 이익이 되는가?
- 장애 피험자가 표준화 검사조건에 적응할 능력을 조금이라도 지녔는가?
- 장애 증명 또는 검사 조정 관련 정책이 타당도나 신뢰도가 불확실한 절차에 기초하여 이루어지는가?

 이들 질문 가운데 한 가지에라도 '예'라는 답이 나올 경우 그 검사 조정은 적절하다고 볼 수 없다고 말한다. 즉, 제공되는 검사 조정이 적절성을 가지기 위해서는 측정학적으로 적합한 준거에 따라 장애학생에게 공정한 기회를 제공해야 한다는 '공평성'과 비교 가능성 차원에서의 '타당도'를 지녀야 함을 의미한다. 공평성만을 강조할 경우에는 장애학생에게 지나치게 많은 기회를 제공하여 자칫 비교 가능성을 확보하기 어려워질 우려가 있으며, 마찬가지로 타당도만을 강조할 경우에는 지나치게 엄격하게 제한을 두게 되어 장애학생에게 적절한 기회를 제공하지 못하게 될 수 있다. 따라서 이러한 공평성과 타당도가 상호 적절하게 조화될 때 가장 적합한 검사 조정이 이루어질 수 있을 것이다(최종근, 2005). 따라서 향후 이 두 요소의 합리적이고 적절한 수준을 결정하기 위한 연구적 노력이 요구된다.

둘째, 장애학생을 위한 검사 조정에 있어 물리적 지원, 검사 관리의 측면뿐만 아니라 보조공학 기구의 활용과 관련된 문제들에도 주목해야 한다. 공학의 발달과 특수교육 분야에서의 보조공학에 대한 관심과 실제 일상생활 및 학습에서의 사용 증가로 인하여 점차 검사 조정에서도 이를 활용하자는 움직임이 일어나고 있다. 실제로 앞서 국외 사례로 제시된 TOEFL에서 보조공학 기구로 개발된 마우스, 키보드 혹은 컴퓨터 모니터를 검사 조정으로서 활용하고 있으며, 국내에서도 대학수학능력시험을 비롯한 국가수준 시험에서 독서확대기를 제공하고 있음을 살펴볼 수 있었다.

그동안 보조공학 기구의 혁신적인 개발은 전신마비 장애인이 안구의 움직임이나 호흡을 이용하여 PC를 활용한 문서 작업을 하거나, 얼굴의 근육을 움직여 휠체어를 타고 스스로 이동할 수 있도록 하는 등 장애인들에게 불가능하였던 영역을 가능하도록 바꾸어 주어 왔다. 또한 오늘날 시각장애 학생들 사이에 보급 및 활용도가 높은 시각장애인용 보조공학 기구인 점자정보 단말기를 검사 조정으로서 허용할 경우, 시각장애로 인한 불리를 최소화하면서 자신의 잠재력을 충분히 발휘하여 높은 성취를 나타내도록 도모할 수 있을 것이며, 아울러 시각장애인의 검사 응시 기회의 확장에도 기여할 것으로 사료된다. 하지만 이러한 보조공학 기구의 사용을 허용할 경우 정보 접근의 제한, 보조공학 도구의 일괄 제공, 시간 제공 등과 관련된 부분에 대한 충분한 검토와 예산 확보가 필요하므로 시범 도입 후 조정을 거쳐 실제 시험에 적용하는 장기적인 계획이 필요할 것이다.

셋째, 검사 조정 제공을 위한 공식적인 절차가 요구된다. 현재 운영되고 있는 검사 조정 제공과 관련된 절차에서는 응시하는 장애학생의 장애 정도에 따른 검사 응시의 어려움과 그에 따른 요구의 구체적이고 실질적인 정보가 부족한 실정이다. 따라서 대

상의 적격성 판정과 이에 적합한 검사 조정의 형태를 결정하는 데 많은 어려움이 따른
다. 그러므로 특수교육 전문가 또는 특수교사와의 면담 및 협의회 등을 구성하여 검사
에 응시하는 장애학생의 장애 정도 및 지원 요구를 정확하게 파악하고 이를 바탕으로
합리적이고 적절한 검사 조정의 수준을 결정하는 공식적인 절차가 요구된다.

넷째, 장애학생 개개인의 요구를 파악하기 위한 방안으로서 검사 조정에 관한 '체크
리스트' 등의 제공이 요구된다. 적절한 검사 조정의 제공을 위하여 시험시간 연장, 문
제지 및 답안지 제공 형태(예: 점자, 확대묵자, 대독, 대필), 보조공학 기구의 사용 등과
같이 다양한 검사 조정과 관련하여 개개인의 장애학생이 갖는 요구사항을 파악할 필요
가 있다. 또한 장애학생의 최적의 편의를 위해 모의평가 등을 통하여 희망하는 검사 조
정을 제공하여야 한다. 장애학생이 검사 조정을 직접 체험하고 자신에게 가장 적합한
검사 조정안을 선택하게 함으로써 실제 검사에서 자신의 실력을 충분히 발휘할 수 있
도록 도모하여야 할 것이다.

Elliott 등(1997), Thompson 등(2001), Thurlow, Elliott 그리고 Ysseldyke(1998)가
제안한 바를 기초로 하여 김동일, 최종근, 시기자(2008)의 연구에서는 검사 조정의 유
형별 의사결정을 위한 체크리스트(또는 질문 목록)를 제안하고 있다(이 장 '학급 활동' 참
조). 이 체크리스트는 장애학생이 학업성취도평가 및 각종 검사 상황에 참여할 때 적절
한 검사 조정-방안에 관한 자료의 수집 및 의사결정에 활용할 수 있도록 고안한 것으
로서, 크게 제시 형태, 반응 형태, 검사시간, 스케줄링, 검사환경, 기타의 여섯 가지 검
사 조정 영역의 의사결정을 위해 고려해야 할 사항(질문)들을 담고 있다. 또한 이 체크
리스트는 각 질문에 대한 '응답 근거' 칸을 두어, 피험자의 장애 유형이나 등급을 기계
적으로 분류하는 '유형별 접근'보다 피험자 자신이나 교사 또는 보호자가 관찰한 평상
시의 교수-학습 특성이나 평가 시 고려해야 할 장애 특성 등을 구체적으로 기술하도록
하는 '개별적 접근'을 지향하고 있는 등의 특징을 갖는다.

다섯째, 건강장애 중에서 간질, 투렛장애, 비문증, 정서장애, 심한 기침, 장증후군,
공황장애, 악취, 소란 발생자, ADHD 등 현재 특수교육 대상자에서 적절하게 다루어
지지 못하고 있는 기타 장애학생에 관한 적격성 기준의 마련이 요구된다. 이를 위하여
우선 의사 및 특수교육 전문가 등의 전문적 판단이 필요할 것이며, 일회성에 그치지 않

고 기타 장애학생들에 대한 지속적인 검사 조정이 제공될 수 있도록 일련의 절차와 기준이 마련되어야 할 것이다. 주의해야 할 점은 검사 조정을 악용할 소지나 이로 인한 역차별 논란이 일어나지 않도록 하는 것이다. 따라서 장기적인 계획과 상담에 기초한 조정 절차의 마련, 타당하고 실질적인 지원방안 마련을 위한 노력이 요구된다.

요약

- 모든 인간은 교육에 참여하여 질 높은 교육을 받고, 교육을 통한 자신의 성취를 점검하기 위하여 평가에 참여할 권리를 갖는다. 그러나 장애인은 자신이 지닌 장애로 인하여 비장애인들과 동등한 조건의 검사에 참여하는 데 있어 제 능력을 충분히 드러내는 데에 어려움을 갖는다. 검사 조정이란 이러한 불이익을 최소화하기 위하여 검사가 제공되는 다양한 조건을 변경시키는 것을 가리키는 말이다. 이러한 검사 조정은 제공되는 조정의 정도, 조정이 제공되는 형태, 절차, 그리고 대상이 되는 장애의 유형에 따라 다양하게 구분될 수 있다.

- 지금까지 우리나라에서는 국가수준 학업성취도 검사 등에 장애학생을 배제해 왔으나 모든 학생에 대한 교육적 책임이라는 국가의 책무성 차원과 법적 요구를 기반으로 장애학생을 검사체제에 참여시키기 위한 방안이 강구되고 있으며, 구체적으로는 대학수학능력시험 등에서 실제로 다양한 검사 조정이 제공되고 있다. 하지만 검사 조정이 본래의 취지를 살리기 위해서는 그 적절성에 대한 확보가 필요하며, 아울러 검사조정 방안으로서 보조공학 기구의 활용, 검사조정을 위한 공식적인 절차의 마련, 피험자의 개별 요구 파악 및 건강장애 학생에 관한 적격성 기준 마련 등이 요구되는 바, 앞으로 이와 관련된 연구가 이루어져야 할 것이다.

학급 활동: 검사 조정 유형별 의사결정 실습

[검사 조정] 유형별 의사결정 실습

1. 검사 조정의 유형별 의사결정을 위한 체크리스트는 장애학생이 학업성취도평가 및 각종 검사 상황에 참여할 때 적절한 검사 조정 방안에 관한 자료의 수집 및 의사결정에 활용할 수 있도록 제안되었다. 제시 형태, 반응 형태, 검사시간, 스케줄링, 검사환경, 기타의 여섯 가지 검사 조정 영역의 의사결정을 위해 점검해야 할 사항과 응답 근거를 정리해 본다. 학급이나 학교에서 만날 수 있는 장애학생의 도움을 받아 직접 인터뷰하거나 평상시의 교수-학습 특성이나 평가 시 고려해야 할 장애 특성을 생각해 본 후에 작성한다.

영역	체크리스트 (질문 목록)	응답	응답 근거

I.
제시
형태
	1. ___ 감독관 또는 녹음테이프를 듣고 지시(구어)에 따르는 데 어려움이 있는가?
	    ___ 구두 지시내용 이해를 돕는 시각적 자료(시각적 단서 또는 인쇄자료)
	    ___ 구두 지시의 반복, 명료화, 단순화
	    ___ 개별적으로 지시를 읽어 줌 또는 수화 설명
	    ___ 청각적 확대도구 (*선호하는 기종 _____)
	    ___ 기타 _____
	2. ___ 검사 지시사항(문어)을 읽고 이해하는 데 어려움이 있는가?
	    ___ 문어 지시를 읽어 줌(대독) 또는 녹음테이프로 검사 지시사항 제시
	    ___ 문어 지시의 단순화, 명료화 또는 핵심 단어나 구절의 강조(확대, 밑줄)
	    ___ 검사의 시작, 중지, 계속 등에 관한 지시를 알려 주는 시각적 단서 제공
	    ___ (예: 멈춤 신호, 화살표)
	    ___ 시각적 확대도구 (*선호하는 기종 _____)
	    ___ 점자정보 단말기 (*선호하는 기종 _____)
	    ___ 음성지원 PC (*선호하는 기종 _____)
	    ___ 기타 _____
	3. ___ 다지선택형 질문을 읽고 이해하고 응답하는 데 어려움이 있는가?
	    ___ 검사 문항을 읽어 줌(대독) 또는 녹음테이프로 검사 문항 제시
	    ___ 수화 통역 또는 수화 설명
	    ___ 점자 시험지 제공
	    ___ 점자정보 단말기 (*선호하는 기종 _____)
	    ___ 음성지원 PC (*선호하는 기종 _____)
	    ___ 글자 확대된 검사지 (*선호하는 글자체와 확대 크기 _____)
	    ___ 시각적 확대도구 (*선호하는 기종 _____)
	    ___ 청각적 확대도구 (*선호하는 기종 _____)
	    ___ 기타 _____
	4. ___ 일반적인 방법으로는 듣기평가(문항 제시)가 어려운가?
	    ___ 보청기 착용(*개인 지참)
	    ___ 수화 통역 또는 수화 설명
	    ___ 듣기평가 문항 스크립트 제공(*듣기평가를 지필검사로 대체)
	    ___ 기타 _____		

II.
반응
형태
	1. ___ 연필이나 다른 필기도구를 사용하여 OMR 답안지를 작성하기 어려운가?
	    ___ 필기구 집게(pencil grip)(*개인 지참)
	    ___ 점자판과 점필 이용, 차후 이기 (*선호하는 기종 _____)
	    ___ 점자정보 단말기 (*선호하는 기종 _____)		

	___ 시각적 확대도구 (*선호하는 기종 _____) ___ 노트북 컴퓨터 또는 음성지원 PC (*선호하는 기종 _____) ___ 답안을 녹음하여 차후에 이기 (*선호하는 기종 _____) ___ 의사소통판 또는 보완대체 의사소통 체제(AAC) (*선호하는 기종 _____) ___ 검사지의 문항 바로 뒤에 응답하고 차후에 이기 ___ 구두로 응답하고 대필자가 OMR 답안지 작성 ___ 기타 _____ 2. ___ 검사지와 답안지 번호를 맞춰 답안지를 작성하는 데 어려움이 있는가? ___ 검사지의 문항 바로 뒤에 응답하고 차후에 이기 ___ 문항번호만 기입된 별도의 확대 답안지에 응답, 차후에 이기 ___ 검사지 페이지 넘기기 도구(*개인 지참) ___ 기타 _____	
Ⅲ. **검사** **시간**	1. ___ 검사 문항을 읽고 이해하는 데 표준보다 많은 시간이 필요한가? ___ 점역 시험지 이용 (*텍스트 읽기 속도[분당 음절 수] _____) ___ 확대 시험지 이용 (*텍스트 읽기 속도[분당 음절 수] _____) ___ 시각적 확대도구 이용 (*텍스트 읽기 속도[분당 음절 수] _____) ___ 신체/운동 기능 저하 (*문항 읽기 속도 _____) ___ 기타 _____ 2. ___ 검사 문항에 대하여 응답하는 데 표준보다 많은 시간이 필요한가? ___ 점역 시험지 이용 (*답안 이기 속도 _____) ___ 점자정보 단말기 이용 (*답안 이기 속도 _____) ___ 확대 시험지 이용 (*답안 이기 속도 _____) ___ 시각적 확대도구 이용 (*답안 이기 속도 _____) ___ 점자판과 점필 이용 응답 (*답안 이기 속도 _____) ___ 시각적 확대도구 이용 (*답안 이기 속도 _____) ___ 문항번호만 기입된 별도의 답안지 이용 (*답안 이기 속도 _____) ___ 신체/운동 기능 저하 (*답안 이기 속도 _____) ___ 기타 _____	
Ⅳ. **스케** **줄링**	1. ___ 검사가 치러지는 동안 내내 검사에 집중하기 어려운가? ___ 검사 중 잦은 휴식 (*주의집중 지속시간 _____) ___ 며칠 또는 몇 회기에 나누어 실시 (*회기당 지속시간 _____) ___ 기타 _____ 2. ___ 감각 둔화 또는 체력 저하 등의 문제로 검사 중간에 잦은 휴식이 필요한가? ___ 점독에 따른 손가락 감각 둔화 (*휴식 주기(분) _____) ___ 시기능 저하/피로 (*휴식 주기(분) _____) ___ 체력 저하 (*휴식 주기(분) _____)	

	___ 기타 _____	
	3. ___ 하루 중 특정 시간대 혹은 특정 내용영역에 대해 불안 수준이 현저히 높아지는가?	
	___ 약물 복용(*개인 지참)	
	___ 검사시간 조정 (*피해야 할 시간대 _____)	
	___ 하위검사 시행 순서 조정 (*참고사항 _____)	
	___ 며칠 또는 몇 회기에 나누어 실시 (*참고사항 _____)	
	___ 기타 _____	
V. 검사 환경	1. ___ 다른 학생과 함께 있으면 자신이 검사에 집중하기 어려운가?	
	___ 시각적 차단(예: 칸막이) 또는 방음시설(예: 귀마개, 이어폰 착용)	
	___ 방해요소가 적은 별도의 시험실(*개별 또는 소그룹)	
	___ 검사 집중 촉진(시각적 단서, 언어적 촉구, 신체적 촉구 등)	
	___ 기타 _____	
	2. ___ 다른 학생에게 방해가 되는 행동을 하는가?	
	___ 별도의 시험실(*개별 또는 소그룹)	
	___ 기타 _____	
	3. ___ (집단검사도 가능하지만) 특별한 환경을 필요로 하는가?	
	___ 특별한 조명(*구체화 _____)	
	___ 독서대 이용(*개인 지참)	
	___ 방음시설(예: 귀마개, 이어폰 등)(*구체화 _____)	
	___ 특별한 책걸상(예: 높낮이, 각도 조절, 넓이 등)(*구체화 _____)	
	___ 기타 _____	
VI. 기타	1. ___ 별도로 검사이해 또는 검사수행 기술(test-taking skills) 연습이 필요한가?	
	___ 검사에 대한 충분한 사전 설명 및 연습(예: 모의검사)	
	2. ___ 최근의 장애로 인해 혹은 처음으로 조정된 형태로 검사에 참여하는 것인가?	
	___ 검사에 대한 충분한 사전 설명 및 연습(예: 모의검사)	
	3. ___ 기타 다른 검사 조정 형태에 해당하지 않는 조정이 필요한가?	
	___ 기타 _____	

함께 풀어 봅시다

1. 다음 중 검사 조정의 정의로 적절한 것을 고르시오.

① 검사 조정이란 검사 문항 출제 후 전체 피험자의 수준에 맞추어 모든 문항을 재출제하는 것을 말한다.

② 검사 조정이란 장애학생이 검사에서 배제되는 것을 가리킨다.

③ 검사 조정이란 장애학생이 검사에 참여하는 과정에서 제공받는 다양한 형태의 수정을 말한다.

④ 검사 조정이란 장애학생이 수업에 참여할 때 비장애학생과 다른 교재로 학습하는 것을 가리킨다.

2. 다음 중 검사 조정의 필요성과 관련된 설명이 <u>틀린</u> 것을 고르시오.

① 모든 국민의 기본권 측면에서 양질의 교육을 보장받기 위하여 필요하다.

② 교육에의 참여란 비단 수업에의 참여뿐이 아닌 평가에의 참여까지도 포괄하는 개념이므로 교육에의 접근권 보장을 위하여 검사 조정이 요구된다.

③ 장애학생은 장애로 인하여 정보를 처리하는 과정이 비장애학생과 다를 수 있으므로, 이에 대한 보상의 차원에서 검사 조정이 필요하다.

④ 장애학생에 대한 검사 조정이 필요하지만, 국가수준 학업성취도평가에서는 배제되는 것이 타당하다.

3. 다음 중 검사 조정의 유형에 관한 설명이 <u>틀린</u> 것을 고르시오.

① 검사 조정이란 장애학생이 장애로 인한 불이익에 초점을 두고 검사 점수를 부풀려 주는 것을 의미한다.

② 시각장애 학생에게 제공되는 검사 조정으로는 확대기, 점자, 활자 대필자, 시간 연장 등이 있다.

③ 최소 제한적인 검사 조정 제공의 유형은 검사 조정을 제공하지 않는 것이다.

④ 점자본, 확대경 이용, 글자 확대, 지시 및 문제 구술, 수화 지시와 같은 검사 조정은 제시 형태 조정의 예다.

4. 다음 중 검사 조정의 현황과 관련하여 적절한 설명을 고르시오.

① 국내에서 실시되는 모든 검사에서는 맹인 수험생에게 PC를 활용한 음성지원을 제공하고 있다.

② 국내의 주요한 국가수준 검사에서는 학습장애 학생에게 검사 조정을 제공하고 있다.

③ 국외 기업이 주관하는 TOEFL 시험에서는 ADHD 학생에게 검사 조정을 제공하고 있다.

④ 국외 기업이 주관하는 TOEFL 시험에서는 보조공학 기구를 활용한 일체의 검사 조정을 금지하고 있다.

5. 검사 조정의 필요성을 국가의 책무 차원에서 밝히시오.

6. 검사 조정과 관련된 논쟁점 한 가지를 논하고 향후 전망을 제시하시오.

※객관식 문항 정답은 부록 참조

참고문헌

김동일(1995). 특수아를 위한 교육 및 심리검사 절차와 운영의 조정: 검사의 비교가능성을 중심으로. 특수교육연구, 12, 1-17.

김동일(2002). 장애학생을 위한 검사의 수정과 조정. 현장특수교육, 5·6, 19-24.

김동일, 최종근, 시기자(2008). 대학수학능력시험 특별관리 지침 개선을 위한 기초연구: 장애인 수험생을 위한 합리적 검사 조정 방안 의사결정모델. 한국교육과정평가원.

김동일, 홍성두, 최종근(2007). 장애인용 학습성취검사 표준화연구. 한국장애인고용촉진공단 고용개발원 연구보고서.

김은주, 김동일, 박경숙, 최종근(2003). 장애학생의 국가수준 학업성취도평가 참여 방안 연구. 경기: 국립특수교육원.

최종근(2005). 장애학생을 위한 학업성취도 검사 조정의 타당성 연구. 서울대학교 대학원 박사학위논문.

American Educational Research Association, American Psychological Association, and National Council on Measurement in Education. (1985). *Standards for educational and psychological testing*. Washington, DC: American Psychological Association.

Elliott, J., Thurlow, M., Ysseldyke, J., & Erickson, R. (1997). *Providing assessment accommodations for students with disabilities in state and district assessments* (Policy Directions No. 7). Minneapolis, MN: University of Minnesota, National Center on Educational Outcomes. Retrieved [today's date], from the World Wide Web: http://education.umn.edu/NCEO/OnlinePubs/Policy7.html

Phillips, S. E. (1993). Testing accommodations for disabled students. *Education Law Reporter, 80*, 9-32.

Phillips, S. E. (1994). High-stakes testing accommodations: Validity versus disabled rights. *Applied Measurement in Education, 7*(2), 93-120.

Phillips, S. E. (1996). Legal defensibility of standards: Issues and policy perspectives. *Educational Measurement: Issues and Practice, 15*(2), 5-19.

Thompson, S. J., Quenemoen, R. F., Thurlow, M. L., & Ysseldyke, J. E. (2001). *Alternate Assessments for Students with Disabilities*. California: Corwin press.

Thurlow, M., & Bolt, S. (2001). *Empirical support for accommodations most often allowed in state policy* (NCEO Synthesis Report 41). Minneapolis, MN: University of Minnesota, National Center on Educational Outcomes.

Thurlow, M. L., Elliott, J. L., & Ysseldyke, J. E. (1998). *Testing students with disabilities*. California: Corwin press, INC.

Thurlow, M., Ysseldyke, J., & Silverstein, B. (1993). *Testing accommodation for students with disabilities: A review of the Literature* (NCEO Synthesis Report 4). Minneapolis, MN: University of Minnesota, National Center in Educational Outcomes.

Willingham, W. W., Ragosta, M., Bennett, R. E., Braun, H., Rock, D. A., & Powers, D. E. (1988). *Testing handicapped people*. Boston, MA: Allyn and Bacon, Inc.

Ysseldyke, J. E., Thurlow, M. L., McGrew, K. S., & Shriner, J. G. (1994). *Recommendations for making decisions about the participation of students with disabilities in statewide assessment programs: A report on a working conference to develop guidelines for statewide assessments and students with disabilities* (Synthesis Report 15). Minneapolis: University of Minnesota, National Center on Educational Outcomes.

함께 풀어 봅시다

〈객관식 문항 정답〉

01장　【1】⑤　【2】②　【3】③　【4】①　【5】⑤

02장　【1】②　【2】⑤　【3】④　【4】②　【5】②　【6】③　【7】⑤　【8】③　【9】⑤
　　　【10】④　【11】②　【12】⑤　【13】④　【14】④　【15】④

03장　【1】①　【2】③　【3】⑤　【4】④　【5】①,⑤　【6】가, 나, 마　【7】×, ○, ×
　　　【8】① 능력지향평가, ② 성장지향평가　【9】③　【10】④

04장　【1】②　【2】④　【3】④　【4】④　【5】④　【6】③　【7】②　【8】①

05장　【1】④　【2】③　【3】①　【4】②　【5】①,②,③　【6】①　【7】③　【8】①　【9】③

06장　【1】②　【2】③　【3】②　【4】⑤　【5】①　【6】⑤　【7】④　【8】①

07장　【1】①　【2】④　【3】①

08장　【1】④　【2】③　【3】②

09장　【1】③　【2】③　【3】②　【4】④　【5】①　【6】②　【7】④　【8】④　【9】②
　　　【10】④　【11】①　【12】③

10장　【1】②　【2】①,②,④　【3】②　【4】④　【5】①　【6】나), 다), 가), 라)　【7】③
　　　【8】②　【9】④

11장　【1】②　【2】②　【3】④　【4】③　【5】①　【6】③

12장　【1】②　【2】④　【3】③　【4】①　【5】②　【6】③　【7】④　【8】④　【9】④
　　　【10】④　【11】③　【12】④

13장　【1】③　【2】④　【3】②　【4】③

찾아보기

◀◀ 내용 ▶▶

저자소개(집필순)

■■■ **황정규**(Whang Joungkyu, 1장)
서울대학교 사범대학 교육행정학과 졸업
서울대학교 대학원 교육학석사(교육심리 전공)
미국 시카고 대학교 대학원 교육학박사(교육측정평가 전공)
전) 서울대학교 사범대학 교육학과 교수 및 학장
　　한국교육학회 회장
현) 서울대학교 명예교수

〈저 서〉
현대 교육심리학의 쟁점과 전망(교육과학사, 2000)
인간의 지능(학지사, 2010)

■■■ **서민원**(Seo Minwon, 2장)
충남대학교 문과대학 졸업
서울대학교 대학원 교육학석사(교육평가, 연구방법론 전공)
서울대학교 대학원 교육학박사(교육평가, 연구방법론 전공)
전) 한국대학교육협의회 선임연구원
현) 인제대학교 교육대학원 교수

〈저 서〉
교육측정평가의 새지평(공저, 교육과학사, 2001)
영재의 선발과 평가(인제대 영재교육센터, 2008)

■■■ **최종근**(Choi Jongkeun, 3장)
서울대학교 사범대학 교육학과 졸업
서울대학교 대학원 교육학석사(교육공학 전공)
서울대학교 대학원 교육학박사(특수교육 전공)
전) 한국교육개발원 연구원
　　서울대학교 입학관리본부 전문위원
현) 건양대학교 중등특수교육과 교수

〈저 서〉
장애, 특수교육요구아동, 그리고 (통합 · 특수)교육(원미사, 2005)
통합교육: 교사를 위한 특수교육 입문(2판) (공저, 학지사, 2009)

■■■ **김민성**(Kim Minseong, 4, 5장)
서울대학교 사범대학 교육학과 졸업
서울대학교 대학원 교육학석사(교육방법 전공)
미국 텍사스 대학교 대학원 철학박사(교육심리 전공)
전) 서울대학교 BK21역량기반교육혁신 연구사업단 계약교수
현) 조선대학교 교육학과 교수

〈저서 및 역서〉
학습과학(공역, 학지사, 2007)
교육심리학서설(공저, 교육과학사, 2009)

■■■ **양명희**(Yang Myonghee, 6장)
서울대학교 사범대학 교육학과 졸업
미국 로드아일랜드 칼리지 심리학석사(사회 · 발달심리 전공)
서울대학교 대학원 교육학박사(교육심리 전공)
전) 일본 도쿄 대학교 객원연구원
    한국교육과정평가원 전문연구원
    군산대학교 교직과 교수
현) 경희대학교 교육대학원 교수

■■■ **김재철**(Kim Jaechul, 7, 8장)
서울대학교 사범대학 교육학과 졸업
서울대학교 대학원 교육학석사(교육측정평가 전공)
전) 한국교육과정평가원 전임연구원
현) 한남대학교 교육학과 교수(교육평가)

〈저 서〉
예비교사를 위한 교육평가(공저, 학지사, 2010)
회귀분석과 구조방정식(학지사, 2010)

■■■ **강태훈**(Kang Taehoon, 9장)

서울대학교 사범대학 교육학과 졸업

서울대학교 대학원 교육학석사(교육측정평가 전공)

미국 위스콘신 대학교 대학원 철학박사(양적방법론 전공)

전) 미국 ACT, Inc. 부연구원

　　　CRESST/UCLA 선임연구원

현) 성신여자대학교 교육학과 교수

■■■ **이대식**(Lee Daesik, 10장)

서울대학교 사범대학 교육학과 졸업

서울대학교 대학원 교육학석사(교육방법 전공)

미국 오리건 주립대학교 대학원 철학박사(특수교육 전공)

전) Eugene Research Institute 박사후 연구원

현) 경인교육대학교 특수(통합)교육학과 교수

〈저서 및 역서〉

학습장애아동의 이해와 교육(공저, 학지사, 2009)

통합교육의 이해와 교육(공저, 학지사, 2012)

■■■ **김준엽**(Kim Junyeop, 11장)

서울대학교 사범대학 교육학과 졸업

서울대학교 대학원 교육학석사(교육측정평가 전공)

미국 캘리포니아 주립대학교 대학원 철학박사(양적연구방법론 전공)

전) LA카운티 보건국 AIDS역학 연구원

　　　미국 찰스 드류 대학교 조교수

현) 홍익대학교 교육학과 교수

■■■ **신종호**(Shin Jongho, 12장)

서울대학교 사범대학 교육학과 졸업

서울대학교 대학원 교육학석사(교육평가 전공)

미국 미네소타 대학교 대학원 철학박사(교육심리학 전공)

전) 미국 미네소타 대학교 조기교육연구소 박사후 연구원

　　　세종대학교 교육학과 교수

현) 서울대학교 교육학과 교수

〈저서 및 역서〉
 학습장애아동의 이해와 교육(공저, 학지사, 2003)
 학습과학(공역, 학지사, 2007)

■■■ **김동일**(Kim Dongil, 13장)
서울대학교 사범대학 교육학과 졸업
미국 미네소타 대학교 대학원 석사 및 박사(교육심리 전공)
전) 한국청소년상담원 상담교수
     경인교육대학교 교육학과 교수
현) 서울대학교 교육상담전공 교수 및 특수교육전공 주임

〈저 서〉
학습장애아동의 이해와 교육(공저, 학지사, 2009)
기초학습기능 수행평가체제: 읽기, 수학, 쓰기, 초기수학, 초기문해(학지사, 2011)

교육평가의 이해(2판)

Educational Evaluation(2nd ed.)

2011년 9월 15일 1판 1쇄 발행
2013년 4월 10일 1판 3쇄 발행
2016년 7월 20일 2판 1쇄 발행
2024년 8월 20일 2판 8쇄 발행

지은이 • 황정규 · 서민원 · 최종근 · 김민성 · 양명희 · 김재철
강태훈 · 이대식 · 김준엽 · 신종호 · 김동일
펴낸이 • 김 진 환
펴낸곳 • ㈜**학지사**
04031 서울특별시 마포구 양화로 15길 20 마인드월드빌딩 5층
대표전화 • 02) 330-5114   팩스 • 02) 324-2345
등록번호 • 제313-2006-000265호
홈페이지 • http://www.hakjisa.co.kr
인스타그램 • https://www.instagram.com/hakjisabook

ISBN 978-89-997-0983-8 93370

정가 20,000원

저자와의 협약으로 인지는 생략합니다.
파본은 구입처에서 교환하여 드립니다.

출판미디어기업 **학지사**

간호보건의학출판 **학지사메디컬** www.hakjisamd.co.kr
심리검사연구소 **인싸이트** www.inpsyt.co.kr
학술논문서비스 **뉴논문** www.newnonmun.com
원격교육연수원 **카운피아** www.counpia.com
대학교재전자책플랫폼 **캠퍼스북** www.campusbook.co.kr